눈에 보이지 않는
돈의 지도책

세계 경제를 읽는 데이터 지리학

ATLAS OF FINANCE

눈에 보이지 않는 돈의 지도책

BY

다리우시 보이치크

Dariusz Wójcik

AND

파나요티스 일리오풀로스   스테파노스 이오아누   리암 키넌   줄리엔 미고치

Panagiotis Iliopoulos   *Stefanos Ioannou*   *Liam Keenan*   *Julien Migozzi*

티모시 몬티스   블라디미르 파지트카   모라그 토런스   마이클 어반

Timothy Monteath   *Vladimir Pazitka*   *Morag Torrance*   *Michael Urban*

WITH MAPS & GRAPHICS BY

제임스 체셔   올리브 우버티

James Cheshire   *Oliver Uberti*

윌북

아냐, 마리아,
즈비그니예프에게

일러두기

화폐 단위 '달러'는 통상 '미국달러'를 뜻하며, 다른 지역의 달러는 '캐나다달러'와 같이 그 지역 이름을 붙여 썼다.

차례

역사와 지리
HISTORY & GEOGRAPHY

23

자산과 시장
Assets & Markets

45

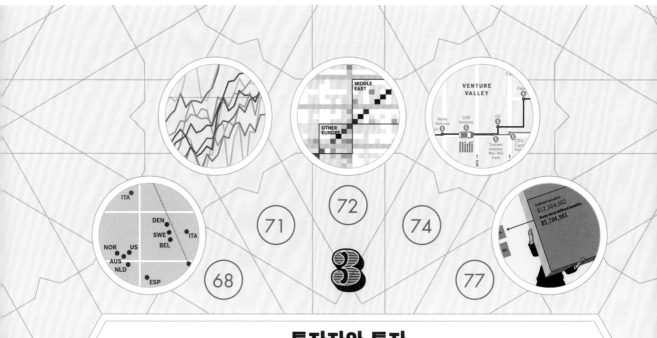

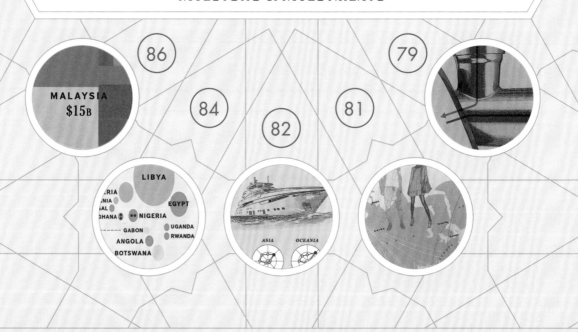

투자자와 투자
INVESTORS & INVESTMENTS

67

중개와 기술
INTERMEDIATION & TECHNOLOGY

89

도시와 중심지
CITIES & CENTERS

버블과 위기
BUBBLES & CRISES

133

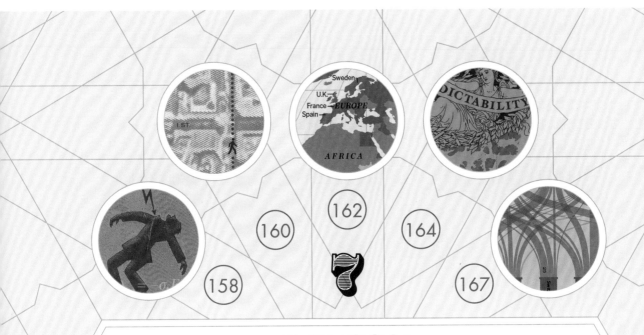

규제와 거버넌스
REGULATION & GOVERNANCE

157

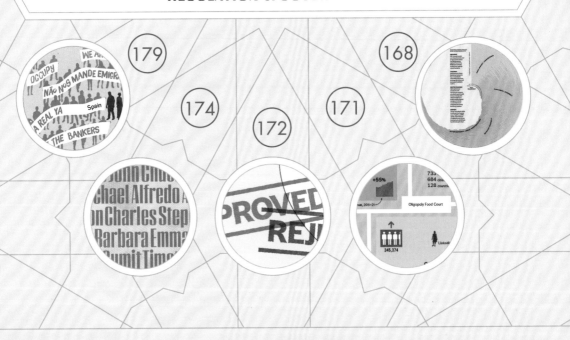

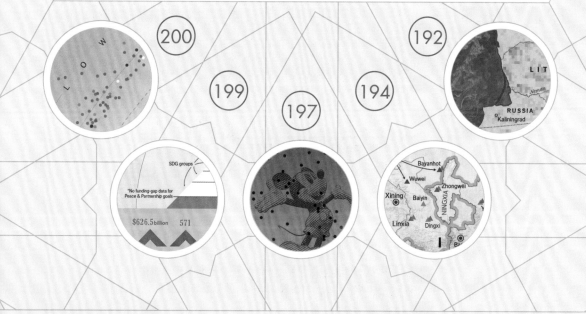

사회와 환경
SOCIETY & ENVIRONMENT

181

금융의 신비를 풀다

금융의 본질에는 역설이 숨어 있다. 돈은 추상적이고 대체 가능하며, 날이 갈수록 디지털화되고 있기에 순식간에 물 흐르듯 사람들 사이를 오간다. 하지만 동시에 돈은 크고 실체가 있으며 오래도록 지워지지 않는 발자국을 남긴다. 모든 마을, 도시, 국가의 건물과 거리, 배관은 돈으로 만들 어지고 유지되며, 모든 영리 및 비영리 조직은 돈 계산에 따라 움직인다. 이처럼 역설적인 본성 탓에 사람들은 대개 돈과 금융을 전문가와 기술관료, 경제학자와 은행가에 게 맡겨야 할 난해한 것으로 여긴다. 이 같은 태도는 도움 이 되지 않을 뿐만 아니라 위험하기까지 하다. 1920년 독일 경제사회학자 막스 베버Max Weber는 돈을 경제적 존재로서 살아가는 데 필요한 무기로 묘사했다.[1] 우리가 경제적 존재로서의 삶을 이해하고 더 나은 미래를 위해 싸우려면 돈과 금융을 이해해야 한다.

그러려면 먼저 용어를 정의할 필요가 있다. 넓게 정의하면, 금융이란 인간과 환경의 관계를 이루는 시스템이라 할 수 있다. 인간은 이 시스템 안에서 돈을 매개로 타인과 주변 환경을 경험하고 상호작용한다. 한편 가치를 나타내는 척도로서의 돈, 즉 화폐는 수천 년 전 조개껍데기와 곡물에서 동전과 지폐, 오늘날의 디지털화폐에 이르기까지 다양한 형태로 존재해왔다. 교환의 매개체, 계산의 단위, 가치의 저장소 역할을 동시에 수행할 수 있다면 무엇이든 화폐로 쓸 수 있다. 어떤 사물이 화폐로서 얼마나 잘 작동하는지는 이 세 역할을 얼마나 안정적으로 수행하는지에 달려 있다. 훌륭한 그림은 좋은 가치 저장 수단이 될 수 있지만 피카소의 그림이 가진 가치를 계산할 수 있는 사람은 드물며, 그림으로 밀가루를 사기란 쉬운 일이 아니다. 요컨대 그림에는 유동성, 즉 다른 물건으로 쉽고 빠르게 교환할 수 있는 성질이 부족하다. 반대로 암호화폐는 쉽고 빠르게 사용할 수 있지만 지금처럼 변동성이 지나치게 크다면 좋은 가치 저장 수단이 되기 어렵다. 화폐가 제 기능을 하려면 신뢰할 수 있어야 한다.

관계를 이루는 시스템으로서 금융은 세상을 바꾸는 어마어마한 힘이 있다. 우리는 금융을 활용해 민간과 공공 자원을 모아 새로운 백신을 발명함으로써 팬데믹에 맞서 싸울 수 있다. 또 금융을 활용하면 한 사람이 기술 플랫폼을 장악해 수십억 명의 관계에 영향을 끼칠 수도 있다. 금융 시스템 안에서 날마다 우리가 하는 일은 시급이나 월급, 보너스로 측정 가능한 노동이 된다(소수의 특권층이 하는 노동은 보통 주식이나 다른 금융 상품의 형태로 측정한다). 우리가 사는 집은 세금과 유지비가 부과되는 부동산이 된다. 우리를 둘러싼 모든 환경은 재정적 가치와 비용 편익 분석에 따라 보존과 소멸이 정해지는 자산 집합이 된다. 우리의 삶은 자산과 부채로 이루어진 장부가 된다. 시간은 우리가 벌어들이고 갚아야 할 이자를 계산함에 따라 그 자체로 재정적 가치를 가진다. 미래는 보험을 비롯한 금융 위험 관리 기법을 활용해 금융 위험과 수익을 계산하고 조정하는 과정이 된다. 금융은 공간과 시간을 하나로 묶으며, 과거와 현재, 미래를 연결하듯 장소와 장소를 잇는다.

금융의 혁신적 힘은 인류가 수렵 채집 집단에서 농경 정착 집단으로 진화하는 데 결정적 역할을 했으며, 이 집단에서 도시, 국가, 식민지, 오늘날 전 세계를 잇는 디지털 네트워크가 탄생했다. 그렇다고 해서 금융이 인류에게 없어서는 안 될 요소라는 이야기는 아니다. 호주에 살던 원주민은 서양의 침략자들이 등장하기 전까지 5만여 년 동안 대륙 전체를 아우르는 물물교환 네트워크를 활용해 돈과 금융 없이도 번영을 누렸다. 금융을 매개로 하지 않는 호주 원주민의 인간-환경 관계는 호주 소설가 머드루루Mudrooroo의 말을 빌리자면 "인간과 자연, 살아 있는 모든 생명체의 통합"을 상징한다.[2] 이러한 관점에 따르면, 돈과 금융은 인간과 대자연을 잇는 탯줄을 자르는 가위라고 할 수 있다. 그리스 신화에서 신들이 미다스 왕에게 손에 닿는 모든 것을 황금으로 바꿀 힘을 줬듯, 금융은 인간에게 만물을 돈과 관련된 것으로 만들 힘을 줬다. 그리고 결국에는 그 힘 탓에 굶주려야 했던 미다스 왕처럼 인류는 생존에 필요한 천연자원을 제 손으로 파괴하고 있다.

그렇다면 우리는 어떻게 미다스의 저주를 피하고, 금융의 힘을 공공선을 실현하는 쪽으로 활용할 수 있을까? 그 답을 찾기 위해서는 지리학과 지도학, 데이터 시각화를 비롯한 여러 분야를 가로질러야 한다. 이 책에서는 이러한 활동을 '핀비즈finviz'라고 부른다. 금융경제학과 금융업계는 오랫동안 가격 변동을 나타낸 차트에 매달렸지만, 더 광범위하게 나타나는 금융의 패턴과 그 영향에는 그다지 주의를 기울이지 않았다. 하지만 우리는 눈에 보이지 않는 문제는 해결할 수 없다는 이유 때문에라도 금융의 패턴과 영향을 창의적이고 비판적인 방식으로 지도화·시각화해야 한다.

핀비즈의 간략한 역사

신대륙과의 무역을 가능케 한 해상 지도부터 새로 생긴 식당으로 가는 길을 알려주는 구글 지도에 이르기까지 지도와 돈의 역사는 오래전부터 긴밀하게 얽혀 있었다. 그동안 사람들은 국가나 지역의 정체성을 강조하거나 각종 증권을 발행해, 자금을 조달해야 하는 사업을 선전하려는 목적으로 지폐나 주권株券에 지도를 그려 넣었다. 반면 주화는 크기가 작아 지도를 새기는 일이 드물다. 고대 그리스에서는 멜로스의 사과나 로도스의 장미 같은 지역 특산물을

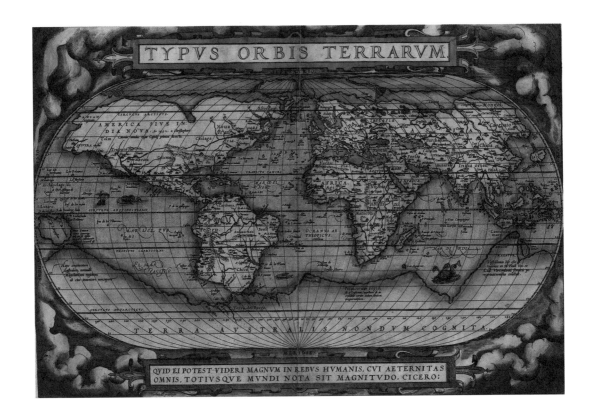

주화에 새겼으며, 고대 로마에서는 신전이나 기념물, 콜로세움과 키르쿠스 막시무스Circus Maximus 같은 도시의 상징을 그려 넣는 일이 많았다. 하지만 그리스와 로마에서는 세계를 나타내는 구체를 주화에 새기기도 했으며, 그중 가장 오래된 것은 그리스 북부 우라노폴리스에서 출토된 주화(기원전 300년경)다.[3] 오늘날에는 알제리, 네팔, 투르크메니스탄에서 사용하는 동전에 지도가 그려져 있으며, 미국 조폐국에서 발행한 '50주 쿼터 주화' 중 15개에도 주의 지도를 나타내는 독특한 문양이 새겨져 있다.

15~17세기 유럽의 위대한 지도 제작자들이 모두 유럽의 주요 국제 금융중심지에 살며 일했던 것은 우연이 아니다. 프라 마우로Fra Mauro는 1450년경 베네치아에서 당대의 지리적 지식을 정교한 그림으로 나타낸 세계지도mappa mundi를 만들었다(16쪽 그림). 아브라함 오르텔리우스Abraham Ortelius는 1570년 안트베르펜에서 최초의 근대적 지도책 『세계라는 무대Theatrum Orbis Terrarum』를 펴냈으며(위 그림), 요안 블라우Joan Blaeu는 1662년 암스테르담에서 더 방대하고 포괄적인 지도책 『대지도Atlas Maior』를 펴냈다(19쪽 그림).[4] 베네치아와 안트베르펜, 암스테르담은 당대에 매우 강성하거나 규모가 큰 도시가 아니었으며, 세 도시의 인구는 10만 명을 조금 넘는 수준이었다. 하지만 세 도시에서는 모두 유럽에서 무역과 금융 거래를 통한 교류가 어느 곳보다 활발했다. 무역상들은 상품과 함께 머나먼 세계의 정보를 가져왔다(마우로의 세계지도에 나온 일본, 오르텔리우스의 지도책에 처음 나타난 호주의 윤곽, 블라우의 지도책에 나온 남아메리카 최남단의 티에라델푸에고가 그 예다). 상인과 금융업자, 금융거래소, 은행으로 이뤄진 크고 다양한 공동체들이 경쟁에서 앞서려 혈안인 가운데, 세 도시는 이들이 원하던 정보를 공급했다. 돈과 정보, 인재가 넘치던 이 도시들은 출판 산업이 번성하고 과학자와 예술가가 몰려들었으며 검열에서 비교적 자유로웠기에 신진 지도 제작자가 결과물을 내기에 유리했다. 예를 들어, 주요 항구이자 금융중심지였던 안트베르펜은 아브라함 오르텔리우스가 외국을 여행하고 자금을

조달하고 지도를 모으며 게라르두스 메르카토르Gerardus Mercator가 발명한 지도 제작과 수학 기술을 연구하고 알브레히트 뒤러Albrecht Dürer와 피터르 브뤼헐Pieter Breugel the Elder 같은 예술가에게서 영감을 얻기에 안성맞춤인 곳이었다.

1720년 네덜란드에서 출간된 『어리석음을 비추는 거대한 거울The Great Mirror of Folly』에는 앞서 언급한 지도들보다 더 많은 상상력을 발휘해 만든 금융 지도가 나온다.[5] 이 책에 실린 한 판화에는 광대의 '미친 머리' 모양을 한 가상의 섬 지도가 그려져 있다(20쪽 그림). 광대의 얼굴과 광대가 쓴 모자의 경계에는 센강이 흐르며, 광대의 머리 한가운데 작은 뇌처럼 보이는 반점에는 '켕캉푸아Quinqempoix'라는 이름이 있다. 이 이름은 미시시피회사Mississippi Company의 주식을 거래하는 투기꾼들이 활동하던 파리의 한 좁은 거리에서 딴 것이다. 투기꾼들은 1719년 북아메리카와 서인도제도의 프랑스 식민지에서 독점적 지위를 누리던 미시시피회사의 주식을 거래해 주가를 천정부지로

끌어올렸지만, 주가는 이듬해 폭삭 주저앉았다. '미친 머리' 섬에는 그밖에도 '기만의 도시'를 비롯한 다른 장소들이 있으며, 주변의 작은 섬들에는 '절망', '빈곤', '슬픔'이라는 이름이 있다. 이 지도는 금융의 역사에서 손꼽힐 만큼 큰 호황과 불황이 연달아 일어났던 일을 풍자한다.

오늘날에도 금융 산업은 국제 금융과 금융 지도에 지대한 영향을 끼친다. 예를 들어 세계 경제의 성장을 이끄는 브릭스BRICS(브라질, 러시아, 인도, 중국, 남아공)나 **신흥경제국, 선진시장** 같은 용어는 세계를 가진 자와 못 가진 자, 가지기 직전인 자로 명확히 구분한다. 그리고 나는 개인적으로도 금융과 지도 제작이 얼마나 밀접하게 얽혀 있는지를 실감한 적이 있다.

지도책과 금융

나는 1998년 폴란드를 떠나 방문학생으로 옥스퍼드대학교 세인트피터스칼리지에 왔다. 이 칼리지는 과거 옥스

퍼드 조폐국이 있던 뉴인홀 스트리트에 있다. 1644년 잉글랜드 국왕 찰스 1세는 의회와 내전을 벌이느라 궁정을 런던에서 옥스퍼드로 옮겼다. 자원이 필요했던 그는 이곳에 조폐국을 세워 옥스퍼드와 케임브리지대학교의 은식기와 은수저를 은화로 바꿨다. 그해 옥스퍼드 조폐국에서 가장 먼저 발행한 은화인 옥스퍼드크라운(21쪽 그림)에는 교회와 대학, 보들리안 도서관이 점점이 흩어진 도시의 전경이 새겨져 있다. 보들리안 도서관은 약 200만 개의 지도와 2만 권의 지도책을 소장한 보고다. 이곳에는 종, 공룡의 모험, 존재가 지워진 나라들, 가상의 존재, 맥주, 커피, 초콜릿, 와인, 진기한 물건, 괴물 등 온갖 주제를 다룬 지도책이 있지만, 금융에 관한 지도책은 없다. 온라인으로 검색해보니 그에 가장 가까운 것은 100여 개 국가에서 쓰이던 주화의 발전을 다룬 지도책이었다. 하지만 주화는 금융 현상의 작은 부분에 불과하다.

얼마 전, 옥스퍼드대학교의 지리환경대학원 건물을 나오다 현금이 절실히 필요했던 찰스 1세의 일을 떠올렸다.

2010년, 이곳에서 나는 지도교수 고든 L. 클라크와 금융에 관한 지도책을 처음 구상했다. 철저한 조사를 거쳐 전면이 컬러로 된 지도책을 만들려면 어마어마한 비용이 들어간다. 우리는 마우로, 오르텔리우스, 블라우가 살았던 시대와 마찬가지로 오늘날에도 지도를 만들려면 자본이 필요하다는 사실을 곧장 깨달았다. 그렇다고 해서 찰스 1세처럼 대학의 은붙이를 가져다 쓸 수는 없었기에 이 프로젝트는 수년 동안 구상 단계에 머물러 있었다.

그러던 와중에 2016년 나는 유럽연구위원회에서 「국제 금융 네트워크에 속한 도시들: 21세기의 금융·비즈니스 서비스와 개발」이라는 프로젝트를 수행할 보조금을 지원받았다(이 책에서는 시티넷CityNet이라는 이름으로 해당 프로젝트를 인용했다).[6] EU의 기금 덕분에 우리는 곧바로 꿈에 그리던 프로젝트에 착수했고, 수상 경력이 있는 지도 제작자 제임스 체셔와 올리버 우버티를 비롯해 공동 저자가 될 박사후연구원들을 고용할 수 있었다. 이후 우리는 시티넷 프로젝트를 진행하며 수백만 개의 자료점data point

과 세계 각지의 금융 실무자 수백 명과의 인터뷰를 분석하고, 여러 연구 논문과 저서를 펴냈으며, 지리학(리암 키넌, 줄리엔 미고치), 경제학(스테파노스 이오아누, 블라디미르 파지트카), 정치경제학(파나요티스 일리오풀로스), 사회학(티모시 몬티스) 등 여러 학문에 걸친 배경과 금융 부문(마이클 어반, 모라그 토런스)에서의 경험을 바탕으로 연구를 진행했다. 이러한 자원을 갖춘 끝에 우리는 돈과 지도, 금융과 지리를 통합한 책을 최초로 시장(그리고 서점)에 선보일 준비를 마칠 수 있었다.

그렇기에 이 자리에서 독자들에게 『눈에 보이지 않는 돈의 지도책』을 소개하게 되어 더없이 기쁜 마음이다. 이 책은 지도와 그래픽으로 금융의 세계를 설명한 최초의 책이다. 먼저 1장에서는 금융의 기원과 역사를 요약하고, 금융의 역사가 어떻게 경제·정치·사상·문화를 포함한 인류 문명의 역사와 하나로 얽혀 있는지를 설명한다. 2장부터 5장까지는 자산과 시장, 투자자와 투자 행위, 중개와 기술, 금융이 지리에 끼치는 영향, 이렇게 네 가지 상호보완적 주제를 바탕으로 금융의 진화와 구조, 메커니즘을 시각화한다. 6장에서는 금융 불안, 버블, 위기에서 나타나는 금융의 파괴적 힘을 살펴본다. 7장에서는 규제와 거버넌스로 금융의 힘을 통제할 여러 방안을 다룬다. 마지막 8장에서는 금융이 사회와 환경에 미치는 영향을 장기적 관점에서 살펴본다. 정리하자면, 『눈에 보이지 않는 돈의 지도책』은 데이터 과학, 디지털 인문학, 경제학, 사회과학, 디자인을 결합한 금융지리학 설명서다. 이 책은 금융이 어떻게 삶을 개선하고 인간이 가진 잠재력을 해방할 수 있는지를 밝힌다. 하지만 동시에 이 책은 금융이 불평등과 불안정, 환경 파괴의 원인이며, 금융과 문명의 복잡한 관계는 문제를 일으킬 때가 많다는 사실 역시 외면하지 않는다.

지도책은 그 시대와 장소의 산물이다. 이 책의 저자들은 유럽과 북아메리카 출신으로서 가진 시각에서 자유로울 수 없으며, 핀테크, 비트코인을 비롯해 2020년대 초 금융 분야를 뜨겁게 달군 주제들에 영향을 받았다. 하지만 우리는 책에서 다루는 현상들의 역사와 지리적 다양성에 주의를 기울이면서 그러한 편견을 극복하고자 노력했으며, 금

융 관련 주제와 역사적 시기·지리적 범위의 폭을 넓히고, 다양한 지도 투영법과 색상, 시각화 방식을 활용하려 했다. 그리고 금융이 어떻게 우리가 사는 세상의 구석구석까지 스며들어 있는지를 전달할 수 있도록 모든 면에서 풍성한 책을 만들고자 했다.

여러분이 손에 든 이 책은 1만 2000시간이 넘는 작업의 산물이다. 이 책을 만드는 일은 저자들의 인생에서 가장 노동집약적이면서도 창의적인 프로젝트였다. 공동 저자들 외에도 옥스퍼드대학교 학생 200여 명이 자료 수집, 코딩, 분석, 문헌 조사를 도왔다. 이들 모두가 이 지도책의 제작을 도우며 금융을 연구하는 새로운 방식에 관한 통찰을 얻었다. 이 점에서 『눈에 보이지 않는 돈의 지도책』은 교육에도 공헌한다고 할 수 있다. 실제로 저자들이 공들여 이룬 학문적 성과는 책의 내용 하나하나를 뒷받침할 뿐만 아니라 금융의 불평등과 다양성, 국제 금융 거버넌스와 기술, 지속 가능한 금융 등에 관한 연구 저작으로 이어지고 있다.

우리는 근대 해부학이 인체를 지도화해 의학의 발전을 촉진했듯 이 책에서 정리한 패턴들이 금융을 보는 새로운 시각을 장려하기를 바란다. 이 책이 여러 학문 분야의 학생과 연구자들에게 영감을 주고, 규제 당국과 정책 결정자를 비롯한 민간·공공 부문의 금융전문가들에게 유용한 자료가 되기를 기대한다. 그리고 궁극적으로는 『눈에 보이지 않는 돈의 지도책』이 규모와 범위 면에서 독보적인 책으로서 돈과 세상을 바라보는 독자들의 시각에 커다란 변화를 가져올 수 있기를 희망한다.

2022년 12월, 시드니와 브로드비치에서
다리우시 보이치크

"세상 모든 경제학자를 한 줄로 드러눕혀 놓더라도
결론이라는 종착지에 이르지 못할 것이다."[1]

— 조지 버나드 쇼

History & Geography
역사와 지리

돈과 금융의 역사는 메소포타미아 최초의 도시들로 거슬러 올라간다.
이 역사는 무역, 제국의 정복, 세계화, 식민주의를 거치며 발전해왔다.
발전은 언제나 주변 환경이 만들어낸 결과물이었다. 18~20세기의 위대한
경제 사상가들은 주변에서 일어나는 금융의 발전에 영향을 받았다. 오늘날 금융은
세계화되었지만, 금융과학의 생산은 아직도 지리적으로 편중·편향되어 있다.

수메르인들의 셈법 기원전 3200~3000년경 우르크에 온 것을 환영한다. 아래 설명을 따라 세계에서 가장 오래된 금융 유물을 해석해보자.[2]

실제 크기: 67mm × 76mm

고대 메소포타미아 수메르 문명의 위치[3]

튀르키예

시리아

메소포타미아

이란

지중해

이라크

★ 바그다드

시리아 사막

요르단

사우디
아라비아

고대에 해안선이었을 것으로
추정되는 지역

수메르

우르크

쿠웨이트

0   200 km
국경은 현재 기준

❖ 역사적 장소
지도에 표시한 고대의 강줄기

수량

수메르의 숫자 체계에 따르면, 위 그림에서 빨간색으로 표시한 기호들은 보리 2만 8086단위(약 13만 4813리터)를 나타낸다. 이를 보면 우르크가 많은 양의 보리를 소비할 뿐만 아니라 수요에 걸맞은 재분배와 생산 체계를 갖춘 대도시였음을 알 수 있다. 또한 점토판에 쓰인 구체적인 숫자는 수메르의 행정이 얼마나 엄밀하고 효율적이었는지를 보여준다.

9000 900 300 30 5 1

회계 기간

수메르인들은 행정 목적에 따라 30일씩 12개월로 구성된 달력을 사용했는데, 360은 여러 숫자로 나눌 수 있으므로 재무 계산에 용이했다. 수메르인들은 이 역법을 날짜가 더 긴 태양력에 맞추기 위해 3년마다 달력에 한 달을 추가했다. 점토판에 나온 회계 기간이 37개월인 이유가 여기에 있다.

10개월 1개월 10일 1일

서명

세계에서 가장 오래된 사인은 인안나 신전(25쪽 위 그림)의 사제이자 관리자였던 쿠심의 서명이다. 인안나는 우르크의 여신이자 수호신이다. 쿠심은 맥주 생산에 필요한 보리와 맥아 공급을 감독했다. 수메르의 한 속담은 쿠심이 어떤 역할을 했는지를 잘 보여준다. "엔릴 신전은 온갖 장부를 모은 곳이다. 신전의 관리자는 그 장부들을 감독하는 사람이다."[4]

생산물

보리는 고대 메소포타미아의 핵심 작물이자 원시 쐐기문자가 쓰인 점토판의 주요 소재였다. 수메르인들은 수입한 은과 더불어 보리를 교환 수단으로도 사용했으며, 보리의 용량이나 무게를 측정해 대금을 치렀다. 주화는 기원전 600년경 다른 지역에서 발명됐으며, 그 무렵 우르크는 오랫동안 쇠퇴를 거듭해 머지않아 모래 속에 묻힐 운명이었다.

기능

이 부분은 기호가 일부 지워져 있어 해독하기 어렵다. 널리 알려진 설로는 이 기호를 시계 방향으로 90도 돌리면 굴뚝이 있는 벽돌 건물 모양이 되며, 이 건물은 양조장을 나타낸다는 주장이다. 또, 어떤 연구자들은 이 기호가 거래의 결산을 뜻한다고 주장한다. 엑셀 스프레드시트를 닮은 기호의 선들은 수메르의 회계 시스템을 나타낸 것일 수도 있다.

보리의 용도

원시 쐐기문자에는 동사가 없었기 때문에 이 기호는 문서의 기능만큼이나 해석하기 어렵다. 몇몇 연구자는 이 기호를 시계 방향으로 90도 돌리면 병에 든 보리처럼 보이며, 이는 맥주를 나타낸다고 주장한다. 수메르인들이 맥주를 발명해 자주 마신 건 발효한 맥주가 물보다 마시기에 안전했기 때문이다. 이 같은 해석에 따라 점토판에 새겨진 6개의 기호를 종합하면, 쿠심이 37개월 동안 2만 8086단위의 보리를 공급해 맥주를 생산했다는 뜻으로 볼 수 있다.

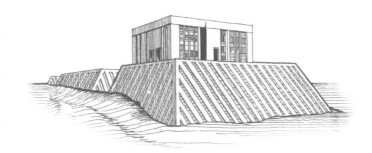

점토로 빚은 토대

고대 메소포타미아에서 일어난 도량, 기록, 회계 분야의 혁신은 금융과 문명 발전의 토대를 마련했다.

금융의 기원은 기원전 4000년경의 수메르 문화로 거슬러 올라간다. 당시 수메르는 기후가 온화하고 자원이 풍부한 '두 강 사이의 땅'이었다. 이 지역의 습지에는 물고기와 가금, 건축 자재가 풍부했고 충적토로 이루어진 비옥한 땅에서는 원예 작물이 잘 자랐으며, 물을 대기 쉬운 평야에서는 곡물을 경작할 수 있었고, 광활한 주변 땅은 가축을 방목하기에 안성맞춤이었다. 그리고 수메르인들은 또 다른 발명품인 바퀴를 활용해 강과 평야로 물자와 사람을 쉽게 나를 수 있었다. 이러한 요인들 덕분에 수메르의 농부들은 생계를 잇는 데 필요한 것보다 훨씬 많은 잉여 농산물을 생산했다. 그 결과 많은 인구와 사회적 위계질서를 갖추고 무역과 분업이 이루어지는 도시가 탄생했다. 기원전 3100년경 우르크의 인구는 4만여 명으로, 아마도 당시 세계에서 가장 큰 도시였을 것이다.

이렇게 복잡한 사회 조직을 유지하기 위해서는 인간의 창의성이 필요했다. 수메르인들은 숫자를 세고 시간을 측정하고 기호로 사물을 표현하는 방법을 만들어 인류 역사상 최초로 문자를 발명했다. 그들은 갈대로 만든 펜을 사용해 점토판의 부드러운 표면에 기호를 새긴 다음 햇볕에 말려 굳히거나 구웠다. 이러한 기호는 기원전 3000년대에 쐐기문자라는 문자 체계로 발전했다. 그 이전에 사용한 기호는 앞서 설명했듯 원시 쐐기문자로 불린다. 수메르의 엘리트 계층은 원시 쐐기문자를 도시 국가의 행정에 필요한 회계 용도로 썼으며, 그 외의 용도로는 거의 사용하지 않았다. 맥주 생산에 필요한 곡물 공급을 기록하고 계획한 것이 그 예다.

수메르인들은 사물에 이름을 붙이고, 셈과 기록을 하고, 계획을 세우면서 가치 측정·재산권 결정·과세·투자·대출·보험 같은 활동의 기반을 마련했다. 여기서 소개한 단순한 점토판(2020년 한 경매에서 22만 9000달러에 낙찰됐다)은 원시 금융을 상징하는 유물이며, 이 책에서 다루는 수조 달러 규모의 금융 시스템은 바로 이 원시 금융에서부터 발전했다.[5]

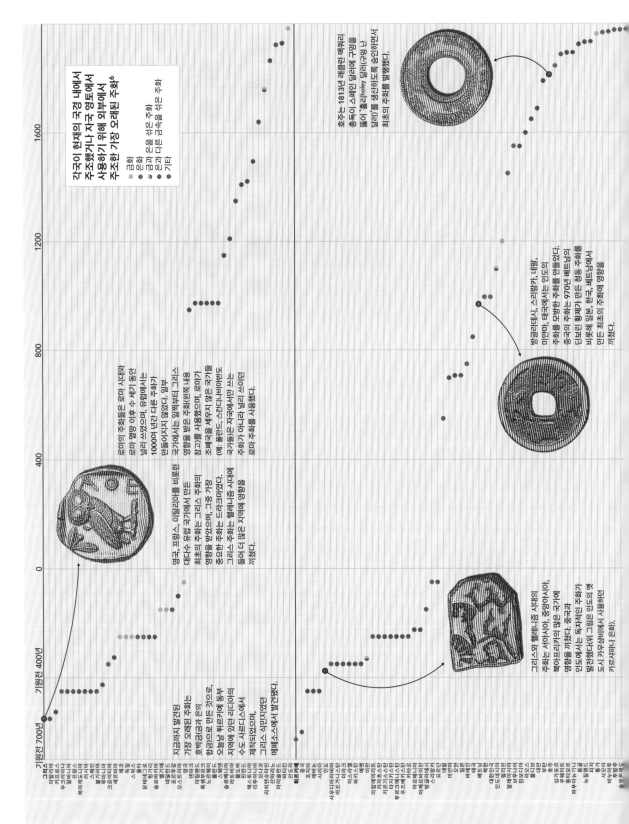

금속 화폐 등장

주화가 전 세계로 퍼져나간 것은 문명의 역사를 말해준다.

인류는 금융을 발명한 이후 조개껍데기, 곡물, 금속 등을 화폐로 사용해왔다. 모든 재료 중에서 특히 귀금속은 가단성과 내구성과, 내재적 가치(예를 들어 보석으로서의 가치) 덕분에 널리 화폐로 쓰였다. 주화는 금속의 무게를 측정하고 기호를 새기고 순도를 확인하는 등 금속 화폐를 표준화하는 기술이 탄생하면서 탄생했다. 금속을 두드리고 구멍을 뚫고 시간이 갈수록 주조하는 등 다양한 방식으로 만들어진 주화는 처음에 주로 도매에 쓰였지만, 시간이 갈수록 소매와 일상에까지 퍼지며 경제와 사회를 뒤바꿨다.

귀금속을 화폐로 썼다는 가장 오래된 주화는 터키에서 이집트까지 고대 메소포타미아와 이집트에서 나왔지만, 지금까지 남아 있는 가장 오래된 주화는 튀르키예 동쪽 소아시아에서 발전했다. 이곳에서는 주로 은으로 화폐를 만들었으며, 이후 금속 화폐는 고대 그리스와 로마를 거쳐 유럽과 중앙아시아, 북아프리카 등 지중해 주변 지역으로 퍼져나갔다. 한편 유럽과 별개로 중국에서는 청동으로 화폐를 만들었고 인도에서는 구멍 뚫린 은화를 발행하면서 동아시아와 남아시아에 주화가 보급됐다. 16세기에는 스페인이 유럽의 식민지 개척자들이 아메리카 대륙에서 채굴한 금과 은으로 화폐를 만들어 그 지역에 도입했다. 영국과 프랑스를 비롯한 다른 식민 제국들은 사하라 사막 이남 아프리카, 호주, 오세아니아에 주화를 도입했다. 대다수 국가에서는 가장 먼지 은을 주재료로 한 화폐를 사용하기 시작했지만, 19세기 중반에 이르자 일부 미국, 구리, 니켈, 주석을 섞어 만든 동전이 널리 쓰였다. 그러다 이후 액면가가 더 높은 지폐가 발행되면서 값비싼 은이나 금을 사용할 필요가 사라졌다.[7]

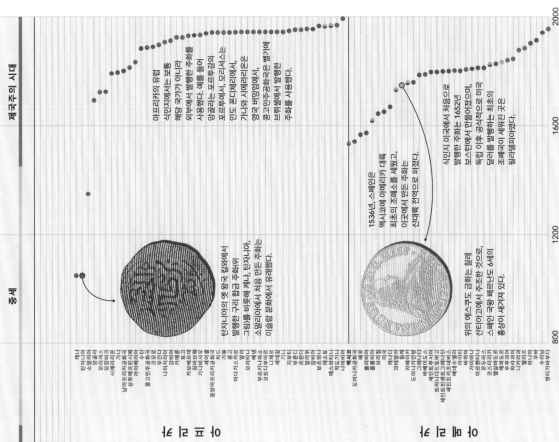

터키나이의 옛 왕국 팀에서 발행한 구리 합금 주화에서 그림을 비롯해 케냐, 터키나이, 소말리아에서 처음 만든 주화는 이슬람 문화에서 유래했다.

1536년, 스페인은 멕시코에 아메리카 대륙 최초의 조폐소를 세웠고, 이곳에서 주화는 신대륙 전역으로 퍼졌다.

위의 에스쿠도 금화는 칠레 산티아고에서 주조한 것으로, 스페인 국왕 페르난도 6세의 흉상이 새겨져 있다.

식민지 미국에서 처음으로 발행된 주화는 1652년에 보스턴에서 만들어졌으며, 독립 이후 공식적으로 미국 달러를 발행하는 최초의 조폐국이 세워진 곳은 필라델피아였다.

고대 그리스 | 헬레니즘 시대 | 로마 제국 | 중세 | 제국주의 시대

기원전 700년 · 기원전 400년 · 0 · 400 · 800 · 1200 · 1600 · 2000

리비아
튀니지
이집트
에리트리아
에티오피아

서경 15°

0°

스

칼레도니아
던토처

— 하드리아누스 방벽

북 해

트리어 발견지
이곳에는 네로부터 셉티무스
세베루스의 재위 기간까지
2500개가 넘는 금화가 쌓였는데,
이는 로마 군인 1000여 명의
연봉과 맞먹는 액수다.

히베르니아

브리타니아

론디니움

게르마니아

라인강

영국해협

아우구스타
트레베로룸

라이티아

갈리아

로마 제국의 주화 발견지
기원전 30~기원후 400년[8]

● 25개 이상
● 21~25개
● 16~20개
● 11~15개
● 6~10개
● 1~5개

45°

가론강 발견지
가론강 바닥에 가라앉은
난파선에서 약 4000개의
청동화가 발견되었다.

가론

비산맥

이탈리아

지도에 표시한 과거의 무역로

‥‥‥ 육로
──── 해로   ♣ 지도에 표시한 주화 발견지

로마 제국의 영토(기원후 117년 기준)

0   500 km

주화 발견지를 나타낸 원 하나의 너비는
위도 0.25도

히스파니아

코르시카

로마

사르디나

시칠

대 서 양

토마레스 발견지
19개의 항아리(암포라)에
기원전 300년대에 쓰이던
주화 600킬로그램이 가득
담겨 있었다.

토마레스

카이사레아

카르타고

북위
30°

마우레타니아

아프리카

돈을 쫓아라

로마의 주화는 로마 제국을 넘어 널리 영향을 끼쳤다.

'돈을 쫓아라Sequere pecuniam'라는 격언은 '문제의 핵심을
파악하려면 그와 관련된 돈의 흐름을 이해해야 한다'는 말
이다. 이에 따라 로마 제국의 금융을 이해하기 위해서는
당시의 화폐가 발견된 곳을 추적해봐야 한다.

공화국 시절, 로마는 이탈리아 남부와 그리스 일대로 영
토를 확장하면서 그리스 화폐를 도입했다. 로마는 제2차
포에니전쟁에서 카르타고를 물리친 뒤, 은화 데나리우스
를 중심으로 화폐 생산에 박차를 가했다. 이후 로마 제국에
서는 금화, 은화, 청동화로 구성된 화폐 제도가 발전했다.
가장 값비싼 주화(금화 아우레우스)의 액면가는 가장 값싼

주화(동전 콰드란스)의 1600배에 달했기에 사람들은 융통
성 있게 여러 주화를 사용할 수 있었다. 그리고 국가가 주
화 생산을 장악하면서 황제는 제국에서 가장 부유한 사람
이 되었다. 로마의 화폐가 제국 내 각 지역의 화폐를 대체
하기까지는 500년이 넘게 걸렸다. 로마는 기원후 290년대
에 이르러서야 로마 제국 전역에서 표준화된 주화를 독점
으로 생산할 수 있었다.

위 지도를 보면, 역사적으로 중요한 무역로와 주요 도시
주변에 주화 발견지가 밀집되어 있다. 로마의 주화는 라인
강과 다뉴브강 같은 경계 지역이나 유다이아Judae처럼 정

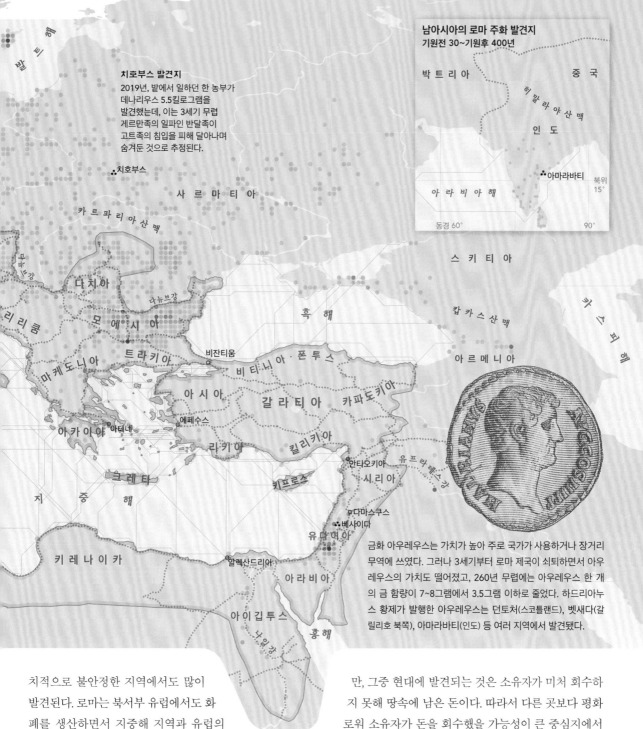

2019년, 밭에서 일하던 한 농부가 데나리우스 5.5킬로그램을 발견했는데, 이는 3세기 무렵 게르만족의 일파인 반달족이 고트족의 침입을 피해 달아나며 숨겨둔 것으로 추정된다.

남아시아의 로마 주화 발견지
기원전 30~기원후 400년

박트리아
중국
히말라야산맥
인도
아라비아해
아마라바티
북위
15°
동경 60°
90°

치호부스

사르마티아

카르파티아산맥

다치아
다뉴브강
모에시아

리리쿰

마케도니아
트라키아
비잔티움

흑해

스키티아

캅카스산맥

카스피해

아르메니아

비티니아·폰투스

아시아
갈라티아
카파도키아

아카이야
아테네
에페수스

리키아
킬리키아

크레타

안티오키아
유프라테스강
시리아

키프로스

지중해

다마스쿠스
벳새다
유다여아

키레나이카

알렉산드리아

아라비아

홍해

아이깁투스
나일강

금화 아우레우스는 가치가 높아 주로 국가가 사용하거나 장거리 무역에 쓰였다. 그러나 3세기부터 로마 제국이 쇠퇴하면서 아우레우스의 가치도 떨어졌고, 260년 무렵에는 아우레우스 한 개의 금 함량이 7~8그램에서 3.5그램 이하로 줄었다. 하드리아누스 황제가 발행한 아우레우스는 던토처(스코틀랜드), 벳새다(갈릴리호 북쪽), 아마라바티(인도) 등 여러 지역에서 발견됐다.

치적으로 불안정한 지역에서도 많이 발견된다. 로마는 북서부 유럽에서도 화폐를 생산하면서 지중해 지역과 유럽의 온대 지역 간의 연결을 공고히 했다. 로마의 주화는 로마 제국의 정치적 경계를 훌쩍 넘어 발트해 연안, 우크라이나, 인도에서까지 발견된다. 로마의 돈은 무역뿐만 아니라 전리품, 군인의 임금, 외교 비용 등 다양한 형태로 제국을 빠져나갔다. 그런데 지도를 보면, 정작 제국의 중심지였던 이탈리아 중부와 남부 지역에는 화폐 발견지가 많지 않다. 고대 사람들은 흔히 땅에 돈을 묻었지

만, 그중 현대에 발견되는 것은 소유자가 미처 회수하지 못해 땅속에 남은 돈이다. 따라서 다른 곳보다 평화로워 소유자가 돈을 회수했을 가능성이 큰 중심지에서는 화폐가 실제 유통량에 비해 적게 발견되지만, 정세가 불안정했던 국경 지역에서는 실제 유통량에 비해 많은 화폐가 발견된다. 또, 위 지도에서 보이는 발견지의 패턴을 해석할 때는 국가별로 조사나 기록 방식이 다르기 때문에 증거 편향이 나타날 수 있다는 점을 염두에 둬야 한다. 위 지도를 뒷받침하는 데이터는 새로운 발견이 이루어지고 발견 기록이 디지털화되면서 계속 늘어나고 있다.[9]

많은 금융 관련 단어와 마찬가지로 '사다'는 뜻의 한자 '매買'는 줄무늬 껍질과 두 개의 더듬이를 가진 개오지 Cypraeidae의 모양을 본떠 만들었다.

위안화와 그 조상

중국 화폐는 처음엔 주화로, 이후에는 지폐 형태로 1000년 넘게 전 세계에 영향을 끼쳤다.

위안화와 위안화의 세계화가 장차 전 세계에 미칠 영향을 두고 열띤 논쟁이 벌어지고 있지만, 중국 화폐의 역사에 관심을 가진 사람은 많지 않다. 세계 여러 지역의 해안에서 실크로드로 이어지는 길을 나타낸 위 지도는 주요 지점 11곳을 중심으로 중국 화폐의 발전과 영향력을 보여준다.

중국인들은 처음에 비단이나 개오지 껍데기 같은 상품 화폐를 사용했다. 기원전 500년 무렵 주화가 발명된 이후에도 상품 화폐는 계속 유통되었다. 중국에서 세계 최초로 지폐가 발명된 것은 그보다 한참 뒤인 11세기경의 일이다. 1000년이 넘는 시간 동안 사람들은 경제와 사회에서 화폐가 하는 역할을 면밀히 고찰하며 금융을 혁신했다. 일례로 고대 도시 린쯔에서 발견된 주나라 시대의 수필집에는 다음과 같은 구절이 있다. "세 종류의 화폐를 장악한다고 해서 몸을 덥힐 수 있는 것은 아니며, 화폐를 먹는다고 배가 부른 것도 아니다. (하지만) 선왕들은 화폐를 활용해 재화를 저장하고, 백성의 삶을 관리하고, 천하를 다스렸다."[10]

중국의 지폐는 몽골 제국이 팽창하면서 널리 전파됐다. 마르코 폴로의 기록은 지폐 개념을 서쪽 더 멀리 유럽에까지 퍼뜨렸다. 그가 쓴 『동방견문록』 24장의 제목은 '대칸Great Kaan이 나무껍질을 종이 같은 것으로 만들어 온 나라에 화폐로 유통한 과정'이다.[11]

중국의 주화는 동아시아 대부분 지역과 남아시아의 무역에서 주요 화폐로 사용됐다. 심지어 일본에서는 정부가 958년부터 1635년까지 자국 주화의 생산을 중단하기도 했다. 일본은 물론 한국이나 베트남이 21세기에 자국 통화를 위안화로 대체할 가능성은 매우 낮지만, 만약 그런 일이 벌어지더라도 역사상 처음 있는 일은 아니라는 점을 알아둘 필요가 있다.[12]

지도에 표시한 과거의 무역로

···· 육로
···· 해로

0   500 km

국경은 현재 기준

개오지 껍데기

개오지 껍데기

왕조: 상, 주

중국 금융 역사상 가장 오래된 유물은 안양(①)에서 발견된 상나라의 장군 푸하오의 무덤에서 나온 개오지 껍데기다. 개오지는 가볍고 단단하며, 인도양에서 잡혀 공급이 제한적이었던 만큼 가치가 높았다. 개오지 껍데기는 상나라 전후 고대 중국에서 널리 쓰였으며, 윈난성에서는 1300년대까지도 쓰였다. 뤄양(②)에서 발견된 주나라의 제례용 술병 하준何尊의 내부에는 개오지 껍데기를 화폐로 썼다는 최초의 기록이 새겨져 있다.

商 **상** ①	周 **주** ②	③
2000 BCE	1000 BCE	

아 시 아

파슈켄트

타림분지

투르판 **5**

히말라야산맥

만리장성

황하

대도(베이징) **10**

도페(다오비)

린쯔 **3**

1 안양

2
장안(시안) **4**
뤄양

경주 **6**

교토
나라 **7**

청두 **9**

양쯔강

일본 센

태 평 양

비단

왕조: 당

당나라의 수도 장안(**4**)은 통화를 교환하고 예금을 찾고 돈을 빌리려는 금융가들로 북적이는 실크로드의 금융중심지였다. 비단은 주화나 다른 원자재와 더불어 거래 가능한 상품이자 화폐로 기능했다. 투르판(**5**)에서는 661년에 작성된 계약서가 발견되었는데, 여기에는 매달 표백한 비단 4필을 이자로 받고 30필을 빌려준다는 내용이 쓰여 있다.[13]

탕롱(하노이)

메콩강

교자

교초

주화

왕조: 주, 당, 송, 원, 명, 청

중국에서 만들어진 가장 오래된 주화는 제나라의 수도 린쯔(**3**)에서 발견됐다. 청동으로 만든 이 주화는 칼 모양을 본떠 **도폐**라 불렸으며, '국가 건설'이라는 문구를 새겨 화폐의 역할을 강조했다. 중국 주화는 동쪽과 남쪽으로 전파되었다. 한국(**6**)에서는 996년 이전까지 중국 주화를 사용했고, 708년경 일본(**7**)에서는 중국 주화를 본떠 최초의 주화를 만들었으며, 동남아시아(**8**)에서는 중국 주화가 무역에서 큰 역할을 했다.[14] 베트남에서는 중국의 주화가 현지 화폐와 함께 유통됐으며, 더 남쪽으로 가면 코타치나와 테마시크 등의 항구와 10세기 초에 침몰한 인탄호 같은 난파선에서도 중국의 주화가 발견됐다. 동아시아와 동남아시아에서 가장 흔히 발견되는 중국의 주화는 당나라의 동전 **개원통보**다.

남 중 국 해

코타치나

말라카해협

테마시크

8

적도

수
마
트
라

인탄(10세기)

자 바

개원통보

인 도 양

지폐

왕조: 송, 원, 명, 청

송나라 시대, 오늘날 쓰촨성 일대에서는 화폐를 과도하게 발행한 탓에 소금 500그램이 철주화 750그램과 맞먹을 만큼 인플레이션이 심각했다. 그 여파로 993년에는 반란이 일어났고, 반란군은 청두(**9**)를 점령한 뒤 조폐소를 폐쇄했다. 그래서 정부군이 도시를 탈환했을 때는 주화가 부족했고, 교역은 민간에서 발행한 어음인 교자에 의존해야 했다. 그러자 정부는 점차 교자 발행을 중앙집권화했다. 원나라 시조 쿠빌라이 칸은 중국을 통일해 몽골 제국을 세우면서 대도(베이징)(**10**)를 수도로 정하고 교초를 도입했다. 몽골은 서아시아 지역에 지폐를 전파했으며, 1294년 타브리즈(**13**)에서는 교초를 본뜬 지폐가 발행됐다.

唐
당

宋
송

元
원

大明
명

大清
청

5 **7** **4** **6** **8**   **9**   **10** **11**

CE   500 CE   1000   1500   2000

세계의 돈이 모인 산

**세계화는 유럽이 아니라 세계에서 가장 높고
외딴 곳에 있는 한 도시에서 시작되었다.**

1545년, 디에고 구알파라는 광부가 포토시 인근의 산에서 세계 최대 은광을 우연히 발견했다. 오늘날 볼리비아 영토인 포토시는 해발 4000미터가 넘는 외진 지역이다. 당시 이 지역은 잉카를 정복한 스페인 제국의 영토였고, 스페인은 곧 세로리코Cerro rico('부유한 산')라는 은광산에 수천 명의 광부를 보내 은을 채굴했다. 1561년, 스페인 국왕 펠리페 2세는 포토시를 '제국의 도시'로 선포했다. 이후 100여 년 동안 세로리코는 전 세계 은의 절반가량을 생산했고, 포토시는 인구가 15만에 이르러 아메리카 대륙에서 가장 큰 도시가 되었다. 스페인 국왕이자 신성로마제국 황제 카를 5세는 포토시를 '세계의 금고'라 명명했다.

무한한 은의 원천이었던 포토시는 전례 없는 규모와 범위를 아우르는 네트워크의 중심지가 됐다. 여러 대륙의 사람과 물자가 포토시로 몰렸고, 스페인 레알화는 포토시의 은 덕분에 세계 최초의 국제 통화가 됐다. 포토시는 스페인 제국에만 기여한 것이 아니라 전 세계의 경제 활동을 촉진했다. 포토시의 전설은 세계 각지로 퍼져 식민지회사 설립을 부채질했다. 황금 도시 엘도라도를 찾아다닌 끝에

POTOSI

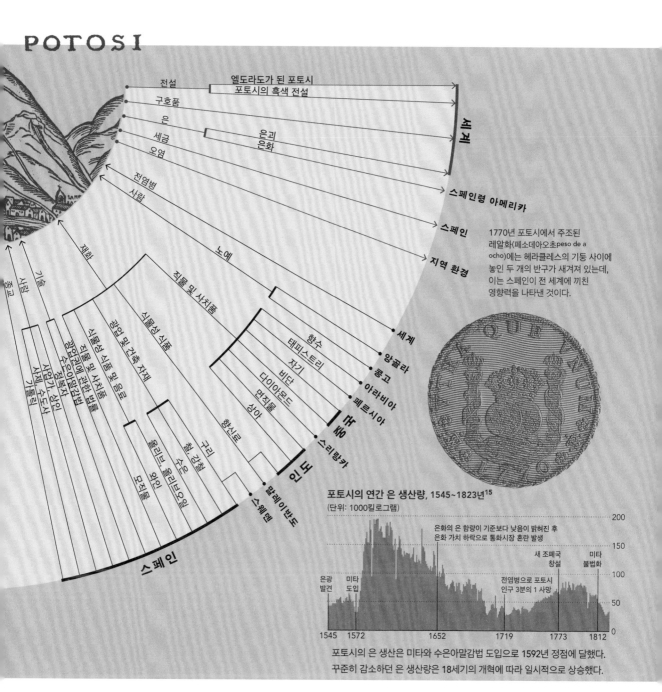

전설
구호품
은
세금
오염

엘도라도가 된 포토시
포토시의 흑색 전설

은괴
은화

세계

스페인령 아메리카

스페인

지역 환경

전염병
사람

노예

직물 및 사치품

재화
기술
사람

광석 및 건축 자재

식물성 식품

식물성 식품 및 사치품

향수
테피스트리
자기
비단
다이아몬드
면직물
상아

세계
앙골라
콩고
아라비아
페르시아

중국

스리랑카

인도

철, 강철
구리
볼리비아 볼리비오우
수은
위석
목재물

팔레이반도

스웨덴

스페인

1770년 포토시에서 주조된 레알화(페소데아오초peso de a ocho)에는 헤라클레스의 기둥 사이에 놓인 두 개의 반구가 새겨져 있는데, 이는 스페인이 전 세계에 끼친 영향력을 나타낸 것이다.

포토시의 연간 은 생산량, 1545~1823년[15]
(단위: 1000킬로그램)

은화의 은 함량이 기준보다 낮음이 밝혀진 후
은화 가치 하락으로 통화시장 혼란 발생

새 조폐국 창설
미타 불법화

은광 발견
미타 도입

전염병으로 포토시
인구 3분의 1 사망

1545 1572 1652 1719 1773 1812

200 150 100 50 0

포토시의 은 생산은 미타와 수은아말감법 도입으로 1592년 정점에 달했다. 꾸준히 감소하던 은 생산량은 18세기의 개혁에 따라 일시적으로 상승했다.

1720년 파산한 영국의 남해회사도 그중 하나였다.

그리고 이 과정에서는 무시무시한 인적·환경적 비용이 발생했다. 1572년, 페루의 총독 프란시스코는 지역 주민들에게 교대로 강제 노동을 부과하는 미타mita를 시행해 매년 남자 1만 5000명을 징집했다. 그래서 많은 사람이 고향에서 수백 킬로미터 떨어진 포토시까지 가족과 걸어가야 했고, 포토시의 은광과 공장, 제련소에서 수많은 청년이 목숨을 잃었다. 또한 톨레도는 은을 제련하기 위해 수은아말감법을 도입했는데, 이는 생산성 혁명을 가져

왔지만, 물·공기·토양을 심각하게 오염시켰다. 결국 세로리코에는 '피의 산', '지옥의 입구'라는 오명이 붙었고, 포토시를 둘러싼 괴담이 생겼다. 포토시가 번영하는 사이 주변지는 엄청난 고통에 시달렸다. 이후 포토시는 은 고갈과 스페인 제국 몰락과 함께 쇠락했다. 1825년, 라틴아메리카 독립운동가 시몬 볼리바르는 세로리코에 올라 볼리비아의 독립을 선포했다. 역사학자 크리스 레인은 "포토시는 환경 재앙이자 도덕의 구렁텅이면서, 동시에 인간의 독창성과 생존을 상징하는 기념비 같은 곳"이라고 평한다.[16]

과연 기부금의 출처는?

글래스고에서는 여러 획기적인 조사를 통해 글래스고 시의회,
글래스고대학교와 노예제 사이를 잇는 자금 흐름을 밝혀냈다.

영국은 1556년부터 1810년까지 300만 명이 넘는 아프리카인을 붙잡아 아메리카 대륙에 노예로 팔았다. 노예가 된 아프리카인들은 처음에는 법적으로 옮길 수 있는 자산(동산) 취급을 받았지만, 이후에는 옮길 수 없는 자산(부동산)으로 취급되어 영구적으로 농장에 묶어둘 수 있었다. 국가가 승인한 노예제도는 대서양을 가로지르는 상업망을 뒷받침했고, 영국의 대도시들, 그중에서도 글래스고 같은 서부 항구 도시들의 경제 발전을 이끌었다.

1700년부터 1815년까지 스코틀랜드인 약 9만 명이 북아메리카, 특히 노예를 이용한 담배 생산의 중심지였던 버지니아, 메릴랜드, 노스캐롤라이나로 이주했다. '담배왕'으로도 알려진 글래스고의 이름난 상인들은 미국산 담배를 수입해 전 세계로 수출했다. 미국 독립혁명 이후 이들은 서인도제도(자메이카, 앤티가, 바베이도스, 그레나다, 세인트빈센트, 트리니다드토바고 등), 남아메리카의 영국령 기아나, 브라질 등에서 생산하는 설탕으로 눈을 돌렸다. 글래스고에는 농장주이자 노예 소유주가 많았으며, 그중 일부는 노예가 된 아프리카인들을 인신매매하기도 했다. 글래스고에서 노예제도를 이용해 얻은 부는 대부분 이 도시의 '설탕 귀족'이 지배하는 설탕 무역에서 나왔다. 또, 글래스고 상인들은 노예가 생산한 면화를 수입한 다음 면과 리넨으로 가공해 수출하면서 스코틀랜드의 산업혁명을 촉진했다.

글래스고에서는 2018년부터 이루어진 획기적이고 역사적인 조사들을 통해 글래스고의 핵심 기관인 지방 정부와 글래스고대학교가 노예제를 이용해 돈을 벌었다는 사실을 밝혀냈다. 글래스고 지방 정부는 인도양에서 아프리카인 노예를 인신매매한 스코틀랜드회사Company of Scotland에 투자했고, 회사가 청산된 뒤 투자금을 돌려받았다. 또, 시 정부는 저미스턴하우스라는 대저택에 살던 노예 소유주 로렌스 딘위디Laurence Dinwiddie에게 돈을 빌렸으며, 서인도 제도, 북아메리카, 남아메리카에서 노예제로 얻은 수익을 학교, 주택, 도서관의 형태로 기부받았다. 노예제 폐지론자들의 본거지였던 글래스고대학교 역시 노예제로 돈을 번 사람들에게서 상당한 기부금을 모았다. 이들이 낸 기부금은 1860년대 말 글래스고대학교가 옛 캠퍼스인 올드칼리지에서 새 캠퍼스로 이전·확장하는 데 큰 도움이 됐다. '기부금의 출처'를 묻는 것은 역사를 인정하고 바로잡기 위해 반드시 해야 할 일이다.[17]

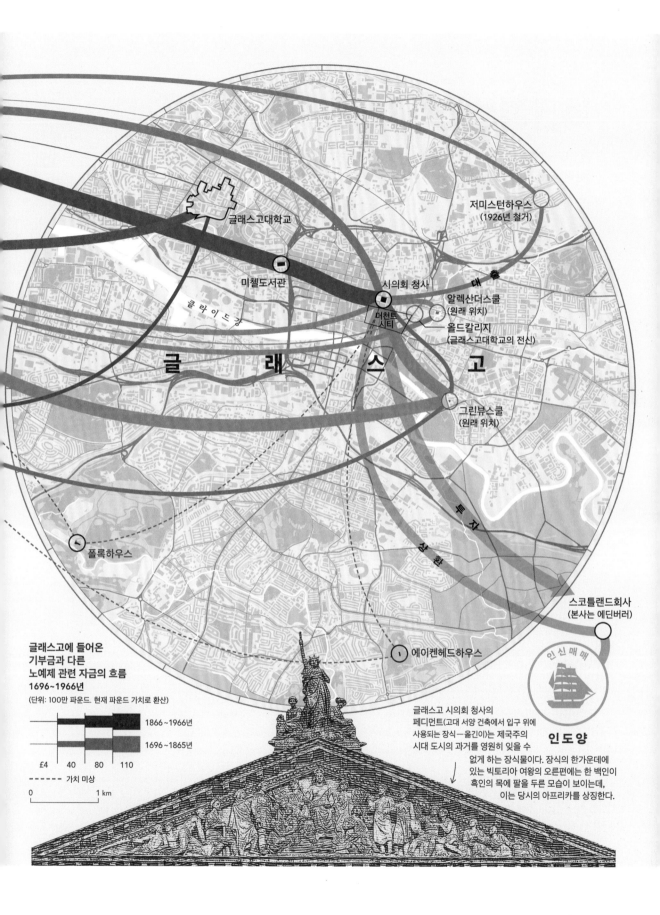

저미스턴하우스
(1926년 철거)

글래스고대학교

미첼도서관

클라이드강

시의회 청사

대 출

알렉산더스쿨
(원래 위치)

올드칼리지
(글래스고대학교의 전신)

머천트
시티

글   래   스   고

그린뷰스쿨
(원래 위치)

투 자

환 상

폴록하우스

에이켄헤드하우스

스코틀랜드회사
(본사는 에딘버러)

인신매매

인 도 양

글래스고에 들어온
기부금과 다른
노예제 관련 자금의 흐름
1696~1966년
(단위: 100만 파운드. 현재 파운드 가치로 환산)

1866~1966년

1696~1865년

£4   40   80   110

------- 가치 미상

0   1 km

글래스고 시의회 청사의
페디먼트(고대 서양 건축에서 입구 위에
사용되는 장식—옮긴이)는 제국주의
시대 도시의 과거를 영원히 잊을 수
없게 하는 장식물이다. 장식의 한가운데에
있는 빅토리아 여왕의 오른편에는 한 백인이
흑인의 목에 팔을 두른 모습이 보이는데,
이는 당시의 아프리카를 상징한다.

"그러나 암스테르담에서는 길더가
은행권으로 시중에 유통되고
있으며, 모든 길더에 상응하는
금이나 은이 실제로 은행 금고에
보관되어 있다는 믿음이 확고히
자리 잡고 있다."[18]

Adam Smith

1723 - 1790

금융지리학자 애덤 스미스

**현대 경제학의 창시자로 알려진 애덤 스미스는 화폐와 금융,
금융중심지에 관한 새로운 통찰을 제시한 선구자이기도 하다.**

금융의 역사는 세 명의 사상가를 빼놓고 논할 수 없다. 바로 금융의 역사에
가장 큰 영향을 끼친 애덤 스미스, 카를 마르크스, 존 메이너드 케인스다.
이들의 사상과 이들이 금융계에 가져온 변화를 살펴보자. 먼저 애덤 스미
스는 분업을 분석하고 시장의 보이지 않는 손을 옹호한 것으로 잘 알려져
있지만, 그를 금융과 연관 짓는 사람은 많지 않으며, 더구나 그가 지리학과
관계가 있으리라 생각하는 사람은 거의 없다. 그러나 그의 대표 저작『국
부론』을 자세히 읽어보면 금융과 지리학에 관한 통찰을 찾을 수 있다.

스미스는 금융시장에서 경쟁이 이점을 가져다준다고 봤으며, 국가의 보
증 없이 자체적으로 화폐를 발행하는 상업은행의 능력을 높이 평가했다.
하지만 그는 자유 금융시장의 이점이 저절로 주어진다고 보지 않았다. 스
미스는 종이를 화폐로 바꾸려면 "특정 은행가의 재산, 정직성, 신중함"[20]에
대한 믿음이 필요하다며 금융에서 신뢰가 하는 역할을 강조했다. 그러면
서도 그는 은행권을 "다이달로스의 날개"[21]에 빗대어 은행권의 가치가 금
과 은만큼 확고하고 안전하지는 않다는 점을 지적하고, 과도한 지폐 발행
을 경계했다. 또 스미스는 주식시장에서는 소유주와 경영자가 분리되며
투자자들이 경영자의 잘못된 행동에 피해를 볼 수 있다는 이유로 상장회
사에 회의적이었다. 이처럼 경제적·사회적 요인에 주목해 자유 금융시장
의 장단점을 두루 설명한 사람은 스미스가 처음이었다.

스미스가 살던 당시 암스테르담은 여전히 금융중심지로서 런던보다 앞
서 있었다. 그는 국제 금융이 작동하는 방식을 이해하고자 암스테르담에
본사를 둔 18세기의 대표 은행 호프앤코Hope & Co.의 설립자 헨리 호프
Henry Hope와 서신을 주고받았다. 스미스는 금융지리학자다운 분석력으
로 암스테르담의 위치, 정보, 전문성, 대외 무역, 제도의 질, 신뢰성 등 암스
테르담의 금융 역량을 설명하는 요인들을 논의했다. 예를 들어 발트해 연
안 국가들에서 생산한 곡물이나 포르투갈산 와인을 수출하는 상인들은 암
스테르담이 상품을 옮겨 싣거나 무역 자금을 조달하기에 안성맞춤인 장소
라는 사실을 알았다는 것이다. 또, 스미스는 국가가 보증하는 화폐를 발행
함으로써 오늘날의 중앙은행과 같은 기능을 수행한 암스테르담은행의 선
구적 역할을 묘사하기도 했다. 왼쪽 인용문에서 그는 암스테르담은행의
신뢰성이 어떻게 암스테르담을 금융중심지로 만드는 데 기여한지를 강조
한다. 이후 금융중심지로서 암스테르담의 영향력은 줄었지만, 스미스의 견
해는 오늘날의 현실에도 적용할 수 있다.[22]

OLD TOWN HALL, AMSTERDAM

모순투성이 세상을 배회하는 화폐라는 유령

**마르크스는 화폐를 중심으로 자본주의를 분석하고
자본주의를 폐지하기 위한 이념을 제시했다.**

카를 마르크스는 그의 대작 『자본론』에서 자본주의하에서는 화폐를 사용함에 따라 시장이 끝없이 팽창한다고 분석했다. 그는 화폐로 토지·노동력·원자재와 같은 생산 수단을 구매하고, 수단으로 상품과 서비스를 생산해 이윤을 남기고, 이윤을 재투자해 더 많은 돈을 버는 순환이 시장의 냉혹한 팽창을 이끈다고 보았다.

마르크스는 런던에서 『자본론』을 썼다. 오른쪽 인용문에서 그는 금융 권력이 런던에 집중된 상황을 묘사한다. 당시 버밍엄, 글래스고, 맨체스터 등 런던 북부에 있는 도시들이 제조업의 중심지였다면, 정부와 제국, 화폐의 중심지인 런던은 누구나 인정하는 자본주의의 수도였다. 마르크스는 생산 수단을 소유한 자본가들이 지배 계급으로서 정부와 힘을 합치며, 정부는 사유 재산을 보호하는 등의 방식으로 자본가의 이윤 축적을 돕는다고 봤다. 그리하여 자본가들은 정부의 지원을 등에 업고 노동력과 자연환경을 착취할 수 있었다. 마르크스가 던진 가장 중요한 통찰은 자본주의가 궁극적으로 자기모순에 빠질 수밖에 없다는 것이다. 자본주의는 혁신과 경제 성장을 촉진하지만, 이윤에 중독된 자본가들은 막대한 부를 축적하는 동시에 착취당하는 노동자가 구매할 수 없는 상품을 과잉 생산해 스스로 위기를 초래한다. 게다가 자본의 순환 과정에서 신용의 형태로 공급되는 돈은 자본주의를 더 큰 위기로 몰아간다. 이렇듯 마르크스의 저작은 오늘날 우리가 속한 시스템과 그 중심에 있는 금융을 날카롭게 비판한다. 만약 마르크스가 오늘날까지 살아 있었다면 런던이 영국 내 다른 지역의 발전을 가로막는다는 논란을 보고도 놀라지 않았을 것이다. 금융이 특정 지역에 과도하게 집중되면서 발생하는 각종 문제는 지금도 많은 국가를 괴롭히고 있다.

마르크스는 자본주의를 진단함으로써 세상을 바꾸고자 했다. 그가 프리드리히 엥겔스와 함께 집필해 『자본론』보다 먼저 발표한 『공산당 선언』은 화폐를 사회가 극복해야 할 문제점으로 꼽았다. 이 글은 가족조차 "단순한 금전 관계"[23]로 전락한 현실을 꼬집으며 "국가 자본을 독점하는 국립은행을 세워 화폐와 신용을 국가에 집중시키고 모든 민간은행과 은행가를 없앨 것"[24]을 촉구했다. 마르크스는 공산주의 혁명이 일어나면 화폐는 필요가 없어지리라 예측했다. 금융 시스템 전체를 국유화하려고 시도한 국가들은 대부분 성공을 거두지 못했지만, 화폐가 인간을 타인과 주변 환경에서 소외시킨다는 마르크스의 경고는 여전히 유효하다.[25]

> "시골의 예금자는 자신이 은행가에게 돈을 맡기며, 은행가가 대출을 내줄 때는 그가 알고 지내는 개인에게 돈을 빌려주는 것이라 생각한다. 그 시골 사람은 은행가가 자신의 예금을 런던의 증권업자 손에 맡기며, 자신과 은행가 모두 증권업자의 사업에 전혀 간섭할 수 없다는 사실을 꿈에도 생각하지 못한다."[26]

THE ROYAL EXCHANGE, LONDON

"종이 위의 세계에서는 진정한 가격과 그 가격을 이루는 실체적 요소를 어디서도 찾아볼 수 없다. 보이는 것은 금괴와 은괴, 주화, 지폐, 어음, 증권뿐이다. 특히 런던처럼 온 나라의 화폐적 영리 활동이 집중된 중심지에서는 이러한 왜곡이 더욱 분명히 드러난다."[27]

Karl Marx
1818~1883

"재생산 과정의 상호 연결 전체가 신용에 의존하는 생산 체제에서 신용이 갑자기 중단되고 현금 결제만 허용된다면 위기가 발생할 것이 불 보듯 뻔하다. (…) 모든 위기의 근본 원인은 사회의 필요를 훌쩍 넘어서는 [환어음의] 팽창에 있다."[28]

"중요한 사실은 우리가 예상 수익률을 측정할 때 기반으로 삼아야 할 지식의 근거가 지극히 빈약하다는 것이다. (…) 터놓고 말해 우리는 철도, 구리 광산, 섬유 공장, 특허 의약품의 영업권, 대서양 정기선, 런던 시내 빌딩 등의 10년 후 수익률을 추정하기 위한 지식에 사실상 근거가 없다는 사실을 인정해야 한다."[29]

"숙련된 투자의 사회적 목표는 우리의 미래를 뒤덮은 시간과 무지의 어둠을 물리치는 데 있어야 한다. 그러나 오늘날 가장 숙련된 투자자들이 실제로 추구하는 개인적 목표는 미국인들의 기막힌 표현대로 '총이 울리기 전에 출발'해서 일반 대중보다 앞서 나가고, 조악하고 가치가 떨어지는 동전을 남에게 떠넘기는 것이다."[3

John M. Keynes

1883~1946

"그 미국인은 투자를 할 때 기대 수익률을 고려하기보다 기존의 가치 평가 기준이 자신에게 유리한 쪽으로 바뀌기를 기대한다는 점에서 투기꾼이라 할 수 있다. 투기꾼들이 만든 거품은 기업이 꾸준히 성장할 때는 해가 되지 않을 수 있지만, 기업이 투기의 소용돌이 속에서 거품으로 변하면 문제가 심각해진다."[31]

NEW YORK 1931

금융이란 미인대회?

케인스가 1929년 대공황 직후에 쓴『고용, 이자, 화폐의 일반이론』은
금융이 주도하는 자본주의와 월가를 날카롭게 비판한다.

애덤 스미스가 자본주의의 정신을 포착하고 마르크스가 그 어두운 이면을
탐구했다면, 존 메이너드 케인스는 자본주의가 혼돈에 빠지는 광경을 지
켜보며 이를 해결할 방안을 제시하는 동시에 당대의 주요 사건에 적극 관
여했다.

케인스는 제1차 세계대전 직후에 열린 1919년 파리 강화 회의에 영국
대표단으로 참여했고, 독일에 막대한 부채를 부과하는 조약 조건에 항의
해 대표단에서 사임하면서 국제적으로 명성을 얻었다. 그는 이러한 조건
이 독일 경제가 회복할 가능성을 없애고 분노를 불러일으켜 또 다른 전쟁
을 야기하리라 생각했고, 그의 예상은 틀리지 않았다.

1929년 월가의 붕괴를 목격한 케인스는 주식시장을 단기적 투기가 지
배하는 카지노에 비유했다. 주식시장에서는 평범한 참여자들이 지식 부족
으로 어려움을 겪는 사이, 전문 투자자들이 장기수익률을 고려하지 않은
채 시장수익률을 앞서는 데 지나치게 열을 올렸기 때문이다. 이에 케인스
는 주식 투자를 가리켜 자기가 생각하는 가장 아름다운 사람을 뽑는 것이
아니라 다른 심사위원들이 누가 가장 아름답다고 생각할지를 추측해 우승
자를 맞히는 미인대회에 빗댔다. 케인스는 그 결과 금융시장에서 중시하
는 가치가 실제 기업의 근본적인 가치와 동떨어지게 되었다고 봤다. 남들
도 암호화폐와 암호자산을 살 것이라는 믿음만으로 투자에 나섰다가 손실
을 보는 사람을 생각해보라.

케인스는 대공황 이후 출간한『고용, 이자, 화폐의 일반이론』에서 정부
가 경제에 개입해야 하는 이유를 설명했다. 케인스는 그가 '동물적 충동'이
라 부른 과도한 낙관주의가 투자와 경제를 이끈다고 생각했다. 하지만 동
시에 그는 대중의 심리가 불확실성에 압도되면 정부가 상품과 서비스 수
요를 유지하고 대량 실업을 막기 위해 투자에 나서야 하며, 필요한 경우 화
폐를 발행해야 한다고 주장했다.

케인스는 패권국의 지위가 영국에서 미국으로 넘어가는 시기에 살았다.
제2차 세계대전이 끝나갈 무렵, 케인스는 국제 중앙은행과 결제 기구, 새
로운 국제 통화를 만들자고 제안했다. 그의 주장은 세계은행과 국제통화
기금IMF 설립에 영향을 줬지만, 미국 달러에 기반한 국제 통화 체제는 그
의 급진적인 제안에 미치지 못하는 것이었다. 당시에는 케인스가 제안한
정책들이 미국의 금융 권력에 가려 빛을 보지 못했지만, 그의 발상은 미국
의 권력보다 더 오래도록 영향력을 발휘할지도 모른다.[32]

금융과학의 생산 사다리

금융 연구에 기여한 공로로 노벨경제학상을 받은 연구자 19명은 모두 미국에서 박사학위를 받고 수상 당시에도 미국에서 연구 중이던 백인 남성이다.[33]

금융 분야 상위 10개(2021년 3월 기준) 학술지의 편집장 20명 중 여성은 5명뿐이며, 미국 외 국가의 기관에 소속된 사람은 3명뿐이다(런던비즈니스스쿨, 트리니티칼리지더블린, 위트레흐트대학교).[34]

금융 분야에서 인용 순위 100위(2021년 3월 기준) 안에 들어가는 논문을 쓴 저자 195명 중 11명만이 여성이었으며, 미국에서 활동 중인 사람은 172명이었다. 그중 시카고 대학 출신 저자는 미국을 뺀 나머지 지역 출신의 저자보다도 많았다.[35]

저자의 소속을 기준으로 보면, 금융 관련 논문을 가장 많이 발표한 국가는 미국이다. 2012년에서 2019년 사이 중국에서 발표된 논문의 수가 3배로 증가하는 등 미국 외 지역 저자들이 쓴 논문도 빠르게 늘고 있지만, 북아메리카와 서유럽에서 나온 논문의 비중은 2019년에도 50퍼센트가 넘었다.[36]

금융경제학에 기여한 공로로 노벨상을 받은 사람들(수상 당시 소속 기관별)

시카고대학교 — 밀턴 프리드먼 1976, 머튼 밀러 1990, 유진 파마 2013, 라스 피터 핸슨 2013, 리처드 탈러 2017, 더글러스 다이아몬드 2022

스탠퍼드대학교 — 윌리엄 샤프 1990, 마이클 스펜스 2001

컬럼비아대학교 — 로버트 먼델 1999, 조지프 스티글리츠 2001

예일대학교 — 제임스 토빈 1981, 로버트 실러 2013

노벨경제학상 수상자, 1969~2023년

금융경제학 부문 수상자
- 미국 태생
- 미국 외 지역 태생
- 기타 부문 수상자

공동 수상

1969 / 2023

프랑코 모딜리아니 1985 매사추세츠공과대학교
해리 마코위츠 1990 뉴욕시립대학교
로버트 머튼 1997 하버드대학교
마이런 숄즈 1997 롱텀캐피털매니지먼트
조지 애컬로프 2001 캘리포니아대학교 버클리캠퍼스
벤 버냉키 2022 브루킹스연구소
필립 딥비그 2022 세인트루이스워싱턴대학교

금융 분야에서 많이 인용되는 10대 학술지의 편집장(성별 및 소속 국가별)

미국 / 영국 아일랜드 / 네덜란드

펜실베이니아대학교 / 워싱턴대학교 / 로체스터대학교 / 매사추세츠공과대학교 / 기타 / 런던비즈니스스쿨 / 트리니티칼리지더블린 / 위트레흐트대학교

금융 분야의 인용 순위 100위 내 논문 저자(출판 당시 소속 국가별)

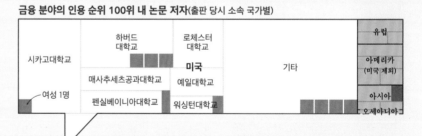

시카고대학교 / 하버드대학교 / 로체스터대학교 / 매사추세츠공과대학교 / 미국 / 예일대학교 / 펜실베이니아대학교 / 워싱턴대학교 / 기타 / 유럽 / 아메리카(미국 제외) / 아시아 / 오세아니아
여성 1명

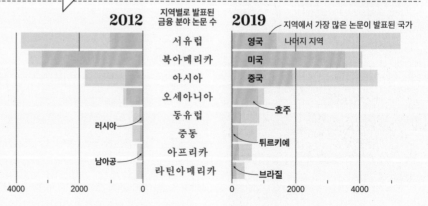

2012 / **2019**

지역별로 발표된 금융 분야 논문 수

지역에서 가장 많은 논문이 발표된 국가

서유럽 — 영국 / 나머지 지역
북아메리카 — 미국
아시아 — 중국
오세아니아 — 호주
동유럽 — 튀르키예
중동
아프리카 — 브라질
라틴아메리카

러시아 / 남아공

4000 2000 0 0 2000 4000

메이드 인 USA

미국 외 다른 국가에서 출판되는 논문이 빠르게 증가하고 있지만, 금융경제학 분야는 여전히 미국이 주도한다.

과학 분야에서 출세는 높은 사다리를 오르는 일에 빗댈 수 있다. 그 사다리의 첫 번째 단은 논문 출판으로, 학계에서 논문은 "출판하든지 아니면 도태되든지"라는 말이 있을 만큼 중요하다. 하지만 논문이 영향력을 가지려면 인용이 필요하다. 논문은 다른 연구자가 읽고 자기 연구에 인용함으로써 그 가치를 인정받아야 한다. 한편 학술지의 편집자들은 논문을 검토하는 작업을 감독하고 동료 평가를 관리하는 등 출판 과정에서 중요한 역할을 한다. 최종적으로 논문을 게재할지 말지를 결정하는 일 역시 편집자의 몫이다. 경쟁이 치열하고 권위가 있는 일부 학술지는 논문 한 편을 싣기만 해도 일자리를 얻거나 정년을 보장받기도 한다. 마지막으로 사다리의 맨 윗단에는 논문이나 저서, 평생에 걸친 업적에 주어지는 상이 있으며, 그중에서도 가장 선망받는 것은 노벨상이다. 그러나 대다수 연구자는 평생 한 번도 학술지 편집자 일을 맡지 못하며, 상을 받는 연구자는 극소수에 불과하다.

42쪽의 그림은 금융과학 분야의 연구 생산이 미국중심·남성주의적이며 사다리 위로 올라갈수록 쏠림이 심하다는 점을 보여준다. 금융 분야의 논문 주저자 중 발표 당시 미국에서 활동한 저자의 비율은 2012년 29퍼센트에서 2019년 20퍼센트로 감소했지만, 역대 인용 순위 100위 내 논문 중 미국 기관에 소속된 저자의 비율은 2021년 기준 88퍼센트였다. 상위 10개 학술지의 편집장 중 미국 기관에 소속된 연구자의 비율 역시 85퍼센트에 달했다. 그에 반해 인용 순위 100위 내 논문 저자와 상위 10개 학술지 편집장 중 여성의 비율은 각각 6퍼센트, 25퍼센트에 불과했다.

사다리의 꼭대기에 있는 노벨상은 1969년부터 2023년까지 55회에 걸쳐 193명에게 수여되었으며, 그중 19명이 금융과학에 기여한 공로로 상을 받았다. 이들은 모두 미국에서 활동했거나 활동 중인 백인 남성이며, 미국 태생이 아닌 사람은 3명뿐이다(캐나다의 마이런 숄즈와 로버트 먼델, 이탈리아의 프랑코 모딜리아니). 이들 중 몇몇은 금융 분야에서 일하기도 했는데, 일례로 마이런 숄즈는 헤지펀드를 설립했으나 아시아 금융위기 이후 파산했다.

이렇듯 금융 연구는 여느 학문보다도 미국중심·남성주의적이며, 금융 산업에서 이만큼 성적·지역적 편향이 심한 분야는 찾아보기 어렵다. 이처럼 획일성이 깊게 뿌리내린 상황에서는 개발도상국이나 사회의 소외 계층에 불리한 방향으로 치우친 연구가 양산되어 교육과 공공 정책, 비즈니스 전략에 영향을 끼칠 수 있다. 그런가 하면 경제학 외 사회과학 및 문학 외 인문학 분야에서는 노벨상이 없다 보니 금융과 관련한 다양한 연구가 사다리 밖으로 밀려나고 있다.

"물건에는 다른 사람이 치를 값만큼의
가치만이 있을 뿐이다."[1]

— 세네카

Assets & Markets
자산과 시장

금융의 관점에서 보면, 모든 것은 시장에서 사고팔 수 있는 잠재적 자산이다.
금융은 가격, 지수, 금리에 집착한다. 하지만 금융시장(주식, 통화, 보험, 부동산,
인프라, 송금, 투자은행 서비스 등)은 가격 외에도 많은 것을 만들어낸다. 금융시장은
부와 권력을 분배하면서 공간을 생산한다. 우리는 금융을 이용해 사람과 기술을
거래할 수 있으며, 심지어 가지고 있지 않은 물건을 팔 수도 있다.

한눈에 읽는 시장

**주가지수는 세계 경제의 구성과 역동성을
들여다볼 수 있는 창이다.**

주가지수는 특정 국가에 상장된 주요 주식 묶음의 변동을 따라 움직이며, 그 나라의 금융시장에서 일어나는 일을 하나의 숫자로 간단히 파악할 수 있게 해준다. S&P 500, 닛케이 225, FTSE 100 같은 이름은 경제 언론의 머리기사에서 쉽게 찾아볼 수 있다. 그렇다면 이러한 지수는 무엇을 의미하며, 우리는 지수를 보고 무엇을 알 수 있을까?

주가지수의 시가총액은 해당 지수에 포함된 모든 기업의 가치를 합한 것이며, 지수에는 보통 가치가 높은 상위 25~500개 상장 기업이 들어간다. 투자자는 지수 자체를 주식처럼 매매할 수는 없으며, 지수에 포함된 모든 기업의 주식을 하나씩 사는 것은 복잡하고 많은 비용이 든다. 하지만 패시브 상장지수펀드(이하 ETF)라는 금융 상품은 지수에 포함된 주식들로 시장 가치에 비례한 포트폴리오를 구성해 지수의 움직임을 추종한다. 패시브 ETF는 산업, 국가, 시장의 전반적인 움직임을 따라갈 수 있으며, 투자자가 주식을 선택해 운용하는 액티브 펀드의 성과를 측정하는 기준으로도 자주 활용된다.

시장의 거래자들은 전 세계 시장을 선진시장, 신흥시장, 프런티어시장(신흥시장 중에서도 경제 규모와 시가총액이 작은 시장 – 옮긴이)으로 나누는 모건스탠리 캐피털인터내셔널(이하 MSCI)의 분류를 활용해 세계 경제를 평가한다. MSCI는 주식 투자와 관련한 안정성, 보안, 위험 수준 등을 근거로 국가들을 분류한다. 오른쪽의 캔들 차트는 2008년 금융위기가 각 시장 그룹에 미친 영향과 회복 속도를 보여준다. 선진시장은 위기에서 빠르게 회복해 2014년에는 2007년의 고점을 넘어섰고, 그 이후에도 2배 넘게 상승했다. 신흥시장은 선진시장보다 더 큰 손실을 보았으며, 2020년에야 금융위기 이전 수준을 회복했다. 프런티어시장은 2008년에 가장 큰 충격을 받았고, 이후에도 침체를 벗어나지 못했다. 이러한 차이가 나타난 이유는 주식시장의 부문별 구조로 설명할 수 있다.

미국을 비롯해 네덜란드, 홍콩 등 규모가 큰 선진시장에서는 지난 10년간 가장 비중이 큰 부문인 기술(테크) 분야의 기업들이 주식시장의 회복을 이끌었다(도넛그래프 참고). 기술 부문(청록색 부분)은 대만·대한민국 등 일부 신흥시장에서도 다른 부문보다 우세하며 중국·인도·남아공 등에서도 상당한 비중을 차지하지만, 프런티어시장에서는 대개 비중이 낮은 편이다. 반면에 많은 신흥시장과 프런티어시장에서 가장 큰 비중을 차지하는 금융 부문(연두색 부분)은 2008년 이후 상대적으로 성과가 좋지 않았다.

연 최고가
시가
종가
연 최저가

■ 상승
■ 하락

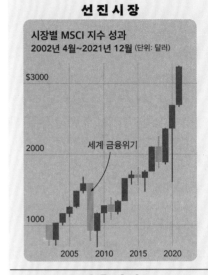

선 진 시 장

시장별 MSCI 지수 성과
2002년 4월~2021년 12월 (단위: 달러)

$3000
2000
1000

세계 금융위기

2005　2010　2015　2020

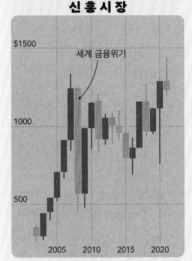

신 흥 시 장

$1500

세계 금융위기

1000

500

2005　2010　2015　2020

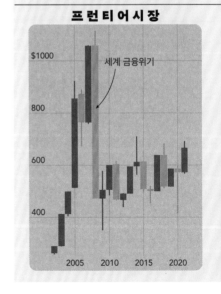

프 런 티 어 시 장

$1000

세계 금융위기

800

600

400

2005　2010　2015　2020

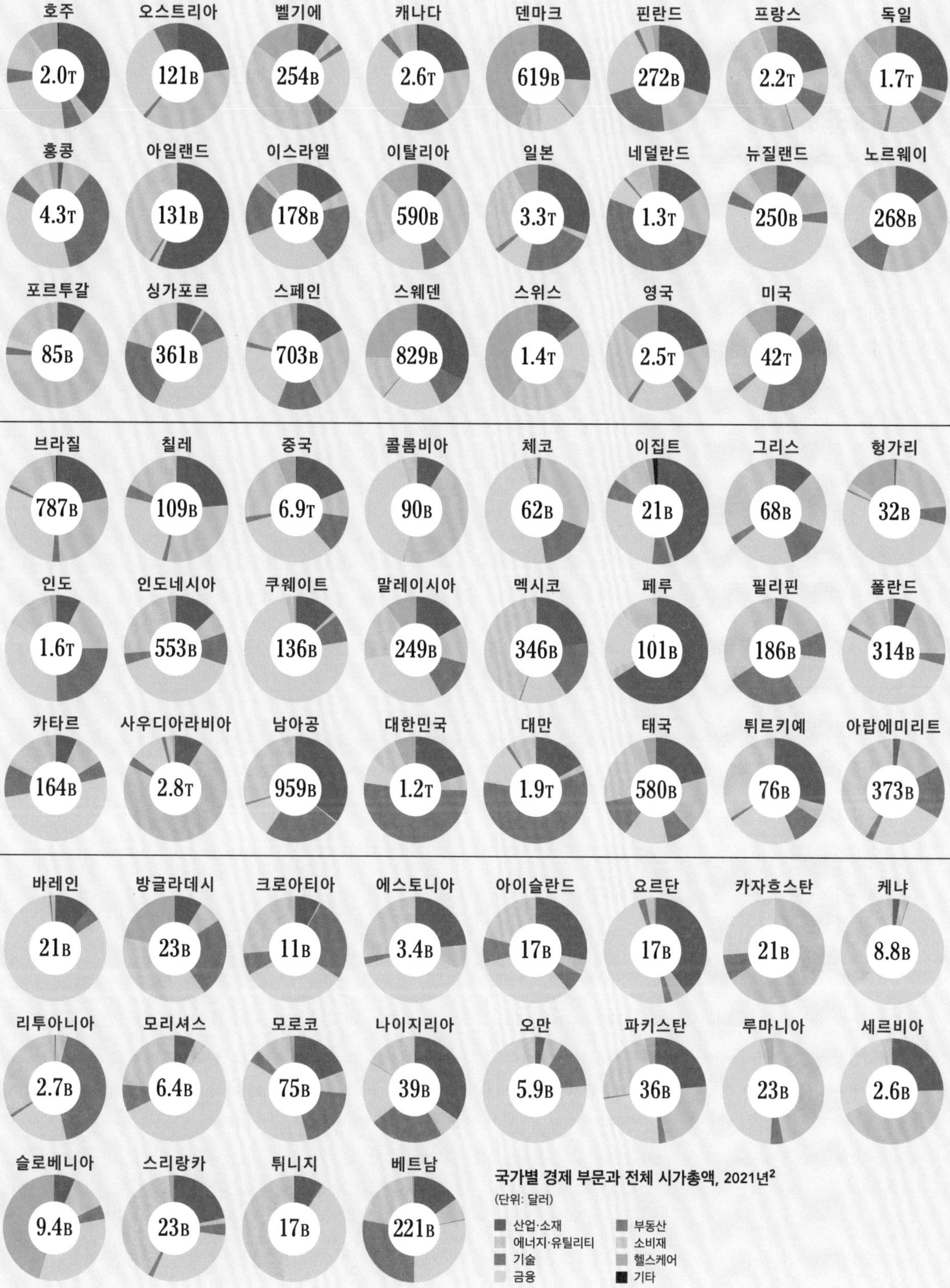

호주 **2.0**T 오스트리아 **121**B 벨기에 **254**B 캐나다 **2.6**T 덴마크 **619**B 핀란드 **272**B 프랑스 **2.2**T 독일 **1.7**T

홍콩 **4.3**T 아일랜드 **131**B 이스라엘 **178**B 이탈리아 **590**B 일본 **3.3**T 네덜란드 **1.3**T 뉴질랜드 **250**B 노르웨이 **268**B

포르투갈 **85**B 싱가포르 **361**B 스페인 **703**B 스웨덴 **829**B 스위스 **1.4**T 영국 **2.5**T 미국 **42**T

브라질 **787**B 칠레 **109**B 중국 **6.9**T 콜롬비아 **90**B 체코 **62**B 이집트 **21**B 그리스 **68**B 헝가리 **32**B

인도 **1.6**T 인도네시아 **553**B 쿠웨이트 **136**B 말레이시아 **249**B 멕시코 **346**B 페루 **101**B 필리핀 **186**B 폴란드 **314**B

카타르 **164**B 사우디아라비아 **2.8**T 남아공 **959**B 대한민국 **1.2**T 대만 **1.9**T 태국 **580**B 튀르키예 **76**B 아랍에미리트 **373**B

바레인 **21**B 방글라데시 **23**B 크로아티아 **11**B 에스토니아 **3.4**B 아이슬란드 **17**B 요르단 **17**B 카자흐스탄 **21**B 케냐 **8.8**B

리투아니아 **2.7**B 모리셔스 **6.4**B 모로코 **75**B 나이지리아 **39**B 오만 **5.9**B 파키스탄 **36**B 루마니아 **23**B 세르비아 **2.6**B

슬로베니아 **9.4**B 스리랑카 **23**B 튀니지 **17**B 베트남 **221**B

국가별 경제 부문과 전체 시가총액, 2021년²
(단위: 달러)

- 산업·소재
- 에너지·유틸리티
- 기술
- 금융
- 부동산
- 소비재
- 헬스케어
- 기타

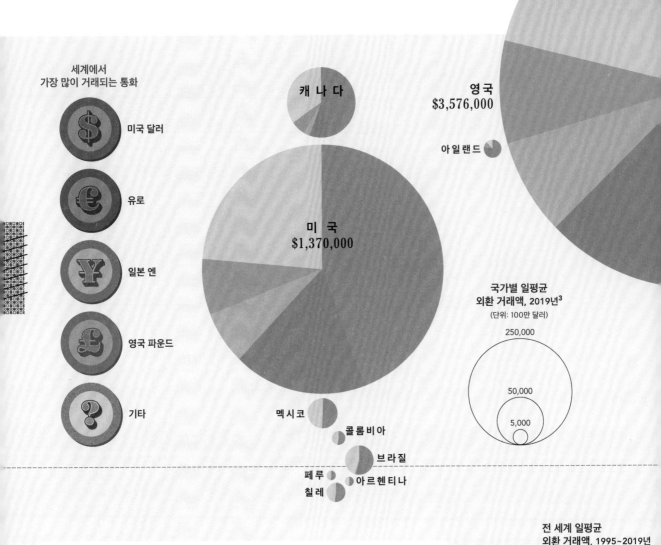

세계에서
가장 많이 거래되는 통화

미국 달러

유로

일본 엔

영국 파운드

기타

캐 나 다

영국
$3,576,000

아 일 랜 드

미 국
$1,370,000

국가별 일평균
외환 거래액, 2019년[3]
(단위: 100만 달러)

250,000

50,000

5,000

멕 시 코

콜 롬 비 아

브 라 질

페 루   아 르 헨 티 나

칠 레

전 세계 일평균
외환 거래액, 1995~2019년
(단위: 10억 달러)

6,600

1,180
1995   2019

변하지 않는 통화

**통화시장은 실물경제보다 빠르게 성장했지만,
거래되는 통화의 종류와 거래 장소는 놀라울 정도로 변화가 적었다.**

외환시장은 참가자들이 현물 거래나 선물, 옵션, 스와프를 비롯한 파생상품을 활용해 통화를 매매하는 사모시장 private market이다. 외환시장은 자신의 계좌(딜러)나 고객의 계좌(중개인)로 거래하는 대형 은행들이 주도한다. 이 시장의 고객으로는 자산운용사와 연기금·뮤추얼펀드·보험사·헤지펀드·비금융회사·중앙은행 같은 기관투자자가 있다.

외환시장은 통화와 마찬가지로 오래전에 탄생했지만, 1970년대 미국이 금본위제를 벗어나 달러 가치를 '변동'시키기로 하면서 새로운 시대를 맞았다. 이후 대다수 주

요 통화가 미국을 따라 변동환율제를 도입했고, 통화의 가치는 외환시장의 거래에 따라 결정됐다. 위의 꺾은선그래프에서 확인할 수 있듯, 1995년부터 2019년까지 세계 외환시장의 거래액은 6배 가까이 증가했는데, 여기에는 헤지펀드의 활동과 거래의 디지털화가 큰 영향을 끼쳤다. 2019년, 전 세계의 일평균 외환 거래액은 일평균 GDP의 27배, 일평균 상품 거래액의 96배에 달했다. 이 같은 통계를 보면, 외환 거래 중 상품 생산 및 거래와 관련 있는 거래는 일부에 불과하다. 대부분의 외환 거래는 투자, 헤지

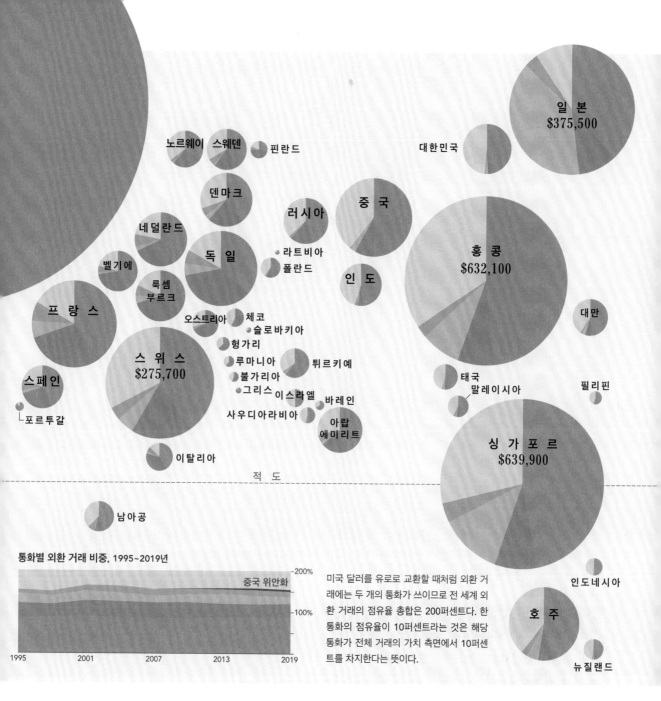

노르웨이 스웨덴 핀란드
덴 마 크
네덜란드
독 일
벨기에 라트비아
룩 셈 폴란드
부르크
프 랑 스 오스트리아 체코
슬로바키아
헝가리
스 위 스 루마니아 튀르키예
$275,700 불가리아
스페인 그리스 이스라엘 바레인
포르투갈 사우디아라비아 아랍
에미리트
이탈리아

러 시 아
중 국
인 도

대한민국
일 본
$375,500

홍 콩
$632,100
대
만

태국
말레이시아 필리핀

싱 가 포 르
$639,900

적 도

남아공

통화별 외환 거래 비중, 1995~2019년

중국 위안화

1995   2001   2007   2013   2019

인 도 네 시 아

호 주

뉴질랜드

미국 달러를 유로로 교환할 때처럼 외환 거래에는 두 개의 통화가 쓰이므로 전 세계 외환 거래의 점유율 총합은 200퍼센트다. 한 통화의 점유율이 10퍼센트라는 것은 해당 통화가 전체 거래의 가치 측면에서 10퍼센트를 차지한다는 뜻이다.

hedge, 투기 등 다른 금융 활동을 목적으로 이뤄진다.

한편 외환 거래는 특정 지역에 과도하게 집중되어 있다(원형그래프 참고). 영국은 2019년 기준 전 세계 외환 거래액의 43퍼센트를 점유한 국제 중심지이며, 영국 안에서도 거의 모든 거래가 런던에서 이뤄진다. 이처럼 하나의 도시가 지배적인 역할을 하는 경제 활동은 외환 거래 외에는 찾아보기 어렵다. 뉴욕을 외환 거래의 중심지로 둔 미국은 2019년 점유율 17퍼센트로 2위를 차지했다.

각 통화가 외환 거래에서 차지하는 비중 역시 쏠림이 심

하기는 마찬가지며, 그 비중은 시간이 흘러도 거의 변화가 없다(누적 영역 그래프 참고). 위의 그래프에서 확인할 수 있듯, 미국 달러의 점유율은 1995년 이후 쭉 80퍼센트 수준을 유지해왔다. 유로화는 2위 자리를 지키고 있지만, 유로존 위기 이후 비중이 줄었으며, 일본 엔화와 영국 파운드화는 각각 3위와 4위 자리를 유지하고 있다. 최근에는 중국 위안화가 이 구조에 틈을 내고 점유율을 높였다. 하지만 중국은 경제 규모가 큼에도 금융시장의 개방성이 떨어져서, 위안화가 달러에 도전하기에는 한계가 있다.[4]

8% (보험료율)	6	4	2	0%
4,000 (해리)	3,000	2,000	1,000	0

0%
0

아미앵-루앙

바욘-루앙

보르도발 항해(월리)

리에주-스톡홀름

섬유 산업의 중심지였던 루앙으로
들어오는 주요 제품은 양모였고,
보르도발 항해에서 주로 보험을
든 화물은 포도주였다.

엘리자베트 엘리상이 보험을 인수한 항해
1668~1672년[5]

━━ 국내
━━ 유럽
━━ 대서양 횡단
• 보험료

1672년 프랑스-네덜란드 전쟁 중 엘리자
베트 엘리상은 프랑스의 동맹국 스웨덴의
국왕 칼 11세에게 식량을 보급하기 위해
르아브르에서 스톡홀름으로 향하는 선박
에 보험을 제공했다.

리스크도 꿰내면 보배

**프랑스에서 발전한 해상보험 시장은 무역을 촉진하고 프랑스의 힘을 키우며
파리의 엘리트 계층에 부를 가져다주도록 설계됐다.**

선주들은 늘 엄청난 위험에 직면해 있다. 선박은 좌초·침
수·납치·난파·화재·지연·전쟁 중의 침몰 등 갖가지 위험
에 빠질 수 있다. 따라서 해상 무역을 지속하려면 보험이
필요하다.

프랑스에서 해상보험이 발전하는 데 중요한 역할을 한
인물은 장바티스트 콜베르다. 태양왕 루이 14세 아래 초
대 재무장관을 지낸 콜베르는 1668년 파리에 왕립보험회
의소를 세워 보험사에 큰 발자취를 남겼다. 이는 에드워드
로이드가 런던의 거대 보험거래소 로이즈Lloyd's의 모태가

된 유명한 커피하우스를 열기 18년 전 일이었다.

왕립보험회의소는 민간 보험업자를 위한 단체이자 보
험업자, 상인, 선원이 만나는 장소였다. 보험업자들은 화물
손실과 선박 손상에 보상을 약속하는 방식으로 보험을 체
결했다. 많은 보험사가 고위험 보험을 인수했고, 보험회의
소가 설립된 첫해에만 보험 약 400건이 체결됐다. 보험회
의소는 이후 관행을 성문화하고 증권을 표준화했으며, 중
재 절차를 개발하고 선박과 거래 등록부를 만들었다.

초기 보험회의소에서 활동한 보험업자 중 위그 드 상틸

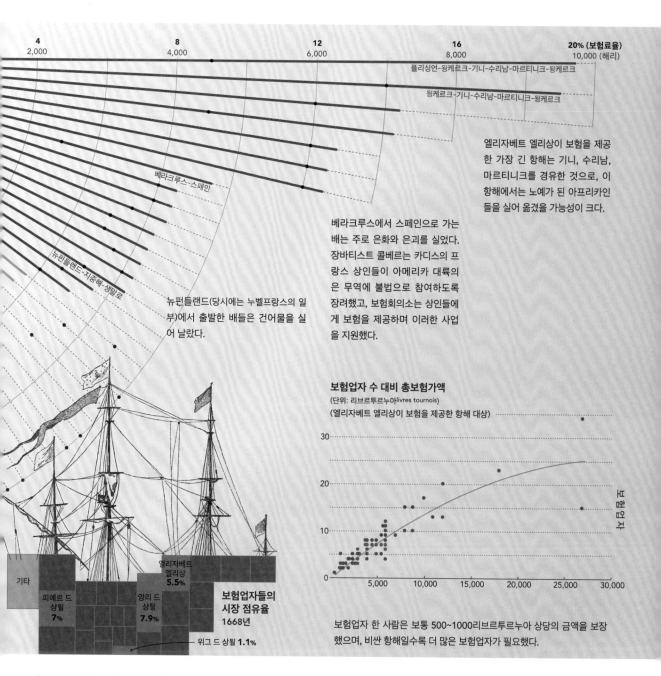

플리싱언-됭케르크-기니-수리남-마르티니크-됭케르크

됭케르크-기니-수리남-마르티니크-됭케르크

엘리자베트 엘리상이 보험을 제공한 가장 긴 항해는 기니, 수리남, 마르티니크를 경유한 것으로, 이 항해에서는 노예가 된 아프리카인들을 실어 옮겼을 가능성이 크다.

베라크루스-스페인

뉴펀들랜드-지중해-생말로

베라크루스에서 스페인으로 가는 배는 주로 은화와 은괴를 실었다. 장바티스트 콜베르는 카디스의 프랑스 상인들이 아메리카 대륙의 은 무역에 불법으로 참여하도록 장려했고, 보험회의소는 상인들에게 보험을 제공하며 이러한 사업을 지원했다.

뉴펀들랜드(당시에는 누벨프랑스의 일부)에서 출발한 배들은 건어물을 실어 날랐다.

보험업자 수 대비 총보험가액
(단위: 리브르투르누아livres tournois)
(엘리자베트 엘리상이 보험을 제공한 항해 대상)

30

20

10

0
5,000　10,000　15,000　20,000　25,000　30,000

보험업자

보험업자 한 사람은 보통 500~1000리브르투르누아 상당의 금액을 보장했으며, 비싼 항해일수록 더 많은 보험업자가 필요했다.

기타

피에르 드 상틸 **7%**

앙리 드 상틸 **7.9%**

엘리자베트 엘리상 **5.5%**

보험업자들의 시장 점유율 **1668년**

워그드 상틸 **1.1%**

이라는 부유한 상인이 있었는데(형제인 앙리와 피에르 역시 보험업자였다), 그가 사망한 뒤에는 아내 엘리자베트 엘리상이 사업을 이어받아 프랑스를 대표하는 보험업자가 됐다. 엘리상은 네덜란드행 소금과 카리브산 설탕을 비롯한 갖가지 화물에 보험을 제공했다. 위 방사형그래프는 그가 보험으로 보장한 86건의 항해를 거리순으로 정리한 것이다. 그래프 위 검은 점은 항해에 매긴 보험료율을 나타내는데, 엘리상은 짧은 국내 항해에는 가장 낮은 요율을, 유럽 내 항해에는 그보다 높은 요율을, 대서양을 건너는 항

해에는 가장 높은 요율을 부과했다. 보험료는 선박의 질·선장·계절적 위험 등 여러 요인에 따라 달라지기도 했다. 엘리상은 보험료로 총 3188리브르투르누아를 벌었는데, 이는 오늘날의 가치로 환산하면 100만 달러가 넘는다.

해상보험은 프랑스 식민제국의 발전과 권력의 중앙집권화, 부의 쏠림을 가져왔다. 보험업자 단체가 커지면서 마르세유나 루앙 같은 항구 도시가 아닌 파리가 프랑스 보험업의 중심지로 발돋움했으며, 파리의 엘리트 계층은 보험업을 장악하며 여러 세대에 걸쳐 부와 권력을 공고히 했다.

붐 타운

해외 투자는 부동산 가격을 치솟게 만들어 지역민을 내몰 수 있다.

해외 부동산 투자는 재산을 숨기려는 부자들에게 매력적인 투자처가 될 수 있다. 고급 주택은 세계화된 자산으로서 실체가 있고 비교적 매매가 쉬우며, 가치가 잘 유지되고 제자리에서 움직이지 않기 때문이다. 정치적으로 불안정하거나 억압이 심한 국가의 투자자들은 부동산을 피난처로 사용하기도 한다.

밴쿠버는 21세기 들어 해외, 특히 아시아의 투자자들 사이에서 인기 있는 투자처로 떠올랐고, 그 영향으로 부동산 수요가 늘면서 밴쿠버 전역의 주택 가격이 폭등했다. 2000년까지만 해도 밴쿠버의 평균 주택 가격은 연평균 소득의 6배 수준이었지만, 2018년에는 12배로 치솟았다.

물론 주택 가격 상승은 밴쿠버만의 문제가 아니며, 지난 10년간 대다수 국가에서 집값은 소득보다 빠르게 상승했다. 다만 밴쿠버는 막대한 해외 투자가 주

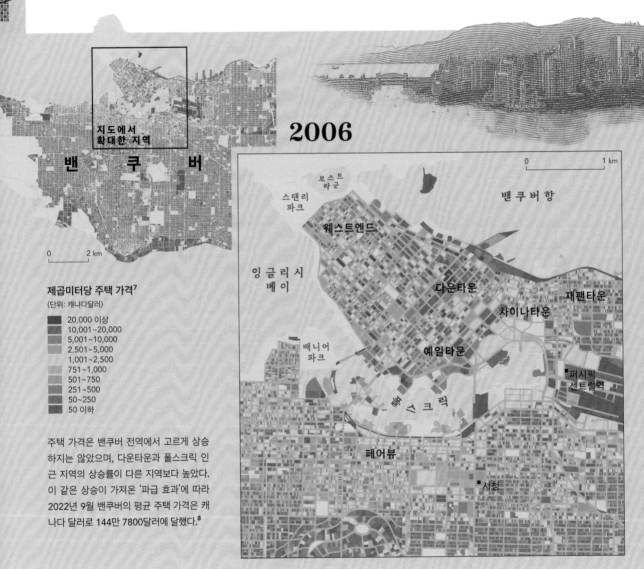

지도에서
확대한 지역

밴 쿠 버

0   2 km

제곱미터당 주택 가격[7]
(단위: 캐나다달러)

- 20,000 이상
- 10,001~20,000
- 5,001~10,000
- 2,501~5,000
- 1,001~2,500
- 751~1,000
- 501~750
- 251~500
- 50~250
- 50 이하

주택 가격은 밴쿠버 전역에서 고르게 상승하지는 않았으며, 다운타운과 폴스크릭 인근 지역의 상승률이 다른 지역보다 높았다. 이 같은 상승이 가져온 '파급 효과'에 따라 2022년 9월 밴쿠버의 평균 주택 가격은 캐나다 달러로 144만 7800달러에 달했다.[8]

2006

0   1 km

로스트
라군

스탠리
파크

밴쿠버항

웨스트엔드

잉글리시
베이

다운타운

재팬타운

차이나타운

예일타운

퍼시픽
센트럴역

배니어
파크

폴스크릭

페어뷰

시청

택 가격을 끌어올린 주요인이었으며, 밴쿠버의 주택시장은 지역이나 국가 경제와 관계없이 움직였다는 점에서 차이가 있다. 밴쿠버에서는 투자자들이 선호하는 고급 주택뿐 아니라 도시 전역의 각종 부동산 가격이 일제히 올랐다. 아래 지도에서 빨간색으로 표시한 영역은 밴쿠버의 웨스트엔드, 예일타운, 다운타운에서 주택 가격이 유달리 많이 오른 곳을 나타낸다.

주택 가격과 해외 투자 사이의 관련성을 입증하기란 쉬운 일이 아니다. 부동산은 현지의 거주자에게 임대하거나 주 소득자는 계속 본국에서 일하면서 가족만 거주하거

나 세금 혜택과 익명성을 보장하는 법인을 통해 소유할 수도 있다. 그러나 밴쿠버에서는 2016년 8월 외국인구매세, 2018년 2월 투기빈집세를 도입한 이후 주택 가격 상승률이 하락한 것을 보면(아래의 꺾은선그래프 참고) 해외 투자로 들어온 돈이 이전의 주택 가격 상승을 이끌었으리라 짐작할 수 있다.[6]

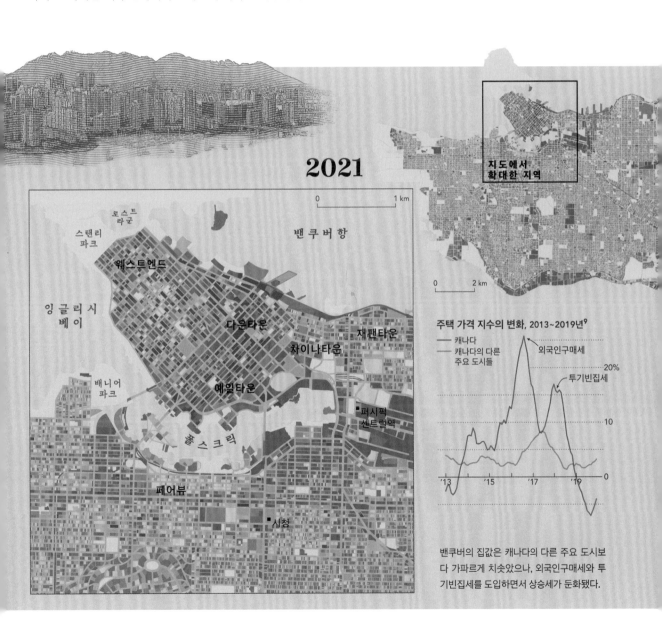

2021

지도에서 확대한 지역

스탠리 파크
로스트 라군
웨스트엔드
잉글리시 베이
밴쿠버 항
다운타운
재팬타운
차이나타운
배니어 파크
예일타운
펄스 크릭
퍼시픽 센트럴역
페어뷰
시청

주택 가격 지수의 변화, 2013~2019년[9]
— 캐나다
— 캐나다의 다른 주요 도시들
외국인구매세
투기빈집세
20%
10
0
'13   '15   '17   '19

밴쿠버의 집값은 캐나다의 다른 주요 도시보다 가파르게 치솟았으나, 외국인구매세와 투기빈집세를 도입하면서 상승세가 둔화됐다.

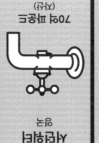

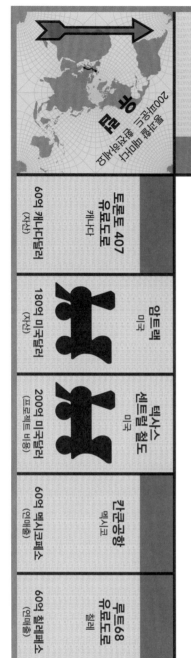

인프라 모노폴리

인프라에 자금을 조달하는 일은 전 세계가 민영화와 세계화를 놓고 벌이는 게임이 됐다. 이 게임에서 주사위를 던지는 사람은 투자자와 납세자다.

각국 정부는 20세기 내내 수도·전력망·도로·공항 등의 인프라 자산을 건설, 관리하고 자금을 대는 일을 담당했다.[10] 그러나 1980년대 후반에 들어서자 영국 정부가 인프라 민영화에 앞장섰고, 1990년대 초에는 호주가 그 뒤를 이었다. 세계은행과 IMF는 민영화를 조건으로 각국 정부에 대출을 제공함으로써 신흥경제국과 개발도상국에서 인프라 자산을 민간의 손에 넘기거나 민관public-private이 공동 소유하도록 부추겼다. 1990년대 말에는 인프라 자산을 소유하려는 민간 투자자가 늘면서 인프라 매각 속도도 빨라졌다. 인프라는 비교적 안전하게 장기 수익을 준다는 점에서 매력적이며, 연기금처럼 장기 부채가 있는 투자자에게는 특히 중요한 자산이다. 인프라는 민영화의 물결을 거쳐 지역이나 국가의 자산에서 국제 금융시장의 일부가 됐다.

이 펼침면의 그림은 인프라시장을 모노폴리 게임판 형태로 시각화한 것이다. 이 그림에서는 각국의 인프라 자산을 대륙별로 나눠 다른 색깔로 나타내고 각 칸의 바탕에는 소유 형태를 표시(국영PUBLIC 또는 민간PRIVATE)했다. 게임판을 따라 지구를 한 바퀴 돌면 프랑크푸르트, 아비장, 방콕, 오클랜드 공항, 프랑스, 남아프리카, 캐나다, 칠레 유료 도로, 영국과 호주의 전력망, 인도 발전소를 지나게 된다. 게임판에 나오는 민영화 프로젝트 외에도 전 세계에 수백 가지 비슷한 사례가 있다.[11]

인프라 민영화를 지지하는 사람들은 민영화가 효율성을 높이며 납세자들이 져야

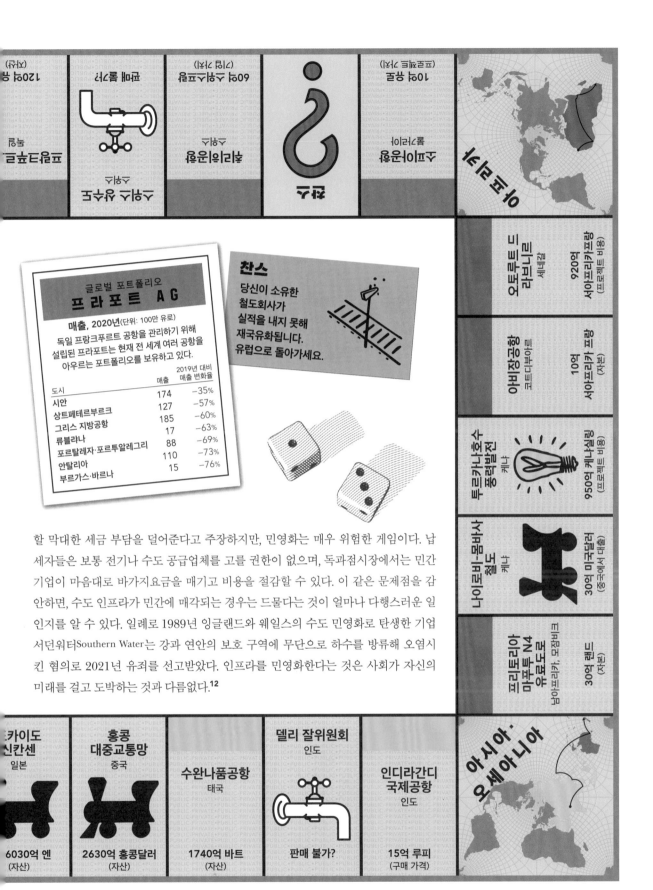

유럽

디 프랑크푸르트 라인마인
프랑크푸르트 라인마인 공항
(독일)
920억
(프로젝트 비용)

아비장공항
코트디부아르
10억
(자산)

투르카나호수 풍력발전
케냐
950억 케냐 실링
(프로젝트 비용)

나이로비-몸바사 철도
케냐
30억 미국달러
(중국에서 대출)

프리토리아-마푸투 N4 유료도로
남아프리카공화국·모잠비크
30억 랜드
(자산)

글로벌 포트폴리오
프라포트 AG
매출, 2020년 (단위: 100만 유로)
독일 프랑크푸르트 공항을 관리하기 위해 설립된 프라포트는 현재 전 세계 여러 공항을 아우르는 포트폴리오를 보유하고 있다.

도시	매출	2019년 대비 매출 변화율
시안	174	-35%
상트페테르부르크	127	-57%
그리스 지방공항	185	-60%
류블라나	17	-63%
포르탈레자·포르투알레그리	88	-69%
안탈리아	110	-73%
부르가스·바르나	15	-76%

찬스
당신이 소유한 철도회사가 실적을 내지 못해 재국유화됩니다. 유럽으로 돌아가세요.

할 막대한 세금 부담을 덜어준다고 주장하지만, 민영화는 매우 위험한 게임이다. 납세자들은 보통 전기나 수도 공급업체를 고를 권한이 없으며, 독과점시장에서는 민간기업이 마음대로 바가지요금을 매기고 비용을 절감할 수 있다. 이 같은 문제점을 감안하면, 수도 인프라가 민간에 매각되는 경우는 드물다는 것이 얼마나 다행스러운 일인지를 알 수 있다. 일례로 1989년 잉글랜드와 웨일스의 수도 민영화로 탄생한 기업 서던워터Southern Water는 강과 연안의 보호 구역에 무단으로 하수를 방류해 오염시킨 혐의로 2021년 유죄를 선고받았다. 인프라를 민영화한다는 것은 사회가 자신의 미래를 걸고 도박하는 것과 다름없다.[12]

...카이도 신칸센
일본
6030억 엔
(자산)

홍콩 대중교통망
중국
2630억 홍콩달러
(자산)

수완나품공항
태국
1740억 바트
(자산)

델리 잘위원회
인도
판매 불가?

인디라간디 국제공항
인도
15억 루피
(구매 가격)

아시아·오세아니아

소수의
전유물

**고액 자산가들이 구매한 많은
미술품이 공공이나 민간의
전시관에서 동떨어진 비밀 금고로
들어간다.**

당신에게 100만 달러의 여윳돈이 있다면 무엇을 하겠는가? 즐거움을 얻고 위신을 세우기 위해 피카소의 작은 그림 하나를 사는 건 어떨까? 그렇다면 세계 최대의 미술시장이 있는 뉴욕이나 런던, 혹은 아시아 미술시장의 중심지인 홍콩으로 가보자. 2020년 경매회사들은 미국·영국·중국 등 주요 경매 장소를 비롯한 세계 각지에서 총 208억 달러의 매출을 올렸다고 보고했다.

미술품에 투자하면 포트폴리오를 다각화할 수 있다. 미술품, 그중에서도 수준 높은 유화는 금·부동산·채권 같은 전통적인 투자보다 높은 수익을 주기도 한다. 아래 그래프에 담긴 정보는 미술품 구매에 관심 있는 사람이나 자산 관리자가 어떤 작품을 구매할지 결정하는 데 도움이 될 수 있다.

피카소의 그림을 산 사람은 몇 달러만 더 보태면 호화로운 자유항free port에 그림을 보관할 수 있다. 19세기에 무역을 촉진하려는 목적으로 탄생한 자유항

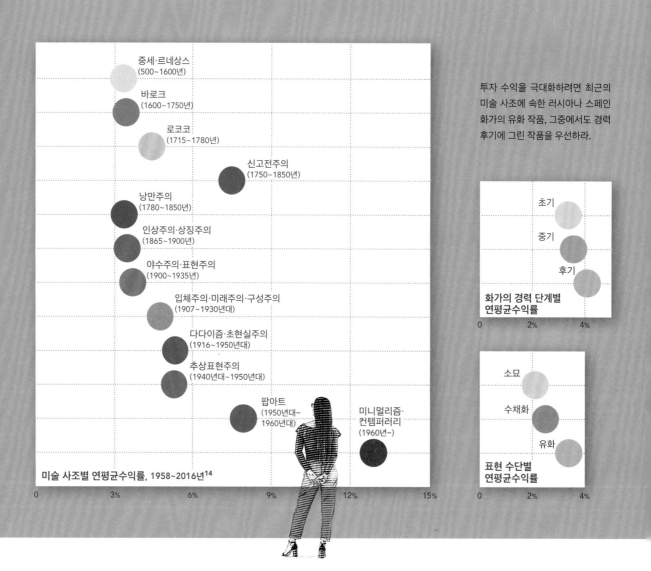

중세·르네상스
(500~1600년)

바로크
(1600~1750년)

로코코
(1715~1780년)

신고전주의
(1750~1850년)

낭만주의
(1780~1850년)

인상주의·상징주의
(1865~1900년)

야수주의·표현주의
(1900~1935년)

입체주의·미래주의·구성주의
(1907~1930년대)

다다이즘·초현실주의
(1916~1950년대)

추상표현주의
(1940년대~1950년대)

팝아트
(1950년대~
1960년대)

미니멀리즘·
컨템퍼러리
(1960년~)

미술 사조별 연평균수익률, 1958~2016년[14]

0   3%   6%   9%   12%   15%

투자 수익을 극대화하려면 최근의 미술 사조에 속한 러시아나 스페인 화가의 유화 작품, 그중에서도 경력 후기에 그린 작품을 우선하라.

초기

중기

후기

**화가의 경력 단계별
연평균수익률**

0   2%   4%

소묘

수채화

유화

**표현 수단별
연평균수익률**

0   2%   4%

은 국가가 예외를 인정하는 공간으로, 원칙상 운송 중인 자산을 자유항에 보관하면 법에 따라 관세를 비롯한 각종 세금을 면제받는다. 이에 따라 자유항은 세무 당국의 눈을 피해 미술품을 숨기거나 자금을 세탁하는 데 이용되기도 한다. 역사가 가장 오래된 제네바 자유항에는 약 120만 점의 미술품이 보관 중인 것으로 알려져 있다. 38만 점의 미술품을 소장한 루브르박물관조차 상대가 되지 않는 숫자다. 아니면 싱가포르 자유항을 이용해보는 것은 어떨까? 싱가포르 자유항은 면세를 적용받는 경제특구 안에 있으며, 개인 제트기 전용 터미널이 있는 국제공항과 가깝다. 또 이곳은 미술품 밀거래에 관대한 법률 덕에 미술시장이 급격히

성장하고 있는 중국, 홍콩과 가까우면서도 기반이 탄탄하고 정치적으로 안정된 금융중심지 싱가포르에 있기에 어느 모로 보나 부족한 데가 없다. 면적이 2만 2000제곱미터에 이르는 이 자유항은 갤러리면서 동시에 요새일 수 있다. 이곳에서 제공하는 호화로운 개인용 관람실과 수장고는 생체 인식, 무장 경비원, 보안 카메라, 진동 감지 기술, 질소 소화기, 7톤 무게의 문과 3미터 두께의 벽, 철조망으로 보호되고 있다. 어떤가? 이보다 미술을 즐기기에 완벽한 장소가 있을까?[13]

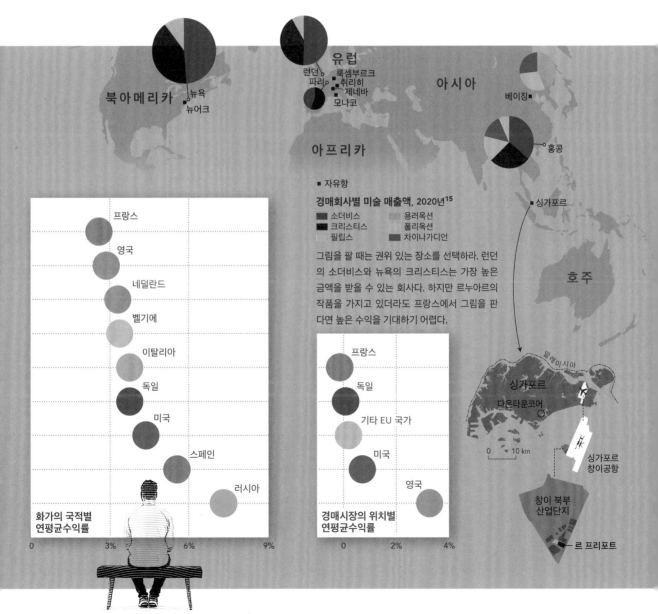

북아메리카
뉴욕
뉴어크

유럽
런던 룩셈부르크
파리 취리히
제네바
모나코

아시아
베이징
홍콩
싱가포르

아프리카

■ 자유항

경매회사별 미술 매출액, 2020년[15]
■ 소더비스   용러옥션
■ 크리스티스   폴리옥션
■ 필립스   ■ 차이나가디언

그림을 팔 때는 권위 있는 장소를 선택하라. 런던의 소더비스와 뉴욕의 크리스티스는 가장 높은 금액을 받을 수 있는 회사다. 하지만 르누아르의 작품을 가지고 있더라도 프랑스에서 그림을 판다면 높은 수익을 기대하기 어렵다.

화가의 국적별 연평균수익률

프랑스
영국
네덜란드
벨기에
이탈리아
독일
미국
스페인
러시아

0   3%   6%   9%

경매시장의 위치별 연평균수익률

프랑스
독일
기타 EU 국가
미국
영국

0   2%   4%

호주

말레이시아

싱가포르
다운타운코어

0   10 km

싱가포르 창이공항

창이 북부 산업단지

르 프리포트

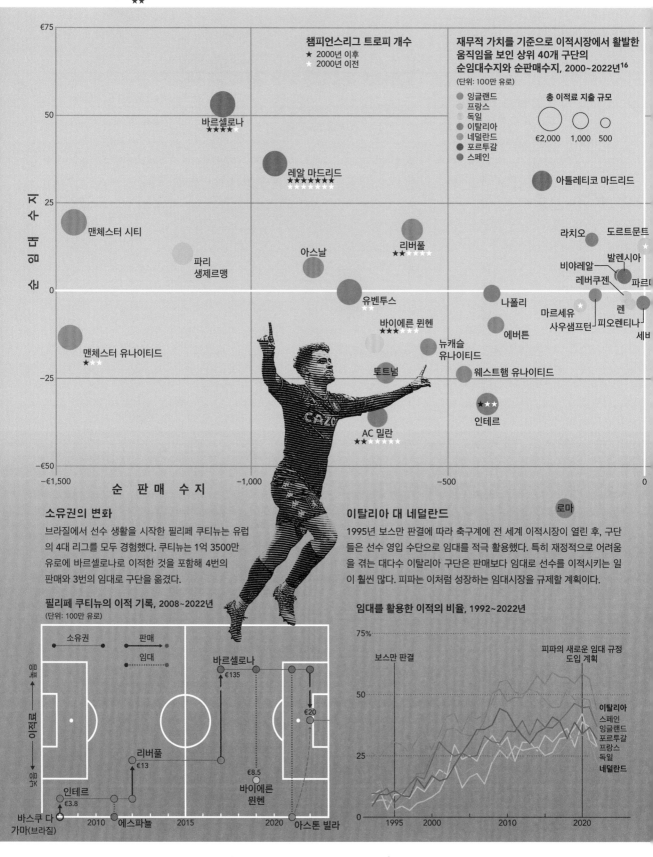

챔피언스리그 트로피 개수
★ 2000년 이후
☆ 2000년 이전

재무적 가치를 기준으로 이적시장에서 활발한
움직임을 보인 상위 40개 구단의
순임대수지와 순판매수지, 2000~2022년[16]
(단위: 100만 유로)

● 잉글랜드
● 프랑스
● 독일
● 이탈리아
● 네덜란드
● 포르투갈
● 스페인

총 이적료 지출 규모
€2,000   1,000   500

첼시 ★★

바르셀로나 ★★★★☆

레알 마드리드 ★★★★★★☆☆☆☆☆☆☆

아틀레티코 마드리드

맨체스터 시티

파리 생제르맹

아스날

리버풀 ★★☆☆☆

라치오

도르트문트

비야레알

발렌시아

레버쿠젠

파르…

유벤투스 ☆☆

나폴리

렌

마르세유 ☆

피오렌티나

사우샘프턴

세비…

바이에른 뮌헨 ★★★

뉴캐슬 유나이티드

에버튼

맨체스터 유나이티드 ★☆☆

토트넘

웨스트햄 유나이티드

인테르 ★☆☆

AC 밀란 ★★☆☆☆☆☆

로마

순 임 대 수 지

순 판 매 수 지

€75
50
25
0
−25
−€50

−€1,500   −1,000   −500   0

소유권의 변화

브라질에서 선수 생활을 시작한 필리페 쿠티뉴는 유럽
의 4대 리그를 모두 경험했다. 쿠티뉴는 1억 3500만
유로에 바르셀로나로 이적한 것을 포함해 4번의
판매와 3번의 임대로 구단을 옮겼다.

필리페 쿠티뉴의 이적 기록, 2008~2022년
(단위: 100만 유로)

소유권
판매
임대

임대료 / 이적료 / 판매

바르셀로나 €135
€20
리버풀 €13
바이에른 뮌헨 €8.5
인테르 €3.8
바스쿠 다 가마(브라질)
에스파뇰
아스톤 빌라

2010   2015   2020

이탈리아 대 네덜란드

1995년 보스만 판결에 따라 축구계에 전 세계 이적시장이 열린 후, 구단
들은 선수 영입 수단으로 임대를 적극 활용했다. 특히 재정적으로 어려움
을 겪는 대다수 이탈리아 구단은 판매보다 임대로 선수를 이적시키는 일
이 훨씬 많다. 피파는 이처럼 성장하는 임대시장을 규제할 계획이다.

임대를 활용한 이적의 비율, 1992~2022년

75%
50
25

보스만 판결

피파의 새로운 임대 규정 도입 계획

이탈리아
스페인
잉글랜드
포르투갈
프랑스
독일
네덜란드

1995   2000   2010   2020

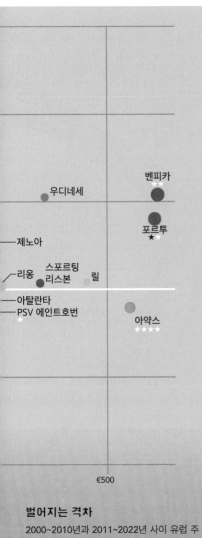

선수팔이의 경제학

**축구 구단들은 우승을 위해 최고의 선수를 기용하고
창의적으로 재정을 관리한다.**

1970년대 초 아약스를 이끌며 유럽 리그를 호령한 선수이자 발롱도르 3회 수상자인 요한 크루이프는 "축구는 이제 돈이면 다 된다"라며 한탄했다.[17] 오늘날 축구는 세계화된 산업으로서 경기장뿐만 아니라 스프레드시트 위에서도 벌어진다. 지난 수십 년 동안 축구계의 이적시장은 이적료 측면에서 엄청나게 성장했다. 최고 선수들의 몸값이 어마어마하게 비싸지면서 상위권 구단과 나머지 구단 간 재정적 불평등도 더욱 심각해졌다.

　이적료는 구단의 지출과 수입에서 큰 비중을 차지하기에 구단들은 선수를 금융자산처럼 관리하며, 나이·재능·실력·마케팅 효과에 따라 선수의 시장 가치를 따져보고 구단에 가장 이익이 되는 방향으로 선수를 거래한다. 벤피카, 우디네세, 릴 같은 중소 구단들은 선수를 '싸게 사서 비싸게 파는' 전략으로 수익을 올리는 반면, 잉글랜드 프리미어리그를 비롯한 대형 리그의 부유한 구단들은 부채를 늘려가며 이름값 높은 선수를 영입하는 데 아낌없이 돈을 쓴다. 예를 들어 아부다비 출신 투자자들의 지원을 받는 맨체스터 시티는 2000년부터 2021년까지 선수 영입에 23억 유로를 지출했다. UEFA 챔피언스리그에 참여하는 유럽의 80개 구단 중에는 재정이 탄탄한 소수 구단만이 우승 트로피를 손에 쥔다. 2004년 포르투가 우승한 후 이 대회에서 우승한 구단은 9개뿐이며, 이들은 모두 이적료 지출 상위 15위에 들어간다.

　이적료가 늘면서 구단 경영자들은 재정 관리를 위해 선수를 임대하는 방식을 선호했다. 선수를 빌리는 구단은 적은 비용으로 유망주나 베테랑을 데려올 수 있고, 반대로 선수를 보내는 구단은 선수에 들어가는 비용을 줄일 수 있다. 예를 들어 바르셀로나는 쿠티뉴를 바이에른 뮌헨과 아스톤 빌라로 보내면서 고액 연봉을 아꼈다. 또, 구단들은 임대를 활용해 젊은 선수에게 더 많은 출전 시간을 제공하고 선수의 기술·경험·몸값을 높일 수 있다. 첼시는 매년 많은 선수를 임대하는 비즈니스 모델로 유명하다. 임대는 구단이 규제를 피하는 수단으로도 쓰인다. 2017년 네이마르를 2억 2200만 유로라는 천문학적 금액에 영입한 파리 생제르맹은 음바페까지 영입하면서 사치세 처벌을 받을 뻔했다. UEFA는 '재정적 페어플레이FFP'라는 규칙을 만들어 구단의 지출을 제한한다. 하지만 파리 생제르맹은 4500만 유로의 임대 계약을 먼저 체결하고 1년 후 그를 영입해 최종 이적료 지급 시기를 이듬해로 미뤘고, 자신들이 FFP를 위반하지 않았다고 주장했다. 이렇게 비싼 선수들을 사들이다 보면 파리 생제르맹도 언젠가는 첫 챔피언스리그 우승을 맛볼 것이다. 지금은 구단의 재정이 우승을 만드는 시대다.[18]

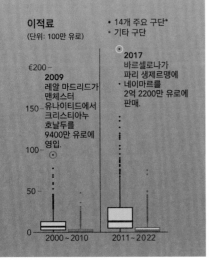

벌어지는 격차

2000~2010년과 2011~2022년 사이 유럽 주요 리그에 속한 상위권 구단들이 선수를 판매한 가격의 중앙값은 90퍼센트 상승했지만, 나머지 구단들은 53퍼센트밖에 오르지 않았다.

이주하는 돈

**송금은 사람들의 생계와 국제 금융 시스템에서
큰 비중을 차지하기에 이르렀다.**

매년 수천억 달러가 송금 결제의 형태로 여러 나라를 오간다. 이는
대부분 해외에서 일하는 근로자가 본국의 가족에게 보내는 돈
이다. 송금을 받는 사람들은 이 돈으로 기본적인 필요를
해결하고, 의료 서비스를 이용하고, 새로운 사업을 시작
하고, 교육과 직업 훈련에 드는 비용을 댄다. 2019년
전 세계를 오간 송금액은 5540억 달러로 사상 최대치
를 기록했다.

많은 개발도상국에서 국경을 넘어 들어오는 돈은 빈
곤 완화와 경제 발전에 중요한 원동력이 됐다. 때로는 외국
인의 직접 투자와 해외 원조보다 더 많은 돈이 송금으로 들어오기
도 한다. 오른쪽 지도에서 진하게 칠한 영역을 보면 알 수 있듯, 2019년 저
소득 및 중간소득 국가에서는 송금으로 들어오는 돈이 GDP에서 큰 비중
을 차지했다. 송금에 의존하는 정도가 큰 국가들은 아메리카·동유럽·아프
리카·아시아 등지에 널리 분포한다. 아이티와 남수단은 송금 의존도가 가
장 높은 국가로, 송금액이 GDP의 30퍼센트 이상을 차지했다.

그렇다면 이 돈의 출처는 어디일까? 송금 결제는 전 세계 어디서나 할
수 있지만, 실제로 송금이 이뤄지는 지역은 지리적으로 편중되어 있다. 돈
을 보내려면 먼저 이주를 해야 하지만 누구나 이주할 수 있는 것은 아니기
때문이다. 지도의 화살표는 전 세계 주요 송금 경로를 나타내며, 국가 간의
총송금액에 따라 굵기를 다르게 표시했다. 그리고 이 경로들은 보통 식민
지 시대가 남긴 영향과 지정학적 관계를 반영한다. 일례로 미국에서 멕시
코로 들어간 송금액은 2017년 300억 달러를 돌파했다.

이렇듯 송금은 국제 개발 전략에서 중요한 수단이지만 동시에 지리적
불균형이 심하다는 사실을 고려하면 여러 의문이 생긴다. 송금을 비롯한
금융 서비스를 이용할 수 있는 사람과 그렇지 못한 사람의 격차는 어떻게
해결할 것인가? 송금에 의존한 개발은 지속 가능한가? 국가가 송금을 개
발의 한 형태로 장려한다면, 이주할 수 없는 가구를 어떻게 지원할 수 있을
까? 그리고 고향을 떠난 사람들은 어떻게 해외에서 안전과 인권을 보장받
을 수 있을까? 이처럼 송금에는 여러 문제점이 있지만, 지금도 전 세계에
서는 수십억 명이 송금 수입에 의지해 살아간다. 앞으로는 기존의 송금 경
로로 오가는 송금액이 늘어나고 새로운 송금 경로가 등장함에 따라, 빈곤
층을 위해 공정하고 공평하며 지속 가능한 개발로 이어지도록 송금을 보
장하는 일이 중요한 과제가 될 것이다.[19]

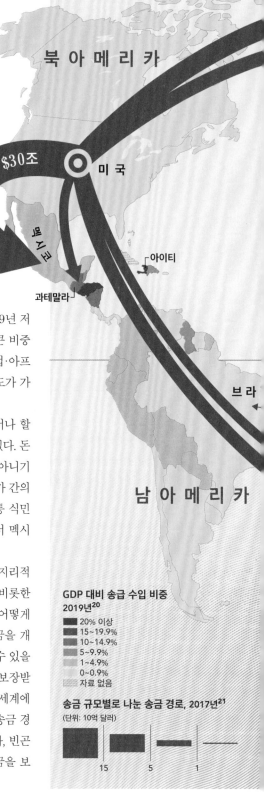

북 아 메 리 카

$30조

미 국

멕 시 코

아이티

과테말라

브 라

남 아 메 리 카

**GDP 대비 송급 수입 비중
2019년[20]**

- ■ 20% 이상
- ■ 15~19.9%
- ■ 10~14.9%
- 5~9.9%
- 1~4.9%
- 0~0.9%
- 자료 없음

송금 규모별로 나눈 송금 경로, 2017년[21]
(단위: 10억 달러)

15　　5　　1

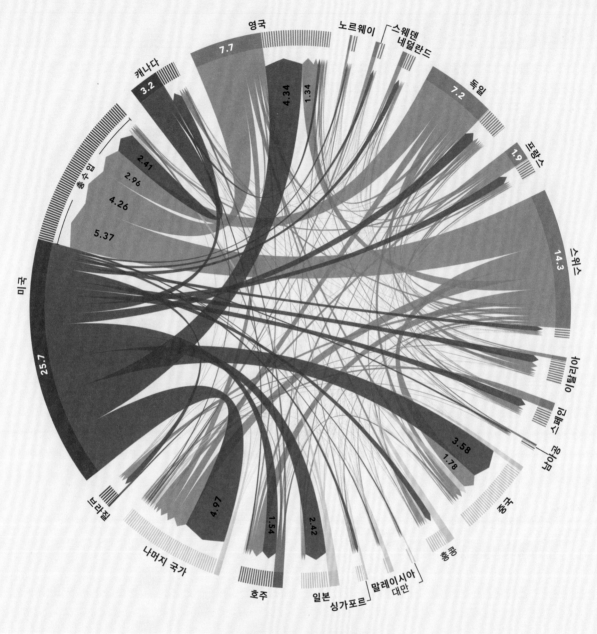

영국
7.7

노르웨이

스웨덴
네덜란드

독일
7.2

프랑스
1.9

캐나다
3.2

4.34

1.34

중국
2.41
2.96
4.26
5.37

스위스
14.3

미국
25.7

아일랜드

싱가포르

오스트리아

브라질
4.97

나머지 국가

호주

일본
1.54

싱가포르
2.42

말레이시아
대만

홍콩

인도
3.58
1.78

2008~2015

지분증권 인수 서비스 상위 20개 수출국 (단위: 10억 달러)

아프리카   아메리카   아시아   유럽   호주

화살표는 수출국에서 수입국으로 가는 흐름을 나타낸다.
미국은 2008년 금융위기 이전에도 세계 최대의 지분증권 인수 서비스 수출국이었으며,
이후 몇 년 동안 그 입지를 더욱 공고히 했다.[22]

한결같은 패턴

2008년 금융위기로 많은 나라가 공황과 침체에 빠졌지만, 국제 금융 서비스 거래의 지형에는 별다른 변화가 없었다.

세계 금융위기 이전까지 국제 금융계는 해외의 모든 주요 시장에 투자은행 서비스를 수출하는 미국이 지배하고 있었다. 오른쪽 그림에서 확인할 수 있듯, 2000~2007년 미국의 지분증권 인수 서비스 수출액은 224억 달러에 달했으며, 스위스(155억 달러)와 영국(62억 달러)이 그 뒤를 이었다. 스위스와 영국의 수출액을 합하면 미국과 비슷한 정도로 높았지만, 두 나라는 미국을 제외하면 이렇다 할 거래 상대국이 없었다.

2008년 금융위기는 금융계의 근간을 뒤흔드는 듯했지만, 금융위기 전후 국제 금융 서비스 거래의 패턴을 비교하면 거의 변화가 없었음을 알 수 있다. 왼쪽의 그림에서 알 수 있듯, 2008~2015년 미국의 금융 서비스 거래 상대국은 금융위기 이전인 2000~2007년과 달라지지 않았으며 서비스 수출액은 257억 달러로 늘어났다. 그에 반해 같은 시기 스위스의 금융 서비스 수출액은 143억 달러로 줄어들었다. 미국의 시장지배력에 변화가 없었다는 사실은 주요 금융 서비스 수입국의 거래를 자세히 살펴보면 더욱 분명하게 알 수 있다. 영국은 2008년부터 2015년까지 미국에서 약 43억 4000만 달러의 지분증권 인수 서비스를 수입했지만, 스위스에서는 13억 4000만 달러를 수입하는 데 그쳤다. 중국, 일본, 호주 역시 이와 비슷한 수입 패턴을 보였으며, 미국은 세 나라에 각각 35억 8000만 달러, 24억 2000만 달러, 15억 4000만 달러 규모의 금융 서비스를 수출해 다른 수출국을 압도했다.

수출입 패턴에 변화가 없다는 것은 곧 지분증권 인수 서비스 거래의 대부분을 담당하는 주요 투자은행이 영향력을 유지하고 있다는 뜻이기도 하다. 2008년 리먼브라더스가 파산한 이후에도 JP모건, 골드만삭스, 모건스탠리, 뱅크오브아메리카 등 미국의 은행들은 세계 금융시장에서 미국이 가진 지배력을 잃지 않았으며, 미국 정부는 금융위기 당시 긴급 자금을 지원해 이들을 도왔다. 스위스의 UBS와 크레디트스위스, 독일의 도이치은행, 영국의 바클레이스 등 유럽의 주요 은행들도 중앙은행과 정부의 도움으로 위기에서 회복했지만, 세계 시장에서 미국 은행들에 도전할 만한 지위를 되찾지는 못했고, 일본의 미쓰비시UFJ 같은 아시아 신흥은행들은 아직 아시아 시장을 중심으로 활동하고 있다. 각국에서는 엄밀한 의미의 세계적 투자은행 서비스를 찾는 기업이 날로 늘고 있으며, 이들은 국제적 전문성과 독보적 네트워크를 제공하는 유럽과 미국, 그중에서도 특히 미국의 은행들에 의존하고 있다.

2000~2007

지분증권 인수 서비스 상위 3개 수출국

미국: 224억 달러

스위스: 155억 달러

영국: 62억 달러

미국은 금융 서비스의 수출과 수입을 장악하고 있으며, 스위스와 영국의 금융 서비스를 가장 많이 수입하는 나라 역시 미국이다.

월가에
한 방을

**공매도는 보유하지 않은 주식을
매도할 수 있는 투자 전략이지만,
딱 하나 문제가 있다.**

어떻게 가지고 있지 않은 물건을 팔 수가 있는지 상상하기 어려운 독자를 위해 한 가지 비유를 들어보겠다. 중세의 어느 시장에 한 마법사가 있다고 상상해보자. 그를 월가의 마법사라고 부르겠다. 마법사는 가치가 떨어질 것으로 보이는 주식, 이를테면 곧 유행이 지날 나무팽이 한 바구니를 빌리려 한다. 만사가 마법사의 간사한 계획대로 술술 풀린다면, 그는 빌린 팽이를 곧장 시장에 내다 팔고 수요가 폭락할 때까지 기다릴 것이다. 그런 다음에는 더 낮은 가격에 팽이를 다시 사들여 미리 정해둔 날짜에 팽이를 빌려준 사람에게 돌려주면 끝이다. 돈 벌기 참 쉽지 않은가? 그러나 예상과 달리 팽이 가격이 느닷없이 상승하면 공매도를 시도한 마법사의 손실은 무한정 늘어날 수 있다.

아래에 만화로 묘사한 이 가상의 이야기는 2021년 1월 미국에서 현실이 되었다. 당시 월가의 몇몇 대형 헤지펀드는 비디오게임 소매업체 게임스톱 GameStop(아래 만화의 제마스톱Gemma's Tops)의 주식을 공매도했다. 게임스톱의 주가가 하락하리라 예상한 유명 공매도 세력들이 인터넷에 글을 올리자

트위터와 미국의 소셜 뉴스 웹사이트 레딧Reddit의 게시판 서브레딧subreddit 중 하나인 월스트리트베츠(/r/WallStreetBets)가 들끓기 시작했다. 얼마 뒤, 일반 투자자들(아래 만화의 새와 레딧봇Reddit bot)은 게임스톱의 주가를 끌어올려 헤지펀드에 손실을 입히는 동시에 수익을 올리려는 목적으로 로빈후드Robinhood를 비롯한 디지털 금융 플랫폼에서 게임스톱 주식을 앞다퉈 사들였다. 그 결과 2021년 1월 27일 게임스톱의 주가는 월초의 20배가 넘는 347.51달러까지 치솟았다.[23] 헤지펀드들은 불과 한 달여 사이에 수십억 달러에 달하는 손실을 보았으며, 그중 한 곳인 멜빈캐피털Melvin Capital의 총자산만 45억 달러가 줄었다.[24] 월가의 마법사가 자신이 벌인 게임에서 참패한 것이다.[25]

이는 공매도가 얼마나 위험한지를 보여주는 엄청난 실패 사례지만, 우리는 공매도의 순기능 또한 잊어서는 안 된다. 투자자들은 어떤 기업의 주식을 공매도하면서 시장에 그 기업의 주가가 지나치게 높아 보인다는 신호를 보낸다. 따라서 공매도는 주주들이 주식을 매도하도록 부추겨 기업의 가치를 떨어뜨리고, 기업이 운영 방식을 바꾸거나 노동력을 어떻게 배치할지 결정하는 데 영향을 끼칠 수 있다. 많은 사람이 공매도를 활용해 전설로 남을 수익을 올리거나 거대 헤지펀드를 물리치는 일을 상상하지만, 공매도의 결과는 어디까지나 현실 세계에 기반한다.

게임스톱 주가
2021년 1월 4일~1월 27일
(단위: 달러)

"투자자들은 경제학자뿐 아니라 여러 분야의 학자들에게 배울 점이 많다. (…) 다음은 지리학자 차례다."[1]

— 존 오서스

Investors & Investments
투자자와 투자

투자의 기나긴 역사와 광범위한 지형을 지도로 나타내면 투자자들에게 매우 유용한 교훈을 얻을 수 있다. 지금도 대부분의 투자는 지역이나 국가 범위 내에서 이루어지지만, 국제 투자의 비중은 점차 빠른 속도로 커지는 중이다. 이제 국제 투자는 물건을 사거나 은퇴 자금을 모으는 방식을 바꾸는 등 모든 사람의 삶에 영향을 끼치고 있다. 하지만 동시에 투자의 세계화로 부유층이 더 많은 부를 쌓으면서 불평등이 심각해졌다. 한편 투자의 세계화는 외교 정책의 강력한 도구이기도 하다.

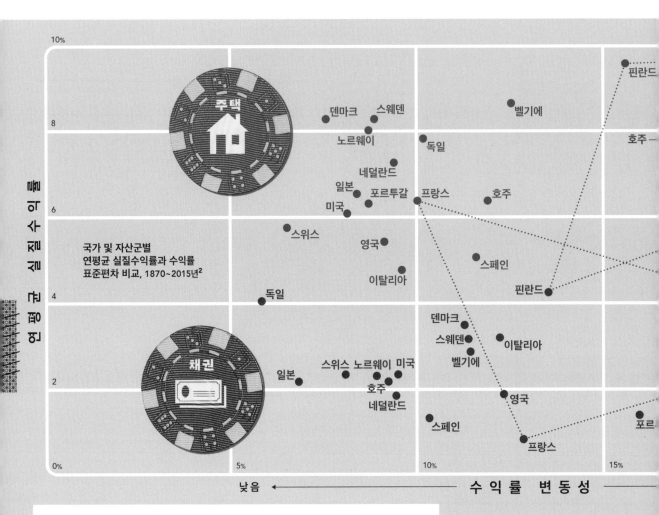

국가 및 자산군별
연평균 실질수익률과 수익률
표준편차 비교, 1870~2015년[2]

연평균 실질수익률

낮음 ◄——————— 수 익 률 변 동 성 ——————►

가장 안전한 베팅

**역사적으로 주식은 수익률과 위험이 모두 채권보다 높았던 반면에, 주택은
수익률은 주식만큼이나 높으면서도 위험은 채권과 비슷할 정도로 낮았다.**

'가장 좋은 투자'는 무엇일까? 답은 언제, 어디서, 누구에게
묻느냐에 따라 다르다. 투자자는 보통 자신의 위험 선호도
에 맞게 위험 대비 수익률을 따진다. 수익률을 계산할 때
는 자산 가격 변동에 따른 자본 이득과 배당금(주식), 이자
(채권), 임대료(주택) 형태로 발생하는 소득을 고려해야 한
다. 위험은 일련의 기간 동안 발생하는 수익률의 표준편차
로 계산하며, 위험을 계산하면 각 기간의 수익률이 장기
평균수익률과 얼마나 차이가 있는지 알 수 있다.

위 그림의 점은 1870년부터 2015년까지 16개국의 상
장 주식과 국채, 주택의 총수익률과 위험 수준을 나타낸

다. 조사 가능한 가장 오랜 기간의 투자 성과를 정리한 데
이터세트dataset를 기반으로 그린 것이다. 이 데이터세트에
서는 상업용 부동산, 농지, 회사채, 예금, 귀금속 등의 자산
을 다루지 않는다. 선진국에서는 상장 주식, 국채, 주택이
투자 자산에서 가장 큰 비중을 차지하며, 대다수 투자자는
주로 이 세 자산군을 투자 대상으로 선택한다.

주식(초록색)은 16개국의 연평균 실질수익률이 7퍼센트
에 육박했지만 변동성 또한 컸다. 주식의 실질수익률은 전
체 기간 중 약 4분의 1에서 마이너스를 기록했으며 위의
꺾은선그래프에서 확인할 수 있듯 두 차례의 세계대전과

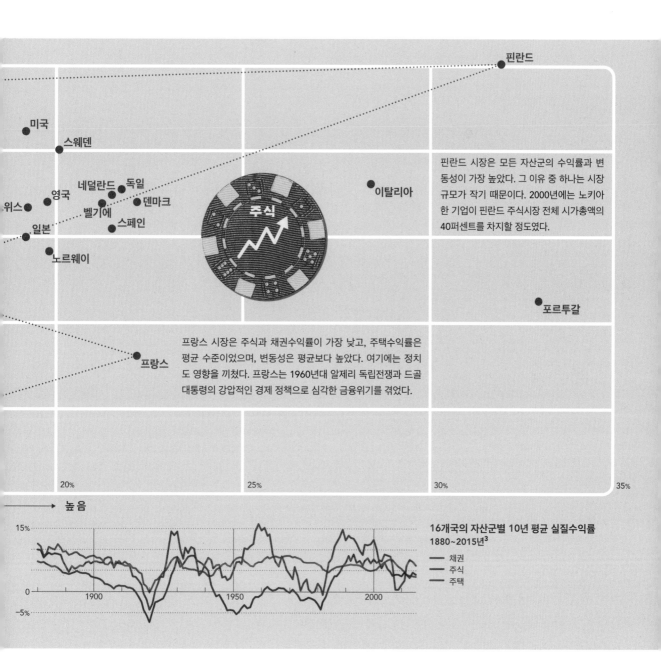

핀란드

미국
스웨덴
네덜란드 독일
영국   이탈리아
위스
벨기에   덴마크
일본   스페인
노르웨이

주식

핀란드 시장은 모든 자산군의 수익률과 변동성이 가장 높았다. 그 이유 중 하나는 시장 규모가 작기 때문이다. 2000년에는 노키아한 기업이 핀란드 주식시장 전체 시가총액의 40퍼센트를 차지할 정도였다.

포르투갈

프랑스 시장은 주식과 채권수익률이 가장 낮고, 주택수익률은 평균 수준이었으며, 변동성은 평균보다 높았다. 여기에는 정치도 영향을 끼쳤다. 프랑스는 1960년대 알제리 독립전쟁과 드골 대통령의 강압적인 경제 정책으로 심각한 금융위기를 겪었다.

프랑스

| 20% | 25% | 30% | 35% |

높음

16개국의 자산군별 10년 평균 실질수익률
1880~2015년[3]

── 채권
── 주식
── 주택

15%

0

-5%

1900   1950   2000

1970년대의 거시경제 불안정, 되풀이되는 금융위기에 따라 가장 큰 하락폭을 보였다. 채권(파란색)은 주식보다 변동성이 적은 대신 수익률이 2.4퍼센트로 훨씬 낮았다. 세 자산군 중 성과가 두드러지는 것은 주택(빨간색)이다. 주택은 평균 실질수익률이 7퍼센트에 육박하면서도 위험 수준은 채권과 비슷했다. 주택의 수익률은 대체로 주식을 상회했는데, 가장 큰 이유는 임대료가 안정적이고 확실한 수익을 가져다줬기 때문이다. 임차인이 내는 집세가 낮아지는 일은 거의 없다는 사실을 생각하면 이는 당연한 결과다.

투자수익률은 지역에 따라 차이를 보인다. 핀란드는 세 자산군 모두 수익률이 가장 높았고, 변동성도 컸다. 다른 북유럽 국가들도 주택의 수익률은 높았지만, 위험은 핀란드보다 훨씬 낮았다. 미국은 주식의 위험이 상대적으로 낮으면서도 수익률은 높았다. 반면 프랑스와 포르투갈은 주식·채권 수익률과 위험 모두 유달리 좋지 않았다. 프랑스는 제2차 세계대전 이후 이어진 국유화로 자산수익률이 떨어졌고, 포르투갈은 수십 년의 내전으로 시장이 침체에 빠졌다. 하지만 모두에서 주택은 주식과 채권보다 위험 대비 수익률이 높았다. 부동산 사다리에 오르는 것은 재정적으로 매우 중요한 일임을 알 수 있다.[4]

주요 주식시장에 투자했을 때 투자금의 실질 가치 변화, 1969~2022년[5]

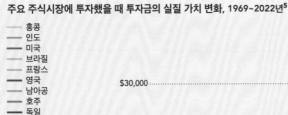

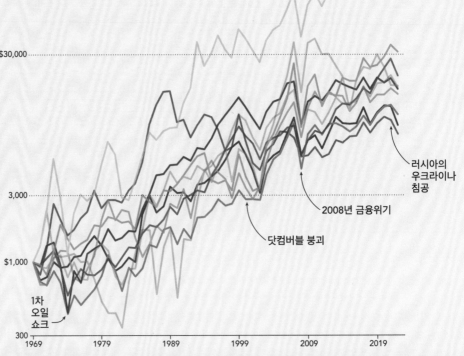

1969년 말, 6개 대륙의 10개 주요 주식시장에 1만 달러를 투자했다고 가정해보자. 오른쪽 그래프와 아래의 표는 시간의 흐름에 따라 투자금의 실질 가치가 어떻게 변화했는지를 보여준다. 개별 시장은 변동성이 심하지만, 전체 포트폴리오는 꾸준히 가치가 상승했다는 사실에서 분산투자의 이점을 확인할 수 있다. 2022년에는 러시아가 우크라이나를 침공하면서 주식시장 전반이 하락세를 보였다.

	1969	1979	1989	1999	2009	2019	2022
홍콩	1,000	4,890	9,039	45,527	67,589	104,527	87,484
인도	1,000	1,802	3,200	5,860	17,868	25,315	31,241
미국	1,000	891	2,464	9,255	7,370	20,067	21,075
브라질	1,000	525	1,720	6,389	36,436	30,178	17,963
프랑스	1,000	1,357	4,445	11,259	12,224	18,613	17,474
영국	1,000	1,349	4,889	14,859	13,797	20,553	16,974
남아공	1,000	1,997	2,621	4,300	12,520	15,426	15,727
호주	1,000	800	1,770	3,246	8,115	11,358	11,272
독일	1,000	1,316	3,438	7,174	7,317	11,549	9,454
일본	1,000	2,422	16,410	11,225	5,721	9,686	8,166
총 계	$10,000	$17,350	$49,995	$119,096	$188,957	$267,271	$236,830

오른쪽 그래프는 주식시장 수익률의 상관관계가 시간에 따라 어떻게 변화했는지를 나타낸다. 그래프를 보면 1980년대 후반부터 2008년 금융위기 전까지 주식시장들 간의 상관관계가 큰 폭으로 증가했음을 알 수 있다. 각국 주식시장의 움직임이 비슷해지면 분산투자의 이점이 줄어든다.

주식시장 간의 평균 상관계수 변화, 1970~2022년
(60개월 이동 상관계수 기준)

- 10개국에 균등하게 투자한 포트폴리오
- 미국
- 세계 35개국에 투자한 포트폴리오

$23,683
$21,075
$30,000

$14,505

3,000

$1,000

300
1969 1979 1989 1999 2009 2019

위 그래프는 미국 주식시장에 1000달러를 투자한 포트폴리오(주황색)와 10개 주요 시장에 100달러씩 투자한 포트폴리오(회색), 세계 35개 시장에 투자한 포트폴리오(검은색)의 성과를 비교한 것이다. 1969년부터 2022년까지 미국에 투자한 포트폴리오는 세계 35개 시장에 투자한 포트폴리오보다 50퍼센트 가까이 높은 수익을 올렸다.

데이터 출처 Elroy Dimson, Paul Marsh, and Mike Staunton. 2023. The Dimson-Marsh-Staunton Global Investment Returns Database 2023(the "DMS Database"), Morningstar Inc.

금융 세계에 유일한 공짜 점심이 있다면

투자를 지리적으로 분산하면 고른 수익률을 내면서도 위험을 줄일 수 있다. 하지만 전 세계 주식시장이 점점 비슷하게 움직이면서 분산투자의 이점이 줄고 있다.

1894년, 미국의 작가 마크 트웨인은 이렇게 말했다. "보라. 어리석은 자는 '계란을 한 바구니에 담지 말라'고 말한다. 하지만 달리 보면 이는 '돈과 주의력을 분산하라'는 말일 뿐이다. 반면에 현명한 자는 '계란을 한 바구니에 넣고 그 바구니를 잘 지켜보라'고 말한다."[6] 이 말을 아는 투자자는 거의 없겠지만, 대다수 투자자는 트웨인의 조언대로 소수의 자산에 집중투자하며, 국내 시장 밖으로 눈을 잘 돌리지 않는다.

그러나 금융과학은 트웨인의 조언을 부정한다. 1952년 경제학자 해리 마코위츠가 증명했듯, 포트폴리오를 다각화(상관관계가 없거나 약한 여러 자산에 분산투자)하면 전체 포트폴리오의 위험을 낮추면서도 수익률을 높일 수 있다. 마코위츠는 분산투자를 가리켜 "금융 세계의 유일한 공짜 점심"으로 표현했다. 1974년 금융학자 브루노 솔닉은 마코위츠의 연구를 바탕으로 여러 국가에 분산투자해 포트폴리오 다각화의 이점을 입증했다. 마코위츠는 이러한 공로로 1990년 노벨경제학상을 받았다.[7]

마코위츠가 포트폴리오 선택 이론을 발표하기 훨씬 전인 1909년, 폴란드계 영국인 기업가 헨리 로웬펠드는 『투자: 정밀한 과학』이라는 저서에서 자본을 지리적으로 분배할 때의 이점을 시각화했다. 왼쪽의 표와 그래프는 로웬펠드의 저서에서 영감을 얻어 만든 것으로, 1969년부터 2022년까지 6개 대륙의 10개 주요 주식시장에 분산투자했을 때의 성과를 보여준다.[8] 개별 주식시장은 변동성이 크지만, 상관관계가 크지 않은 여러 시장에 투자하면 분산투자의 이점을 누릴 수 있다. 1969년 말 1만 달러를 10개 시장에 고루 나눠 투자한 경우, 53년 뒤 인플레이션을 고려한 실질 가치는 23만 6830달러에 달했다.

그러나 미국 주식시장이 보인 성과는 지리적 분산투자를 지지하는 사람들을 어리둥절하게 만들 정도다. 2009년 이후 미국 주식시장은 분산투자의 이점이 무색할 만큼 다른 시장을 웃도는 성과를 냈다. 여기에는 미국 경제와 자본시장, 달러가 가진 힘이 큰 영향을 끼쳤다. 지리적 분산투자의 절대적 이점이 날로 줄어드는 또 하나의 이유는 세계 자본시장의 통합에 있다. 왼쪽 아래 그래프에서 확인할 수 있듯, 주식시장의 상관계수는 특히 선진시장들 사이에서 큰 폭으로 증가했다. 결국 마크 트웨인의 조언도 틀리지만은 않았던 셈이다.

자국 편향은 '합리'적일까

근접성은 투자의 지리적 범위를 좌우한다.

100만 달러를 가지고 전 세계 어느 기업에나 투자할 수 있다면, 어떤 식으로 포트폴리오를 구성하겠는가? 애플, 테슬라 같은 미국의 빅테크 기업을 선택하겠는가, 아니면 자국 기업에 투자하겠는가? 현대 포트폴리오 이론에 따르면, 투자자는 전 세계 주식시장에서 각국이 차지하는 비중에 맞게 투자를 분산해 국제적으로 다각화된 포트폴리오를 구성해야 한다. 다시 말해, 전 세계 주식시장에서 자국이 차지하는 비중이 5퍼센트라면, 투자 자산의 95퍼센트는 해외 기업에 투자해야 한다는 뜻이다.

그러나 투자자들은 주류 금융경제학이 내놓는 핵심 처방을 따르지 않는다. 주식 투자를 지리적으로 분석한 IMF의 자료에 따르면, 전 세계 투자자들의 포트폴리오는 자국편향도가 높은 것으로 나타난다. 투자자들은 자국이나 인근 국가의 금융자산에 과도하게 투자하는 경향을 보인다. 이러한 행동에는 여러 이유가 있다. 일부 국가는 자본이 해외로 빠져나가지 않도록 규제를 시행해 국내 투자를 장려하고 해외 투자를 막는다. 또, 사람들은 익숙한 것에 투자하는 경향이 있으며, 가까운 곳에 투자할수록 비용이 덜 들 수 있다. 73쪽에 인용한 덴마크의 옛 속담처럼 자신이 사는 지역에 투자하면 이후의 상황을 확인하기 쉽다는 장점도 있다.

오른쪽의 히트맵은 2022년 74개국에서 이뤄진 주식 투자가 지리적으로 어떻게 분포하는지를 보여준다. 세로축은 투자금이 나온 국가를, 가로축은 투자금이 향한 국가를 나타낸다. 그래프에서 대각선을 따라 가장 어두운색 사각형이 분포하는 것을 보면, 자국 편향이 얼마나 흔하면서도 강한 현상인지를 확인할 수 있다. 어두운 사각형은 주로 대각선 근처에 몰려 있는데, 이는 투자자들이 자국과 가까운 국가에 대한 투자를 선호한다는 뜻이다. 예를 들어, EU 회원국의 투자자들은 다른 회원국, 특히 유로존에 속한 국가의 주식을 선호하는 것으로 나타났다. 그밖에도 나미비아 투자자들은 남아공에, 뉴질랜드 투자자들은 호주에 많이 투자했으며, 싱가포르 투자자들은 중국·인도·한국·일본을 선호했다. 한편 미국·룩셈부르크·아일랜드·케이맨제도는 가까운 지역과 먼 지역의 투자자들 모두에게 인기가 있었다. 미국 기업에 투자한다는 것은 가장 널리 쓰이며 비교적 안정적이고 안전한 통화인 달러에 투자한다는 뜻이기도 하다. 그렇기에 미국은 주식시장이 세계에서 가장 크며, 그래프에 나온 대다수 국가의 투자자들은 세계적으로 잘 알려진 미국의 대형 기업들에 투자한다. 반면에 룩셈부르크, 아일랜드, 케이맨제도는 유연한 세제와 법률, 규제를 바탕으로 다양한 투자 펀드를 제공한다. 전 세계 투자자들에게 이 국가들은 제2의 고향 같은 곳이다.

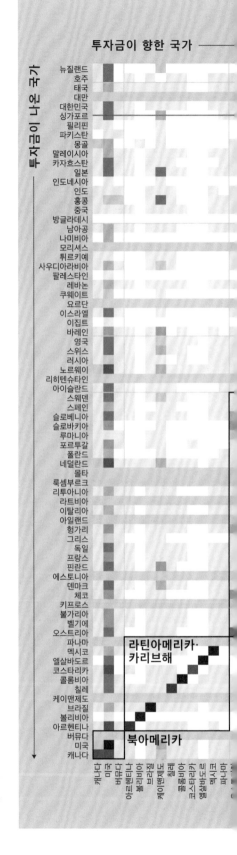

투자금이 향한 국가

투자금이 나온 국가

뉴질랜드 / 호주 / 태국 / 대만 / 대한민국 / 싱가포르 / 필리핀 / 파키스탄 / 몽골 / 말레이시아 / 카자흐스탄 / 일본 / 인도네시아 / 인도 / 홍콩 / 중국 / 방글라데시 / 남아공 / 나미비아 / 모리셔스 / 튀르키예 / 사우디아라비아 / 팔레스타인 / 레바논 / 쿠웨이트 / 요르단 / 이스라엘 / 이집트 / 바레인 / 영국 / 스위스 / 러시아 / 노르웨이 / 리히텐슈타인 / 아이슬란드 / 스웨덴 / 스페인 / 슬로베니아 / 슬로바키아 / 루마니아 / 포르투갈 / 폴란드 / 네덜란드 / 몰타 / 룩셈부르크 / 리투아니아 / 라트비아 / 이탈리아 / 아일랜드 / 헝가리 / 그리스 / 독일 / 프랑스 / 핀란드 / 에스토니아 / 덴마크 / 체코 / 키프로스 / 불가리아 / 벨기에 / 오스트리아 / 파나마 / 멕시코 / 엘살바도르 / 코스타리카 / 콜롬비아 / 칠레 / 케이맨제도 / 브라질 / 볼리비아 / 아르헨티나 / 버뮤다 / 미국 / 캐나다

라틴아메리카·카리브해

북아메리카

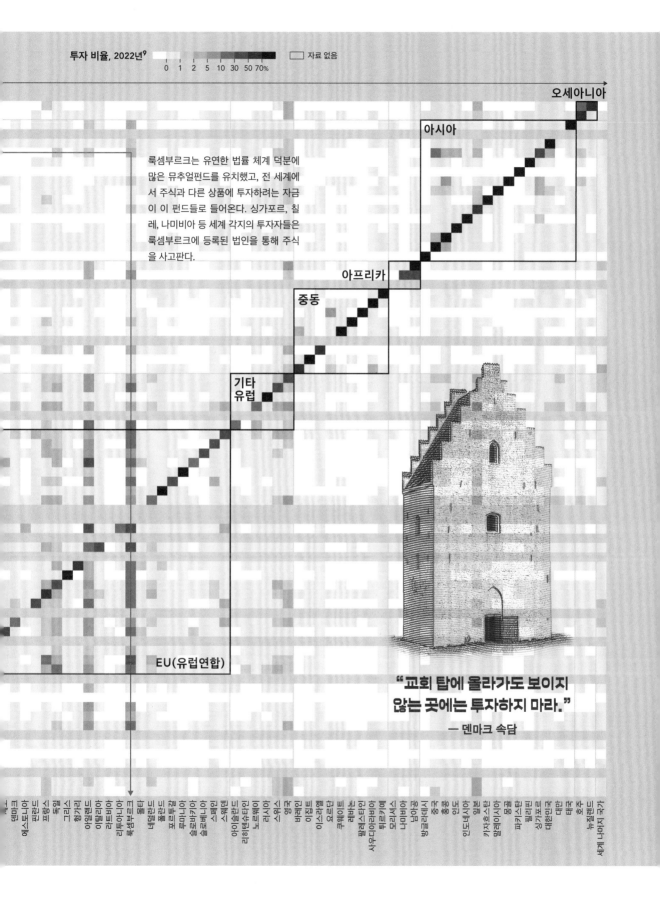

투자 비율, 2022년[9]

0 1 2 5 10 30 50 70% 자료 없음

오세아니아

아시아

아프리카

중동

기타 유럽

EU(유럽연합)

룩셈부르크는 유연한 법률 체계 덕분에 많은 뮤추얼펀드를 유치했고, 전 세계에서 주식과 다른 상품에 투자하려는 자금이 이 펀드들로 들어온다. 싱가포르, 칠레, 나미비아 등 세계 각지의 투자자들은 룩셈부르크에 등록된 법인을 통해 주식을 사고판다.

"교회 탑에 올라가도 보이지 않는 곳에는 투자하지 마라."
— 덴마크 속담

자금조달 경쟁

우버Uber와 디디추싱(이하 디디Didi)은 수백억 달러 규모의 기업으로 발돋움하는 데 성공했다.

성장 잠재력은 높지만 아직 수익을 내지 못하는 기업이 성공하려면 외부에서 자금을 조달해야 한다. 그러나 스타트업은 초기 단계에 위험이 매우 크기 때문에 은행에서 충분한 자금을 빌리기 어렵다. 벤처캐피털은 이러한 문제를 해결하는 데 도움을 준다. 이들은 초기에는 소액의 자금만 투자하고 특정 목표를 달성하는 조건으로 주가 자금을 지원함으로써 초기 단계의 기업이 가진 위험을 관리한다. 기업이 어느 정도 자리를 잡으면, 스케일업(scale-up)(스타트업 중 본격적인 성장 가도에 들어선 기업 – 옮긴이) 단계의 투자를 전문으로 하는 사모펀드 투자자자들에게서 훨씬 많은 자금을 지원받을 수 있다.

우버와 디디의 사례를 보면, 기업이 성장하는 과정에서 벤처캐피털과 사모펀드가 어떤 역할을 하는지 확인할 수 있다. 우버와 디디는 모바일 앱에 기반한 차량공유 플랫폼을 운영하는 기업이다. 두 기업은 각각 미국과 중국에서 시장을 선도하고 있지만, 초기에는 막대한 영업 손실을 입었으며, 이 단계를 견디고 공격적으로 사업을 확장하기 위해 다양한 출처에서 수십억 달러의 자금을 조달해야 했다. 오른쪽 그림은 우버와 디디가 자금을 조달한 여정을 각각 형태로 구획한 가상의 도시 위에 나타낸 것이다. 이 여정은 제로대로Zero boulevard에서 출발해 200억거리Twenty billion street를 지나 뉴욕증권거래소에 이른다. 두 기업은 초기 단계에는 주로 벤처캐피털 투자자들(분홍색 펀스로 표시)에게서 자금을 조달했으며, 이후에는 사모펀드(녹색)와 은행(과란색)의 도움으로 현금흐름강Cashflow river을 건너 상장에 성공했다. 우버는 2019년 5월 뉴욕증권거래소에서 기업을 공개하면서 공모 주식을 주당 45달러에 매각해 81억 달러의 자금을 조달했으며, 기업 가치는 820억 달러로 평가받았다. 디디는 그 뒤를 이어 2021년 7월 뉴욕증권거래소에 상장하면서 700억 달러의 시장 가치를 인정받았다.[10]

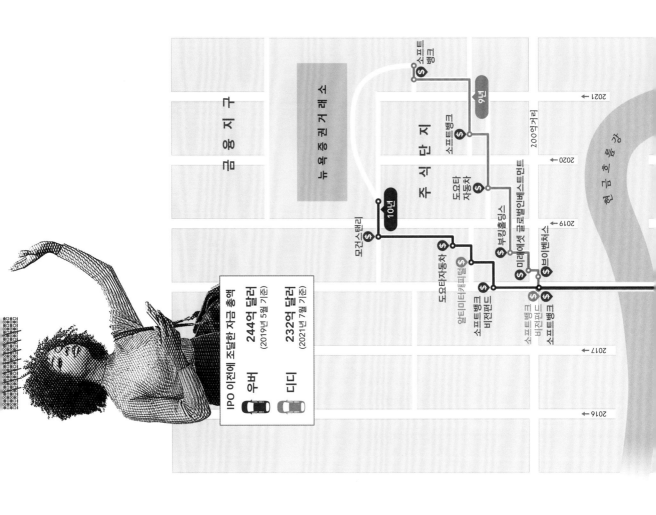

IPO 이전에 조달한 자금 총액

우버 **244억 달러** (2019년 5월 기준)

디디 **232억 달러** (2021년 7월 기준)

금융지구

뉴욕증권거래소

주식단지

현금흐름강

200억거리

소프트뱅크

모건스탠리

10년

도요타자동차

소프트뱅크

9년

부킹홀딩스

미래에셋 글로벌인베스트먼트

블이벤처스

도요타자동차

알티미터캐피털

소프트뱅크 비전펀드

소프트뱅크 비전펀드

소프트뱅크

2016 → 2017 → 2019 → 2020 → 2021 →

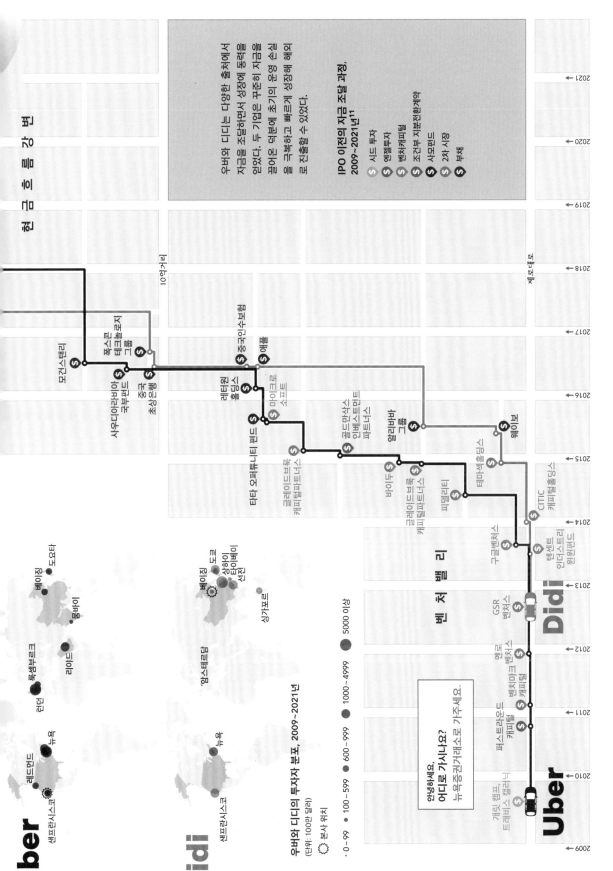

현금흐름강변

우버와 디디는 다양한 출처에서 자금을 조달하면서 성장에 동력을 얻었다. 두 기업은 꾸준히 자금을 끌어온 덕분에 초기의 운영 손실을 극복하고 빠르게 성장해 해외로 진출할 수 있었다.

IPO 이전의 자금 조달 과정, 2009~2021년[11]

- $ 시드 투자
- $ 엔젤투자
- $ 벤처캐피털
- $ 조건부 지분전환우선약
- $ 사모펀드
- $ 2차 시장
- $ 부채

우버와 디디의 투자자 분포, 2009~2021년
(단위: 100만 달러)

- 0~99
- 100~599
- 600~999
- 1000~4999
- 5000 이상

⬡ 본사 위치

Uber

레드먼드 · 뉴욕 · 런던 · 룩셈부르크 · 리야드 · 뭄바이 · 베이징 · 도쿄
샌프란시스코

Didi

뉴욕 · 암스테르담 · 베이징 · 도쿄 · 상하이 · 톈진 · 선전 · 싱가포르
샌프란시스코

안녕하세요,
어디로 가시나요?
뉴욕증권거래소로 가주세요.

벤처 밸리

Uber — 개릿 캠프, 트래비스 캘러닉 · 퍼스트라운드 캐피털 · 벤치마크 캐피털 · 멘로 벤처스 · GSR 벤처스 · 구글벤처스 · 글레이드브룩 캐피털파트너스 · 바이두 · 골드만삭스 인베스트먼트 파트너스 · 타타 오퍼튜니티 펀드 · 사우디아라비아 국부펀드 · 모건스탠리

Didi — 텐센트 인더스트리 윈윈펀드 · CITIC 캐피털홀딩스 · 테마섹홀딩스 · 피델리티 · 알리바바 그룹 · 글레이드브룩 캐피털파트너스 · 레터원 홀딩스 · 마이크로소프트 · 중국인수보험 · 애플 · 웨이보 · 중국 초상은행 · 폭스콘 테크놀로지 그룹

10억거리

제로대로

2009 → 2010 → 2011 → 2012 → 2013 → 2014 → 2015 → 2016 → 2017 → 2018 → 2019 → 2020 → 2021

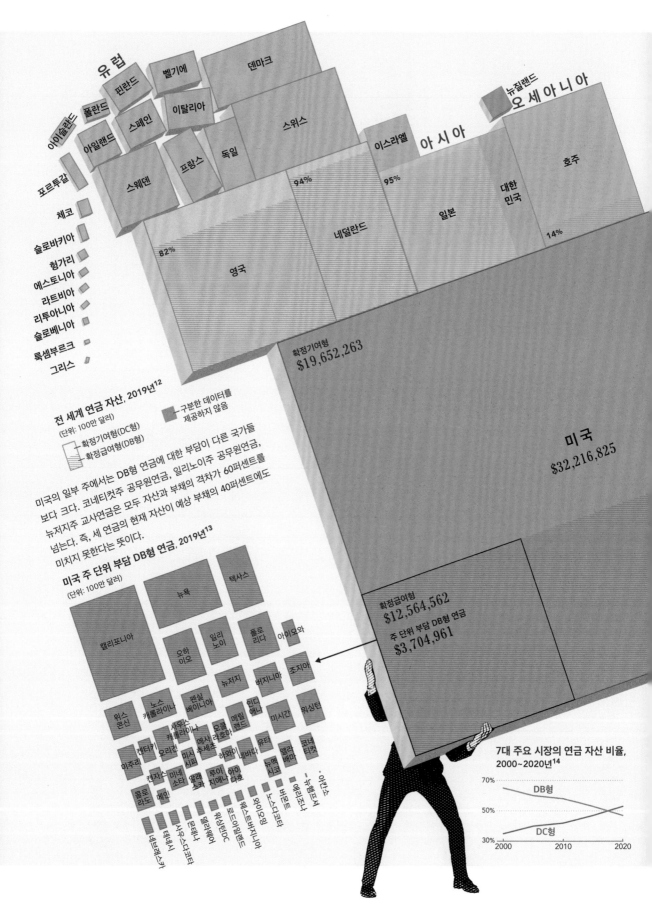

유럽

아이슬란드
폴란드
핀란드
벨기에
스페인
이탈리아
덴마크
아일랜드
포르투갈
스웨덴
프랑스
독일
스위스

체코
슬로바키아
헝가리
에스토니아
라트비아
리투아니아
슬로베니아
룩셈부르크
그리스

뉴질랜드
오세아니아

이스라엘
아시아
대한
민국
호주

94%
네덜란드
95%
일본
14%

82%
영국

전 세계 연금 자산, 2019년[12]
(단위: 100만 달러)
■ 확정기여형(DC형)
□ 확정급여형(DB형)
▨ 구분한 데이터를
제공하지 않음

미국의 일부 주에서는 DB형 연금에 대한 부담이 다른 국가들보다 크다. 코네티컷주 공무원연금, 일리노이주 공무원연금의 격차가 60퍼센트를 넘는다. 뉴저지주 교사연금은 모두 자산과 부채의 예상 부채의 40퍼센트에도 미치지 못한다는 뜻이다. 즉, 세 연금의 현재 자산이 예상 부채의 40퍼센트에도

확정기여형
$19,652,263

미국
$32,216,825

확정급여형
$12,564,562

주 단위 부담 DB형 연금
$3,704,961

미국 주 단위 부담 DB형 연금, 2019년[13]
(단위: 100만 달러)

텍사스
뉴욕
캘리포니아
오하이오
일리노이
플로리다
아이오와
뉴저지
버지니아
조지아
위스콘신
노스캐롤라이나
펜실베이니아
인디애나
미시간
워싱턴
켄터키
사우스캐롤라이나
오리건
미시시피
오클라호마
메릴랜드
유타
코네티컷
미주리
캔자스
미네소타
하와이
네바다
앨라배마
콜로라도
메인
루이지애나
뉴멕시코
아칸소
뉴햄프셔
테네시
AR스DC형
델라웨어
워싱턴DC
웨스트버지니아
도로아일랜드
버몬트
노스다코타
와이오밍
애리조나
체스어피크
네브래스카

7대 주요 시장의 연금 자산 비율,
2000~2020년[14]

70%
DB형
50%
DC형
30%
2000   2010   2020

아 메 리 카

94%

캐나다

39%

멕시코   칠레

콜롬비아

아우구스투스 황제처럼 연금 지급에 따른 부담이 커질 것을 우려한 공공과 민간 부문의 고용주들은 연금 제도를 DB형에서 DC형으로 전환하고 있다. 왼쪽의 꺾은선그래프를 보면 DC형 제도로 관리되는 자산의 비율이 계속해서 늘어나는 것을 확인할 수 있다. 이 비율은 지난 20년간 18퍼센트 증가해 2020년 53퍼센트에 이르렀다.

노후 (불)안정

이론상 연금기금은 은퇴 후 개인의 생계를 보장하는 기발한 장치지만, 자세히 뜯어보면 많은 문제가 있다.

2019년 기준 전 세계 연금 자산은 50조 달러를 넘었으며, 이는 같은 해 유통된 부채증권과 지분증권의 4분의 1 이상을 살 수 있는 규모였다. 하지만 생산 가능 인구의 90퍼센트가량은 여전히 적절한 연금 혜택을 받지 못했다.

은퇴 후 소득을 보장하기 위한 연금 제도는 일반적으로 고용주와 직원의 기여금을 모아 폭넓게 분산된 금융 포트폴리오에 투자함으로써 자본을 지키고 투자 수익을 올리는 것을 목표로 한다.

연금 제도는 수천 년 전부터 존재했다. 로마의 황제 아우구스투스는 군대의 충성심을 높이고자 병사들에게 16년 근속 시 연봉의 12배에 달하는 연금을 제공했다. 이처럼 일정한 은퇴 소득을 보장하는 제도를 사전적립형 혹은 확정급여형(이하 DB형) 연금이라고 부른다. 이러한 제도는 고용주가 직원을 모집하고 유지하는 데 도움을 주며 높은 수준의 은퇴 안정을 제공하지만, 운영 비용이 매우 비싸다. 가령 아우구스투스는 로마가 거둬들인 세수의 절반을 군인에게 급여를 지급하고 연금 공약을 지키는 데 썼다고 한다. 오늘날 미국은 DB형 연금을 가장 많이 지급하는 국가다. 하지만 현재 미국의 여러 주에서는 연금 자산보다 부채가 1조 달러 이상 많은 상황이며, 이를 해결하지 못하면 수백만 명의 노후가 불안정해지고 주 정부가 파산에 이를 수도 있다.

반면에 확정기여형(이하 DC형) 연금 제도는 미래의 급여액이 정해져 있지 않으며 투자 수익에 따라 달라진다. 따라서 금융 투자에 따르는 불확실성은 DC형 연금 제도에 참여하는 사람, 즉 미래의 은퇴자가 부담한다. 하지만 노동자들은 한 고용주에서 다음 고용주로 연금을 이전할 수 있다는 이유로 DC형 연금을 선호하기 시작했고, 산업과 노동시장의 구조 변화로 노동자의 이동성이 높아지면서 이러한 추세가 더욱 강해졌다. DB형 연금에 점점 부담을 느끼는 고용주들(국가와 기업 모두) 역시 DB형에서 DC형 연금으로 전환하는 쪽을 선호했다. 그 결과 세대 간의 사회적 계약을 수반하는 DB형 제도는 개인이 국제 금융시장의 변동에 따른 위험을 부담하는 DC형 제도로 대체되고 있다. 그러나 만약 DC형 연금에 가입한 노동자가 은퇴를 앞둔 시점에 금융시장이 붕괴한다면 무슨 일이 벌어질까?[15]

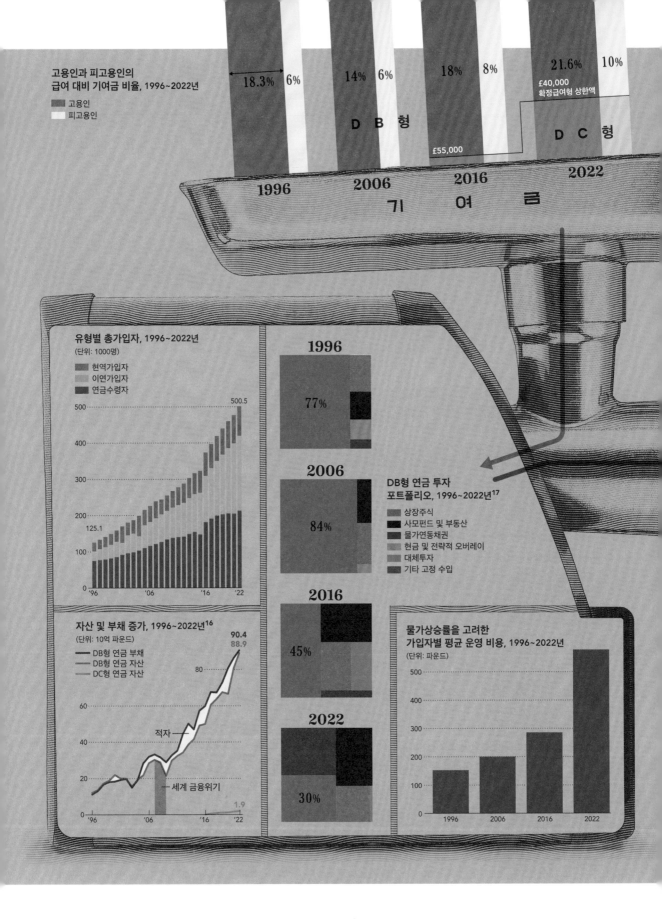

고용인과 피고용인의
급여 대비 기여금 비율, 1996~2022년

■ 고용인
□ 피고용인

18.3%　6%　　14%　6%　　18%　8%　　21.6%　10%

£40,000
확정급여형 상한액

£55,000

D B 형　　　　　D C 형

1996　2006　2016　2022

기　여　금

유형별 총가입자, 1996~2022년
(단위: 1000명)

■ 현역가입자
■ 이연가입자
■ 연금수령자

500.5
500
400
300
200
125.1
100
0
'96　'06　'16　'22

자산 및 부채 증가, 1996~2022년[16]
(단위: 10억 파운드)

— DB형 연금 부채
— DB형 연금 자산
— DC형 연금 자산

90.4
88.9
80
60
적자
40
20
세계 금융위기
1.9
0
'96　'06　'16　'22

1996
77%

2006
84%

DB형 연금 투자
포트폴리오, 1996~2022년[17]

■ 상장주식
■ 사모펀드 및 부동산
■ 물가연동채권
■ 현금 및 전략적 오버레이
■ 대체투자
■ 기타 고정 수입

2016
45%

2022
30%

물가상승률을 고려한
가입자별 평균 운영 비용, 1996~2022년
(단위: 파운드)

500
400
300
200
100
0
1996　2006　2016　2022

연금 그라인더

**영국의 대학연금 가입자들은 기여금은 늘어나고
기대 수령액은 줄어드는 상황에 처해 있다.**

최종 급여를 기준으로 은퇴 후 소득을 지급하는 사적 연금에 가입한 사람은 운이 좋은 것이다. 이론상 DB형 연금 제도는 다른 세대의 연령 집단을 모음으로써 상대적으로 위험한 자산과 안전한 자산을 혼합해 연금 혜택을 보장할 만큼의 수익을 올릴 수 있다. 그러나 정해진 연금을 지급하겠다는 약속은 그동안 일어난 금융시장의 변화로 압박을 받고 있다. 특히 2008년 금융위기가 터지고 이에 대응하기 위한 규제가 도입되자 DB형 연금들은 채권 비중을 늘려 포트폴리오의 위험을 줄였지만, 그 결과 저금리 상황에서 수익률은 감소하고 고용주와 가입자가 내는 비용은 증가했다.

영국 최대의 민간 DB형 연금인 대학연금제도Universities Superannuation Scheme(이하 USS)는 이러한 변화를 보여주는 대표적인 사례다. 영국에서는 1913년부터 기여금만 정해져 있고 연금수령액은 확정되지 않은 DC형 대학연금이 도입되었으며, USS는 이를 대체하려는 목적으로 1974년에 만들어졌다. USS는 아직 신규 가입이 가능한 몇 안 되는 DB형 연금으로, 78쪽에서는 이 제도를 내부 작동 방식을 알 수 없는 그라인더로 시각화하고, 이 제도가 1996년부터 2022년까지 겪은 큰 변화들을 나타냈다.

그라인더 안에 있는 빨간색과 흰색 막대를 보면, 고용인(빨간색)과 피고용인(흰색) 모두 급여 대비 기여금 비중이 크게 늘었으며, 제도 내에서 DC 부분으로 들어가는 기여금의 비율이 증가하고 있음을 알 수 있다. 이는 그라인더 내부의 그래프들로 나타낸 변화에 따른 것이다. 먼저 상단 그래프를 보면, 연금수령자와 이연가입자(혜택을 받고 있거나 받을 예정이지만 더는 기여금을 내지 않는 사람들)의 수가 기여금을 내는 현역 가입자보다 빠르게 늘어나는 것을 알 수 있다. 그 밑의 꺾은선그래프는 USS가 1990년대 말 잠시 흑자를 기록한 이후, 부채가 자산보다 빠르게 늘어났음을 보여준다. 여러 색상의 사각형으로 나타낸 그래프에서는 USS의 투자 포트폴리오에서 상장주식(연갈색)의 비중이 줄고 사모펀드와 부동산(검은색), 채권(빨간색)의 비중이 늘어난 것을 확인할 수 있으며, 오른쪽 아래의 막대그래프는 USS의 운영 비용이 늘어나고 있음을 보여준다. 마지막으로 그라인더를 빠져나가는 갈색 막대를 보면, 퇴직 시에 기대할 수 있는 연금 혜택이 절반 가까이 줄어들었으며, 위험하고 불확실한 투자 수익에 의존하는 DC형 연금(흰색 막대)이 DB형 연금을 일부 대체한 것을 알 수 있다. 연금으로 세대 간에 위험을 분담하면서도 공평하게 혜택을 누리는 것은 이제 더는 당연하지 않다. 오히려 현재의 가입자들은 기여금을 더 내는데도 미래의 수령액은 줄어드는 상황을 감내해야 한다.[19]

기대 연금[18]
(40년 납입 후 수령액의 최종 급여 대비 비율)

- ■ DB형 연금으로 받는 몫
- □ DC형 연금으로 받을 것이라 추정되는 몫

50%	**1996**
50%	**2006**
41%	**2016**
26%	**2022**

줄어드는 수익

1990년대나 2000년대에 USS에 가입했다면, 매년 기여금을 납입할 때마다 최종 급여의 80분의 1에 달하는 연금이 적립되었을 것이다. 따라서 40년 동안 납입할 계획인 가입자는 은퇴 시 일시금과 함께 매년 최종 급여의 절반에 달하는 연금을 받으리라 기대할 수 있었다. 그러나 2011년과 2016년 규정이 바뀌면서 40년 동안 기여금을 낸 가입자의 예상 연금은 최종 급여의 40퍼센트를 조금 넘는 수준으로 줄어들었다. 게다가 연봉이 5만 5000파운드(물가상승률 포함)를 넘는 가입자의 경우 초과분에 대한 기여금은 DB형 연금이 아니라 DC형 연금으로 지급된다. 2022년부터는 DB형 연금의 비중이 더욱 줄어들고 불확실성이 높은 DC형 연금의 비중이 커졌다. 이제 가입자들이 매년 기여금을 납입해 적립할 수 있는 연금은 경력 전체 평균 급여의 85분의 1에 불과하다.

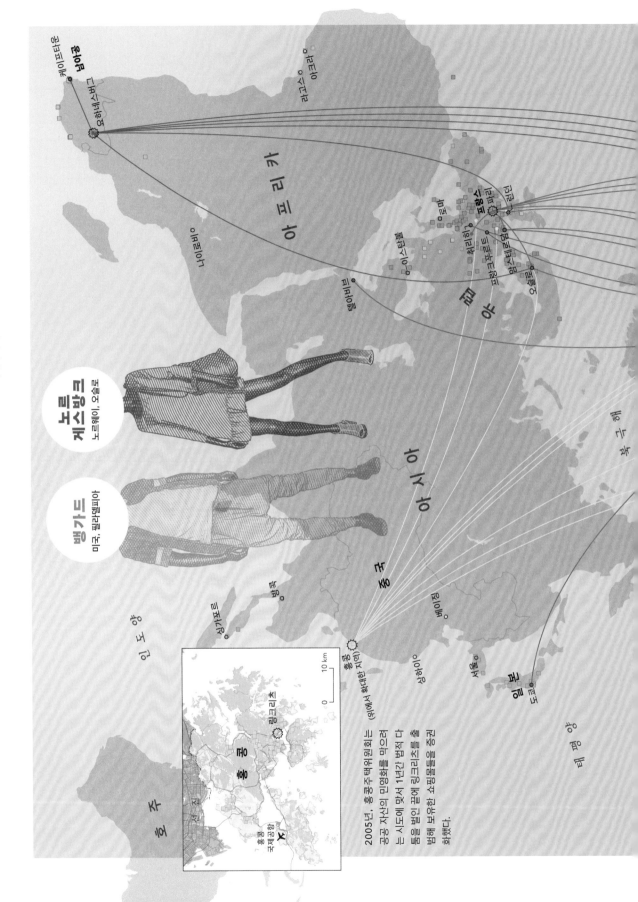

유럽

아프리카

남아메리카
케이프타운
요하네스버그
라고스
나이로비

로마
피렌체
프랑스
밀라노
취리히
프랑크푸르트
런던
암스테르담
오슬로
오이스터룰
파리

텔아비브

아시아

인도양

뱅가드
미국, 필라델피아

노를
게소방크
노르웨이, 오슬로

방콕
싱가포르

중국

베이징
상하이
서울
홍콩

일본
도쿄

북극해

태평양

호주

홍콩

란타우섬
홍콩
국제공항
홍콩

0   10 km

2005년, 홍콩주택위원회가
공공 자산의 민영화를 막으려
는 시도에 맞서 1년간 법적 다
툼을 벌인 끝에 링크리츠를 출
범해 보유한 쇼핑몰들을 증권
화했다. (위에서 확대한 지역)

쇼핑몰의 주인은 누구인가?

세계 각지에서 쇼핑몰은 금융 투자자와 소비자를 연결한다.

보통 사람들은 쇼핑을 하거나 친구들과 시간을 보내러 쇼핑몰에 간다. 그런가 하면 어떤 투자자들은 쇼핑몰을 자체를 쇼핑하기도 한다. 우리가 쇼핑몰에서 새 청바지를 입어보는 사이 그 쇼핑몰의 주인이 바뀔 수도 있는 것이다.

부동산투자신탁(이하 리츠REITs)은 소매상에서 임대료를 받아 수익을 올리기 위해 쇼핑몰을 비롯한 부동산을 전문적으로 취득·개발·관리하는 회사를 말한다. 그중 쇼핑몰에 주력하는 리츠들은 수익을 극대화하고자 구성원을 최대한 줄이고 쇼핑몰의 매매를 활용하려 한다. 미국 최대의 쇼핑몰 리츠 사이먼프로퍼티그룹은 대도시(특히 대도시의 교외 지역)를 중심으로 사업을 운영하며, 세계 각지에 쇼핑몰을 보유하고 있다. 파리에 본사를 둔 클레피에르 Klépierre는 유럽 시장을 겸해있으며, 링크리츠는 홍콩을 중심으로 아시아 지역에 쇼핑몰 제국을 세웠다. 요하네스버그에 본사를 둔 그로스포인트와 하이프로퍼티즌은 아프리카와 동아랍에 걸친 네트워크를 구축했다.

리츠에는 자금을 제공해 수익을 챙기는 주주가 있다. 뱅가드, 블랙록 그리고 오스틴에 본사를 둔 디멘셔널펀드어드바이저 같은 자산운용사들이 그 예다. 각국의 연기금과 국부펀드도 리츠에 관심을 보여왔다. 일례로 노르웨이의 정부연기금을 관리하는 중앙은행 노르게스방크는 링크리츠, 사이먼프로퍼티그룹, 그로스포인트, 하이프로퍼티즈 등 여러 리츠에 투자하고 있다.

우리가 쇼핑몰에서 영화를 보거나 아이스크림을 살 때마다 쓰는 돈은 복잡하게 순환하며 전 세계의 소비자와 소매상, 리츠, 최종적으로는 투자자로 흐른다. 이 긴 돈의 한 줄기에서 가냘레디로 뻗어나온 모든 수익은 요하네스버그를 거쳐 뉴욕으로 향한다. 멕시코의 쇼핑몰에서 패스토 받아들인 수익은 인디애나폴리스를 거쳐 오슬로에 이른다. 쇼핑몰은 리츠들이 전 세계로 사업을 확장하면서 금융자산으로 변모했으며, 단순히 친구를 만나러 쇼핑몰을 찾는 사람을 비롯한 모든 쇼핑몰 이용객이 국제 금융 네트워크의 참여자가 됐다.[21]

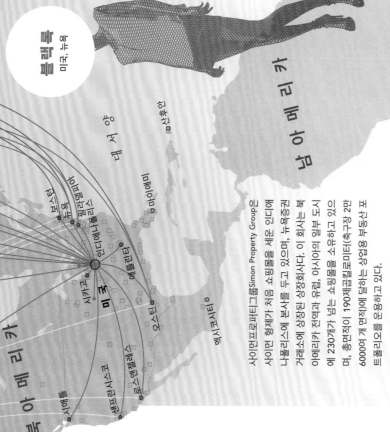

사이먼프로퍼티그룹Simon Property Group은 사이먼 형제가 처음 쇼핑몰을 세운 인디애나폴리스에 본사를 두고 있으며, 뉴욕증권거래소에 상장된 상장회사다. 이 회사는 북아메리카 전역과 유럽, 아시아의 일부 도시에 230개가 넘는 쇼핑몰을 소유하고 있으며, 총면적이 190제곱킬로미터(축구장 2만 6000여 개 면적)에 달하는 상업용 부동산을 포트폴리오로 운용하고 있다.

투자자 및 쇼핑몰 위치[20]
(2021년 9월 기준)

쇼핑몰	리츠
■ 하이프로퍼티즌, 그로스포인트
■ 클레피에르
■ 링크리츠
■ 사이먼프로퍼티그룹

투자자 → 쇼핑몰
본사

0   2000 km

블랙록과 뱅가드는 세계 최대의 자산운용사다. 이들은 여러 전문적이고 다각화된 펀드를 통해 리츠에 투자한다. 2021년 블랙록과 뱅가드의 운용 자산은 각각 9조 달러, 7조 달러로 평가받았다.

거꾸로 뒤집힌 세상

**초부유층의 재산은 빠른 속도로 증가했으며,
그 결과 오늘날에는 세계에서 가장 부유한 166명이
하위 50퍼센트보다 많은 부를 차지하기에 이르렀다.**

$100억 이상
166명
(전체 성인 인구의 0.000003%)

$5.5조
(전 세계 부의 1.36%)

$10억 이상
2600명
(0.00005%)

$1억~10억
7만 3800명
(0.001%)

$1000만~1억
180만 명
(0.03%)

**자산 범위별 성인 인구 비율과
전체 부에서 차지하는 비중**
(단위: 달러)

자산이 100만 달러 이하인 계층의
자산 데이터는 2020년, 100만
달러 이상인 계층은 2021년
기준이다.[23]

1995년 이후 전 세계의 부는 매우 불균등한 비율로 증가했다. 오른쪽 맨 끝에 있는 그래프의 노란색 영역에서 확인할 수 있듯, 전 세계 성인 인구 대다수의 자산은 매년 3~4퍼센트씩 늘어난 반면, 상위 1퍼센트(보라색과 빨간색 영역)는 자산이 매년 9.3퍼센트씩 빠르게 늘어났다. 달리 말해, 상위 1퍼센트는 지난 25년간 전 세계에서 새로 증가한 부의 38퍼센트를 가져갔지만, 하위 50퍼센트는 고작 2퍼센트만을 가져갔다.

전 세계의 부는 한 국가 내, 그리고 국가들 사이에서 피라미드 형태로 분배된다. 세계 인구의 절반 이상은 최하위 계층(자산 1만 달러 미만)에 속하며, 이들은 주로 글로벌사우스(북반구 저위도와 남반구에 집중된 비서구권 개발도상국 – 옮긴이)에 산다. 저소득 국가에서는 대다수가 최하위 계층을 벗어나지 못한다. 그러나 소득이 높은 선진국에서도 빈곤과 실업에 시달리는 계층과 청년·노년층은 상당수가 최하위 계층에 머문다.

자산이 100만 달러가 넘는 부자 중 70퍼센트가 북아메리카와 유럽 출신이며, 17퍼센트가 아시아 태평양 지역(중국과 인도 제외) 출신이다. 부는 상위 1퍼센트와 나머지 계층 사이에서만이 아니라 상위 1퍼센트 사이에서도 불균등하게 분배된다. 오른쪽 피라미드에서 연보라색으로 표시한 계층과 진한 보라색으로 표시한 최상위 계층을 비교해보라. 자산이 1천만 달러가 넘는 사람은 상위 1퍼센트 중에서도 3퍼센트에 불과하지만, 이들은 상위 1퍼센트 집단 전체가 가진 부의 36퍼센트를 차지한다.

부유층의 자산이 더 빠르게 늘어나는 이유는 '돈이 돈을 벌면서' 자산을 불리기 때문이다. 부유층은 주식, 채권, 부동산에 투자해 수익을 올리며 끊임없이 자산을 늘린다. 그에 반해 가난한 가정에서는 주로 월 소득에 의지해 생활비를 충당하며, 저축이나 투자에 돈을 쓸 여력이 없다. 게다가 자동차를 비롯한 저소득층이 보유한 자산은 보통 시간이 지나면서 가치가 떨어진다.

불평등은 사회를 분열시키고 거꾸로 뒤집는다. 게다가 불평등은 지속 가능하지도 않다. 부의 피라미드에서 상위 1퍼센트에 속한 사람은 대개 호화로운 생활과 과시적 소비를 즐기며 전 세계 평균보다 17배 더 많은 탄소를 배출한다. 날로 심각해지는 불평등을 해결하려면 부와 소득이 가장 높은 계층에게 더 많은 세금을 부과하고 부를 재분배하며, 조세회피지를 이용한 탈세를 엄중하게 단속해야 한다. 지금 당장 행동에 나서지 않으면 우리 사회는 돈이 모든 걸 지배하는 사회로 전락할 것이다.[22]

% 전체 성인 인구에서 차지하는 비율

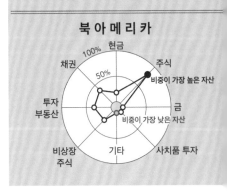

북 아 메 리 카

현금 / 주식 / 금 / 사치품 투자 / 기타 / 비상장 주식 / 투자 부동산 / 채권

100% / 50%

비중이 가장 높은 자산

비중이 가장 낮은 자산

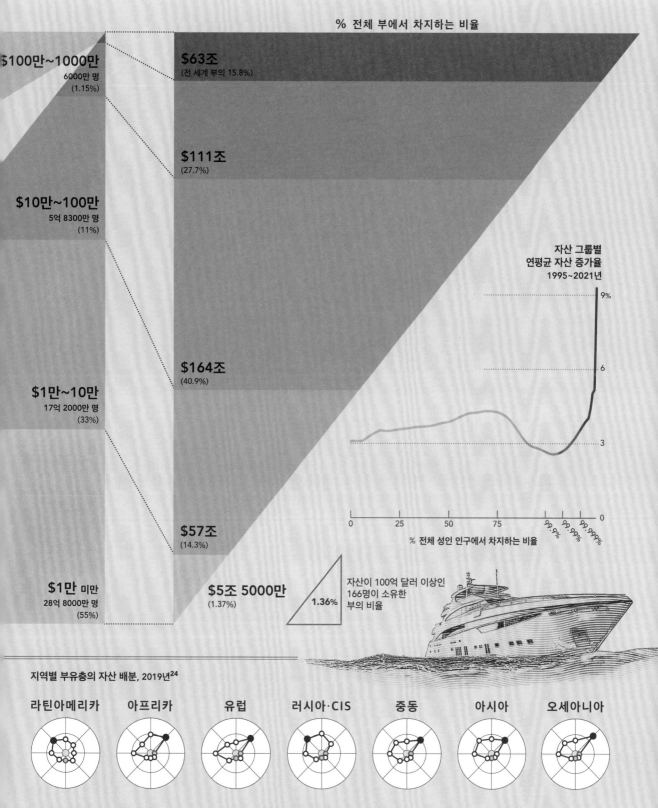

$100만~1000만
6000만 명
(1.15%)

$63조
(전 세계 부의 15.8%)

$111조
(27.7%)

$10만~100만
5억 8300만 명
(11%)

자산 그룹별
연평균 자산 증가율
1995~2021년

9%

6

$164조
(40.9%)

$1만~10만
17억 2000만 명
(33%)

3

0   25   50   75   99.9% 99.99% 99.999%

% 전체 성인 인구에서 차지하는 비율

$57조
(14.3%)

$1만 미만
28억 8000만 명
(55%)

$5조 5000만
(1.37%)

1.36%

자산이 100억 달러 이상인
166명이 소유한
부의 비율

지역별 부유층의 자산 배분, 2019년[24]

라틴아메리카   아프리카   유럽   러시아·CIS   중동   아시아   오세아니아

부유층이 가장 선호하는 자산 저장 수단이 주식과 채권이라면, 부유층이 돈을 안전하게 보관하고 쉽게 이용하기에 좋은 수단은 현금과 투자부동산이다.

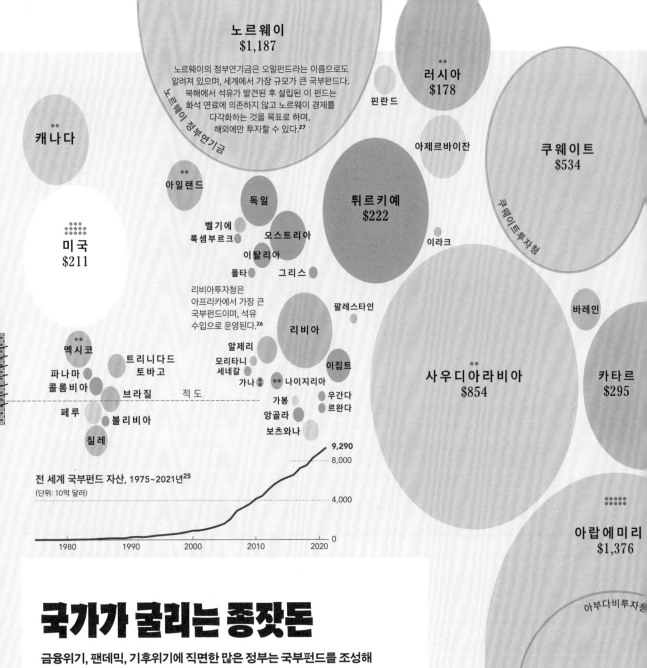

노르웨이
$1,187

노르웨이의 정부연기금은 오일펀드라는 이름으로도 알려져 있으며, 세계에서 가장 규모가 큰 국부펀드다. 북해에서 석유가 발견된 후 설립된 이 펀드는 화석 연료에 의존하지 않고 노르웨이 경제를 다각화하는 것을 목표로 하며, 해외에만 투자할 수 있다.[27]

노르웨이 정부연기금

러시아
$178

핀란드

아제르바이잔

쿠웨이트
$534

쿠웨이트투자청

캐나다

아일랜드

독일

벨기에
룩셈부르크

오스트리아

튀르키예
$222

미국
$211

이탈리아

몰타   그리스

이라크

바레인

리비아투자청은 아프리카에서 가장 큰 국부펀드이며, 석유 수입으로 운영된다.[26]

팔레스타인

리비아

멕시코

트리니다드
토바고

알제리
모리타니
세네갈
가나

나이지리아

이집트

사우디아라비아
$854

카타르
$295

파나마
콜롬비아

브라질

적도

우간다
르완다

페루

볼리비아

가봉
앙골라
보츠와나

칠레

전 세계 국부펀드 자산, 1975~2021년[25]
(단위: 10억 달러)

9,290
8,000

4,000

0

1980   1990   2000   2010   2020

아랍에미리트
$1,376

아부다비투자청

국가가 굴리는 종잣돈

금융위기, 팬데믹, 기후위기에 직면한 많은 정부는 국부펀드를 조성해 장기적인 관점에서 경제적 이익을 지키려 애써왔다.

지난 수십 년간 각국 정부는 경제를 다각화하고 회복탄력성을 키우고 미래 세대의 번영을 지키고자 여러 계획을 세웠다. 그중 국부펀드는 정부가 운영하는 독특한 형태의 투자기구이며, 정부는 석유·가스 수입, 외환보유고 등에서 나온 잉여 재정으로 국부펀드를 조성한다. 정부는 국부펀드로 민간 투자자처럼 세계 각지의 자산에 투자할 수 있지만, 모든 국가에 그럴 만한 여윳돈이 있는 것은 아니다.

위 그림은 2020년 기준 상위 100대 국부펀드를 지도로 나타낸 것이며, 원의 크기는 운용 중인 자산의 규모를 뜻한

다. 중국과 아랍에미리트는 각각 1조 7030억, 1조 3760억 달러 규모의 종잣돈을 굴리며, 양국은 둘 이상의 국부펀드를 운용한다. 단일 기금 중 가장 규모가 큰 노르웨이 정부연기금은 1조 1870억 달러가 넘는 자산을 운용한다.

위의 지도를 보면, 국부펀드가 탄생한 것은 꽤 오래전 일임을 알 수 있다. 지도에서 원의 색은 각국이 최초로 국부펀드를 조성한 연도를 나타낸다. 가장 오래된 기금(흰색)은 1854년 텍사스주에서 교육을 지원하기 위해 설립한 상설학교기금이다.[32] 한편 지도에서 주황색과 빨간색 원

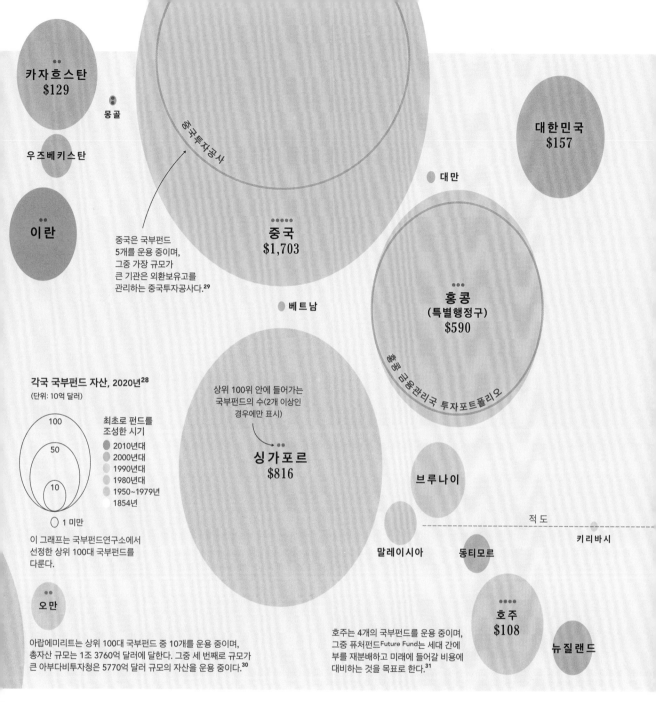

카자흐스탄
$129

몽골

우즈베키스탄

이란

대한민국
$157

대만

중국투자공사

중국은 국부펀드
5개를 운용 중이며,
그중 가장 규모가
큰 기관은 외환보유고를
관리하는 중국투자공사다.[29]

중국
$1,703

베트남

홍콩
(특별행정구)
$590

홍콩 외환관리국 투자포트폴리오

각국 국부펀드 자산, 2020년[28]
(단위: 10억 달러)

100

50

10

최초로 펀드를
조성한 시기
2010년대
2000년대
1990년대
1980년대
1950~1979년
1854년

1 미만

이 그래프는 국부펀드연구소에서
선정한 상위 100대 국부펀드를
다룬다.

상위 100위 안에 들어가는
국부펀드의 수(2개 이상인
경우에만 표시)

싱가포르
$816

브루나이

적도

말레이시아

동티모르

키리바시

오만

아랍에미리트는 상위 100대 국부펀드 중 10개를 운용 중이며,
총자산 규모는 1조 3760억 달러에 달한다. 그중 세 번째로 규모가
큰 아부다비투자청은 5770억 달러 규모의 자산을 운용 중이다.[30]

호주는 4개의 국부펀드를 운용 중이며,
그중 퓨처펀드Future Fund는 세대 간에
부를 재분배하고 미래에 들어갈 비용에
대비하는 것을 목표로 한다.[31]

호주
$108

뉴질랜드

이 많은 것을 보면, 21세기 들어 각국 정부가 국제 투자 기회를 활용하고자 앞다퉈 나서면서 국부펀드가 빠르게 성장했으리라 짐작할 수 있다. 가령 아시아의 많은 국가는 1997~1998년 아시아 금융위기를 겪은 뒤, 해외 자금에 대한 의존도를 줄이고자 국부펀드를 조성해 규모를 키웠다.

코로나19로 전 세계 투자자들이 어려움을 겪었지만, 국부펀드 모델은 아직 문제없이 유지되고 있다. 각국 정부가 계속 국부펀드를 활용해 투자하면서 국부펀드가 세계 경제에서 차지하는 역할은 커지는 중이다. 영국은 정부가 자체 운용하는 기금이 없지만, 페르시아만 연안 국가들 사이에서 인기 있는 투자처가 됐다. 영국 프리미어리그 소속 뉴캐슬 유나이티드의 경기를 보러 세인트제임스파크 구장을 찾는다면?[33] 사우디아라비아가 돈을 번다. 런던 해로즈백화점에서 애인에게 선물할 디자이너 브랜드 옷을 산다면? 카타르가 돈을 번다.[34] 에티하드항공을 타고 햇볕을 쬐러 여행을 떠난다면? 아랍에미리트가 돈을 번다.[35] 국부펀드가 없는 영국도 국부펀드의 영향에서 자유롭지 않다. 국부펀드들이 운용하는 자금은 전 세계로 흐르고 있다.[36]

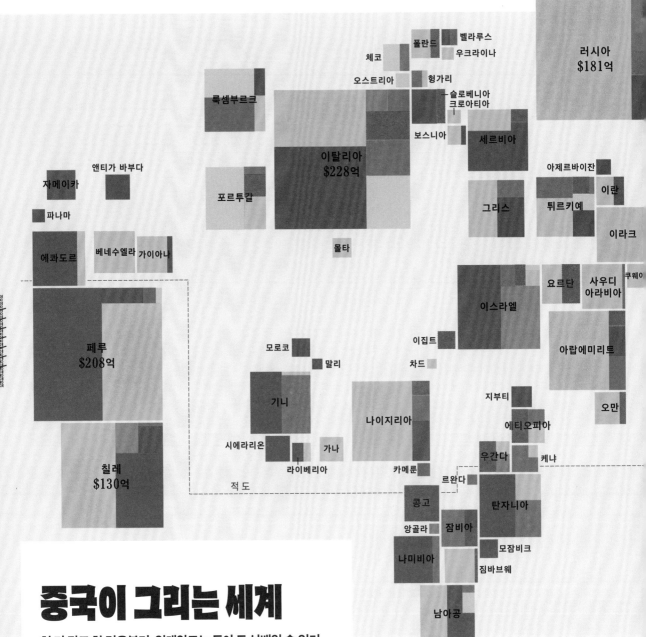

폴란드 벨라루스
체코 우크라이나
오스트리아 러시아
룩셈부르크 헝가리 $181억
슬로베니아
크로아티아
보스니아
자메이카 세르비아
앤티가 바부다
파나마 이탈리아 아제르바이잔
에콰도르 $228억 이란
포르투갈 그리스 튀르키예
베네수엘라 가이아나 이라크
몰타 쿠웨이
요르단 사우디
아라비아
페루 이스라엘
$208억 이집트 아랍에미리트
모로코
말리 차드
기니 지부티
나이지리아 오만
에티오피아
시에라리온 가나 우간다 케냐
칠레 라이베리아 카메룬 르완다
$130억 적도 콩고 탄자니아
앙골라 잠비아
나미비아 모잠비크
짐바브웨
남아공

중국이 그리는 세계

천 리 길도 한 걸음부터, 일대일로는 독이 든 성배일 수 있다.

아디스아바바의 퓨리-레부Furi-Lebu역에서 기차를 타면 뜻밖의 광경이 보인다. 에티오피아 기차역에서 중국인 차장이 차량을 운행하고 중국어 표지판이 사람들을 안내하는 광경이다. 이곳에서 열차를 타고 지부티의 홍해 항구로 가다 보면 또 한 번 놀라운 경험을 할 수 있다. 차로 사흘이 넘는 거리를 에어컨 달린 열차로 12시간도 채 지나기 전에 도착할 수 있기 때문이다.[38] 이처럼 놀라운 일은 바로 중국 일대일로 사업의 결과물이다.

2013년, 시진핑 주석이 카자흐스탄 순방 중 발표한 일대일로는 중국의 외교 정책을 상징하는 사업이다. 일대일로는 중국의 투자를 바탕으로 육상 및 해상 경제 통로를 개발해 중국과 다른 지역 간 정치적·경제적 유대를 강화하고, 고대 실크로드를 재구상 및 확장하는 사업이다. 사업의 핵심은 인프라 개발이지만, 중국 정부가 공식적으로 내세운 목표는 중국과 참여국 간 정책 조정·인프라 연결·자유 무역·금융 통합·깊은 문화적 연결 등 광범위하다.[39]

위 지도는 중국이 그리는 세계란 곧 비즈니스라는 것을 보여준다. 투자 규모와 분야별 집중도를 나타내는 위 상자

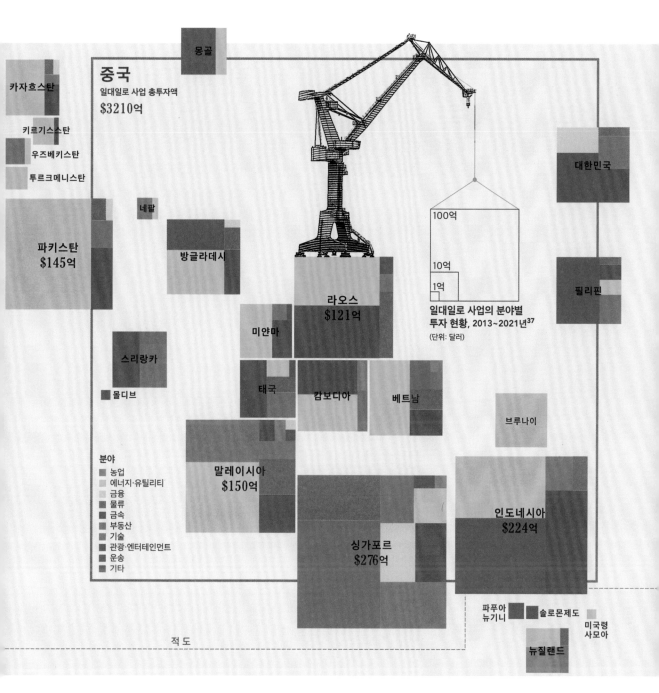

몽골

중국
일대일로 사업 총투자액
$3210억

카자흐스탄

키르기스스탄

우즈베키스탄

투르크메니스탄

네팔

파키스탄
$145억

방글라데시

라오스
$121억

미얀마

100억

스리랑카

10억

몰디브

1억

일대일로 사업의 분야별
투자 현황, 2013~2021년[37]
(단위: 달러)

태국

캄보디아

베트남

대한민국

필리핀

브루나이

분야
농업
에너지·유틸리티
금융
물류
금속
부동산
기술
관광·엔터테인먼트
운송
기타

말레이시아
$150억

인도네시아
$224억

싱가포르
$276억

파푸아
뉴기니

솔로몬제도

미국령
사모아

적도

뉴질랜드

들을 보면, 2013년 이후 중국이 82개국에 3210억 달러를 투자했으며, 그중에서도 싱가포르, 인도네시아, 이탈리아에 많은 돈을 투자했음을 알 수 있다. 중국은 나이지리아의 철도, 칠레 리튬 광산, 이스라엘 온라인 게임, 말레이시아 원자력발전소에도 자금을 지원했다.

일대일로는 에너지·유틸리티, 금속, 부동산에 크게 투자하는 점이 특징으로, 단순히 도로와 교량을 짓는 것보다 훨씬 방대하다. 중국이 이처럼 여러 지역과 분야에서 영향력을 확대하면서 지정학적 긴장도 커지고 있다. 이탈리아

가 이 사업에 적극 참여한 것을 보면, 과거 베네치아가 실크로드의 종착지였다는 사실이 떠오른다. 그러나 이탈리아는 G7 회원국인 만큼 이탈리아가 이에 참여하는 것을 둘러싼 논란도 있다. 서방 정부들은 일대일로 사업을 국가 주도 개입으로 자유시장 논리를 대체하는 새로운 형태의 세계화로 간주한다. 하지만 이 논쟁에서 어느 쪽을 지지하든 관계없이 돈은 지금 이 순간에도 여러 나라로 흘러가며, 중국이 그리는 세계는 멈추지 않고 그려지고 있다.[40]

> "세상의 돈은 한정된 것이 아니다.
> 돈은 무한하다."[1]
>
> — 폴 맥케나 Paul McKenna

Intermediation & Technology
중개와 기술

금융 중개의 역사는 곧 혁신의 역사다. 그 출발점은 금융 기관의 신용 창조다.
사람들은 오랜 시간에 걸쳐 돈을 마련하고 재정 손실에 대비하는 새로운 방법들을
발명해왔다. 최근 수십 년 동안 디지털화에 따라 모든 사물과 사람의 금융 위험을
측정하고 빛의 속도로 거래하며 누구나 쉽게 금융 상품을 이용할 수 있게 되는 등
급격한 변화가 일어나고 있다. 그 결과 금융 중개는 점차 형체가 사라지고 있지만,
동시에 눈에 보이는 사회적·환경적 비용을 초래하고 있다.

'돈비'를
내리는 사람들

**세간의 인식과 달리 은행의 신용은
무에서 유를 창조한다.**

사람들이 흔히 생각하는 것과 달리 상업은행은 예금을 빌려주지도,
단순한 중개자 역할을 하지도 않는다. 우리가 무언가를 '빌려준다'고 할
때는 대개 이미 가지고 있던 것을 빌려주는 일을 말한다. 다음 주에 돈
을 갚겠다고 약속하는 친구에게 지금 가진 돈을 빌려주듯 말이다.

하지만 상업은행은 이런 식으로 돈을 빌려주지 않는다. 상업은
행이 신용을 제공할 때는 누군가가 가진 돈을 전달하는 것이 아
니라 마치 하늘에서 돈이 떨어지듯 돈을 만들어낸다. 이를 위해
필요한 것은 은행의 금고에 쌓인 돈이 아니라 은행과 대출자
사이의 신뢰다. 은행은 대출자가 대출금을 상환하리라 믿고,
대출자는 필요할 때 은행이 돈을 빌려주리라 믿는다. 이 약속을 이행하

신용은 어디에서
나오는가?

통념
개인들이 은행에 돈을 맡기면 은행은
이를 대출에 사용한다.

현실
은행은 신용을 창조한다. 개인과 기업
은 이 돈을 소비나 투자에 쓰고 남은
돈을 저축한다.

영국에서 창출된 통화
1983년 1월~2022년 3월[3]
■ 은행 화폐
■ 현금

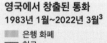

0   1985   1990   1995   2000

려면 은행은 중앙은행에 지급준비
금을 예탁해야 한다. 지급준비금은 은행 사
이에만 거래되는 통화의 한 형태로, 중앙은행 역시
이 돈을 '무'에서 창출한다. 지급준비금 금리는 중앙은행의
주요 정책 수단 중 하나이기도 하다. 물론 상업은행은 고
객의 예금을 언제든 환영하겠지만, 이는 예금이 신용을 제
공하기 위한 전제 조건이어서가 아니라 적은 비용으로 유
동성을 늘릴 수 있는 수단이기 때문이다.

신뢰란 본래 미래지향적이다. 따라서 신용 창조의 진정
한 원동력은 대출자와 은행이 가진 기대다. 반대로 신용

창조의 제약 요인은 은행의 수익성·상환 능력 평가 시
고려 사항·가계와 기업의 신용 수요·은행 규제에 따른 제
한 등이다.

아래의 꺾은선그래프는 영국의 은행들이 수조 파운드
에 달하는 신용을 창출하는 와중에도 실제 현금의 양은 적
은 수준에 머물러 있었음을 보여준다. 특히 위기가 발생할
때는 돈이 '비처럼 쏟아지는' 시기다. 2008년 금융
위기와 코로나19 기간 통화량이 급격히 늘어
난 것은 중앙은행이 시행한 경기 부양책의
결과다.[2]

£3조

2조

2008년 금융위기   코로나19 팬데믹

1조

영국의 GDP 대비 저축 및 신용 비율, 1990~2020년[4]

국내 총저축률

연간 신용증가율

20%

10

0

−10%

1990   2000   2010   2020

저축과 신용은 상관관계가 없다. 저축이 늘어난다고 해서 신용이 증가하지는
않으며, 오히려 저축이 느는데도 신용은 감소할 때가 있는 것을 보면 양자 사이
의 연관성이 적음을 알 수 있다.

2005   2010   2015   2020

시장을 장악한 기관들

기업공개는 때로 엄청난 수익을 가져다주는데, 특권적 지위를 가진 시장 참여자들은 기업공개로 부당한 이득을 챙기기도 한다.

2013년 영국의 우편 기업 로열메일Royal Mail이 상장하기 얼마 전, 상장을 맡은 인수기관들은 초기 투자자들을 엄선해 주당 330펜스라는 저렴한 가격에 지분을 매입할 우선권을 줬다. 그중 3분의 2가 은행과 펀드 같은 기관이었다. 반면에 개인 투자자와 로열메일의 직원 16만 7000명은 기관투자자보다 훨씬 적은 지분만을 살 수 있었다.

오른쪽 그래프에서 알 수 있듯, 상장 첫날 로열메일의 시초가는 451펜스, 종가는 4펜스 더 오른 455펜스였고, 주당 330펜스에 지분을 산 소수의 투자자는 운 좋게도 37.9퍼센트에 달하는 수익을 거뒀다.[5] 하지만 이를 과연 행운이라고만 볼 수 있을까?

기업공개(이하 IPO) 시 일부 투자자에게 최종 시장가보다 낮은 가격으로 주식을 판매하는 일은 얼핏 불법으로 보이지만 흔히 벌어지는 관행이다. '공모주 저평가'로 알려진 이러한 관행은 주식의 수요를 늘리고 상장 첫날 주가 상승으로 여론의 이목을 끄는 게 목적이다. 로열메일의 IPO는 골드만삭스와 UBS가 주도한 투자은행 인수단이 맡았으며, 이들은 지분을 우선 살 수 있는 사람과 그렇지 못한 사람을 결정했다. IPO 인수 서비스시장은 소수의 업체가 장악하고 있으며, 시장 규모가 작은 개발도상국일수록 그러한 경향이 심하기 때문에(아래 그래프 참고) 로열메일 같은 대형 발행사는 의지할 만한 은행이 많지 않다. 따라서 투자자들은 소수의 은행과 좋은 관계를 맺기만 해도 독점적으로 큰 수익을 올릴 기회를 얻을 수 있다. 그 대가로 투자자들은 거래나 리서치를 비롯한 은행 서비스를 이용하면서 비용을 지불한다. 이러한 관행은 자본시장이 연줄에 따라 움직이기도 한다는 사실을 보여주는 사례다.[6]

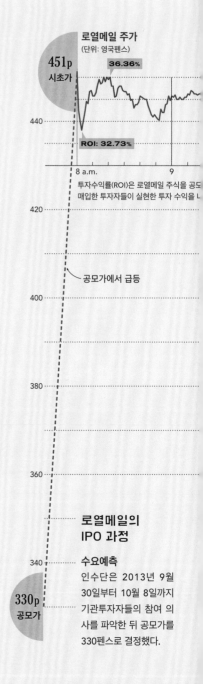

로열메일 주가
(단위: 영국펜스)

451p
시초가

36.36%

440

ROI: 32.73%

8 a.m.   9

투자수익률(ROI)은 로열메일 주식을 공도
매입한 투자자들이 실현한 투자 수익을 Ll

420

공모가에서 급등

400

380

360

로열메일의 IPO 과정

340

수요예측

330p
공모가

인수단은 2013년 9월 30일부터 10월 8일까지 기관투자자들의 참여 의사를 파악한 뒤 공모가를 330펜스로 결정했다.

국가별 상위 5개 IPO 인수기관의 시장 점유율, 2000~2015년[7]

아프리카 아메리카 아시아 유럽 오세아니아

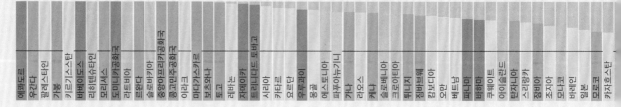

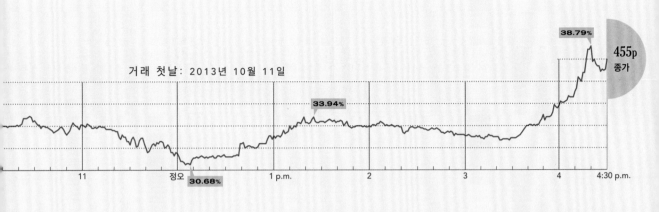

거래 첫날: 2013년 10월 11일

38.79%

455p
종가

33.94%

11   정오   1 p.m.   2   3   4   4:30 p.m.

30.68%

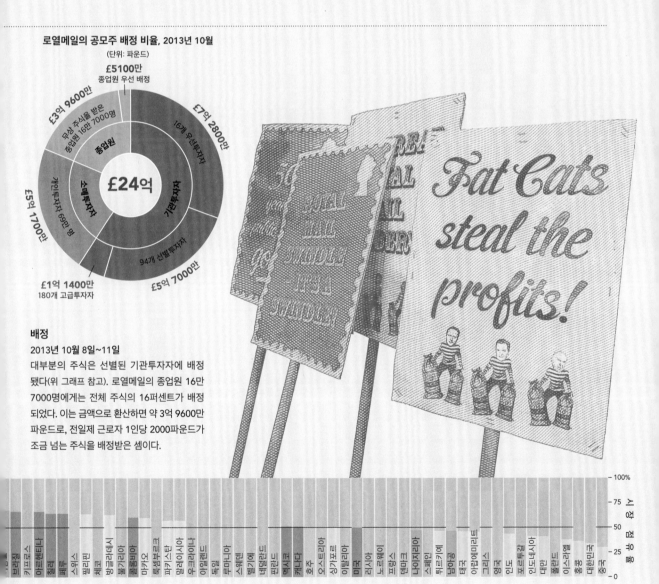

로열메일의 공모주 배정 비율, 2013년 10월

(단위: 파운드)

£5100만
종업원 우선 배정

£3억 9600만
무상 주식을 받은
종업원 16만 7000명

£7억 2800만
16개 우선투자자

종업원

£24억

개인투자자 69만 8명

소매투자자

기관투자자

£5억 1700만

94개 선별투자자

£1억 1400만
180개 고급투자자

£5억 7000만

배정

2013년 10월 8일~11일

대부분의 주식은 선별된 기관투자자에 배정
됐다(위 그래프 참고). 로열메일의 종업원 16만
7000명에게는 전체 주식의 16퍼센트가 배정
되었다. 이는 금액으로 환산하면 약 3억 9600만
파운드로, 전일제 근로자 1인당 2000파운드가
조금 넘는 주식을 배정받은 셈이다.

100%
75
50
25
0

시장 점유율

브라질
스웨덴
아르헨티나
칠레
일본
스위스
필리핀
체코
방글라데시
불가리아
콜롬비아
에티오피아
룩셈부르크
파키스탄
말레이시아
우크라이나
아일랜드
인도
루마니아
스웨덴
벨기에
네덜란드
핀란드
멕시코
캐나다
호주
오스트리아
싱가포르
이탈리아
미국
러시아
노르웨이
프랑스
덴마크
나이지리아
스페인
터키
남아공
대만
아랍에미리트
그리스
영국
독일
홍콩
포르투갈
콜롬비아
인도네시아
이스라엘
중국
루마니아
대한민국

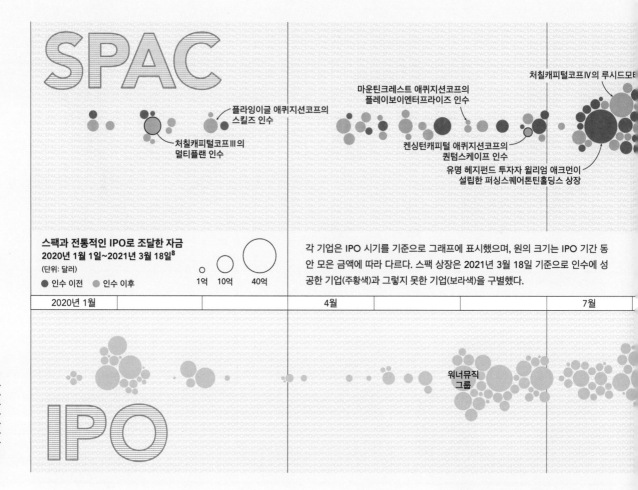

SPAC

처칠캐피털코프IV의 루시드모터

마운틴크레스트 애퀴지션코프의
플레이보이엔터프라이즈 인수

플라잉이글 애퀴지션코프의
스킬즈 인수

처칠캐피털코프III의
멀티플랜 인수

켄싱턴캐피털 애퀴지션코프의
퀀텀스케이프 인수

유명 헤지펀드 투자자 윌리엄 애크먼이
설립한 퍼싱스퀘어톤틴홀딩스 상장

스팩과 전통적인 IPO로 조달한 자금
2020년 1월 1일~2021년 3월 18일[8]
(단위: 달러)
● 인수 이전   ● 인수 이후

1억   10억   40억

각 기업은 IPO 시기를 기준으로 그래프에 표시했으며, 원의 크기는 IPO 기간 동안 모은 금액에 따라 다르다. 스팩 상장은 2021년 3월 18일 기준으로 인수에 성공한 기업(주황색)과 그렇지 못한 기업(보라색)을 구별했다.

| 2020년 1월 | 4월 | 7월 |

워너뮤직
그룹

IPO

뉴욕
227

SPAC

스팩 vs. IPO

기업인수목적회사는 한때 금융계에서 선풍적인 인기를 끌었다.
지금은 규제 문제와 투자 위험을 둘러싸고 많은 논란이 벌어지고 있다.

지속적인 수익 창출을 입증한 회사는 보통 IPO(기업공개) 이전 투자은행, 감사, 변호사의 심사를 받는다. 하지만 2020년에는 그런 상식이 통하지 않았다. 코로나19가 전 세계를 휩쓰는 사이 투자자들은 기업인수목적회사Special Purpose Acquisition Company(이하 스팩SPAC)들이 대거 시장에 진입하는 광경을 목격했다. 스팩이란 IPO로 자금을 모은 후 다른 회사를 인수하기 위해 설립된 회사를 말한다. 위 거품형 그래프는 2020년 1월부터 2021년 3월까지 뉴욕증권거래소와 나스닥에 상장된 스팩과 전통적인 IPO 사례들을 보여준다. 그래프 오른쪽의 거품송이를 보면 알 수 있듯, 2021년 1분기 미국 시장에 상장한 스팩들은 기존 IPO보다 훨씬 많은 자금을 모았다.

이렇듯 스팩의 인기는 날로 높아지고 있지만, 스팩 투자의 위험성은 충분히 알려지지 않았다. 기존 IPO에서는 잠재적 투자자들에게 상장할 기업의 재무 기록, 사업 범위, 향후의 전망과 관련한 여러 정보를 자세히 다룬 투자설명서를 제공한다. 반면에 스팩은 운영 기록이나 재무 기록이 없으며, 상장 시점에는 어떤 회사를 인수할지도 알 수 없

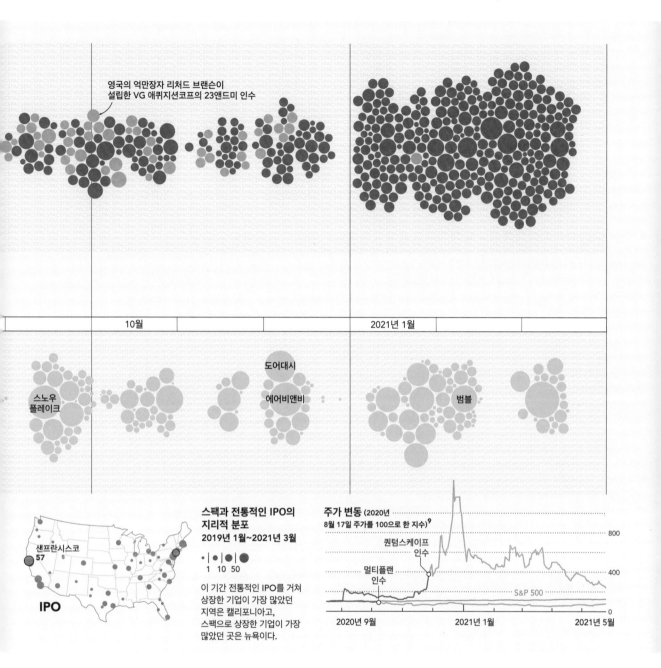

영국의 억만장자 리처드 브랜슨이
설립한 VG 애퀴지션코프의 23앤드미 인수

10월

2021년 1월

스노우
플레이크

도어대시

에어비앤비

범블

**스팩과 전통적인 IPO의
지리적 분포**
2019년 1월~2021년 3월

• | ● | ● | ⬤
1 10 50

이 기간 전통적인 IPO를 거쳐
상장한 기업이 가장 많았던
지역은 캘리포니아고,
스팩으로 상장한 기업이 가장
많았던 곳은 뉴욕이다.

샌프란시스코
57

IPO

주가 변동 (2020년
8월 17일 주가를 100으로 한 지수)[9]

퀀텀스케이프
인수

멀티플랜
인수

S&P 500

800

400

0

2020년 9월   2021년 1월   2021년 5월

는 경우가 많다. 따라서 스팩투자자들은 보통 정보가 전혀 없는 상태에서 장차 인수가 성공하는 쪽에 베팅한다. 스팩의 주가는 인수하는 회사의 가치를 반영하므로 스팩이 지나치게 높은 가격에 회사를 인수하면 투자자는 손해를 보게 된다. 멀티플랜과 퀀텀스케이프의 운명을 예로 들어보자. 2020년 2월, 미국 증시에는 '처칠캐피털코프Ⅲ'라는 스팩이 주당 10달러에 상장했고, 몇 달 후에는 켄싱턴캐피털 애퀴지션코프라는 스팩이 같은 가격에 상장했다. 그해 10월 처칠캐피털코프Ⅲ는 의료 서비스 제공업체인 멀티

플랜을 인수해 같은 이름으로 재상장했으며, 11월에는 켄싱턴캐피털 애퀴지션코프가 같은 방식으로 배터리 제조업체 퀀텀스케이프를 인수했다. 그러나 인수 이후 멀티플랜의 주가는 바닥을 쳤고, 퀀텀스케이프의 주가는 초기에 급등한 이후 하락세를 보였다(꺾은선그래프 참고). 이후 두 회사는 인수 계획을 놓고 잘못된 정보를 제공했다는 이유로 투자자들에게 소송당했다.[10] 2022년, 미국 증권거래위원회는 투자자들을 보호하기 위해 스팩에 대한 새로운 규제를 도입했다.

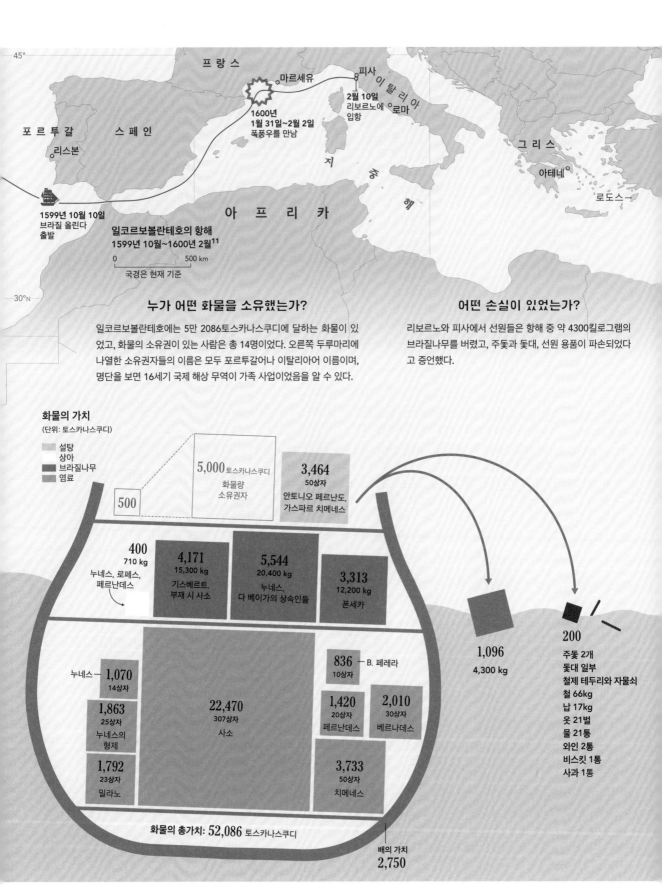

누가 어떤 화물을 소유했는가?

일코르보볼란테호에는 5만 2086토스카나스쿠디에 달하는 화물이 있었고, 화물의 소유권이 있는 사람은 총 14명이었다. 오른쪽 두루마리에 나열한 소유권자들의 이름은 모두 포르투갈어나 이탈리아어 이름이며, 명단을 보면 16세기 국제 해상 무역이 가족 사업이었음을 알 수 있다.

어떤 손실이 있었는가?

리보르노와 피사에서 선원들은 항해 중 약 4300킬로그램의 브라질나무를 버렸고, 주돛과 돛대, 선원 용품이 파손되었다고 증언했다.

프랑스
마르세유
피사
이탈리아
2월 10일
리보르노에
입항
로마

1600년
1월 31일~2월 2일
폭풍우를 만남

포르투갈   스페인

리스본

그리스
아테네
로도스

아프리카

1599년 10월 10일
브라질 올린다
출발

지중해

일코르보볼란테호의 항해
1599년 10월~1600년 2월[11]

0   500 km
국경은 현재 기준

45°

30°N

화물의 가치
(단위: 토스카나스쿠디)

- 설탕
- 상아
- 브라질나무
- 염료

5,000토스카나스쿠디
화물량
소유권자
500

3,464
50상자
안토니오 페르난도,
가스파르 치메네스

400
710 kg
누네스, 로페스,
페르난데스

4,171
15,300 kg
기스베르트
부재 시 사소

5,544
20,400 kg
누네스,
다 베이가의 상속인들

3,313
12,200 kg
폰세카

1,096
4,300 kg

200
주돛 2개
돛대 일부
철제 테두리와 자물쇠
철 66kg
납 17kg
옷 21벌
물 21통
와인 2통
비스킷 1통
사과 1통

누네스   1,070
14상자

836 — B. 페레라
10상자

1,863
25상자
누네스의
형제

22,470
307상자
사소

1,420
20상자
페르난데스

2,010
30상자
베르나데스

1,792
23상자
밀라노

3,733
50상자
치메네스

화물의 총가치: **52,086** 토스카나스쿠디

배의 가치
2,750

일코르보볼란테호의 공동해손 계산 1600년 2월 12일 (단위: 토스카나스쿠디)	
증서	
지오반니 누네스, 안드레아 로페스, 마누엘 페르난데스	10.4
바스토 페레라	21.7
마르코 누네스	27.7
마누엘 페르난데스	36.8
아리게스 디에스 밀라노	46.5
마르코 누네스의 형제	48.3
아리게스 베르나데스	52.1
일 코르보 볼란테	71.3
로드리고 폰세카	85.9
안토니오 페르난도, 가스파르 치메네스	89.8
안드레아 치메네스	96.8
아리고 기스베르트. 부재 시 베르나르도 사소	108.1
지오반니 누네스, 바스코 마르티네스 다 베이가의 상속인들	143.7
베르나르도 사소	582.5

◻—125
행정 및 법률 수수료

$$\frac{손실 + 수수료}{화물 + 배} = \frac{1,421}{54,836} = 2.59\%$$

누가 손실을 부담했는가?

해양영사는 피사의 두 상인이 공동해손을 계산하도록 했다. 상인들은 버려진 화물·선박의 손상 정도·관리 비용을 더한 다음, 항해의 총가치로 나눠 각 당사자가 부담할 몫을 계산했다. 이에 따라 화물의 소유권자들은 일코르보볼란테호의 공동해손을 위해 각자가 소유한 화물 가치의 2.59퍼센트를 지불했다.

해상 위험 분담

공동해손은 고대부터 이어진 금융 전통으로서 해상 무역을 촉진해왔다.

1599년 10월 10일, 일코르보볼란테('하늘을 나는 까마귀')라는 범선 한 척이 설탕과 목재, 염료 등을 싣고 브라질의 올린다를 떠나 유럽으로 향했다. 목적지는 이탈리아 토스카나 지방의 리보르노항이었으며, 기항지는 포르투갈 리스본이었다. 하지만 이 배는 알 수 없는 이유로 리스본에 기항하지 않았다. 남아 있는 기록으로 알 수 있는 사실은 다음과 같다. 1600년 1월 말, 프랑스의 해안에서 강한 폭풍이 배를 덮치는 바람에 주돛 두 개가 찢어지고 돛대가 부러졌다. 안트베르펜 출신의 마르티노 에르만 선장과 다른 선원들은 이틀 동안 거센 파도에 시달린 끝에 배가 가라앉지 않도록 화물 일부를 바다에 버리기로 결정했다. 8일 후, 이 배는 만신창이가 된 채 가까스로 리보르노에 입항했다.

이 사건에서 바다에 버린 화물은 누가 책임져야 할까? 화물의 주인들은 선장에게 버려진 물건을 물어달라고 할 수 있을까? 에르만 선장에게는 다행스럽게도 페르디난도 1세 데 메디치 대공이 다스리던 토스카나에는 '공동해손general average'이라는 원칙이 있어 비상시 선원들이 배를 구하고 항해를 계속할 수 있도록 화물을 버리는 것을 허용했다. 그리고 버려진 화물에 대한 보상은 항해의 이해관계자들이 전체 화물의 가치에 따라 분담했다. 이에 따라 일코르보볼란테호의 경우에는 염료 307상자의 소유권자였던 베르나르도 사소가 가장 비싼 화물을 실은 사람으로서 가장 큰 손실을 부담했다.

리보르노에 도착한 에르만 선장은 토스카나의 규정에 따라 배가 파손된 경위와 바다에 버린 화물에 관한 보고서를 작성했다. 그다음 선장은 피사에 있는 해양영사를 찾아가 화물의 소유권자들이 공동해손에서 부담해야 할 몫을 계산했다. 영사가 발행한 최종 증서에 따르면, 소유권자들은 총 1421토스카나스쿠디의 손실과 수수료를 분담했다.

공동해손의 기원은 고대 그리스 시기 로도스항에서 활동하던 해상 무역업자들의 관습법적 관행에서 찾을 수 있다. 6세기에는 동로마제국이 '로도스해법'이라는 상업 무역 규정을 만들어 이러한 관행을 로마 민법에 편입했다. 그리고 이 원칙은 1890년 '요크·앤트워프 규칙'이 만들어지면서 세계적인 규정으로 명문화되어 지금까지도 널리 받아들여지고 있으며, 각국에서는 공동해손을 해상법으로 규정한다. 돈과 법률, 회계를 결합한 공동해손은 해상 무역의 위험에서 상업 활동을 보호하는 장치로서 보험을 보완한다. 이처럼 손실을 측정하고 분산하는 공정한 방법이 없었다면 해상 무역은 발전하기 어려웠을 것이다.[12]

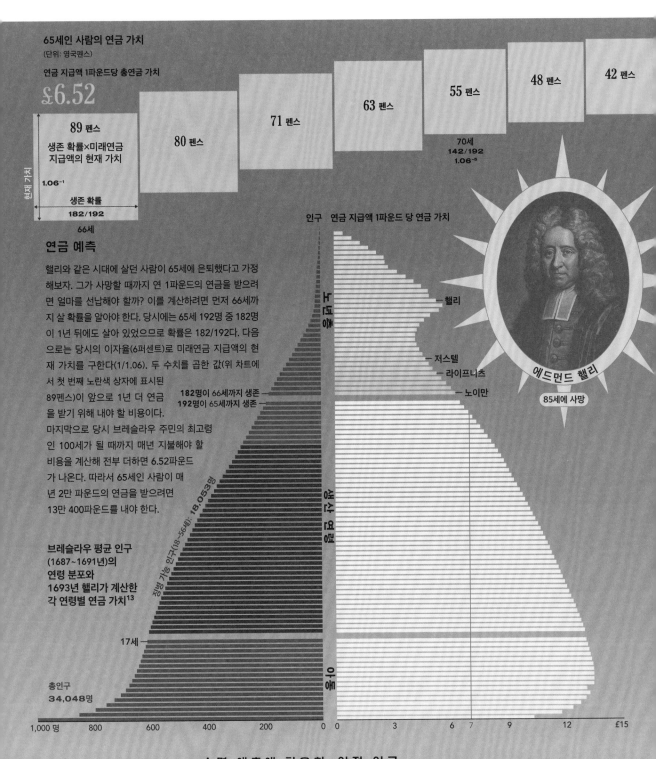

65세인 사람의 연금 가치
(단위: 영국펜스)

연금 지급액 1파운드당 총연금 가치
£6.52

89 펜스
생존 확률×미래연금
지급액의 현재 가치

1.06^{-1}

현재 가치

생존 확률
182/192

66세

80 펜스

71 펜스

63 펜스

55 펜스
70세
142/192
1.06^{-5}

48 펜스

42 펜스

인구   연금 지급액 1파운드 당 연금 가치

노년층

— 핼리

— 저스텔
— 라이프니츠
— 노이만

182명이 66세까지 생존
192명이 65세까지 생존

생산 가능 인구(18~56세): 18,053명

근로 연령 인구

17세 —

유아

총인구
34,048명

에드먼드 핼리
85세에 사망

1,000 명   800   600   400   200   0   0   3   6   7   9   12   £15

연금 예측

핼리와 같은 시대에 살던 사람이 65세에 은퇴했다고 가정
해보자. 그가 사망할 때까지 연 1파운드의 연금을 받으려
면 얼마를 선납해야 할까? 이를 계산하려면 먼저 66세까
지 살 확률을 알아야 한다. 당시에는 65세 192명 중 182명
이 1년 뒤에도 살아 있었으므로 확률은 182/192다. 다음
으로는 당시의 이자율(6퍼센트)로 미래연금 지급액의 현
재 가치를 구한다(1/1.06). 두 수치를 곱한 값(위 차트에
서 첫 번째 노란색 상자에 표시된
89펜스)이 앞으로 1년 더 연금
을 받기 위해 내야 할 비용이다.
마지막으로 당시 브레슬라우 주민의 최고령
인 100세가 될 때까지 매년 지불해야 할
비용을 계산해 전부 더하면 6.52파운드
가 나온다. 따라서 65세인 사람이 매
년 2만 파운드의 연금을 받으려면
13만 400파운드를 내야 한다.

**브레슬라우 평균 인구
(1687~1691년)의
연령 분포와
1693년 핼리가 계산한
각 연령별 연금 가치[13]**

수 명 예 측 에 필 요 한 안 정 인 구

이전에도 런던과 더블린 주민의 출생과 사망 관련 데이터는 존재했지만, 두
도시는 집계되지 않은 이주민의 수가 많아 생존 확률을 정확히 계산할 수 없
었다. 그에 반해 브레슬라우에서는 거의 모든 주민이 그곳에서 태어나고 사
망한 덕에 핼리는 노이만이 집계한 데이터를 믿고 사용할 수 있었다.

17세기에는 아동 사망률이 높았기 때문에 연금 가치는 9세와 10세에 가
장 높았다. 연금 가치는 77세까지 떨어지다가 77세 이후 해당 연령대의 사
망자 수가 줄면서 다시 높아졌다. 본래 이 연령대에서는 사망률이 낮아져
서는 안 되지만, 브레슬라우는 표본의 크기가 작아 이 같은 결과가 나왔다.

36 펜스

30 펜스

26 펜스

21

18

14

11

9

7

5

4

3

2

1

<1 펜스 미만

73세
109/192
1.06^{-8}

85세
19/192
1.06^{-20}

95세
6/192
1.06^{-30}

핼리의 계산

위대한 천문학자 에드먼드 핼리는 우연히 얻은 데이터로 보험을 혁신하고 금융과 인구 통계를 연관 짓는 데 공헌했다.

헨리 저스텔

73세에 사망

고트프리트 폰 라이프니츠

70세에 사망

카스파르 노이만

66세에 사망

남은 생애 동안 매년 일정 금액을 받을 권리를 지금 살 수 있다면 얼마를 내겠는가? 이 질문은 보험 업계의 용어로는 이렇게 바꿀 수 있다. 연금의 현재 가치는 얼마인가? 이는 금융의 핵심을 꿰뚫는 질문이지만, 사람들은 17세기 말까지 여기에 답을 하지 못했다.

17세기 말, 브레슬라우(오늘날 폴란드의 브로츠와프)에 살던 목사 카스파르 노이만은 점성술에 근거한 미신을 싫어했는데, 그중 하나가 63세는 인간의 삶에서 특히나 사망 위험이 큰 나이라는 믿음이었다. 노이만은 이러한 미신에 반박하고자 1687~1691년 사이 브레슬라우 주민들의 출생과 사망 관련 데이터를 모아 독일의 대표적인 과학자이자 하노버 선제후의 궁정사서였던 라이프니츠에게 보냈다. 라이프니츠는 이 데이터를 런던의 왕실 사서였던 헨리 저스텔에게 전달했고, 저스텔은 이를 영국 왕립학회에 발표했다. 이후 천문학 연구로 유명한 왕립학회 회원 에드먼드 핼리가 이 데이터를 분석해 1693년 획기적인 논문을 발표했다.[14]

당시 영국은 프랑스와 전쟁을 치르고 있었다. 핼리는 브레슬라우의 인구로 징병 가능한 남성 비율을 계산하며 논의를 시작했다. 그는 18~56세 인구를 전체 인구로 나눈 다음(18053/34048), 남성과 여성의 수가 비슷하다고 가정하고 다시 2로 나눴다. 그가 나눗셈에서 얻은 0.265는 오늘날 미국의 인구를 똑같은 방식으로 나눈 결과(0.24)와 거의 비슷하다.

핼리의 논문은 연금의 가치를 계산했다는 점에서 중대한 공헌을 했는데, 이는 전쟁과도 관련이 있다. 당시 영국 정부는 구매자의 나이에 상관없이 연금지급액의 7배로 연금을 판매해 전쟁 자금을 조달했다. 이 가격에 연금이 잘 팔리고 다른 나라들도 비슷한 가격으로 연금을 판다는 것이 주된 이유였다. 하지만 98쪽 막대그래프의 빨간색 선을 보면 알 수 있듯, 연금지급액의 7배는 지나치게 저렴했다. 5세에서 17세 사이의 아동에게는 연금 지급액 1파운드당 13파운드 이상 받아야 했으며, 7파운드 이하는 63세가 넘는 사람들에게만 적절한 가격이었다. 그러나 이후로도 영국 정부는 지속 불가능한 연금을 100년 가까이 판매하며 연금수령자에게 혜택을 주고 미래의 국가 재정에 막대한 부담을 안겼다.

핼리가 '공들인' 계산은 보험계리학의 토대가 됐고, 인구 통계와 금융 사이 연관성을 밝혔으며, 데이터 수집의 가치와 추상화의 힘을 입증했다. 핼리는 인간의 삶을 보여주는 데이터에서 천문학적 공식을 끌어낸 학자였다.[15]

정량화된 소비자

**신용 평가 알고리즘은 미래를 예측하면서
과거의 불평등을 연장한다.**

미국에서 신용 점수는 모기지 대출, 취업, 학자금 대출, 아파트 임대 등 삶에서 중요한 선택을 좌우한다. 신용 점수란 신용도, 즉 빌린 돈을 제때 갚을 가능성을 평가한 점수다. 1989년 페어아이작앤컴퍼니가 처음 도입한 FICO 점수는 업계 표준으로 자리매김했다. 신용 점수가 높을수록 채무 불이행 위험이 낮다는 뜻이며, 대출을 늦게 갚거나 연체해 점수가 떨어지면 삶에 지장이 생길 수 있다. 미국의 소비자 중 약 3분의 1이 속한 서브프라임 등급 대출자는 돈을 빌리기가 더 어렵고 더 많은 이자를 내야 한다.[16]

신용정보회사들은 신용 점수를 계산하고 갱신하기 위해 사람들의 금융 기록과 금융 행위를 보여주는 디지털 흔적을 수집한다. 방대한 데이터를 알고리즘에 입력하면 알고리즘은 고객을 비교해 순위를 매기고 신용 점수를 부여한다. 점수를 매기는 알고리즘은 머신러닝 시대에 들어서면서 정교해지고 있다. 그러나 이를 비판적으로 보는 사람들은 알고리즘이 데이터를 관리·분석·활용하는 방식에 인종적·사회적 편견이 있으며, 겉으로는 공평무사해 보이는 기술이 데이터에 기반해 부와 기회의 불평등을 유지하는 장치로 변질됐다고 지적한다.

신용 평가는 사람들을 '좋은' 소비자와 '나쁜' 소비자로 나눈다. 신용 평가는 이 같은 분류로 인종·성별 같은 구조적 범주를 감추는 것처럼 보이지만, 실제로는 신용 점수가 없거나 금융 이력이 부족해 점수가 매우 낮은 수백만 명, 그중에서도 특히 소수자와 갓 이민 온 이민자들에게 불이익을 준다.[17] 가령 미국의 흑인 소비자는 5분의 1 이상이 FICO 점수가 620점 이하인 데 반해, 백인은 이 비율이 19분의 1에 불과하다.[18]

서브프라임 등급에 속한 인구의 비율을 지도로 나타내면 수 세기 동안 이어진 노예제와 인종 격리, 빈곤이 지역 간 부채 불평등으로 이어졌음을 알 수 있다. 오른쪽 지도에서는 흑인, 아메리카 원주민, 히스패닉 인구의 비율이 높은 카운티일수록 서브프라임 등급의 비율이 높은 것으로 나타난다. 따라서 2008년 금융위기를 촉발한 서브프라임 대출이 인종적·민족적으로 소외된 계층과 지역에 과도하게 쏠려 있던 것은 당연한 결과다.[19]

몬태나주, 빅혼 카운티
크로우 인디언 보호구역이 있으며, 주민 1만 3000명 중 35퍼센트가 서브프라임 대출자다.

애리조나주, 아파치 카운티
아메리카 원주민 인구의 비율이 74퍼센트로, 주민의 3분의 1이 빈곤선 이하에 있으며, 서브프라임 대출자의 비율(49퍼센트)이 주에서 가장 높다.

시애틀
워싱턴
포틀랜드
오리건
태평양
아이다호
보이시
몬태나
와이오밍
산악
리노
네바다
솔트레이크시티
유타
덴버
콜로라도
샌프란시스코
프레즈노
캘리포니아
라스베이거스
로스앤젤레스
애리조나
뉴멕시코
앨버커키
샌디에이고
피닉스
엘파소

호놀룰루
하와이
알래스카
앵커리지
주노

0   500 km

미국의 신용 점수[20]

FICO 점수의 범위는 300~850점이며, 상환 이력·부채·신용 거래 기간·사용한 신용 유형·신규 신용 요청 등을 고려해 평가한다.

적정
580
670
우량
740
매우 우량
800
850
최우량
불량
서브프라임 대출자

위스콘신주, 메노미니 카운티

메노미니족의 고향인 이 곳은 위스콘신주에서 유일하게 주민의 절반가량이 서브프라임 등급인 지역이다.

인구조사 권역별 서브프라임 등급에 속하는 카운티 인구 비율

2000~2021년

── 전국 평균 이상이 다수인 권역
── 전국 평균 이하가 다수인 권역

뉴잉글랜드 ‥‥‥‥‥‥‥‥50%
0
중부 대서양
남부 대서양
동남 중앙
서남 중앙
동북 중앙
서북 중앙
산악
각각의 선은 카운티를 나타냄
전국 평균
태평양
'00   '10   '20

카운티별 서브프라임 등급*에 속한 인구 비율, 2021년

7 14 21 28 35%   ▨ 신용 데이터 없음

── 인구조사 권역   ‥‥ 국경   ‥‥‥ 주 경계

0   300 km

텍사스주, 히댈고 카운티

주민 85만 5000명 중 92퍼센트가 히스패닉계이며, 2021년 기준 서브프라임 대출자의 비율은 42퍼센트였다.

미시시피주, 클레이본 카운티

클레이본 카운티는 미국에서 서브프라임 대출자의 비율이 가장 높다(56퍼센트). 서브프라임 대출자 비율이 높은 상위 10개 카운티 중 5곳이 미시시피주의 블랙벨트에 속한다.

테네시주, 윌리엄슨 카운티

테네시주에서 가장 부유한 지역으로 백인 비율이 80퍼센트에 달하며, 서브프라임 등급을 받은 사람의 비율이 11퍼센트로 주에서 가장 낮다.

* 이 지도에서는 신용 점수 660점 미만을 서브프라임 등급으로 분류했다.

빠르게,
더 빠르게

금융은 시장의 움직임에 편승하기 위해 더욱 빠른 기술을 추구한다.

선물futures 계약은 현재 시점에 정한 가격으로 미래의 특정 날짜에 주식을 매수하는 거래를 말한다. 선물은 가격 변동을 헤지hedge하거나 가격 변동에 투기하는 데 활용할 수 있다. 본래 선물은 미래의 곡물 수확량을 헤지하려는 목적으로 개발되었다. 이에 따라 선물은 뉴욕에서 주로 거래되는 주식과 달리 지금도 북미 농업 지대의 관문인 시카고에서 주로 거래되고 있다.

거래소가 디지털화되기 시작한 1980년대, 트레이더들은 시카고거래소의 선물 지수가 뉴욕시장의 기초 자산 가격보다 먼저 변동하는 경향이 있다는 사실을 알아냈다. 그러자 선물 트레이더들은 이를 악용하기 시작했고, 시카고 거래소의 선물 정보를 바탕으로 뉴욕 주식에 투자해 손쉽게 수익을 올렸다.

당시에는 선물 가격이 몇 분씩 먼저 움직이기도 했지만, 트레이더들이 남들

고빈도매매 네트워크와 소유 기업, 2021년[23]

- 제퍼슨네트웍스-피어스브로드밴드(맥케이브라더스)
- 뉴라인네트웍스(버투-점프트레이딩)
- 웹라인홀딩스(DRW-비질런트)
- 데이터센터

0 ——— 100 km

미국 내 선물 거래의 중심인 시카고거래소 그룹(이하 CME 그룹)의 서버.

뉴욕까지 이어진 직통선

측지선이란 지구의 곡면 위 두 점을 잇는 최단 거리를 말한다. 고빈도매매자들은 최대한 측지선에 가깝게 네트워크를 구축하는 것을 목표로 하지만, 실제로는 마이크로파 통신탑의 가시선 신호를 방해할 수 있는 산이나 주거지, 악천후의 가능성(특히 넓은 수역을 지날 경우) 등을 고려해야 한다.

시카고 2014년, 점프트레이딩은 경매에서 시카고 외곽의 빈 들판을 1200만 달러에 낙찰받았다.[24] 그들은 이 위치를 확보한 덕분에 선물이 거래되는 서버 창고와 조금이라도 가까운 곳에 마이크로파 중계소를 설치할 수 있었다.

켈리스아일랜드 맥케이브라더스는 켈리스아일랜드의 작은 마을과 합의한 끝에 이곳에 137미터 높이의 통신탑을 설치함으로써 이리호를 두 홉hop(데이터가 출발지와 목적지 사이에서 통과해야 하는 중간 장치─옮긴이)만에 횡단하는 통신망을 구축해 속도와 안정성을 개선했다.[25]

보다 빨리 거래하기 위해 앞다퉈 경쟁하면서 이 차이는 곧 몇 초 수준으로 줄어들었다. 1990년대 중반에는 인간 트레이더의 반응 속도로는 따라갈 수 없는 자동 트레이딩 기술이 등장했다. 컴퓨터가 사람들로 북적이던 거래소를 대체하면서 선물 가격이 현물에 선행하는 정도가 마이크로초 단위로 짧아졌으며, 인터넷 속도와 컴퓨터 코드가 이 차이를 결정하게 되었다(하단 막대그래프 참고).

2010년, 미국의 통신 서비스 기업 스프레드네트웍스는 3~5억 달러를 들여 시카고와 뉴욕을 잇는 가장 짧은 선, 즉 측지선geodesic을 따라 맞춤형 광케이블을 설치했다.[21]

이용료가 월 17만 6000달러에 달하는 이 새로운 회선을 활용하면 자동화된 고빈도매매High-Frequency Trading(이하 HFT)에서 경쟁자들보다 수 마이크로초의 우위를 점할 수 있었다.[22] 현재는 전송 속도가 더 빠른 마이크로파 통신탑이 광케이블을 대체했는데, 측지선을 따라 늘어선 이 통신탑들은 직선거리 사이에 장애물이 없어야 작동할 수 있다. 세 경쟁 업체 맥케이브라더스, 버투-점프트레이, DRW-비질런트는 시카고에서 뉴욕까지 광속에 가까운 속도로 신호를 전달할 수 있는 자체 통신탑 인프라를 보유하고 있다.

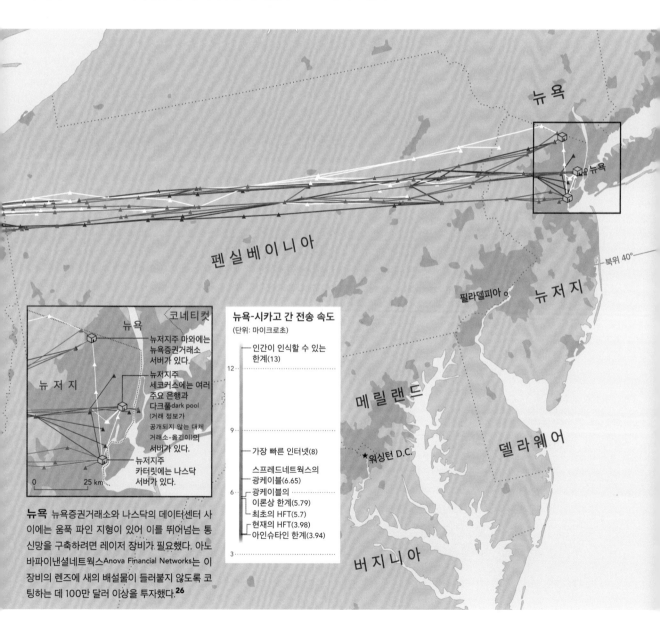

뉴욕-시카고 간 전송 속도
(단위: 마이크로초)

- 인간이 인식할 수 있는 한계(13)
12
9
- 가장 빠른 인터넷(8)
스프레드네트웍스의 광케이블(6.65)
6 - 광케이블의 이론상 한계(5.79)
최초의 HFT(5.7)
현재의 HFT(3.98)
아인슈타인 한계(3.94)
3

뉴저지주 마와에는 뉴욕증권거래소 서버가 있다.

뉴저지주 세코커스에는 여러 주요 은행과 다크풀dark pool (거래 정보가 공개되지 않는 대체 거래소-옮긴이)의 서버가 있다.

뉴저지주 카터릿에는 나스닥 서버가 있다.

0   25 km

뉴욕 뉴욕증권거래소와 나스닥의 데이터센터 사이에는 움푹 파인 지형이 있어 이를 뛰어넘는 통신망을 구축하려면 레이저 장비가 필요했다. 아노바파이낸셜네트웍스Anova Financial Networks는 이 장비의 렌즈에 새의 배설물이 들러붙지 않도록 코팅하는 데 100만 달러 이상을 투자했다.[26]

이제 케냐에서는 기존의 관습을 깨고 키오스크, 휴대전화나 전자제품 매장, 약국, 미용실, 식료품점, 카페, 바, 식당 등에서 본업 외에 모바일 입출금 서비스를 제공하며, 이들이 형성한 복잡한 네트워크를 통해 여러 금융 서비스를 이용할 수 있다.

사업 유형별 모바일 머니 에이전트 수, 2015년* 27

19,189 독자 사업	10,567 상인	5,407 키오스크
4,240 휴대전화 매장	3,683 전자제품 매장	2,280 약국
1,653 미용실	1,405 식료품점	487 카페
302 호텔	289 바	92 식당

* 이 밖에도 위의 범주에 포함되지 않는 16371개의 다른 에이전트가 있다.

스마트폰으로 열린
새로운 세상

**2000년대 후반부터 스마트폰은 금융의 새로운 중심 수단으로
자리매김했으며, 일부 국가에서는 ATM보다 자주 쓰이게 되었다.**

1967년에 출시된 현금자동입출금기(이하 ATM)는 사람들이 돈을 찾는 방식에 혁명을 가져왔다. 미국 연방준비제도이사회(이하 FRB) 의장을 지낸 폴 볼커는 2008년 금융위기 이후 "지난 20년간 은행업에서 유일하게 쓸모 있었던 혁신은 ATM"이라고 꼬집기도 했다.[28] 하지만 금융위기가 끝나갈 무렵, 다른 한편에서는 금융 기술(핀테크) 혁명이 시작되고 있었다. 2007년 보다폰과 사파리콤이 최초의 휴대전화용 송금 서비스 엠페사M-Pesa를 출시한 케냐를 비롯해 전 세계 많은 국가에서는 이제 스마트폰이 ATM보다 널리 쓰이고 있다. 오른쪽 꺾은선그래프를 보면 알 수 있듯, 2020년 12월 케냐에서 스마트폰으로 송금된 금액은 ATM으로 인출된 금액보다 10배 가까이 많았다. 스마트폰에서 특히 눈길을 끄는 장점은 은행 지점이나 ATM 같은 기존의 금융 인프라가 부족한 개발도상국에도 널리 보급되어 있다는 점이다.[29] 따라서 스마트폰 중심의 금융 인프라는 은행이 지점을 세울 만큼 발전하지 않은 시골 지역 주민처럼 이전까지 은행 서비스를 이용하지 못한 소비자들에게도 금융 서비스를 제공할 수 있다.

모바일 머니 에이전트mobile money agent는 이 새로운 금융 인프라에서 중요한 역할을 한다. 이는 정해진 은행 업무만을 하는 은행 지점과 달리 독자적인 사업을 벌이거나 왼쪽의 스마트폰 그림에 나오는 주요 사업 활동 중 하나를 겸할 수도 있다. 모바일 머니 에이전트를 이용하면 약국이나 미용실에 들르듯 쉽게 현금을 입출금할 수 있다.

그 결과 케냐에서는 모바일 머니 에이전트 수가 2007년 이후 폭발적으로 증가했다(오른쪽 지도 참고). 2007년에는 대다수 에이전트가 나이로비와 그 인근 지역에 몰려 있었다. 하지만 2015년에는 나쿠루, 엘도레트, 키수무, 몸바사, 라무 등 케냐의 다른 대도시는 물론, 해안가와 주요 도로에서도 모바일 머니 에이전트의 서비스를 이용할 수 있게 되었다. 엠페사는 현재 케냐의 다른 모바일 결제사들과 경쟁하고 있으며, 다른 아프리카 국가와 아프가니스탄으로 사업을 확장했다. 오늘날 세계 각지에서는 수백만 명이 스마트폰을 활용해 처음 금융 서비스를 접하면서 금융의 포용성이 커지고 있다. 게다가 코로나19 이후 스마트폰 금융의 인기는 더욱 높아졌다. 손가락 끝으로 버튼만 누르면 금융 서비스를 이용할 수 있는데 굳이 건강을 해칠 위험을 감수하면서 은행을 찾아갈 이유가 어디 있겠는가?

**모바일 머니
에이전트 분포**
2007년과 2015년 비교

● 1000개 이상
● 101~1000개
● 11~100개
● 1~10개

0   200 km

육각형 하나의 폭은
10킬로미터.

2007년에서 2015년 사이 케냐의 도심은 물론 인구 밀도가 낮은 여러 시골 지역에서도 모바일 머니 에이전트의 수가 급격히 늘었다.

모바일 결제와 ATM 거래 비교
2010~2021년 (단위: 10억 케냐실링)

모바일 결제

ATM 거래

모바일 결제 규모는 2010년 1월 480억 케냐실링에서 2020년 12월 6060억 케냐실링으로 급증했으며, 이는 같은 달 ATM 거래액을 훌쩍 뛰어넘는 규모였다.

GDP와 CBDC 개발 단계별 국가 분류
2021년 12월 기준[30]

GDP의 자연로그 값을 사용해
경제 규모별로 국가를
정렬했다(미국달러 기준).

북아메리카　유럽

아프리카　아시아

남아메리카

호주

개발

연구 단계에서는 CBDC를 성공적으로 운영할 수 있는지를 탐색하며, 개발 단계에서는 기술적 해결책을 찾는다. 시범 운영은 국민의 일부를 대상으로 진행하며, 정식 출시가 되면 CBDC는 법정통화의 역할을 한다. 일부 국가에서는 CBDC 개발이 일시적으로 중지되었거나 아예 취소되었다.

일본　인도

캐나다 러시아 브라질　호주

스위스 베네수엘라　튀르키예

이스라엘

연구

프랑스

미국

이탈리아

영국

대만 오스트리아 체코 페루

칠레 뉴질랜드 케냐 가나

스페인 인도네시아 네덜란드

노르웨이 폴란드 파키스탄

이란 카자흐스탄 콜롬비아

과테말라 모로코 에스토니아

마카오

바레인 레바논 캄보디아

트리니다드토바고 아이티 모리셔스

조지아

독일

볼리비아 튀니지

온두라스 아이슬란드 팔레스타인 르완다

마다가스카르 라오스

에스와티니 부탄

벨리즈

팔라우

$20.9조
높음　←　GDP　→　$2.68억
낮음

중앙은행 디지털화폐가 가져올 미래

암호화폐가 급속도로 성장하면서 각국은 자체 디지털화폐를 계획하고 출시하기 시작했다.

개발도상국들은 금융강대국들이 뒤처진 사이 중앙은행 디지털화폐Central Bank Digital Currency(이하 CBDC) 개발을 주도하고 있다. 2021년 12월 기준 CBDC를 연구한 국가는 80개국에 달했다(위 부채꼴그래프 참고). 이 중엔 연구·개발에만 그치지 않는 국가들도 있다. 2020년 10월, 바하마는 세계 최초로 CBDC를 법정통화로 채택했다.[33] 1년 뒤 나이지리아가 카리브해 외 지역에서는 처음으로 CBDC를 출시했다.[34] 세계 최대 규모로 CBDC 시범사업을 진행 중인 중국은 주요 도시 10여 곳에서 디지털 위

안화를 운영하고 있고, 2021년 7월 기준 총 7085만 건, 금액으로는 52억 달러에 달하는 거래가 디지털위안화로 이뤄졌다.[35] 인도는 2022년 4분기부터 인도 최대의 국영은행 인디아스테이트은행을 비롯한 9개 은행에서 도매 대상으로 디지털루피 시범 서비스를 시작했다. 반면 미국·영국·프랑스·독일·이탈리아 등 GDP 규모가 큰 나라들은 신중하게 CBDC 도입을 검토하고 있다.

디지털 법정통화, 디지털 본원통화로도 불리는 CBDC

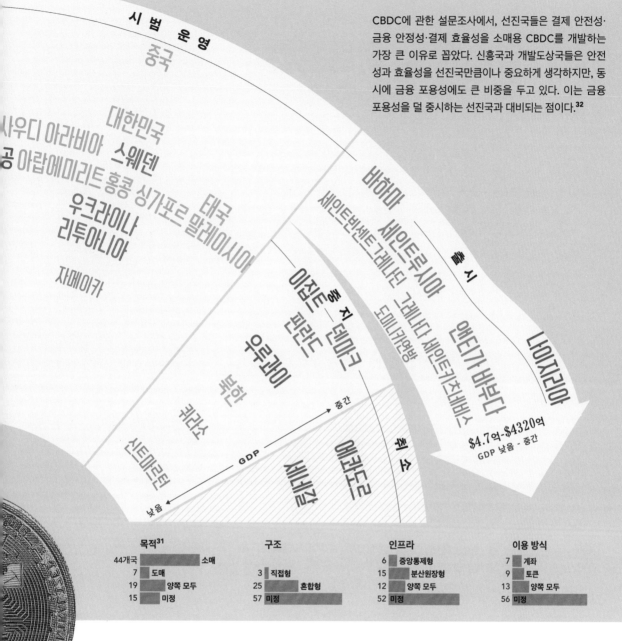

CBDC에 관한 설문조사에서, 선진국들은 결제 안전성·금융 안정성·결제 효율성을 소매용 CBDC를 개발하는 가장 큰 이유로 꼽았다. 신흥국과 개발도상국들은 안전성과 효율성을 선진국만큼이나 중요하게 생각하지만, 동시에 금융 포용성에도 큰 비중을 두고 있다. 이는 금융 포용성을 덜 중시하는 선진국과 대비되는 점이다.[32]

목적[31]
- 44개국 소매
- 7 도매
- 19 양쪽 모두
- 15 미정

구조
- 3 직접형
- 25 혼합형
- 57 미정

인프라
- 6 중앙통제형
- 15 분산원장형
- 12 양쪽 모두
- 52 미정

이용 방식
- 7 계좌
- 9 토큰
- 13 양쪽 모두
- 56 미정

는 정부 규제나 통화 당국, 법률에 따라 확립된 법정통화의 디지털 형태를 말한다.[36] CBDC는 암호화폐의 장점을 그대로 유지하면서도 높은 에너지 사용량, 설명 책임 부족 같은 암호화폐의 단점을 보완할 수 있다. 하지만 CBDC를 도입하면 중앙은행이 어느 때보다 금융거래 데이터에 자유롭게 접근할 수 있기에 개인정보 보호를 둘러싼 우려가 제기된다. 위 막대그래프에서 확인할 수 있듯, CBDC 대부분은 은행 간 도매보다 소비자와 사업자 간 소매에 집중한다. 현재 CBDC의 구조는 상업은행의 금융 중개에 의존하는 혼합형이 주류다. 주요 암호화폐들과 달리 CBDC의 인프라는 대부분 분산원장 기술에만 의존하지 않으며 중앙에서 통제하는 데이터베이스를 사용한다. 그리고 사용자는 자기 신원과 연결된 계좌나 익명 토큰으로 CBDC를 이용할 수 있다.

법정통화는 더 디지털화될 것으로 보이며 CBDC는 생각보다 빨리 자리잡을지도 모른다. 2020년 국제결제은행의 설문조사에 따르면, 전 세계 중앙은행의 약 20퍼센트가 6년 안에 CBDC를 출시할 수도 있다고 답했다.[37]

전기 먹는 하마, 비트코인

비트코인은 세계 최초이자 최대의 암호화폐이지만, 불안정성과 에너지 소비를 놓고 의문이 제기되고 있다.

2009년, 사토시 나카모토가 창시한 비트코인은 암호화폐를 향한 기대를 높였다. 그리고 이듬해에는 획기적인 두 사건이 일어났다. 하나는 비트코인 개발자 라즐로 한예츠가 비트코인으로 피자 두 판을 주문해 비트코인으로 처음 실제 상품을 구입한 일, 다른 하나는 온라인 암시장 실크로드에서 비트코인을 결제 수단으로 도입한 일이다. 그러나 2013년 중국인민은행이 중국 금융 기관의 비트코인 사용을 금지했으며, 2014년에는 당시 세계 최대의 암호화폐 거래소였던 마운틴곡스가 해킹을 당해 파산했다. 비트코인의 가격은 이 같은 악재들에도 불구하고 가파르게 상승하는가 하면 그만큼이나 갑작스러운 하락 추세를 보이는 등 극적인 등락을 반복해왔다. 2017년 12월엔 1BTC당 2만 달러를 찍었다가(109쪽 캔들차트 참고) 불과 1년여 만에 3177달러까지 떨어지며 많은 이에게 실망을 안겼다. 하지만 다시 꾸준히 가격이 올라 2021년 3월에는 비트코인의 총가치가 세계 최대 기업인 마이크로소프트, 아마존, 알파벳의 시가총액과 비슷해졌고, 직후에는 크게 꺾였다가 2024년 11월에는 10만 달러 가까이까지 치솟았다.

비트코인은 블록체인과 분산원장 기술을 기반으로 거래를 검증한다. 여기서 핵심은 비트코인에는 결제 네트워크를 관리하는 중앙 기구가 필요하지 않다는 점이다. 비트코인 네트워크를 운영하고 보호하는 것은 중앙 기구가 아니라 전 세계의 '비트코인 채굴자들'이 제공하는 방대한 연산 능력이다. 이론상 누구나 비트코인 채굴자가 될 수 있다. 그러나 실제로 비트코인의 블록체인을 떠받치는 연산 능력은 대부분 비트코인 채굴용으로 특수 제작된 컴퓨터, 즉 '채굴기'를 운영하는 크고 작은 사업체들이 제공한다. 2021년 중국인민은행이 비트코인 채굴을 금지하기 전까지 비트코인 채굴은 주로 에너지 비용이 비교적 저렴한 중국의 여러 지방에서 이뤄졌다.

비트코인은 거래 비용이 낮아지고, 블록체인으로 보안성을 갖추고, 채택률이 상승하는 등 많은 발전을 이뤘지만, 비트코인 블록체인이 소비하는 에너지는 벨기에나 칠레 같은 국가 전체가 사용하는 에너지와 맞먹는다는 문제가 있다. 거래를 검증하는 데 쓰이는 비트코인의 작업 증명 알고리즘은 특성상 막대한 에너지를 소비하기 때문이다. 비트코인은 한 건의 거래에 약 707.6킬로와트시의 전기가 들어가는데, 이는 미국의 일반 가정에서 24일 동안 사용하는 전력과 맞먹는 양이다.[38] 이에 암호화폐와 블록체인 기술이 환경에 끼치는 영향을 놓고 우려의 목소리가 커지고 있다. 비트코인은 형체가 없는 것처럼 보이지만, 이를 생성하고 유지하는 일은 전혀 그렇지 않다. 금융 혁신에 들어가는 에너지는 저절로 생겨나지 않는다.[39]

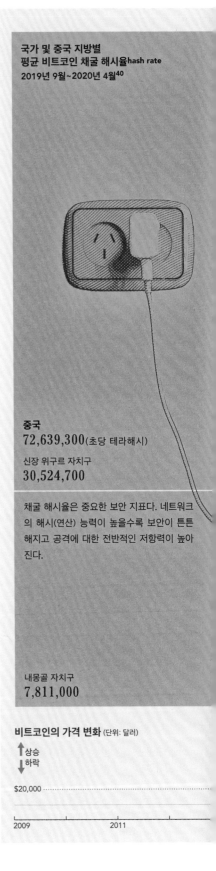

국가 및 중국 지방별 평균 비트코인 채굴 해시율hash rate 2019년 9월~2020년 4월[40]

중국
72,639,300(초당 테라해시)

신장 위구르 자치구
30,524,700

채굴 해시율은 중요한 보안 지표다. 네트워크의 해시(연산) 능력이 높을수록 보안이 튼튼해지고 공격에 대한 전반적인 저항력이 높아진다.

내몽골 자치구
7,811,000

비트코인의 가격 변화 (단위: 달러)

↑상승
↓하락

$20,000

2009   2011

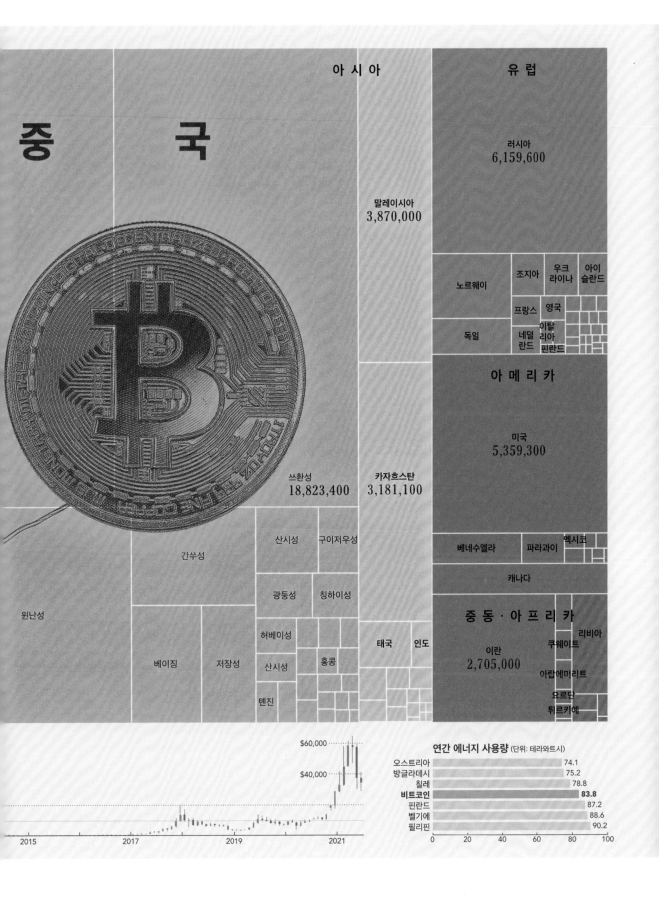

아 시 아

유 럽

중 국

러시아
6,159,600

말레이시아
3,870,000

노르웨이

조지아

우크
라이나

아이
슬란드

프랑스

영국

독일

네덜
란드

이탈
리아

핀란드

아 메 리 카

미국
5,359,300

쓰촨성
18,823,400

카자흐스탄
3,181,100

산시성

구이저우성

간쑤성

광동성

칭하이성

베네수엘라

파라과이

멕시코

윈난성

캐나다

허베이성

중 동 · 아 프 리 카

리비아

쿠웨이트

태국

인도

이란
2,705,000

아랍에미리트

베이징

저장성

산시성

홍콩

톈진

요르단

튀르키예

$60,000

$40,000

2015

2017

2019

2021

연간 에너지 사용량 (단위: 테라와트시)

오스트리아	74.1
방글라데시	75.2
칠레	78.8
비트코인	**83.8**
핀란드	87.2
벨기에	88.6
필리핀	90.2

0   20   40   60   80   100

Cities & Centers
도시와 중심지

금융중심지는 금융의 지리적 특성을 한눈에 보여준다. 이들은 서로 경쟁하고 협력하며, 그 과정에서 도시와 도시 네트워크, 전 세계 나머지 지역의 운명을 좌우한다. 금융중심지는 갖가지 금융 및 비즈니스 서비스(법무, 회계, 컨설팅 등 기업 활동을 지원하는 서비스―옮긴이)를 제공할 때야 제 기능을 할 수 있다. 금융중심지가 번영하려면 개방적이어야 하며, 많은 중심지가 초부유층 외국인의 요구에 초점을 맞춰 최대한 개방성을 높이려 한다. 금융중심지는 다양한 문화와 기술, 정치적 변화에 적응하며 끊임없이 진화한다.

"움직이지 않으면 아무 일도 일어나지 않는다."[1]
— 알베르트 아인슈타인

베네치아에서 런던까지

유럽 금융중심지의 역사는 사람, 돈, 아이디어를 연결한 장소들에 얽힌 이야기다.

한 도시는 어떻게 금융중심지financial center가 될까? 유럽의 역사를 보면 도시가 금융중심지로 자리 잡기까지는 오랜 시간이 걸렸음을 알 수 있다. 산업과 무역, 때로는 전쟁을 통해 경제가 성장하면서 주요 도시들은 사람과 부, 아이디어를 축적했다. 하지만 부유한 도시 주민의 수가 많다고 금융중심지가 되는 것은 아니다. 아래 지도에 나온 도시 중 유럽에서 가장 인구가 많았던 적이 있는 곳은 런던뿐이다. 국제 금융중심지가 되려면 국경을 넘나드는 연결망도 필요했다. 아래 지도에서 피렌체를 제외한 나머지 주요 금융중심지는 모두 항구였으며, 대부분 많은 외국인이 모여들던 곳이었다. 브뤼헤는 이탈리아 은행가들을 두 팔 벌려 환영했으며, 훗날 그 뒤를 이어 중심지로 올라선 안트베르펜은 은행가들에게 포르투갈이나 스페인 제국의 도시들보다 더 많은 자유와 자원을 제공했다. 이러한 개방성은 혁신에 도움을 준다. 피보나치는 힌두-아라비아 숫자를

유럽의 주요 금융 네트워크[3]

- 이탈리아·브뤼헤 (1200~1500년)
- 안트베르펜 (1500~1600년)
- 암스테르담·런던 (1600~1900년)

금융중심지
- 주요 중심지
- 기타

무역의 지리적 초점

북쪽
축척 없음

영국, 네덜란드 식민지, 발트해

유럽 연결

북 해

암스테르담   함부르크

브뤼헤

런던   안트베르펜   프랑크푸르트

대영제국 및 유럽 대륙

포르투갈과 스페인 식민지, 영국, 발트해

파리

대 서 양

리옹   밀라노   빈

아우크스부르크

리스본

아비뇽   제노아   베네치아

지중해 서부   지중해 동부, 아시아

세비야   피렌체

지 중 해

로마

나폴리

도입해 피렌체를 중심으로 유럽의 금융 교육에 혁명을 일으켰으며, 국채 개념은 베네치아와 제노바에서 탄생해 다른 지역으로 퍼져나갔다. 브뤼헤의 부르크광장과 베네치아의 리알토 다리는 안트베르펜에 세워진 한델스뵈르스 Handelsbeurs라는 상품거래소에 영감을 줬고, 암스테르담 증권거래소는 이 거래소를 모델로 삼았으며, 런던의 왕립 증권거래소는 암스테르담증권거래소의 운영을 모방했다. 새로운 중심지는 이전 중심지를 대체하기보다는 이전 중심지의 아이디어와 자원을 기반으로 성장해 자본과 인재, 고객을 끌어들인다.

중요한 정치적·경제적 사건들도 금융중심지 교체에 영향을 끼쳤다. 아래 지도를 보면, 지중해와 아시아를 중심으로 무역이 이루어지던 시절 이탈리아 도시들(금색)이 어떻게 유럽의 금융을 지배했는지, 15세기 후반 튀르키예가 중동을 제패하고 대서양 무역이 새롭게 떠오르면서 어떻게 금융중심지가 북서부 유럽(파란색)으로 옮겨갔는지, 1585년 스페인이 안트베르펜을 침공하고 1795년 프랑스가 네덜란드 공화국을 공격한 일이 어떻게 금융의 중심을 암스테르담과 런던(보라색)으로 이동시켰는지를 알 수 있다. 그리고 훗날 금융 권력의 구도를 다시 한번 무너뜨린 것은 또 다른 전쟁이었다.[2]

짧게 요약한 유럽 금융중심지의 역사

코시모 데
메디치

이탈리아·브뤼헤

1202
피렌체에 주판 학교들이 세워지면서 금융 기술 발전

1204
베네치아가 지중해 동부 영토를 확보해 아시아 무역 장악

1277
제노바의 상선대가 브뤼헤와 무역 개시

1300~1343
피렌체의 페루치 가문이 운영하는 은행이 브뤼헤, 안트베르펜, 런던에 지점 설립

1397~1470
피렌체의 메디치 가문이 운영하는 은행이 아비뇽, 브뤼헤, 런던, 리옹, 밀라노, 로마, 베네치아에 지점 설립

1454
튀르키예가 콘스탄티노플을 점령하면서 이탈리아가 아시아 무역의 지배권 상실

1492~1500
브뤼헤의 반란이 실패로 끝나고 합스부르크 왕가가 브뤼헤에 큰 타격을 입힘. 브뤼헤의 즈윈만에 토사가 쌓이며 바다로 나가는 길이 막힘

1494
메디치은행 파산

그라시아
멘데스 나시

안트베르펜

1500년대
스페인과 포르투갈에서 추방된 유대인 은행가들이 이주

1500년대
아우크스부르크 출신의 푸거 가문과 벨저 가문이 은행 사무소 개설

1531
금융거래소 전용 건물인 한델스뵈르스 설립

1540년대
그라시아 멘데스 나시가 유럽을 대표하는 은행이었던 멘데스회사House of Mendes를 운영하며 많은 유대인이 종교재판을 피해 탈출하도록 지원

1560년대
토머스 그레셤이 안트베르펜에서 활동했으며, 그레셤은 런던으로 돌아간 뒤 한델스뵈르스를 모델로 삼아 왕립 증권거래소를 설립

1585
스페인이 안트베르펜을 점령

1590년대
유대인 은행가들이 암스테르담으로 떠남

헨리 호프

암스테르담·런던

1602
네덜란드 동인도회사와 암스테르담 증권거래소 설립

1694
암스테르담은행을 모델로 한 잉글랜드은행 설립.

1734
암스테르담에 호프앤코Hope & Co. 설립. 이후 호프앤코는 18세기 유럽을 대표하는 은행으로 성장

1774
암스테르담에 세계 최초의 투자 펀드 설립

1794
18세기의 대표적인 은행가 헨리 호프가 암스테르담에서 런던으로 근거지를 옮김

1795
프랑스가 네덜란드 공화국을 공격

1799~1820
프랑크푸르트의 로스차일드 가문이 런던에 은행 본사를 세우고 파리, 나폴리, 빈에 지점 개설

1818
함부르크의 슈로더 가문이 런던에 투자은행 설립

1인당 GDP, 1000~1870년[4]
(1990년 국제달러(특정 시점에 미국에서 미국 달러가 가진 구매력과 같은 구매력이 있다고 가정한 가상의 화폐-옮긴이) 기준. 단위: 1000국제달러)

■ 이탈리아　■ 네덜란드
■ 벨기에　　■ 영국

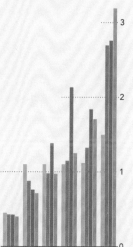

4개국의 1인당 GDP 변화는 금융중심지의 발전과 주변 국가의 성장 사이에 어떤 관계가 있었는지를 보여준다. 이탈리아는 1500년 무렵까지 유럽에서 가장 번영한 지역이었으며, 벨기에가 그 뒤를 이었다. 하지만 두 나라는 결국 네덜란드와 영국에 차례로 추월당했다.

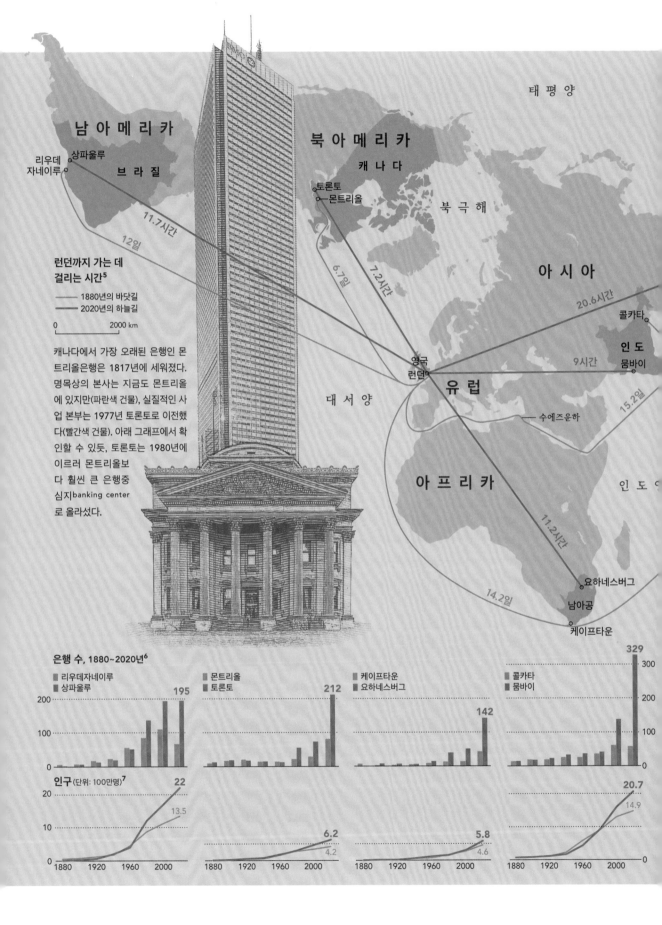

남 아 메 리 카

리우데
자네이루
상파울루
브 라 질

북 아 메 리 카

캐 나 다

토론토
몬트리올

태 평 양

북 극 해

아 시 아

20.6시간
콜카타

인 도
뭄바이
9시간

11.7시간
12일

6.7일
7.2시간

영국
런던

유 럽
15.2일

**런던까지 가는 데
걸리는 시간**[5]

—— 1880년의 바닷길
—— 2020년의 하늘길

0   2000 km

수에즈운하

대 서 양

아 프 리 카

인 도 양

11.2시간

요하네스버그

남아공

14.2일

케이프타운

캐나다에서 가장 오래된 은행인 몬
트리올은행은 1817년에 세워졌다.
명목상의 본사는 지금도 몬트리올
에 있지만(파란색 건물), 실질적인 사
업 본부는 1977년 토론토로 이전했
다(빨간색 건물). 아래 그래프에서 확
인할 수 있듯, 토론토는 1980년에
이르러 몬트리올보
다 훨씬 큰 은행중
심지banking center
로 올라섰다.

은행 수, 1880~2020년[6]

■ 리우데자네이루
■ 상파울루

■ 몬트리올
■ 토론토

■ 케이프타운
■ 요하네스버그

■ 콜카타
■ 뭄바이

329
300

200   195

200   212

142

100

100

0

인구 (단위: 100만명)[7]

22

20

13.5

6.2
4.2

5.8
4.6

20.7
14.9

10

0

1880 1920 1960 2000   1880 1920 1960 2000   1880 1920 1960 2000   1880 1920 1960 2000

세계 경제의 패권

전신의 보급, 항공 여행의 부상, 금융의 세계화는 여러 국가에서 금융중심지가 바뀌는 데 영향을 끼쳤다.

대다수 국가에서 가장 큰 금융중심지는 인구가 밀집된 경제중심지이기도 한 수도다. 런던, 파리, 바르샤바, 멕시코시티, 도쿄 등 수많은 사례가 이를 뒷받침한다. 그러나 호주, 브라질, 캐나다, 인도, 남아공 등지에서는 여러 도시가 금융중심지 자리를 놓고 경쟁해왔다. 지금은 시드니, 상파울루, 토론토, 뭄바이, 요하네스버그가 각각 대표적인 금융중심지로 자리매김했다. 하지만 19세기 말까지 브라질에서는 리우데자네이루가, 남아공에서는 케이프타운이 이 자리를 차지했으며, 호주에서는 시드니와 멜버른이, 캐나다에서는 몬트리올과 토론토가, 인도에서는 콜카타와 뭄바이가 경쟁했다.

왼쪽 아래의 그래프에서 볼 수 있듯, 오늘날 5개 국가의 주요 금융중심지(빨간색)는 지난 40~50년간 경쟁 도시(파란색)를 앞질렀다. 구체적인 이유는 나라마다 다르다. 멜버른은 1927년 수도 지위를 잃었으며, 1960년에는 리우데자네이루가 같은 일을 겪었다. 캐나다에서는 미국 경제가 성장하면서 미국과 더 가깝고 유럽 중심 성향이 덜한 토론토가 유리한 고지를 점한 데다, 퀘벡 분리주의의 영향으로 몬트리올의 입지가 더욱 약해졌다. 인도에서는 대영제국이 무너지면서 영국 동인도회사의 본사가 있던 콜카타가 주도권을 잃었다. 남아공에서는 영국의 영향력이 네덜란드를 넘어서는 한편, 비트바테르스란트에서 금광이 잇따라 발견되어 사람들이 몰려들고 광산업이 호황을 이루면서 케이프타운이 중심에서 밀려났다.

20세기에 들어 전신이 널리 사용되고 해상 운송에서 항공 운송으로의 전환이 일어난 것 또한 멜버른, 리우데자네이루, 몬트리올, 케이프타운에 불리하게 작용했다. 두 가지는 모두 물리적 거리의 중요성을 낮추는 변화였다. 사람들이 배를 통해 긴급한 금융 정보를 전달하고 런던이 세계 최대의 금융중심지였던 시절에는 런던까지의 이동 시간이 짧다는 것이 큰 이점이었다(왼쪽 지도 참고). 새로운 정보를 가지고 이익을 보려면 런던에 더 가까운 도시에 있어야 했다.

반대로 새로운 금융중심지들이 잘한 점도 있다. 이 도시들은 금융의 자유화와 세계화라는 여건에서 많은 국내외 은행을 유치하면서 해외 비즈니스를 위해 거쳐야 할 관문으로 성장했다. 그리고 이 과정에서 인구가 늘고 경제 규모도 커지면서 하나의 활동이 다른 활동을 끌어들이는 집적경제 효과가 나타났다. 예를 들어 인구가 늘어 고객층이 넓어지면 더 많은 은행이 들어서고 그 뒤를 따라 다른 금융·비즈니스 서비스가 발전하면서 고용이 늘고 신용을 더 쉽게 이용할 수 있게 된다. 그러면 또다시 더 많은 사람이 몰려들면서 같은 과정이 되풀이되는 것이다.[8]

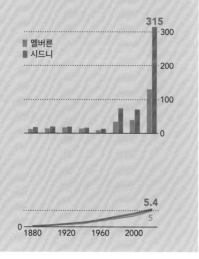

멜버른은 은행중심지로서 주도권을 잃었지만, 인구와 경제 규모는 시드니와 비슷한 수준을 유지했다. 외국계 은행 대다수가 호주에 진출하기 위한 관문으로 시드니를 선택했지만, ANZ, NAB 같은 호주의 주요 은행들은 멜버른에 남아 있으며, 멜버른은 지금도 호주 연기금 산업의 중심지 자리를 지키고 있다.

세계의 돈이 모이는 곳

금융·비즈니스 서비스를 제공하는 기업들은 금융중심지 안에서 클러스터를 형성해 서로에게서 이익을 얻는다.

금융중심지는 단순히 은행이 많다고 해서 되는 것이 아니다. 뉴욕이나 런던 같은 최고의 금융중심지에는 회계법인, 자산운용사, 헤지펀드, 사모펀드, 부동산 회사들이 있으며, 최신 디지털 기술을 선도하는 핀테크회사의 수도 날로 늘어나고 있다. 아래의 지도를 보면, 두 도시에는 회사법 전문 법률회사, 금융거래소, 중앙은행, 신용평가회사, 금융 미디어 기업 등 다양한 조직이 자리한 것을 알 수 있다. 색깔을 칠한 점들은 각 분야를 선도하는 기업들의 위치를 나타낸다.

뉴욕과 런던은 모두 특정 지역에 금융 기업들이 밀집해 있으며, 이들이 어디에 모여 있는지를 보면 금융중심지로서 도시의 역사를 알 수 있다. 런던의 금융

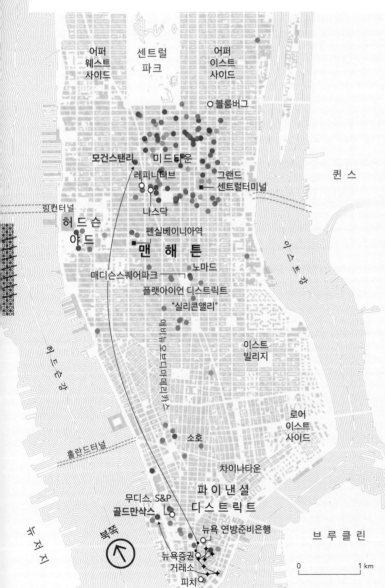

금융·비즈니스 서비스 유형, 2022년[9]

- 회계
- 컨설팅
- 은행
- 핀테크
- 회사법
- 자산운용
- 보험
- 헤지펀드·사모펀드
- 부동산
- 기타

파이낸셜디스트릭트

이 지구는 네덜란드의 식민지로서 교역소 역할을 하던 뉴암스테르담의 경계를 따라 1624년 맨해튼 끝자락에 형성되었다. 이후 이곳에서는 금융 상품 거래가 꾸준히 이루어진 끝에 1792년 뉴욕증권거래소가 문을 열었다. 그 뒤를 이어 이리운하Erie canal가 건설되면서 월가는 200여 년간 미국 금융의 중심지로 자리 잡았으나, 9·11테러 이후 금융 기업들이 점점 빠져나가고 있다.

실리콘앨리

1990년대 말 닷컴 열풍이 일었을 때, 플랫아이언디스트릭트에는 기술 기업들이 모여들었다. 이후 이 지역은 금융중심지와의 접근성을 활용해 매디슨스퀘어파크를 남북으로 감싼 노마드 NoMad 지역과 더불어 베터먼트, 와이즈 미국 지사를 비롯한 핀테크 기업들의 본거지로 발돋움했다. 핀테크 기업들은 비교적 종업원이 적지만, 금융 혁신에서 매우 중요한 역할을 맡고 있다.

미드타운맨해튼

19세기부터 20세기 초까지 뉴욕은 북쪽으로 도시를 확장하면서 뉴욕과 다른 지역을 잇는 기차역들을 건설했다. 미드타운맨해튼은 최근 들어 파이낸셜디스트릭트보다 큰 금융중심지로 발돋움했다. 6번가(애비뉴오브디아메리카스)의 미드타운 구역에는 파이낸셜디스트릭트 전체보다 주요 금융·비즈니스 서비스 기업의 본사가 더 많이 자리잡고 있다.

허드슨야드

2000년대 중반 금융 부문이 호황이던 시기, 개발업자들은 허드슨야드에서 대규모 프로젝트에 착수했다. 이들은 모건스탠리를 유치해 고객들을 끌어들일 계획이었지만, 세계 금융위기가 터지자 모건스탠리는 골드만삭스와 함께 철수했다. 하지만 2021년 초 기준, 이 지역에는 사모펀드 콜버그크래비스로버츠와 컨설팅 기업 보스턴컨설팅그룹을 비롯한 여러 금융·비즈니스 서비스회사가 들어섰다.

지구는 시티오브런던City of London에서 웨스트엔드West End, 카나리와프Canary Wharf까지 확장되었으며, 현재는 사우스뱅크South Bank를 따라 성장하고 있다. 뉴욕에서는 파이낸셜디스트릭트Financial District의 도심에서 미드타운 맨해튼Midtown Manhattan으로 금융의 중심이 이동했으며, 최근에는 플랫아이언디스트릭트Flatiron District와 허드슨야드Hudson Yards에 금융 클러스터(집적지)가 형성되고 있다. 금융중심지의 역사는 개별 기업을 따라 살펴볼 수도

있다. 유명 투자은행 골드만삭스는 뉴욕에서 여러 번 본사를 이전했지만, 늘 월가와 가까운 거리에 있었으며, 미국 은행 중 최초로 런던에 지점을 설립한 이후 골드만삭스의 런던 지점은 줄곧 시티오브런던을 벗어나지 않았다. 반면에 모건스탠리는 뉴욕과 런던 안에서도 다른 지역으로 위치를 옮겼다.

시티오브런던

스퀘어마일Square Mile이라고도 불리는 이 지역은 기원전 1세기 로마인들이 도시를 세운 이래 상업 중심지 역할을 해왔다. 이곳은 16세기와 17세기에 왕립 증권거래소가 문을 열고 그 주변에 커피하우스들이 들어서면서 금융중심지로 떠올랐으며, 전 세계의 소식을 전하고 금융 거래 관련 정보를 제공하는 역할을 했다. 현재는 20만 명이 넘는 사람들이 이곳에서 금융·비즈니스 서비스에 종사하고 있다.

웨스트엔드

웨스트엔드, 그중에서도 메이페어Mayfair는 1666년 런던 대화재로 시티오브런던이 폐허가 된 이후 런던의 부유층이 즐겨 찾는 곳이 되었다. 이후 이 지역은 사모펀드, 헤지펀드, 부동산 개발업체 등 부와의 접근성을 가장 중시하는 기업들의 본거지로 자리매김했다. 이밖에도 소호 지역의 창의적인 환경을 활용하려는 컨설팅회사와 광고회사들이 이곳으로 모여들었다.

카나리와프

1980년, 런던에서는 컨테이너선이 지나가기에는 템스강이 너무 좁다는 이유로 항만 구역을 폐쇄했다. 이 지역은 1990년대 들어 금융의 세계화로 금융 부문의 수요가 커지면서 다시 살아나기 시작했다. 현재 이곳에는 HSBC와 바클레이스의 본사, 시티은행, 크레디트스위스, JP모건, 모건스탠리의 유럽 본사가 있으며, 금융·비즈니스 서비스 분야의 종업원은 총 10만 명이 넘는다.

사우스뱅크

도심의 공간이 부족해지자 개발업자들은 템스강 반대편으로 눈을 돌렸다. 2012년 시티오브런던 맞은편에 들어선 더샤드the Shard는 영국에서 가장 높은 건물로, 많은 금융·비즈니스 서비스회사가 입주해 있다. 인근의 모어런던플레이스More London Place에는 2만여 명의 전문직 종사자가 살고 있으며, 이들은 대부분 회계·컨설팅 기업인 프라이스워터하우스쿠퍼스PwC와 언스트앤영EY의 본사에 근무한다

골드만삭스와 모건스탠리의 예전 위치

✦ 골드만삭스
1869~2009년 뉴욕
1970~2019년 런던

● 모건스탠리
1935~1995년 뉴욕
1977~1991년 런던

0 _____ 1 km

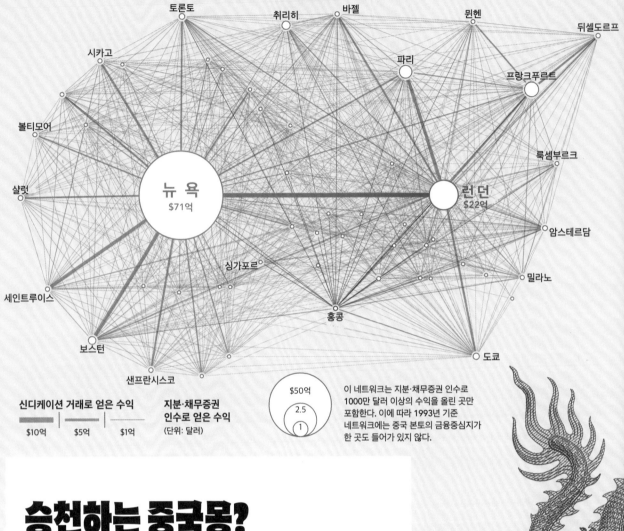

국제 투자은행 네트워크
1993

토론토 · 취리히 · 바젤 · 뮌헨 · 뒤셀도르프 · 시카고 · 파리 · 프랑크푸르트 · 볼티모어 · 룩셈부르크 · 샬럿

뉴욕
$71억

런던
$22억

암스테르담 · 세인트루이스 · 싱가포르 · 밀라노 · 홍콩 · 보스턴 · 도쿄 · 샌프란시스코

신디케이션 거래로 얻은 수익
$10억 | $5억 | $1억

지분·채무증권 인수로 얻은 수익
(단위: 달러)

$50억
2.5
1

이 네트워크는 지분·채무증권 인수로 1000만 달러 이상의 수익을 올린 곳만 포함한다. 이에 따라 1993년 기준 네트워크에는 중국 본토의 금융중심지가 한 곳도 들어가 있지 않다.

승천하는 중국몽?

중국의 금융중심지들은 25년여 만에 국제 투자은행 네트워크의 변방에서 주역으로 떠올랐다.

중국이 세계 최대 경제 대국으로 발돋움하는 지금, 중국의 금융중심지들은 국제 금융에서 뉴욕과 런던의 지배력에 도전할 수 있을까? 위 그림에서 확인할 수 있듯, 국제 투자은행 네트워크의 구조에는 많은 변화가 일어났다.

1993년, 중국의 금융중심지 중 인수수익이 1000만 달러 이상인 곳은 뉴욕, 런던, 싱가포르, 도쿄, 취리히 등지의 투자은행과 신디케이션syndication(여러 금융 기관이 대규모 자금 조달을 위해 채권단을 구성하는 행위 – 옮긴이) 계약을 맺

은 홍콩뿐이었다. 중국 본토의 도시들은 이제 막 증권거래소를 만들기 시작했으며, 아직 국제 투자은행 네트워크에 통합되지 않은 상태였다. 그러나 2016년이 되자 상황은 완전히 달라졌다. 현재 세계 상위 20개 금융중심지 중 6개가 중국에 있으며, 이들은 룩셈부르크, 뮌헨, 밀라노, 시카고 등 유럽과 미국의 차상위 중심지들을 앞질렀다. 오른쪽 꺾은선그래프를 보면 중국의 금융중심지들은 뉴욕과 런던보다 빠른 속도로 성장했다. 하지만 네트워크 전체에서 이

국제 투자은행 네트워크
2016

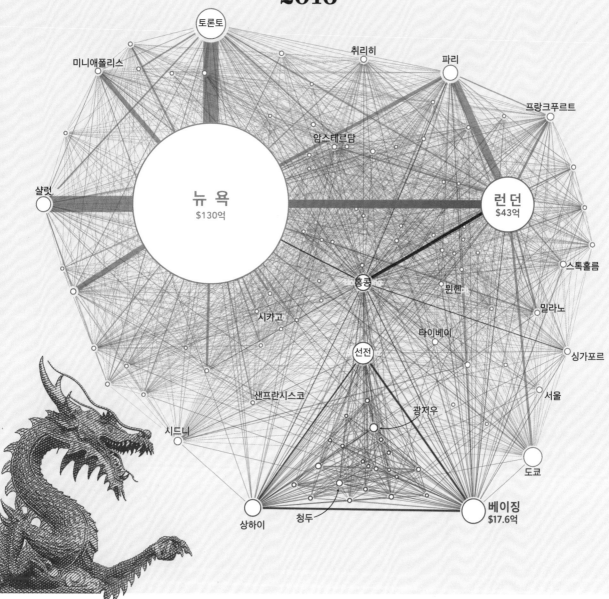

토론토
취리히
파리
미니애폴리스
프랑크푸르트
암스테르담
뉴 욕
$130억
런 던
$43억
샬럿
스톡홀름
홍콩
뮌헨
시카고
밀라노
타이베이
싱가포르
선전
서울
샌프란시스코
시드니
광저우
도쿄
상하이
청두
베이징
$17.6억

뤄지는 거래 가치를 기준으로 보면, 뉴욕과 런던은 여전히 중국의 금융중심지들을 압도한다. 가령 2016년 뉴욕과 런던의 총인수수익deal value은 각각 베이징의 8배와 3배에 달했다. 현재 중국의 4대 금융중심지(베이징, 상하이, 선전, 홍콩)의 인수수익을 합쳐야 런던과 엇비슷하며, 이조차도 뉴욕에는 한참 못 미치는 수준이다. 게다가 중국의 금융중심지들은 긴밀히 협력하면서 빠르게 성장하고 있지만, 국제 관계에서는 여전히 홍콩에 의존한다.**10**

지분·채무증권 인수로 얻은 수익, 1993~2016년
(단위: 2010년 기준 100만 달러. 세로축에 로그 눈금으로 표시)

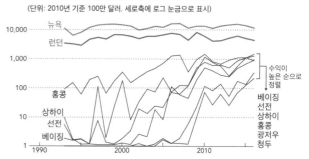

10,000
뉴욕
런던
1,000
수익이
높은 순으로
정렬
100
홍콩
베이징
선전
상하이
10
상하이
선전
홍콩
광저우
청두
1
베이징
1990
2000
2010

마드리드 파리 라고스 베이징 물롱공 바르샤바 모스크바 산티아고 상파울루 영국령 버진아일랜드 케이맨제도 센프란시스

120

런던 전체 대상 인수 대상 기업의 가치 전체 거래의 인수 가치 259

106

뭄바이

도쿄 136 108

서울

베이징

상하이

선전

홍콩 169

타이베이

쿠알라룸푸르

싱가포르

자카르타

멜버른

시드니

금융 부문에서 가치가 큰 인수합병 거래가 많았던 지역, 2001~2020년[11]

(단위: 10억 달러. 인수 거래와 인수 대상의 가치 합산)

아메리카   아시아   유럽   호주   전 세계 다른 도시들

인수 대상 기업의 위치   가치 ▶   인수 기업의 위치

140

97.4

88

86

71.8

944

기타 도시

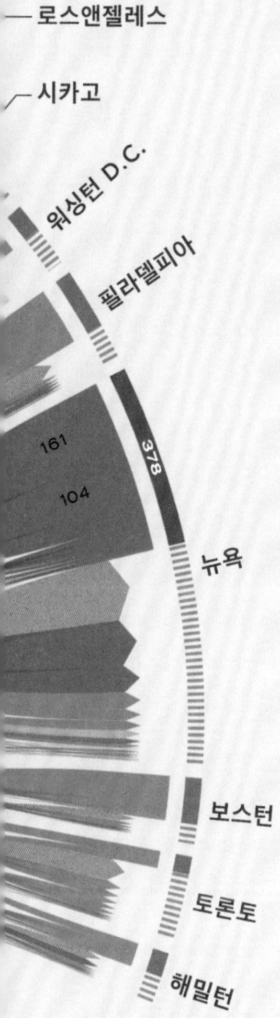

급증하는 합병

**금융계 전반에서 인수합병이 급격히 늘어나고 있지만,
해외 기업과 합병하는 일은 생각만큼 많지 않다.**

로스앤젤레스

시카고

워싱턴 D.C.

필라델피아

161

104

378

뉴욕

보스턴

토론토

해밀턴

대륙별 인수합병 거래의 총가치, 2001~2020년
(단위: 10억 달러)

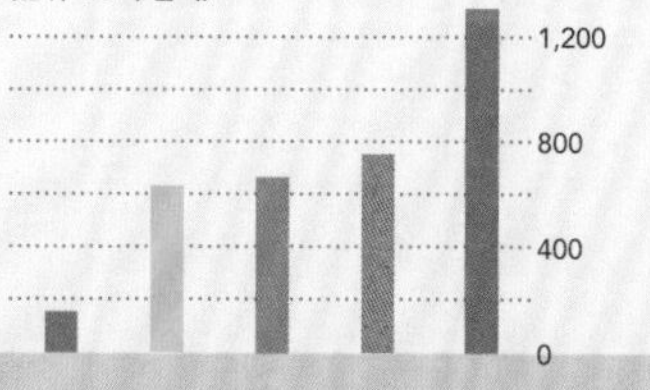

1,200

800

400

0

21세기 들어 금융 부문에서는 수천 건의 인수
합병이 이루어졌으며, 특히 아메리카 대륙에서
많은 거래가 있었다.

경쟁사를 간단히 인수할 수 있다면 굳이 경쟁에서 이기느라 시간과 돈을 낭비할 이유가 있을까? 금융회사들은 지난 20년간 이러한 논리를 앞세워 인수합병(이하 M&A)에 나섰고, 그사이 M&A 거래는 우후죽순처럼 늘어났다. M&A는 인수 기업이 인수 대상 기업을 매수하는 거래를 말한다. 기업들은 해외 시장에 진출하거나 재정적으로 시너지 효과를 내거나 새로운 인재와 기술, 지적 재산을 확보하기 위해 M&A를 진행한다. 이는 기업의 입지를 넓히는 한편, 거래 양측이 속한 금융중심지에도 기회를 제공한다.

M&A는 도시의 성장을 촉진한다. M&A가 이뤄지면 도시 간의 연결이 깊어지면서 돈, 사람, 아이디어가 모인다. 인수 기업이 있는 금융중심지는 금융 생태계에 넓이와 깊이를 더하면서 도시의 의사결정 능력을 높일 수 있다. 인수 대상 기업이 있는 금융중심지는 새로운 투자를 유치해 다른 도시와 더 긴밀한 협력 관계를 구축할 수 있다. 그러나 M&A는 성장이 아니라 파괴를 일으키는 원인이 되기도 한다. 때로는 인수된 기업이 자율성을 잃고, 사무실이 문을 닫고 직원들이 근무지를 옮기는 일이 벌어진다.

M&A가 어떤 결과를 가져올지는 알 수 없지만, 그와 관계없이 일부 도시에서는 다른 지역보다 금융회사들이 경쟁사를 인수하는 데 더 능숙한 모습을 보인다. 왼쪽의 그림은 규모가 1000만 달러 이상인 금융 부문의 M&A 거래를 기준으로 2001~2020년 주요 금융중심지에서 이루어진 M&A 투자의 흐름을 정리한 것이다. 이중 가치가 큰 인수합병 거래가 많이 이루어진 도시는 뉴욕, 런던, 시카고, 홍콩, 파리, 도쿄다. 뉴욕·파리·도쿄의 금융회사는 주로 인수를 하는 쪽이었던 반면에, 런던·시카고·홍콩의 금융회사는 인수의 대상이 되는 경우가 많았다. 미국·유럽·아시아에서는 인수합병이 매우 활발하며, 해밀턴(버뮤다)·영국령 버진아일랜드 같은 역외 금융중심지에서도 규모가 큰 거래들이 이뤄지고 있지만, 라틴아메리카와 아프리카에서는 인수합병 사례가 드물어 뚜렷한 대조를 보인다.

몇몇 금융중심지는 국경을 넘나드는 거래로 세계 여러 지역과 연결되어 있지만, 도표를 보면 한 국가나 도시 내에서 이루어지는 거래를 나타내는 U자형 화살표가 훨씬 많다. 뉴욕, 파리, 도쿄 내에서 일어난 M&A 규모는 인수 기업이 속한 지역과 인수 대상이 속한 지역을 한 쌍으로 묶었을 때 전체 쌍 중 상위 10위에 들었다. 언어와 문화, 각국의 규제 체계는 합병에서 늘 중요하기에 금융사는 자국 경쟁사를 인수할 가능성이 크며, 이 같은 편향은 국제 금융계가 전 세계를 아우르기보다 국경에 따라 나뉘도록 만든다. 요컨대, 지리는 금융 기업 간 M&A에도 큰 영향을 끼친다.[12]

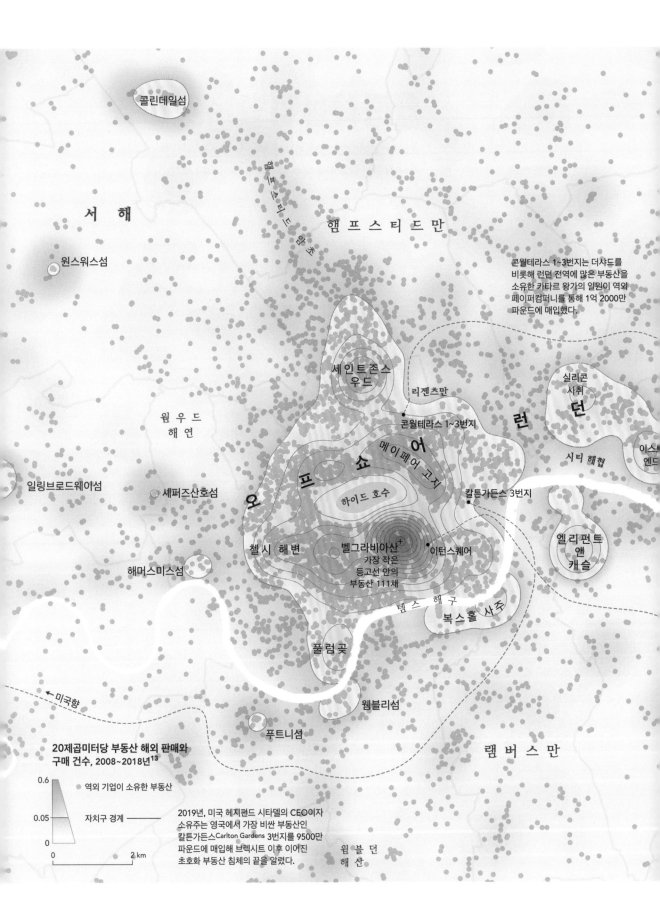

콜린데일섬

서 해

핵프스티드만

원스워스섬

콘월테라스 1~3번지는 더샤드를
비롯해 런던 전역에 많은 부동산을
소유한 카타르 왕가의 일원이 역외
페이퍼컴퍼니를 통해 1억 2000만
파운드에 매입했다.

세인트존스
우드

리젠츠만

콘월테라스 1~3번지

실리콘
사취

던

웜우드
해연

일링브로드웨이섬

셰퍼즈산호섬

메이페어 고지

오프쇼어

시티 해협

이스
엔드

하이드 호수

칼튼가든스 3번지

벨그라비아산+

첼시 해변

가장 작은
등고선 안의
부동산 111채

이턴스퀘어

엘리펀트
앤
캐슬

해머스미스섬

템스 해구

복스홀 사주

풀럼곳

웸블리섬

램버스만

← 미국향

푸트니섬

**20제곱미터당 부동산 해외 판매와
구매 건수, 2008~2018년**[13]

0.6

역외 기업이 소유한 부동산

0.05

자치구 경계

0

2019년, 미국 헤지펀드 시타델의 CEO이자
소유주는 영국에서 가장 비싼 부동산인
칼튼가든스Carlton Gardens 3번지를 9500만
파운드에 매입해 브렉시트 이후 이어진
초호화 부동산 침체의 끝을 알렸다.

0   2 km

윔블던
해산

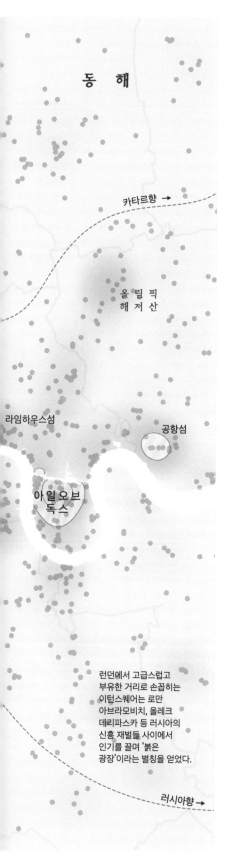

동해

카타르항 →

올림픽
해저산

라임하우스섬

공항섬

아일오브
독스

런던에서 고급스럽고
부유한 거리로 손꼽히는
이튼스퀘어는 로만
아브라모비치, 올레크
데리파스카 등 러시아의
신흥 재벌들 사이에서
인기를 끌며 '붉은
광장'이라는 별칭을 얻었다.

러시아항 →

눈에 보이지 않는 천국

**역외 관할권과 조세회피지에 등록된 고가 부동산이 많은 런던은
부자들에게 햇살이 내리쬐는 산호섬 군도이자 낙원 같은 곳이다.**

기업이 복잡한 다국적 구조를 이용해 세금을 회피하듯, 부유한 개인들도 비슷한 방법을 사용한다. 부자들은 은행이나 계좌 한 곳에 돈을 넣어놓지 않고, 고급 부동산을 비롯한 다양한 투자처와 금융 상품으로 자산을 분산한다.

국제 금융중심지인 런던은 야바위가 판치는 곳이다. 왼쪽 지도는 비영국계 기업들의 런던 내 부동산 매매 현황이다. 2008년부터 2018년까지 해외로 팔린 부동산은 주로 메이페어, 벨그라비아, 첼시, 세인트존스우드에 있었다. 왼쪽 지도에서는 이 '오프쇼어(역외)' 런던'의 실태를 아름다운 산호섬들의 무리로 빗대어 표현했다('오프쇼어'의 원뜻이 '앞바다 연안'이라는 데서 착안한 것이다 - 옮긴이). 그리고 해외로 판매된 부동산이 많은 지역은 주황색으로, 적은 곳은 하늘색으로 표시했다. 해외 기업들이 지도의 섬에서 구매한 부동산은 재개발 계획을 위한 투자부동산일 가능성이 크다.

런던은 부를 숨기는 장소일 뿐 아니라 부유층이 많이 거주하는 곳이기도 하다. 2018년 기준, 런던은 세계에서 초고액 자산가(자산 3000만 달러 이상)가 가장 많이 모여 사는 곳으로, 대략 4944명의 초고액 자산가가 런던에 거주했다.[14] 이들은 대개 자산을 하나하나 직접 관리하지 않으며, 자산 관리사·변호사·회계사 등 전문가를 고용해 투자 수익을 극대화하고 세금 부담을 최대한 줄인다. 일부 초부유층은 고용주의 돈을 관리하는 회사인 '패밀리오피스family office'를 세우기도 한다. 패밀리오피스는 보통 개인 헤지펀드처럼 운영되며, 별다른 특색은 없어 보이지만 시설이 잘 갖춰진 메이페어의 건물에 자리한 경우가 많다.[15]

세금을 최대한 낮추거나 회피하려는 목적으로 부동산의 소유권을 구성하는 방법 중 하나는 역외 조세회피지에 있는 회사를 활용해 소유권을 겹겹이 '둘러싸는' 것이다. 런던에 부동산을 소유한 모든 기업이 이런 방식을 사용하지는 않겠지만, 대다수는 그렇다. 지도에 표시한 부동산 중 40퍼센트는 영국령 버진아일랜드, 31퍼센트는 건지Guernsey, 저지, 맨섬Isle of Man, 18퍼센트는 다른 역외 지역에 등록된 기업들이 소유하고 있으며, 낮은 세금이나 비밀 유지와 관계없는 지역의 기업이 소유한 부동산은 11퍼센트에 불과하다. 게다가 이 기업들은 보통 부동산 소유만을 목적으로 하며, 지도에서 조사한 기업의 37퍼센트는 부동산 거래 건수가 딱 한 건이었으며, 89퍼센트는 10건 미만이었다. 많은 역외 관할권에서는 기업에 세금 혜택 외에도 소유권에 관한 조사를 방지하는 '폐쇄형 등록부closed registers'를 제공해 최종 소유자의 익명성을 보장한다.[16] 이처럼 불투명한 거래로 그늘진 섬을 밝게 비추기 위해서는 규제와 투명성이 절실하다.[17]

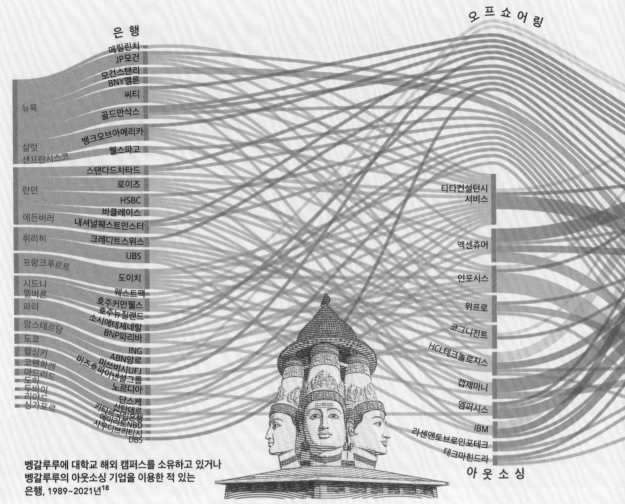

벵갈루루에 대학교 해외 캠퍼스를 소유하고 있거나
벵갈루루의 아웃소싱 기업을 이용한 적 있는
은행, 1989~2021년[18]

모든 길은 벵갈루루로 통한다

금융이 디지털화되면서 벵갈루루는 국제 IT 중심지로 떠올랐다.

정보 기술은 금융 지형을 모조리 바꿨다. 1980년대 말부터 많은 은행이 지대와 인건비가 저렴한 해외로 업무를 이전했는데, 이를 오프쇼어링offshoring이라 한다. 멜버른에 본사를 둔 호주뉴질랜드은행ANZ은 은행 중 처음으로 인도 벵갈루루에 사무실을 열었다.[21] 당시 오프쇼어링은 데이터 관리, 송장 발행, 회계처럼 부가가치가 낮지만 업무량이 많으며, 고객을 직접 상대하지 않고 원격으로 할 수 있는 업무에 주로 적용됐다.

그러나 동시에 금융이 점차 기술 중심 산업으로 변모하면서 은행들은 데이터 분석·시장 모델링·고객 관리 같은 핵심 업무를 외부 업체에 아웃소싱하기 시작했다(위 그림 회색 선). 인도의 IT 기업 인포시스를 보자. 벵갈루루에 본사를 둔 인포시스는 1993년 '뱅크스 2000'을 출시했다. 인포시스는 이후 피나클로 사명을 바꾸고 세계 100여 개국의 200개 기업과 10억 명이 넘는 개인에게 서비스를 제공한다.[22] 위프로나 타타컨설턴시서비스 같은 인도 기업들도 은행에 클라우드 컴퓨팅·리서치 컨설팅 등의 서비스를 제공하는 거대 아웃소싱 기업으로 성장했다. 수출 중심

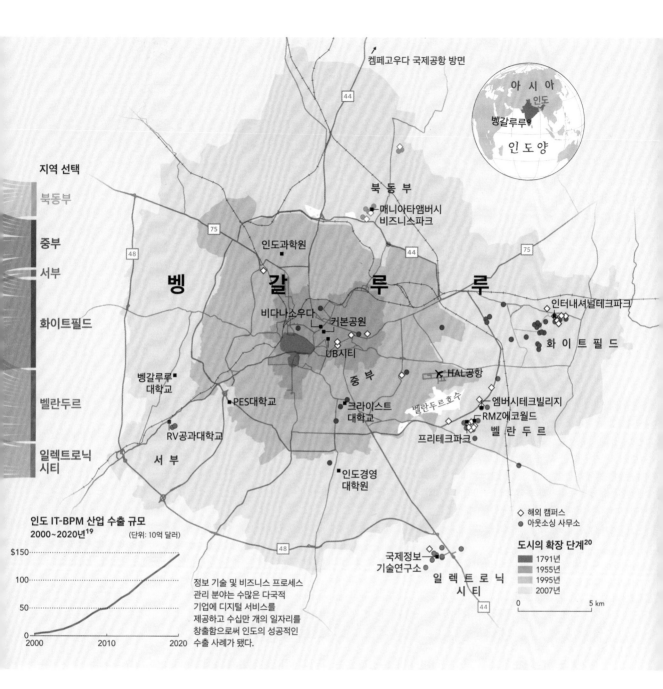

↗ 켐페고우다 국제공항 방면

아 시 아
인도
벵갈루루
인 도 양

지역 선택

북동부

중부

서부

화이트필드

벨란두르

일렉트로닉
시티

북 동 부
■ 매니아타앰버시
비즈니스파크

□ 인터내셔널테크파크

48
75

인도과학원 ■

75
44

벵 □ 갈 루 루 루

비다나소우다 ■
◇ 커본공원
화 이 트 필 드

□ UB시티

벵갈루루 ■
대학교

✕ HAL공항

중 부

■ PES대학교

■ 엠버시테크빌리지
벨란두르호수
■ RMZ에코월드

크라이스트 ■
대학교
프리테크파크
벨 란 두 르

RV공과대학교 ■

서 부

■ 인도경영
대학원

◇ 해외 캠퍼스
● 아웃소싱 사무소

도시의 확장 단계[20]
■ 1791년
■ 1955년
■ 1995년
■ 2007년

인도 IT-BPM 산업 수출 규모
2000~2020년[19]   (단위: 10억 달러)

$150

100

50

2000   2010   2020

국제정보
기술연구소 ■
일 렉 트 로 닉
시 티

0   5 km

48
44

정보 기술 및 비즈니스 프로세스
관리 분야는 수많은 다국적
기업에 디지털 서비스를
제공하고 수십만 개의 일자리를
창출함으로써 인도의 성공적인
수출 사례가 됐다.

의 정보 기술 및 비즈니스 프로세스 관리IT-BPM는 금융 업계의 수요에 힘입어 인도에서 호황을 맞았고, 꾸준한 매출 성장을 기록하면서 수천 개의 일자리를 창출했다.

이렇듯 분업의 구조가 바뀌면서 벵갈루루는 아웃소싱과 오프쇼어링 네트워크의 중심지가 됐다.[23] 2000년대 초에는 골드만삭스, 소시에테제네랄 같은 대형 은행들이 벵갈루루에 지점을 열었다. 다른 외국계 아웃소싱 기업들(캡제미니, IMB 등)도 취리히나 두바이 등지의 고객에게 서비스를 제공하고자 이곳에 많은 지사를 설립했다. 벵갈루루

에는 명문대와 공대가 많기에 은행과 아웃소싱 기업들은 기술과 금융이 만나는 곳에서 인재를 쉽게 구할 수 있다.

금융의 가치사슬이 분산되면서 벵갈루루는 점점 외곽으로 팽창했으며, 세제 혜택을 받으려는 기업들의 지사가 모인 교외 기술산업단지에는 대학 캠퍼스가 우후죽순으로 들어섰다. 그래서 벵갈루루의 외곽에는 화이트필드, 일렉트로닉시티 같은 새로운 준도시들이 생겼다. 이곳의 근로자 수천 명과 도시를 순환하는 데이터는 벵갈루루의 캠퍼스와 세계 금융중심지의 고층 건물들 사이를 연결한다.[24]

튀르키예

팔레스타인

시리아

쿠웨이트

페르시아만

바레인

지중해

아프리카

이집트

요르단

이라크

카타르

나이지리아

수단

홍해

사우디아라비아

알라지은행

카타르
국제이슬람은행

케냐

오만

아랍에미리트

남아공

인도양

율법이 장식한 자본 모자이크

이슬람 금융은 더는 틈새시장이 아니며, 새로운 성장으로 지리적 입지를 넓히고 있다.

이슬람 금융Islamic finance은 이슬람 율법 샤리아를 준수하는 금융 상품과 서비스 기관을 말한다. 이슬람 금융은 경전 쿠란, 예언자 무함마드의 삶에 기반한 사회 모델인 순나sunnah에서 유래하며, 서구의 금융과 다른 방식으로 작동한다. 이슬람 금융의 원칙은 세 가지다. 첫 번째는 리바riba, 즉 이자 지급을 금지한다. 이슬람 금융에서는 이자 받는 일을 부당하고 비생산적인 고리대금업으로 여긴다. 두 번째는 가라르gharar, 즉 공매도나 파생상품 같은 투기적이고 위험한 금융 거래와 상품을 규제한다. 세 번째는

메이시르maysir, 즉 모든 형태의 도박을 금지하고, 술과 돼지고기 등 쿠란과 순나에서 하람(금기)으로 간주하는 분야에 대한 투자를 막는다. 이 같은 원칙에 따라 이슬람에서는 타카풀(보험), 수쿠크(채권), 이자라(리스) 등 다양한 금융 상품과 서비스가 탄생했다. 예를 들어 수쿠크 투자자는 이자를 받지 않는 대신 수익성이 있는 채권발행자 자산의 소유권을 얻는다.

이슬람 금융은 1970년대 중동 국가들이 석유로 막대한 자금을 축적하면서 중요해졌으며, 이 국가들은 샤리아를

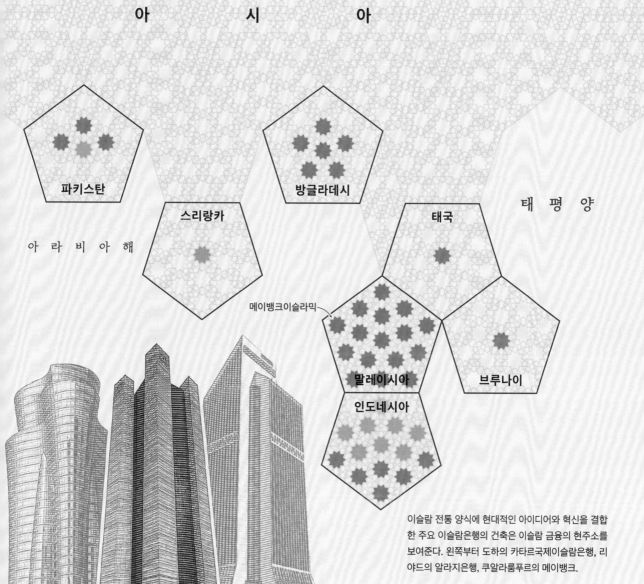

아 시 아

파키스탄

방글라데시

태 평 양

스리랑카

태국

아라비아해

메이뱅크이슬라믹

말레이시아

브루나이

인도네시아

이슬람 전통 양식에 현대적인 아이디어와 혁신을 결합한 주요 이슬람은행의 건축은 이슬람 금융의 현주소를 보여준다. 왼쪽부터 도하의 카타르국제이슬람은행, 리야드의 알라지은행, 쿠알라룸푸르의 메이뱅크.

준수하는 금융을 바탕으로 발전했다. 이후 세계화에 따라 이슬람 금융은 많은 이슬람·비이슬람 국가로 확장했다. 위 지도는 100대 이슬람은행을 샤리아를 준수하는 자산의 가치에 따라 색으로 표시하고 나라별로 분류한 것이다. 예상대로 많은 은행이 중동에 있으며, 사우디아라비아, 카타르, 아랍에미리트, 바레인, 쿠웨이트에는 상위 100대 은행 중 31개가 있다.[26] 그중 사우디아라비아 리야드에 있는 알라지은행은 샤리아를 준수하는 자산이 1113억 3800만 달러로 가장 많았다(지도에서 진한 파란색). 하지만 100위 내 은

행의 수가 가장 많고 보유 자산의 가치가 가장 큰 국가는 말레이시아이며, 따라서 이슬람 금융의 최대 중심지는 쿠알라룸푸르라고 할 수 있다. 2019년 기준, 말레이시아는 이슬람 금융에서 무엇을 종교적으로 허용할지를 판단하는 지도자인 이슬람 학자가 가장 많은 국가이기도 했다.[27]

이슬람 금융의 자산 규모는 2020년 2조 9000억 달러에서 2024년 3조 7000억 달러까지 증가할 것으로 보인다.[28] 여기에 서구 은행들도 샤리아를 준수하는 서비스를 확대하면서 이슬람 금융의 새로운 지평이 열릴 것이다.[29]

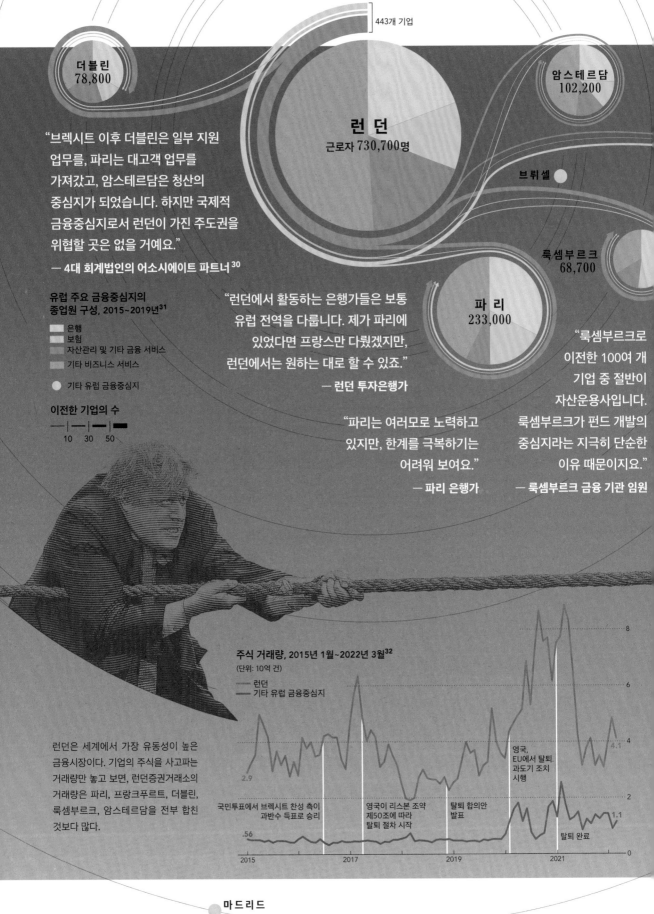

443개 기업

더블린
78,800

암스테르담
102,200

런던
근로자 730,700명

브뤼셀

"브렉시트 이후 더블린은 일부 지원 업무를, 파리는 대고객 업무를 가져갔고, 암스테르담은 청산의 중심지가 되었습니다. 하지만 국제적 금융중심지로서 런던이 가진 주도권을 위협할 곳은 없을 거예요."
— 4대 회계법인의 어소시에이트 파트너[30]

룩셈부르크
68,700

유럽 주요 금융중심지의
종업원 구성, 2015~2019년[31]

- 은행
- 보험
- 자산관리 및 기타 금융 서비스
- 기타 비즈니스 서비스

● 기타 유럽 금융중심지

이전한 기업의 수

10 30 50

"런던에서 활동하는 은행가들은 보통 유럽 전역을 다룹니다. 제가 파리에 있었다면 프랑스만 다뤘겠지만, 런던에서는 원하는 대로 할 수 있죠."
— 런던 투자은행가

파리
233,000

"룩셈부르크로 이전한 100여 개 기업 중 절반이 자산운용사입니다. 룩셈부르크가 펀드 개발의 중심지라는 지극히 단순한 이유 때문이지요."
— 룩셈부르크 금융 기관 임원

"파리는 여러모로 노력하고 있지만, 한계를 극복하기는 어려워 보여요."
— 파리 은행가

주식 거래량, 2015년 1월~2022년 3월[32]
(단위: 10억 건)

— 런던
— 기타 유럽 금융중심지

런던은 세계에서 가장 유동성이 높은 금융시장이다. 기업의 주식을 사고파는 거래량만 놓고 보면, 런던증권거래소의 거래량은 파리, 프랑크푸르트, 더블린, 룩셈부르크, 암스테르담을 전부 합친 것보다 많다.

국민투표에서 브렉시트 찬성 측이 과반수 득표로 승리

영국이 리스본 조약 제50조에 따라 탈퇴 절차 시작

탈퇴 합의안 발표

영국, EU에서 탈퇴. 과도기 조치 시행

탈퇴 완료

2.9

.56

4.1

1.1

2015   2017   2019   2021

마드리드

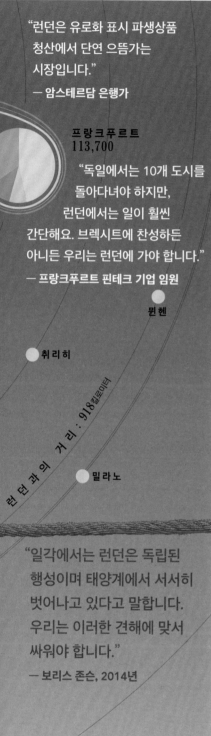

"런던은 유로화 표시 파생상품 청산에서 단연 으뜸가는 시장입니다."

— 암스테르담 은행가

코펜하겐

스톡홀름

1448킬로미터

프랑크푸르트
113,700

"독일에서는 10개 도시를 돌아다녀야 하지만, 런던에서는 일이 훨씬 간단해요. 브렉시트에 찬성하든 아니든 우리는 런던에 가야 합니다."

— 프랑크푸르트 핀테크 기업 임원

뮌헨

바르샤바

취리히

런던과의 거리 : 918킬로미터

밀라노

"일각에서는 런던은 독립된 행성이며 태양계에서 서서히 벗어나고 있다고 말합니다. 우리는 이러한 견해에 맞서 싸워야 합니다."

— 보리스 존슨, 2014년

런던의 인력

브렉시트 이후 영국의 미래가 불투명해진 상황에서도 런던은 여전히 유럽 최대의 금융중심지 자리를 지키고 있다.

2016년 6월 23일, 영국은 EU 회원국으로 남아 있을지를 놓고 국민투표를 실시했고, 유권자의 52퍼센트가 EU 탈퇴를 선택했다. 이로써 영국은 43년간 이어진 유럽 국가들과의 협력을 끝내고 새로운 시대를 맞이했다. 영국의 미래가 불확실해진 가운데, 일부 논평가는 곧 EU 단일시장과의 직접적인 연결 고리가 끊어지면 수천 개의 금융 기업이 런던을 떠나고 일자리가 대거 사라지리라 전망했다. 유럽 금융계에서 독보적인 구심점이었던 런던이 블랙홀 속으로 사라지고 마는 것일까?

2021년 4월 기준, 런던에서 유럽 대륙으로 사업을 일부 이전한 금융 기업은 443곳이었다.[33] 하지만 이 기업들이 어디로 향했는지를 보면, 유럽의 금융계가 재편되기는커녕 기존의 구조가 더 공고해졌음을 알 수 있다. 요컨대, 런던에서 비행기로 90분 이내의 거리에 있으며 전문 분야를 바탕으로 런던과 보완 관계인 몇몇 금융중심지가 런던의 주위를 도는 구조는 브렉시트 이후에도 굳건히 유지되고 있다(왼쪽 원형그래프 참고). 은행들은 일부 직원을 전통적인 은행 부문의 중심지인 파리와 프랑크푸르트로 보냈고, 자산운용사와 펀드사들은 더블린과 룩셈부르크로 이전했다. 예전부터 거래 부문에 집중해온 암스테르담은 거래와 기타 비즈니스 서비스를 제공하는 기업들을 유치했다. 그러나 런던에서 이 도시들보다 더 멀리 떨어진 곳으로 이전한 기업은 훨씬 적었다.

그 결과 런던은 여러 기업이 이전한 뒤에도 거래 규모 면에서 주변의 위성 도시들을 압도하고 있다(왼쪽 꺾은선그래프 참고). 우리가 인터뷰한 금융업계 종사자들은 여전히 런던을 유럽에서 가장 중요한 금융중심지이자 사업을 위한 필수 목적지로 여겼다. 실제로 브렉시트 투표 후 6년이 지난 뒤에도 유로화 표시 파생상품의 90퍼센트는 런던 증권거래소에서 청산됐다. 브렉시트는 지리적으로 런던을 중심에 둔 금융 시스템을 해체하지 않았으며, 유럽의 금융중심지들이 이루던 기존의 분업 구조는 브렉시트 이후 더욱 강화됐다. 런던은 시장의 규모와 국제적 연결망, 런던에 집중된 기업과 고객, 공급업체와 전문성, 국제 기축 통화로서 파운드화의 역할, 영국 관습법이 가진 힘 덕분에 유럽의 다른 도시와 비교할 수 없는 우위를 점하고 있다.

브렉시트는 아직 끝나지 않은 과정이다. 영국에서 활동하는 금융·비즈니스 서비스회사들은 EU에서 막힘없이 거래할 권리를 잃었지만, EU에서는 영국과 EU의 법률과 규제에 큰 차이가 없다고 인정하고 있으므로 유럽 시장을 어렵지 않게 이용할 수 있다. 금융은 지금도 런던의 해가 지지 않는 제국으로 남아 있다.

핀테크 분야 스타트업과 스케일업은 흔히 성장에 필요한 자금을 외부에서 조달한다. 세계 금융위기 이후 생겨난 핀테크 스타트업들은 초기에는 큰 규모의 시드 투자를 유치하지 못했다. 그러나 이들은 이후 비즈니스 모델의 성공 가능성을 입증하면서 훨씬 많은 투자금을 확보할 수 있었다. 벤처캐피털과 사모펀드의 핀테크 투자 규모는 2018년 328억 달러로 2007년보다 40배 가까이 증가하며 정점에 달했다.

핀테크 투자, 2007~2020년
(단위: 10억 달러)

뉴욕
스피치프로는 음성 생체 인식 솔루션을 개발하며, 은행과 통신사, 공공 부문에서 스피치프로의 서비스를 이용한다.

샌프란시스코
로빈후드는 수수료 없이 주식, 옵션, ETF, 암호화폐를 거래할 수 있는 서비스를 제공한다.

밴쿠버

솔트레이크 시티

토론토   몬트리올

시카고   보스턴
북아메리카   워싱턴 D.C.
로스앤젤레스   댈러스 애틀랜타   샬럿
오스틴

대서양

산호세
페이팔은 더욱 편리하고 저렴하며 안전한 상거래를 위한 디지털 결제 솔루션을 개발한다.

멕시코시티
콘피오는 중소기업의 성장과 생산성을 높이도록 설계한 디지털 뱅킹·소프트웨어 도구를 제공한다.

적도

보고타
메스픽스는 기업이 미수금을 판매할 수 있는 P2P 플랫폼을 운영한다.

태평양

남아메리

핀테크 벤처 기업들이 2007년부터 2020년까지 조달한 자금 총액[34] (단위: 달러)

상위 30개 핀테크 중심지

100억 이상
10억~100억
1억~10억
1000만~1억
100만~1000만
100만 이하

동시에 포함

상위 30개 금융중심지

부에노스아이레스
아플루엔타는 소비자와 중소기업에 대출을 제공하는 P2P 대출 플랫폼이다.

표시한 도시별로 해당 도시에 본사를 둔 핀테크 기업을 한 곳씩 소개한다.

핀테크가 그려낼 새로운 세상

**금융계에서는 대대적인 기술 변화가 일어나고 있으며,
이러한 변화는 기존의 금융중심지에서만 비롯하지 않는다.**

금융 혁신에 새바람을 일으킨 핀테크는 데이터 과학과 연산 능력의 발전에 힘입어 전 세계의 비즈니스 방식을 바꾸고 있다. 1990년대 이후 결제·투자·데이터 분석·이상 거래 탐지·보험 등 핀테크와 관련한 특허는 급격하게 늘었다(131쪽 그래프 참고). 그러나 세계 금융위기가 터지고 기존 금융 기관을 향한 불신이 커지면서 핀테크 스타트업 투자 역시 미적지근했다(130쪽 그래프 참고). 핀테크의 혁신 기업들은 편리하고 저렴하게 금융 서비스를 이용하고자

하는 젊은 소비자를 겨냥해왔으며, 개발도상국에서는 은행을 이용한 적이 없거나 이용이 어려운 수억 명의 사람들에게 금융 서비스를 제공한다.

핀테크 기업들의 성장은 주요 금융중심지에서만 일어나지 않는다. 이들은 최근 떠오르는 IT 클러스터에서도 활발히 활동한다. 핀테크 기업에 필요한 전문 지식이 금융가가 아닌 컴퓨터과학자에게서 나오는 만큼 이는 이상한 일이 아니다. 위 지도에서는 상위 30개 금융중심지와 핀테

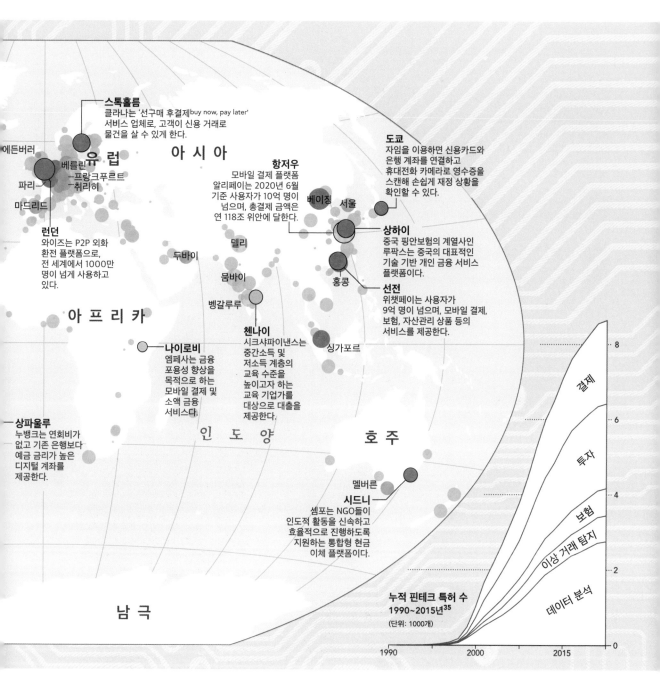

스톡홀름
클라나는 '선구매 후결제buy now, pay later'
서비스 업체로, 고객이 신용 거래로
물건을 살 수 있게 한다.

도쿄
자임을 이용하면 신용카드와
은행 계좌를 연결하고
휴대전화 카메라로 영수증을
스캔해 손쉽게 재정 상황을
확인할 수 있다.

에든버러

베를린 유 럽

프랑크푸르트

취리히

파리

마드리드

아 시 아

항저우
모바일 결제 플랫폼
알리페이는 2020년 6월
기준 사용자가 10억 명이
넘으며, 총결제 금액은
연 118조 위안에 달한다.

베이징 서울

런던
와이즈는 P2P 외화
환전 플랫폼으로,
전 세계에서 1000만
명이 넘게 사용하고
있다.

두바이

델리

뭄바이

벵갈루루

상하이
중국 핑안보험의 계열사인
루팍스는 중국의 대표적인
기술 기반 개인 금융 서비스
플랫폼이다.

홍콩

선전
위챗페이는 사용자가
9억 명이 넘으며, 모바일 결제,
보험, 자산관리 상품 등의
서비스를 제공한다.

아 프 리 카

나이로비
엠페사는 금융
포용성 향상을
목적으로 하는
모바일 결제 및
소액 금융
서비스다.

첸나이
시크샤파이낸스는
중간소득 및
저소득 계층의
교육 수준을
높이고자 하는
교육 기업가를
대상으로 대출을
제공한다.

싱가포르

인 도 양

호 주

상파울루
누뱅크는 연회비가
없고 기존 은행보다
예금 금리가 높은
디지털 계좌를
제공한다.

멜버른

시드니
셈포는 NGO들이
인도적 활동을 신속하고
효율적으로 진행하도록
지원하는 통합형 현금
이체 플랫폼이다.

남 극

누적 핀테크 특허 수
1990~2015년[35]
(단위: 1000개)

결제

투자

보험

이상 거래 탐지

데이터 분석

1990　　2000　　2015

크중심지를 각각 분홍색과 금색으로, 두 목록에 모두 있는 도시는 갈색으로 표시했다. 그리고 각 도시는 핀테크 벤처 기업들이 해당 도시에서 조달한 자금의 규모에 따라 원으로 나타냈다. 조사 결과, 2007~2020년 사이 샌프란시스코와 항저우의 핀테크 기업들은 벤처캐피털과 사모펀드에서 각각 274억, 212억 달러 규모의 투자를 유치해 세계 최대의 금융중심지인 런던(135억 달러)과 뉴욕(100억)을 앞질렀다.

유럽에서는 스톡홀름(27억)과 베를린(25억)이 파리(11억)와 암스테르담(9억)을 제치고 2, 3위의 핀테크 투자 중심지로 떠올랐다. 인도에서는 델리(45억)와 벵갈루루(22억)가 뭄바이(11억)를 앞섰으며, 라틴아메리카에서는 상파울루(25억)와 멕시코시티(8억)가 선두에 있다. 핀테크는 세계 금융의 지형에 다양성을 가져오지만, 그 구조를 뿌리째 뒤엎지는 않는다. 핀테크는 새로운 금융중심지를 만들어내면서 동시에 기존 중심지의 활동 범위를 넓히고 있다.**36**

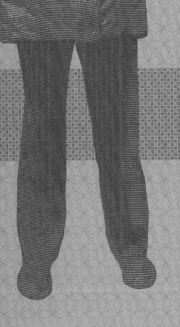

Bubbles & Crises
버블과 위기

금융의 역사란 곧 금융위기의 역사다. 금융위기의 원인이 근본적인 거시경제적 요인에 있는지, 아니면 단순히 인간의 탐욕과 안일함에 있는지는 논란의 여지가 있다. 때로는 한 개인이 벌인 사기나 분별없는 행동이 거대한 금융 기관을 무너뜨리기도 한다. 금융위기는 지역민의 삶을 파괴하며 매우 불균등하고 불공정한 방식으로 사회에 영향을 끼친다. 보통은 위기를 초래하고 잘못을 저지른 사람들보다는 가장 취약한 지역과 계층이 피해를 본다.

끝나지 않는 '금융 위기'

자본주의의 역사는 금융위기로 점철되어 있지만, 위기의 유형과 빈도는 지역마다 다르다.

금융위기는 자본주의의 확장과 떼려야 뗄 수 없는 관계다. 금융은 본디 변덕스러운 성질을 가지고 있기에 정상적인 성장과 번영의 시기가 급작스러운 불안정으로 막을 내릴 수 있다. 지난 400여 년 동안 세계 각지에서는 은행 부실·통화 폭락·채무 불이행 등으로 1000여 차례의 위기가 발생했다. 아래 그림은 그 위기들을 국가별로 나눠 지도에 배치하고, 유형에 따라 다른 색으로 표시한 것이다. 지도에서 빗금으로 칠한 원은 1950년 이전에 발생한 위기를 나타낸다.

자본주의 초기에 프랑스나 스페인 같은 전통적인 군주제 국가들은 전쟁과 무역 탐험에 필요한 자금을 부채로 충당했다. 권력에 눈이 먼 위정자들은 때로 감당할 수 없을 만큼 빚을 지다 국가 재정에 심각한 위험을 초래했다. 이후에는 국제 무역으로 전 세계가 한층 긴밀하게 연결되면서 통화 가격 투기가 흔해졌고,

많은 나라가 국제 금융 시스템에 편입되고, 금융시장과 기관이 복잡해지면서 금융의 불안정성이 커지고 위기가 잦아지고 있다.

300
은행 위기

415
통화 위기

257
부채 위기

10년 단위로 일어난 금융위기
1600~2020년
- 은행
- 통화
- 부채

1982 라틴아메리카 부채 위기

2008 세계 금융위기

1929 대공황

1636 네덜란드 튤립 구근 시장의 버블

북아메리카

카리브해

태평양

적도

남아메리카

케냐다, 미국, 벨리즈, 멕시코, 과테말라, 온두라스, 자메이카, 아이티, 도미니카 공화국, 엘살바도르, 니카라과, 도미니카연방, 그레나다, 코스타리카, 파나마, 트리니다드 토바고, 콜롬비아, 베네수엘라, 가이아나, 수리남, 에콰도르, 브라질, 페루, 볼리비아, 파라과이, 우루과이, 칠레, 아르헨티나

1636년 네덜란드에서 튤립 버블이 발생했을 당시 셈퍼 아우구스투스라는 희귀한 튤립의 가격은 암스테르담의 집 한 채와 맞먹었다.

이에 따라 통화 가치가 갑작스레 하락하는 일이 늘어났다.

금융위기는 어디서나 일어날 수 있지만, 그 빈도는 지역마다 차이가 있다. 글로벌사우스(북반구 저위도와 남반구에 집중된 비서구권 개발도상국을 통칭하는 용어 – 옮긴이)는 글로벌노스보다 더 많은 불안정과 위기에 시달려왔다. 정치와 사회가 흔들리는 동시에 채무 불이행, 투기적 통화 공격, 급격한 인플레이션, 심각한 뱅크런(은행 고객들이 한꺼번에 예금을 인출하는 사태 – 옮긴이) 등이 발생하는 일은 글로벌사우스에서 심심치 않게 나타나는 현상이다. 일례로 1800년대에 독립운동이 활발했던 라틴아메리카는 여러

차례 국제 부채 위기의 진원지가 됐다.

금융위기는 글로벌노스 안에서도 각국의 금융 시스템에 따라 그 정도와 영향이 다르게 나타난다. 세계에서 가장 선진적인 금융시장으로 꼽히는 미국과 영국은 여러 차례 심각한 금융위기를 겪었다. 반면에 스위스와 룩셈부르크는 위기를 한두 차례밖에 겪지 않았다. 이 나라들은 금융 시스템의 회복탄력성이 상대적으로 강하며, 적어도 지금까지는 급작스러운 금융 불안정에 대처하는 적절한 장치와 규제 환경을 구축해왔다고 볼 수 있다.

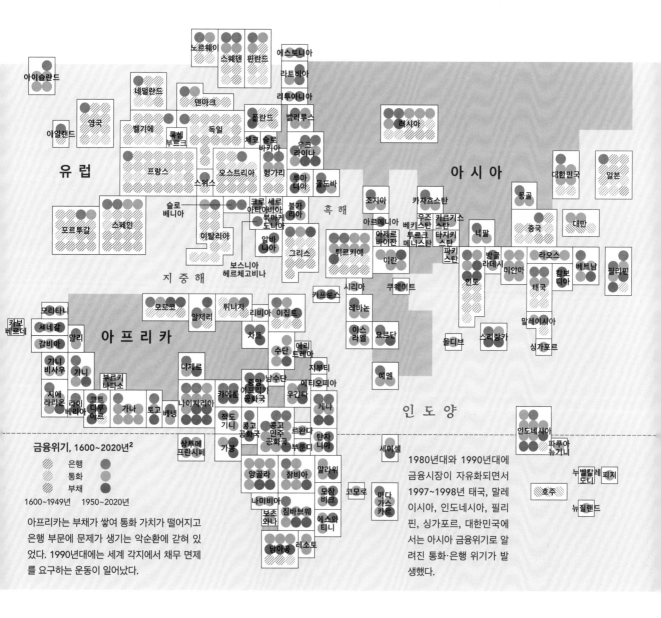

금융위기, 1600~2020년[2]

은행
통화
부채

1600~1949년 1950~2020년

아프리카는 부채가 쌓여 통화 가치가 떨어지고 은행 부문에 문제가 생기는 악순환에 갇혀 있었다. 1990년대에는 세계 각지에서 채무 면제를 요구하는 운동이 일어났다.

1980년대와 1990년대에 금융시장이 자유화되면서 1997~1998년 태국, 말레이시아, 인도네시아, 필리핀, 싱가포르, 대한민국에서는 아시아 금융위기로 알려진 통화·은행 위기가 발생했다.

가상의 토론[3]

통화주의
미국의 금리 인상이 전 세계 금융시장의 통화 긴축을 촉발한다.

여러분, 무엇이 금융위기를 일으키는지 생각해보신 적 있나요? 1997~1998년 아시아 금융위기를 예로 들어보죠. 미국이 자국의 경제가 과열되지 않도록 금리를 1994년 3.05퍼센트에서 1997년 5.5퍼센트로 인상하자, 투자자들은 동아시아에 계속 투자해도 좋을지 의문을 품었고, 자본이 이 지역에서 빠져나가기 시작했습니다. 그리고 자본이 이렇게 갑작스레 빠져나가면 아시아 경제가 버티지 못하리라는 의심이 커졌죠. 저는 위기를 유발하는 여러 요인 중 **통화 공급이 가장 중요하다고 봅니다.**

안나 슈워츠Anna Schwartz
1915~2012

부채-디플레이션
감당할 수 없을 만큼 부채를 늘리다보면 결국 자산 가격에 디플레이션이 발생한다.

그 말에도 일리가 있지만, 통화주의는 태국, 인도네시아, 필리핀과 다르게 무역 흑자 규모가 크고 외환보유고가 충분한 싱가포르, 홍콩까지 위기가 확산된 이유를 설명하지 못합니다. 이는 전형적인 부채-디플레이션 위기였습니다. 이 나라들은 1990년대에 시장을 자유화해 이동성이 높은 국제 자본이 거의 모든 분야에 투자할 수 있도록 허용했습니다. 그러면서 **시장의 심리가 조금만 변해도 단기 투자자들이 대거 빠져나가면서 연쇄 반응을 일으켜** 자산 가격 하락, 부채 증가, 경제적 손실과 파산이 잇따랐죠.

어빙 피셔Irving Fisher
1867~1947

금융 불안정성 가설
금융 불안정성을 가져오는 역학 관계는 주기적인 경기 순환과 관련이 있다.

동의합니다. 하지만 그게 전부는 아니죠. 금융위기는 무작위로 발생하지 않습니다. **자본주의는 경제가 팽창하고 수축하는 주기를 만들어냅니다.** 아시아에서 일어난 일은 전형적인 '민스키 모멘트Minsky moment'였어요. 동아시아 경제가 장기간 호황을 누리는 동안 경제에 대한 낙관론이 퍼지면서 과도한 부채에 따른 자산 버블이 발생했고, 안정적인 금융 관계(위험회피 금융)보다 불안정한 금융 관계(투기와 폰지 사기)가 경제를 좌우하기 시작했습니다. 그러다 마침내 자산 버블이 터지면서 부채-디플레이션의 악순환이 발생한 것이죠.

하이먼 민스키Hyman Minsky
1919~1996

아 시

1997년 7월 2일
방콕
−67%

홍콩
−42

마닐라
−62

주가지수 하락률
1997년 1월~1998년 10월[4]

싱가포르
−48

자카르타 −59

군집 행동

투자자들이 서로의 행동을
모방하면서 금융위기가 확산된다.

잠깐만요. 태국을 향한 투기성 공격이 촉
발한 위기가 다른 아시아 7개국에 이어 러
시아, 브라질, 미국까지 퍼진 사실을 어떻
게 설명하실 건가요? 제 생각에 원인은 군
집 행동입니다. 인간은 서로를 모방합니다.
국제 금융시장의 상호 연결성을 고려하면,
**한 경제에서 내린 결정은 다른 경
제의 금융 주체들이 비슷한 결정을
내리도록 유도한다고 볼 수 있어요.**

대니얼 카너먼Daniel Kahneman
1934~2024

1998년 8월
러시아로 확산

서울
-20
도쿄

1998년 9월
브라질, 미국으로 확산

태평양

불안정성에 관한 이론들

**1997년 아시아 금융위기의 원인은 무엇이었을까?
답은 누구에게 묻는지에 따라 다르다.**

토대, 금융, 거시경제 같은 단어로 가득한 연구 논문과 두꺼운 책이 이리저
리 흩어져 있는 테이블을 상상해보라. 그 위에 놓인 주황색 신문의 머리기
사에는 "아시아 시장의 혼란: 수개월 간의 재정난에 이은 경기 침체"라고
써 있다. 20세기의 유명 경제학자 네 사람이 테이블에 둘러앉아 태국의 통
화 가치 하락이 어떻게 연쇄 반응을 일으켜 동남아시아, 브라질, 러시아의
재정난과 기업 도산으로 이어졌는지를 논한다면 이렇게 말할 것이다.

먼저 통화주의자인 안나 슈워츠는 통화 공급과 경제 활동 간의 인과관
계를 강조하며, 금융 불안정은 통화 당국이 통화 공급을 통제하려다 벌인
정책상의 실수로 발생한다고 주장할 것이다. 경제에 지나치게 많은 돈이
풀리면 물가가 오르기 시작해 인플레이션이 발생하며, 반대로 돈이 너무
적으면 경제가 위축된다.[5]

어빙 피셔는 경제를 불안정하게 만드는 부채와 디플레이션의 영향에 주
목할 것이다. 1930년대 대공황이 가져온 재앙을 직접 경험한 피셔는 이를
설명하기 위해 만든 부채-디플레이션 이론에서 부채가 많은 개인과 기업
이 부채를 줄이려 하다 보면 의도치 않게 디플레이션(물가 하락)을 유발해
실질적인 부채 부담이 늘어난다고 주장했다. 부채와 디플레이션은 결국
경제적 손실, 기업과 가계의 파산을 가져오며, 사회 전체가 미래 경제에 대
한 비관론에 빠지도록 이끈다.[6]

금융 불안정성 가설을 제시한 하이먼 민스키는 피셔의 주장에 동의할
것이다. 이 가설에 따르면 장기간 호황이 이어질 때 기업과 개인은 차입을,
금융 기관은 대출을 늘린다. 그러다 보면 낙관론에 빠진 사람들이 감당하
기 힘들 만큼 빚을 내면서 부채에 따른 자산 버블이 생기며, 불안정한 금융
관계가 경제를 좌우하기 시작한다. 그러다 결국 버블이 터지면, 부채-디플
레이션의 악순환과 재정난, 경제적 손실이 발생하는 것이다.[7]

마지막으로 행동경제학의 창시자 대니얼 카너먼은 인간은 다른 사람의
행동을 모방하는 경향에 따라 군집 행동herd behavior을 한다는 점을 지적
하며 대화의 방향을 바꿀 것이다. 카너먼에 따르면, 투자자들은 금융시장
이라는 맥락 안에서 무리를 지어 같은 투자 결정을 동시에 내림으로써 시
장의 변동성을 높이는 피드백 메커니즘을 형성한다.[8]

한편 이 자리에 아시아의 경제학자들을 초대한다면, 그들은 변덕이 심
한 해외 금융 자금의 흐름이 어떻게 호황에 불을 지피고 불황을 악화시키
는지를 강조하지 않을까.

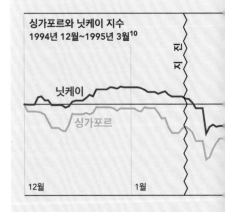

선물 대지진

**위험한 금융 상품을 다루는 불량 트레이더
한 사람이 어마어마한 규모의 재앙을 일으킬 수 있다.**

영화 〈겜블Rogue Trader〉에서 베어링스은행의 인정받는 트레이더 닉 리슨은 침대에 누워 있던 중 한 통의 전화를 받는다. 전화를 건 친구가 다급한 목소리로 그에게 뉴스를 보라고 외친다. TV를 켠 순간 리슨의 얼굴이 창백해진다. 일본 고베에서 지진이 발생해 6000명이 넘는 사망자가 나왔다는 소식이다. 리슨은 전날 자신이 한 베팅 탓에 오랜 역사를 자랑하는 베어링스은행이 끝장날 위기에 처했다는 사실을 깨닫고 머리를 움켜쥔다.

영화의 바탕이 된 실제 사건을 이해하려면, 리슨이 어떤 도박을 했는지를 알아야 한다. 파생상품은 기초 자산을 직접 취득하지 않고도 채권·주식·기타 금융자산의 가격 변동에 베팅할 수 있는 상품으로, 보통은 돈을 빌려 투자한다. 리슨은 수년간 베어링스은행의 자금을 통해 무단으로 선물·옵션 거래를 했다. 선물·옵션은 투기자들이 수익을 불릴 수도 있는 파생상품의 일종이다. 고베 대지진이 발생하기 17일 전, 리슨은 2억 800만 파운드에 달하는 손실을 보고 있었다(139쪽 지도에서 가장 안쪽 파동 참고). 그는 손실을 줄이기 위해 '매도 스트래들'이라는 전략을 시도했다. 정해진 가격과 날짜에 자산을 매도put하거나 매수call하는 금융 계약인 풋 옵션과 콜 옵션을 모두 대량으로 매도한 것이다. 싱가포르와 일본 주식시장의 변동성이 낮았다면, 리슨은 큰 수익을 챙겼을 것이다. 그러나 지구를 흔든 지진은 전 세계 금융시장을 함께 흔들었다(138쪽 꺾은선그래프 참고). 곧 재앙이 닥칠 것을 알아차린 그는 1995년 2월 싱가포르에서 도망쳤다. 사흘 뒤, 베어링스은행이 영업을 중단했을 때는 손실이 9억 파운드 넘게 불어나 있었다!

그렇다면 이 같은 재앙을 일으킨 진짜 범인은 누구였을까? 리슨이 무모했던 것은 맞지만, 베어링스은행은 지진이나 트레이더 한 사람 탓에 파산하지 않았다. 단층은 그보다 훨씬 깊은 곳에 있었다. 주목해야 할 것은 공격적이고 투기적인 거래 행위에 보상을 주는 금융 시스템 그 자체. 딴마음을 품은 직원 한 사람이 어마어마한 손실을 숨길 수 있을 만큼 부실했던 관리·규제 프로세스 역시 복잡한 파생상품 구조 아래 숨은 위험을 부풀렸다.

1762년 런던에 설립된 베어링스은행은 세계적으로 역사가 깊은 대형 은행으로, 나폴레옹전쟁과 아르헨티나의 수백 킬로미터 길이에 이르는 철도 건설에도 자금을 댄 적이 있었다. 하지만 그렇게 대단한 은행도 한 사무소에서 일어난 지독한 불운을 견디지는 못했다.[9]

리슨의 도피 경로
1995년 2월 23일~3월 2일

리슨이 3년간 베어링스은행의 자금을 가지고 무단으로 거래하면서 은행의 계좌에는 현금이 부족해졌다. 1995년 1월 16일, 리슨은 매도 스트래들 전략(시장의 변동이 적어야만 수익을 낼 수 있는 전략)으로 상황을 타개하려 했다. 하지만 바로 다음 날, 재앙이 닥쳤다.

싱가포르와 닛케이 지수
1994년 12월~1995년 3월[10]

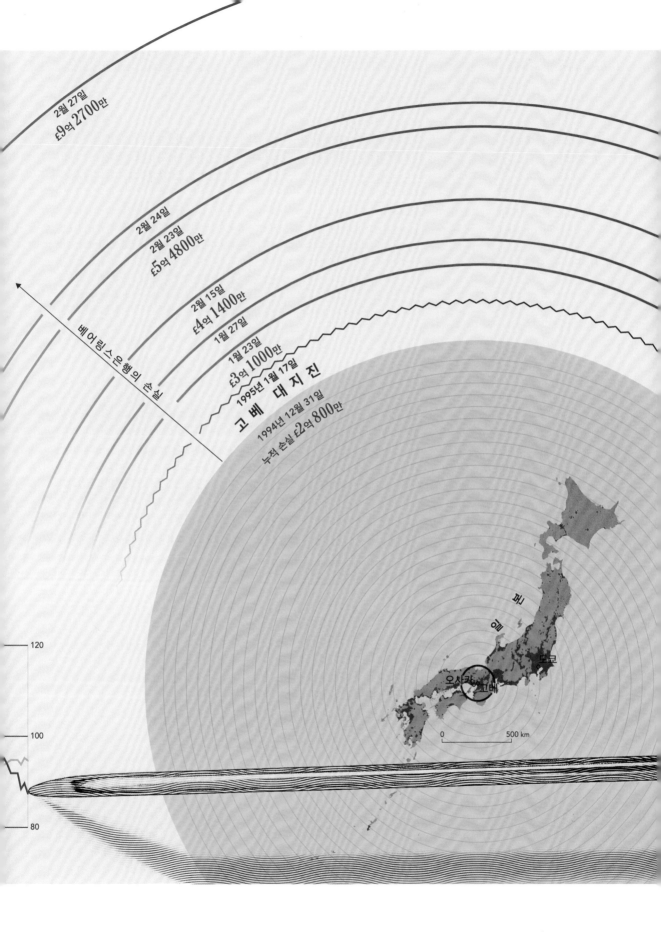

2월 27일
£9억 2700만

2월 24일

2월 23일
£5억 4800만

2월 15일
£4억 1400만

1월 27일

1월 23일
£3억 1000만

베어링스은행의 손실

1995년 1월 17일
고베 대지진

1994년 12월 31일
누적 손실 £2억 800만

홋카이도

도쿄

오사카 고베

0   500 km

120

100

80

뉴욕타임스
2002년 1월 6일

아르헨티나의 정상화

누구의 책임인가?

[뉴욕=] 아르헨티나에서 2주 사이에 다섯 번째로 대통령직에 오른 에두아르도 두알데는 임명 직후 지금은 나라의 혼란이 누구 탓인지를 따지지 말아 달라고 국민에게 당부했다. 그런 다음 그는 정확히 자신이 요청한 대로 행동했다. (…) 두알데는 남은 재임 기간에는 아랑곳하지 않은 채, 아르헨티나뿐 아니라 다른 라틴아메리카 국가들과 미국의 관계를 복잡하게 만들 문제들을 건드렸다.

이코노미스트
2002년 1월 5일

무정부 상태로 치닫는 아르헨티나

필요한 것: 제대로 된 정부와 정책

[런던=] 아르헨티나 국민은 자기 배만 불리는 부패한 정치계에 지칠 대로 지쳐 있다. 긴축은 부패와 만나면 일촉즉발의 위기를 가져온다. 아르헨티나는 성난 군중의 손아귀에 넘어갈 위험에 처해 있다. 최악의 사태를 막기 위해 필요한 것은 무엇인가? 첫 번째는 유능하고 합법적인 정부다. (…) 두 번째는 새로운 경제 계획이다.

월스트리트저널
2002년 1월 9일

아르헨티나는 어쩌다 이렇게 아수라장이 되었는가

[뉴욕=] 최근 들어 아르헨티나의 문제를 자유 시장 탓으로 돌리려는 주장이 유행처럼 번지고 있다. 구식 페론주의자이자 뻔뻔한 보호무역주의자인 에두아르도 두알데 대통령은 지난 10년의 "실패한 경제 모델"을 벗어나겠다고 선언하며 반시장주의자들의 대열에 동참했다. 그러나 아르헨티나의 비극적 몰락은 시장 친화적 개혁을 지나치게 밀어붙여서가 아니라 충분히 밀어붙이지 못했기 때문에 벌어진 일이다.

파히나12
2001년 12월 6일

아르헨티나의 뒤통수를 친 IMF

IMF는 자금을 지원하지 않을 것이며 구제 프로그램도 중단할 것이다. 아르헨티나는 이제 고립무원 신세다.

[부에노스아이레스=] 지난 10년간 아르헨티나를 모범생으로 치켜세우던 IMF가 어젯밤 더는 아르헨티나를 지원하지 않겠다는 뜻을 밝혔다. 도밍고 카바요 재무장관(오른쪽)이 기자회견에서 협상이 "순조롭게" 진행되고 있으며, 정부와 IMF가 "머리를 맞대고 있다"고 말한 지 몇 분 뒤, IMF는 워싱턴에서 아르헨티나에 새로운 자금을 지원하지 않겠다는 성명을 발표했다. (…) 균형 재정을 달성하지 못했다는 이유로 IMF가 자금 지원을 거부하면서 아르헨티나는 디폴트 위험에 처했다.

라나시온
2002년 1월 11일

아르헨티나의 정치 불안을 우려하는 IMF

[부에노스아이레스=] IMF는 사실상 아르헨티나의 새로운 계획에 호의적이지 않으며, 아르헨티나 정부가 재정을 건전하게 운영하고 지속 가능한 성장 방안을 마련하라는 미국의 오랜 요구를 따르기를 원한다.

우글로부
2002년 1월 6일

신흥국에 강경한 태도를 취한 부시 대통령

아르헨티나를 이른바 '엄한 사랑'으로 대하겠다는 미국의 입장은 다른 나라들에 보내는 경고이기도 하다.

[리우데자네이루=] 미국 정부는 아르헨티나의 위기를 장차 개발도상국의 금융 불안정에 대처할 새 정책의 본보기로 삼고 있다(미국에서는 이 정책에 '엄한 사랑tough love'이라는 별칭을 붙였다). 백악관과 미 재무부가 더는 보증인 역할을 하지 않겠다는 뜻을 개발도상국 정부와 미국 투자자들에게 보여주려는 것이다.

A
아시아 금융위기가 라틴아메리카로 확산되면서 아르헨티나가 경기 침체에 빠짐

B
대통령이 IMF에서 400억 달러 규모의 구제 금융을 지원한다고 발표하자 차입 비용 상승

C
주요 도시에서 폭동이 발생해 28명이 사망하고 대통령과 재무장관 사임

뱅크런이 발생해 13억 달러가 넘는 자금이 인출

D
새로운 변동환율제 도입. 달러가 공식 통화의 지위를 상실. 페소화의 가치가 한 달 만에 60퍼센트 하락

E
4월에 인플레이션이 10퍼센트를 기록하며 고점 기록

1998 　　　 1999 　　　 2000 　　　 2001 　　　 2002

페르난도 데 라 루아 전 대통령이 대통령직에서 사임한 뒤 헬리콥터를 타고 대통령궁을 떠나고 있다.

아르헨티나의 경제[11]

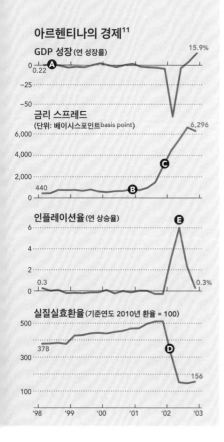

언론이 본 금융위기

언론은 금융 사건을 보도하지만, 사건에 영향을 끼치기도 한다.

1990년대 초, 아르헨티나는 기적을 경험했다. 높은 성장률과 낮은 인플레이션, 재정 규율, 자본 유입, 시장 친화적 개혁은 새로운 번영의 시대를 알리는 신호로 보였다. 금융시장과 주류 언론은 정책 결정자들의 결단력에 찬사를 보냈으며, 아르헨티나가 신흥국들이 따라야 할 새로운 경제 모델을 제시했다고 추켜세웠다. 하지만 역사는 다른 방향으로 흘러갔다.

1997~1998년 아시아 금융위기로 신흥시장을 향한 투자자들의 신뢰가 무너지자 아르헨티나는 통화 가치가 하락하고 부채가 급증해 경기가 위축되는 악순환에 빠졌다. 그 결과 2001년 말에는 페소화의 가치가 폭락하고 인플레이션과 차입 비용이 급증했다(141쪽 꺾은선그래프 참고). 그해 12월 1일, 아르헨티나의 재무장관 도밍고 카바요가 대규모 뱅크런 사태를 막기 위해 현금 인출을 제한하면서 사회 불안과 폭동, 유혈 시위가 잇따랐다. 며칠 뒤, 카바요는 페르난도 데 라 루아 대통령과 함께 사임했다. 아르헨티나는 무너지기 일보 직전이었으며, 데 라 루아 전 대통령이 헬리콥터를 타고 대통령궁을 탈출하는 모습이 전 세계 언론의 머리기사를 장식했다.[12]

당시 서방 언론과 현지 언론이 보인 반응을 살펴보면, 전혀 다른 두 개의 시각을 확인할 수 있다. 서방 언론에서 발췌한 세 기사(140쪽 윗줄)는 이 사태를 일종의 무질서로 묘사한다. 중도 성향의《이코노미스트》는 아르헨티나가 "무정부 상태로 치닫는" 중이며, 위기를 극복할 방법은 "합법적인 정부와 (…) 새로운 경제 계획"뿐이라고 주장했다. 다른 언론들 역시 정치 성향과 관계없이 비슷한 반응을 보였다. 좌파 성향의《뉴욕타임스》는 아르헨티나를 바로잡는 것은 "누구의 책임"인지 물었으며, 우파 성향의《월스트리트저널》은 에두아르도 두알데 대통령의 반시장적 정치관을 공격했다. 세 언론의 논조를 미국의 경제 정책과 IMF의 참담한 위기관리 능력에 책임을 돌리는 라틴아메리카 언론(아랫줄)과 비교해보라. 아르헨티나 일간지《파히나12》는 IMF가 자금 지원을 협상하는 과정에서 어떻게 카바요 장관을 기만했는지를 밝혔다. 아르헨티나의 또 다른 일간지《라나시온》은 미국의 경제 의제를 강요하는 것이 IMF의 최종 목표임을 시사했으며, 브라질 일간지《우글로부》는 부시 대통령이 아르헨티나에 보인 강경한 태도를 다른 나라들에 보내는 경고로 해석했다.

과거의 신문을 다시 살펴보는 것은 역사적 관점에서 금융을 분석하는 데 유용한 방법이다. 언론인은 대중의 정서를 반영해 기사를 쓰지만, 편집자나 자금 지원자의 정치적 이해 관계와 성향에 영향을 받기도 한다. 누가 언론에 비용을 대는지는 언론의 시각을 좌우하는 중요한 문제다.

노던록의 몰락

과거 주택금융조합이었던 영국 북부의 한 은행이 몰락하면서 뉴캐슬어폰타인이 영국의 주요 금융중심지로 발돋움하리라던 기대도 산산이 부서졌다.

2007년 9월 14일, 영국 북동부의 도시 뉴캐슬어폰타인에 본사를 둔 노던록은행이 위기에 처했다는 소식이 전해졌다. 그러자 수천 명의 고객이 거리로 몰려나와 예금을 인출하기 위해 줄을 섰다. 영국에서 150여 년 만에 벌어진 뱅크런 앞에 도시는 공황에 빠졌다. 이 사태의 원인을 이해하려면 10년 전 어떤 일이 일어났는지를 살펴볼 필요가 있다.

파국을 향한 카운트다운은 1997년 노던록이 주택금융조합에서 민간 은행으로 전환하면서부터 출발했다. 노던록은 국제 금융시장에서 자금을 빌려 고객에게 모기지 대출을 제공하는 새로운 사업 모델을 채택했으며, 1999년에는 건지에 역외 특수목적법인을 설립해 모기지저당증권mortgage-backed security을 발행하기 시작했다. 이들은 낮은 비용으로 마음껏 부채를 끌어다 쓰면서 빠르게 성장했고, 고객들에게 집값의 125퍼센트까지 대출 가능한 '투게더' 모기지 상품을 제공했다.[13] 노던록은 이처럼 부채에 의지해 지속 불가능한 사업을 운영하면서도 영국 북동부가 자랑하는 은행으로 자리매김했다. 노던록의 성공은 이 지역에 탈산업화 이후 이어진 지독한 침체에서 벗어날 수 있다는 희망을 줬다. 그와 더불어 런던 밖에서는 대형 은행이 나올 수 없다는 통념을 깨는 듯했다.

노던록은 큰 제약 없이 많은 돈을 빌린 덕분에 빠르게 성장했지만, 막대한 부채가 쌓인 상황에서 2007년 신용 위기가 닥치자 곧장 위험에 빠졌다. 은행들이 상호 대출을 중단하면서, 노던록의 자금줄도 끊기고 만 것이다. 노던록이 잉글랜드은행에 긴급 자금을 요청했다는 보도가 나오자 고객들은 곧장 예금을 빼내기 시작했다. 예금이 줄고 대출을 받아 모기지 자금을 조달할 길이 사라지자 노던록은 속절없이 무너졌다. 영국 정부는 고객들의 예금 보호 조치를 발표한 뒤 2008년 노던록을 국유화했고, 2012년에는 영국의 또 다른 은행 버진머니Virgin Money에 지분을 매각했다.

노던록의 붕괴는 주주들뿐 아니라 수많은 사람에게 충격을 안겼다. 뉴캐슬어폰타인은 20여 년간 노던록의 꾸준한 성장에 힘입어 런던과 경쟁할 수 있는 지역 금융중심지로 거듭나고자 노력했다. 하지만 노던록이 국유화되고 2000여 명의 직원이 해고되면서 이들의 꿈도 물거품이 됐다. 지역은 유일한 거대 금융 서비스 기업을 잃었고, 세계 금융위기와 정부 주도의 긴축으로 더 큰 어려움에 처했다. 금융중심지로 발돋움하기를 꿈꾸던 뉴캐슬어폰타인은 지금도 진퇴양난에 빠져 있다.[14]

1965 두 개의 주택금융조합이 합병해 노던록 주택금융조합이 탄생한다.

1997 노던록이 런던 증권거래소에 상장한다. 고든 브라운 노동당 총리가 "새로운 통화정책에 따른 조치들이 장기적으로 물가를 안정시키고, 또다시 호황과 불황이 반복되는 상황을 막으리라 기대한다"고 발언한다.

2000 노던록이 파이낸셜타임스 증권거래소 100 지수(FTSE 100)에 편입된다.

2007 주식회사로 전환한 이후 노던록의 자산은 연 23.2퍼센트씩 성장한다. 노던록이 잉글랜드은행에 긴급 지원을 요청한다는 소식이 전해지면서 고객들이 몰려들어 예금을 인출한다. 10월, 영국 정부는 노던록 고객의 예금을 3만 5000파운드까지 100퍼센트 보호하겠다는 계획을 발표한다.

2008 노던록은 주식 거래가 정지되고 '임시로' 국유화된다. 노던록이 1차 정리해고 계획(1300명 규모)을 발표하고, 2008년 상반기에만 5억 8500만 파운드의 손실을 기록한다.

2010 노던록이 650명을 추가로 감원한다.

2012 버진머니가 노던록을 7억 4700만 파운드에 인수한다. 노던록의 몰락으로 영국 북동부 지역의 경제는 큰 타격을 입고 불황에 빠지며, 금융 부문 고용은 10년 만에 최저 수준을 기록한다.

2015 서버러스캐피털매니지먼트가 버진머니에서 인수하지 않고 공공 소유로 남아 있던 노던록의 고위험 모기지 자산을 인수한다.

2020 북동부 지역의 GDP 성장률은 여전히 낮은 수준이며, 금융 서비스 부문의 일자리는 금융위기 이전보다 1만 개 가까이 감소했다.

2007년 9월, 노던록의 주가가 폭락하자 불안에 빠진 고객들이 예금을 인출하기 위해 줄을 섰다.

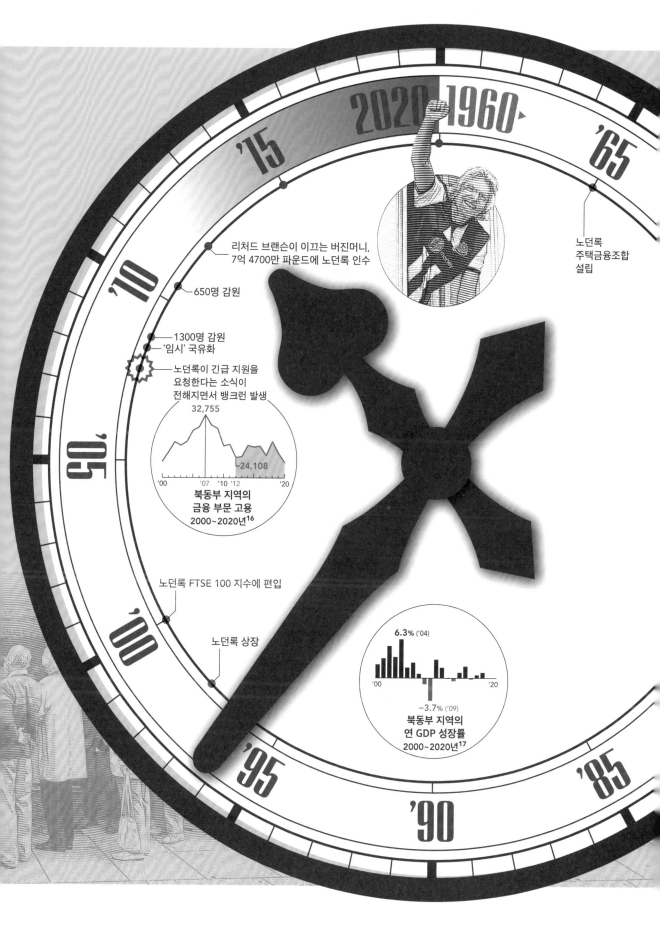

2020 1960

'15

'65

노던록
주택금융조합
설립

리처드 브랜슨이 이끄는 버진머니,
7억 4700만 파운드에 노던록 인수

650명 감원

'10

1300명 감원
'임시' 국유화

노던록이 긴급 지원을
요청한다는 소식이
전해지면서 뱅크런 발생

32,755

−24,108

'00 '07 '10 '12   '20

북동부 지역의
금융 부문 고용
2000~2020년[16]

'05

노던록 FTSE 100 지수에 편입

노던록 상장

6.3% ('04)

'00   '20

−3.7% ('09)

북동부 지역의
연 GDP 성장률
2000~2020년[17]

'00

'95

'85

'90

미국의 실업률, 모기지 부채와 주택 가격의 연간 상승률, 1991~2015년[18]

10%

5

0

금융 혁신은 미국 경제를
얼마나 '혁신'했는가

**미국 경제는 2007년 주택 가격이 치솟고 모기지 부채가 불어나면서 무너졌으며,
이에 따른 불황은 지역마다 불균형하게 나타났다.**

증권화securitization는 가장 흔히 볼 수 있는 금융 '혁신'의 사례다. 먼저 한 은행이 여러 건의 대출을 묶어 제3자에게 판매한다. 판매한 은행은 즉각 수익을 얻으며, 자사의 계좌에서 신용 위험을 없앨 수 있다는 이점이 있다. 한편 대출을 인수한 은행은 여러 은행에서 위험 수준이 다양한 대출을 사 모아 상환을 담보로 하는 새 금융 상품(증권)을 만든다. 그런 다음 은행은 이 증권을 다각화된 자산에 기반해 높은 수익을 제공하는 안전한 상품으로 광고하며 투자자들에게 판매한다.

증권화는 1990년대부터 미국에서 주목을 받기 시작했으며, 2000년대에는 모기지 대출을 증권화한 상품을 중심으로 엄청난 인기를 끌었다. 소매은행들은 수익성이 좋고 겉으로는 안전해 보이는 대출 관행을 이용해 대출을 최대한 늘림으로써 큰 이익을 내고자 했다. 이들은 신용도가 높은 대출자가 부족해지자 서브프라임 등급에 속하는 저소득층 대출자를 대상으로도 모기지 대출을 제공하기 시작했다. 그리고 투자은행들은 앞다퉈 모기지 대출을 사들인 다음, 이를 모기지저당증권MBS으로 전환해 투자자들에게 판매함으로써 이익을 챙겼다. 한편 미국의 금융 규제 당국은 소매금융과 투자금융을 분리하도록 규정한 법을

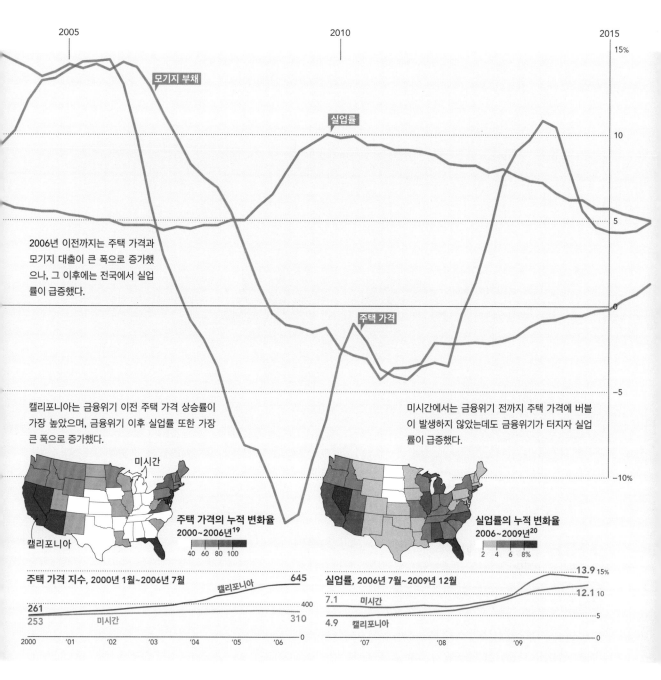

2005   2010   2015

모기지 부채

실업률

15%

10

5

0

−5

−10%

2006년 이전까지는 주택 가격과
모기지 대출이 큰 폭으로 증가했
으나, 그 이후에는 전국에서 실업
률이 급증했다.

주택 가격

캘리포니아는 금융위기 이전 주택 가격 상승률이
가장 높았으며, 금융위기 이후 실업률 또한 가장
큰 폭으로 증가했다.

미시간

캘리포니아

주택 가격의 누적 변화율
2000~2006년[19]

40 60 80 100

미시간에서는 금융위기 전까지 주택 가격에 버블
이 발생하지 않았는데도 금융위기가 터지자 실업
률이 급증했다.

실업률의 누적 변화율
2006~2009년[20]

2 4 6 8%

주택 가격 지수, 2000년 1월~2006년 7월

캘리포니아   645

261   400
253   310
        미시간

2000 '01 '02 '03 '04 '05 '06

실업률, 2006년 7월~2009년 12월

13.9 15%
12.1 10

7.1   미시간

4.9   캘리포니아
                                              5

'07   '08   '09   0

비롯해 여러 은행 규제를 완화함으로써 은행들이 대출 규
모와 증권화 상품 판매를 늘리도록 허용했다.

그러던 와중에 2006년 하반기 무렵부터 미국의 주택 가
격이 하락하자 많은 저소득층 대출자가 대출을 재융자할
수 없게 되었다. 이에 따라 미국 전역에서 채무 불이행이
동시다발적으로 증가하면서 모기지저당증권에 대한 신뢰
도 무너지기 시작했다. 다수의 대출을 한데 묶는 것은 국
지적인 채무 불이행 위험을 줄이는 데 효과가 있었을지 모
르지만, 전국적인 규모의 채무 불이행 위험을 막는 데에는
도움이 되지 않았다. 결국 모기지저당증권의 가치가 폭락

하자 이 증권에 큰돈을 투자한 미국과 전 세계 투자자들이
피해를 입었다. 그중에서도 가장 많은 돈을 투자한 것은
미국의 은행들이었다.

위의 지도에서 알 수 있듯, 미국의 서브프라임 위기는
지역마다 다른 정도로 충격을 안겼으며, 이에 따라 지역
간의 불평등이 심해졌다. 최신 금융 혁신에 관한 소식을
듣고 관련 상품을 사려는 사람은 주의할 필요가 있다. 금
융에서는 혁신과 사기의 경계가 모호하기 때문이다.[21]

국채 금리, 1995~2012년[22]

25%

20

15

10

5%

그리스

1996

1998

2000

2002

1999년 1월
유로화 도입

유로화를 도입하면서 주변부 국가들의 차입
금리가 중심부 국가들과 비슷해졌다.

유로존 부채 위기

2010년 유럽 위기는 EU가 흑자를 내는 중심부와 부채에 의존하는 주변부로
나뉘어 있다는 사실을 드러내는 한편, 주변부 국가들을 파산 직전까지 몰고 갔다.

유럽연합(이하 EU)의 탄생을 이끈 핵심 발상은 회원국들이 자유롭게 거래하는 범유럽 시장을 만들자는 것이었다. 1999년 유로존의 설립은 유럽의 통합을 한 단계 더 진전시켰다. 유로존의 초기 회원국들은 유로화를 도입함으로써 단일한 통화로 거래할 수 있게 되었다. 이전에는 스페인에서 독일의 자동차를 수입하려면 스페인의 페세타화를 독일의 마르크화로 환전해야 했고, 환율의 불확실성이 무역에 걸림돌이 되었다. 하지만 유로화를 도입하면서 이러한 불확실성이 사라졌다.

그리스나 스페인처럼 기존 통화의 변동성이 높았던 EU 국가들은 안정적인 유로화를 도입한 덕분에 전보다 훨씬 낮은 비용으로 돈을 빌렸다. 예를 들어 그리스에서는 가치가 급락할 위험이 있는 통화 대신 유로화를 사용하면서 은행이나 기업이 프랑스의 은행에서 더 낮은 금리로 대출을 받을 수 있게 되었다.

금리가 낮아지자 유럽의 주변부 국가들에서는 민간이나 공공 부문이 적극적으로 해외 차입을 늘렸다. 스페인과 아일랜드에서는 민간 부문이 차입을 주도했다. 아일랜드의 경우 모기지 부채만 해도 2002년 GDP의 32퍼센트에서 2009년 61퍼센트로 증가했다. 반대로 그리스는 공공

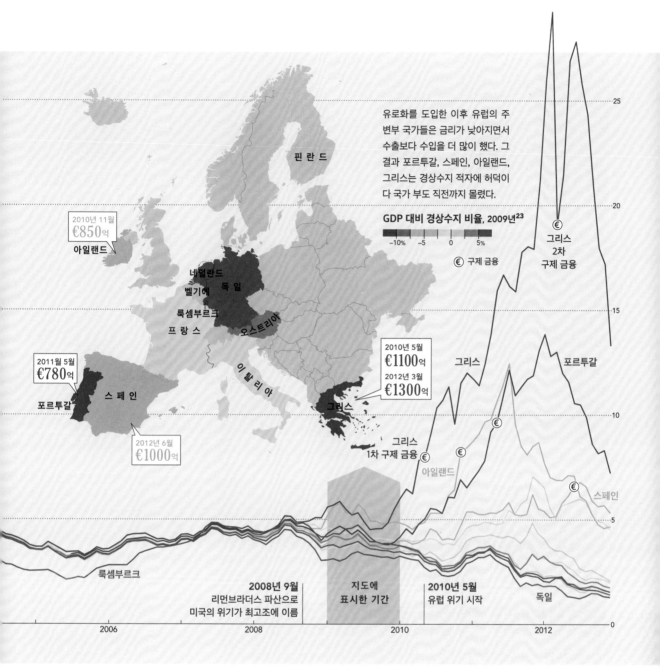

유로화를 도입한 이후 유럽의 주변부 국가들은 금리가 낮아지면서 수출보다 수입을 더 많이 했다. 그 결과 포르투갈, 스페인, 아일랜드, 그리스는 경상수지 적자에 허덕이다 국가 부도 직전까지 몰렸다.

GDP 대비 경상수지 비율, 2009년[23]

−10% ─5 ─0 ─5%

€ 구제 금융

핀 란 드

2010년 11월
€850억
아일랜드

네덜란드
벨기에 독 일
룩셈부르크 오스트리아
프 랑 스

이 탈 리 아

2010년 5월
€1100억
2012년 3월
€1300억

2011월 5월
€780억
포르투갈 스 페 인

그리스

2012년 6월
€1000억

그리스
2차
구제 금융

그리스

포르투갈

그리스
1차 구제 금융

아일랜드

€

€

스페인

€

룩셈부르크

2008년 9월
리먼브라더스 파산으로
미국의 위기가 최고조에 이름

지도에
표시한 기간

2010년 5월
유럽 위기 시작

독일

2006   2008   2010   2012

부문이 앞장서서 부채를 늘렸다.

이들은 적은 비용으로 대출을 받으며 수출보다 수입을 늘린 탓에 경상수지 적자에 허덕였다(지도의 빨간색 영역). 그에 반해 독일이나 네덜란드 같은 중심부 국가들은 꾸준히 무역 흑자를 거뒀다(지도의 파란색 영역). 이러한 역학 관계에 따른 중심부와 주변부 간 지리적 격차는 2000년 대에 들어 더욱 커졌다. 주변부 국가들은 성장을 위해 계속 돈을 빌리고, 중심부 국가들은 주변부로의 수출에 의지해 성장을 이어간 결과, 주변부 국가들은 부채의 늪에서 헤어나지 못했다. 이처럼 불균형한 성장 모델에 기반

한 상호 의존은 2010년에 이르러 파국을 맞았다. 맨 먼저 기초 경제 지표가 가장 취약했던 그리스가 치솟는 차입 비용을 감당하지 못해 국가 부도 위기에 처했고, 곧 유럽 주변부의 다른 국가들이 그 뒤를 따랐다. 그리스, 스페인, 포르투갈, 아일랜드는 2010년부터 2012년까지 IMF·유럽중앙은행·EU집행위원회로 이루어진 '트로이카'로부터 수천억 유로의 구제 금융을 지원받았다.[24] 유로존은 위기에도 무너지지 않았지만, 흑자를 내는 중심부와 적자에 허덕이는 주변부 사이의 구조적 불균형은 여전히 해결되지 않았다.[25]

구제 금융 자금의 흐름, 2010~2014년[26]
(단위: 10억 유로)

들 어 온 자 금

131 유럽재정안정기금

유럽재정안정기금(EFSF)은 그리스, 아일랜드, 포르투갈에
구제 금융을 제공하기 위해 2010년에 설립한 유로존의 금융 지원 기구.
유로존 국가들의 자금에 이어 유럽연합 집행위원회와 유럽중앙은행이
지원한 EFSF의 자금이 그리스에 투입됐다.

52.9 유로존 국가들

32 IMF

실업률 상승, 2009~2013년[27]

- ■ 14% 이상
- ■ 10.1~14%
- ■ 6~10%
- □ 자료 없음

0   100 km

동 마 케 도 니 아
세레스
카발라
서 마 케 도 니 아
테살로니키
아토스산
이오아니나
이 피 로 스
라리사
케르키라
테 살 리 아
볼로스
이오니아 제도
그 라 미 아 리 스
중 앙 그 리 스
파트라
아테네
서 그 리 스
피래아스
아 티 카
트리폴리
펠 로 폰 네 소 스
칼라마타
스파르티
하니아
크 레 타

연대보다 중요한 지급 능력

**'트로이카'가 그리스의 위기 극복을 지원하려는 목적으로 계획한 구제 금융
자금은 대부분 원채권자에게 부채를 상환하고 부실 은행을 구제하는 데 쓰였다.**

그리스는 2010년 국가 부도 위기에 처했다. 이에 따라
IMF, 유럽중앙은행, EU집행위원회로 이루어진 트로이카
는 그리스 경제 규모의 절반에 달하는 1100억 유로(2010년
그리스의 GDP는 2260억 유로였다)의 구제 금융 방안을 마
련했다. 트로이카는 구제 금융을 지원하는 조건으로 그리
스의 공공 자산(전기, 수도 시설 등) 매각, 구조 개혁(기업의
고용 유연화 등), 공적 연금과 급여 삭감 등을 내걸었다.
　2010년 5월 IMF는 그리스의 GDP가 2009년 4퍼센트
감소한 데 이어, 2010년과 2011년에는 총 6.5퍼센트 감

소하겠지만 이후에는 꾸준히 회복할 것으로 전망
했다. 그러나 IMF의 예측과 달리 트로이카가 여러 조건
을 내걸면서 그리스는 부도 직전까지 몰렸고, 트로이카는
2012년 1300억 유로의 구제 금융을 추가로 지원해야 했
다. 위기가 최고조에 달한 2013년 말, 그리스의 GDP 손실
은 총 29.5퍼센트에 달했으며, 같은 해 그리스 전체의 실
업률은 27.5퍼센트를 기록했다. 위 지도에서 볼 수 있듯,
위기는 특히 인구가 많은 지역에 큰 충격을 주었다. 일례
로 아테네가 속한 아티카 지역의 실업률은 2009년 3.3퍼

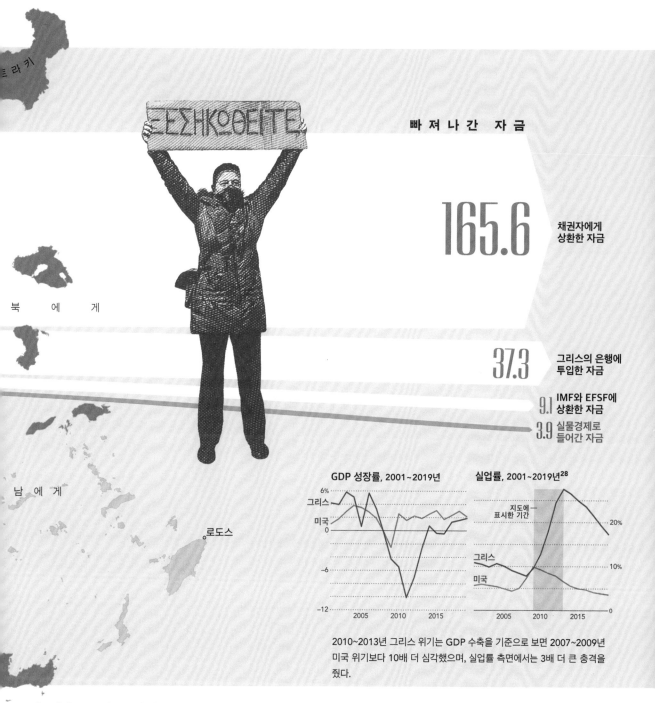

ΞΕΣΗΚΩΘΕΙΤΕ

빠 져 나 간 자 금

북 에 게

165.6 채권자에게 상환한 자금

37.3 그리스의 은행에 투입한 자금

9.1 IMF와 EFSF에 상환한 자금

3.9 실물경제로 들어간 자금

남 에 게

로도스

GDP 성장률, 2001~2019년

그리스
미국

실업률, 2001~2019년[28]

지도에—
표시한 기간

그리스
미국

2010~2013년 그리스 위기는 GDP 수축을 기준으로 보면 2007~2009년 미국 위기보다 10배 더 심각했으며, 실업률 측면에서는 3배 더 큰 충격을 줬다.

센트에서 2013년 19.7퍼센트로 5배 넘게 증가했다.

구제 금융은 '그리스 국민과의 연대'라는 명목하에 진행됐지만, 그 주된 목적은 프랑스와 독일 은행을 비롯한 외국계 은행과 기관투자자가 70퍼센트를 차지하는 채권자들에게 부채를 상환하는 것이었다. 위 그림에서 지도를 관통하는 화살표는 2010년부터 2014년까지 그리스에 대출한 자금의 94퍼센트가 최종적으로는 원채권자에게 부채를 상환하거나(만기가 도래한 부채와 이자 상환, 부채 조기 상환, 부채 구조조정 등을 통해) 대부분 외국인이 소유한 그리스의 부실 은행을 지원하는 데 쓰였음을 보여준다. 그에 반해 그리스의 실물경제에 투입된 자금은 거의 없었다(주황색 화살표). 채무 면제는 고대 메소포타미아에서 금융이 탄생한 이래로 꾸준히 시행되던 관행이었지만, 현대에는 거의 이루어지지 않고 있다. 몇몇 경제학자들은 대출 기관이 채무자에 관용을 베풀면 채무자가 책임감 없이 행동해 채무 불이행에 빠질 가능성이 커진다고 주장한다. 그렇다면 각국 정부가 곤경에 빠진 지역사회보다 은행을 먼저 구하는 것은 과연 책임감 있는 행동이라 할 수 있을까?[29]

악성 대출

구조화 대출은 프랑스의 지자체 수백여 곳을 파산 직전까지 몰고 갔다.

지방 정부가 학교와 교통 등에 투자하고 각종 활동을 벌이려면 자본이 필요하다. 지방 정부는 중앙 정부에서 자금을 지원받고 세금을 걷지만, 이것만으로는 충분하지 않을 때가 많다. 그렇기에 지자체를 상대로 한 금융은 은행에 수익성이 좋다. 그러나 지자체가 대출을 받으면 주민들의 일상이 변화무쌍한 금융시장의 변화에 더 취약해지며, 때로는 재난 같은 사태가 벌어지기도 한다. 2010년대 프랑스에서는 알프스산맥의 작은 스키 리조트부터 여러 정부 부처와 각종 기관에 유행처럼 번진 악성 대출로 지역 예산이 오염되면서, 지방 정부 1500여 개가 심각한 위기에 처했다.

2005년, 프랑스와 벨기에의 합작 은행 덱시아Dexia는 금리가 단계에 따라 차례로 달라지도록 구조화(증권화, 파생상품 등을 이용해 기존 금융 상품의 구조를 바꾸는 일 – 옮긴이)한 새로운 유형의 대출 상품을 공격적으로 판매하기 시작했다. 이 상품은 처음 몇 년은 금리를 낮게 고정하고, 이후에는 자금 시장의 상황에 따라 변동 금리를 적용해 유로-스위스프랑 환율이 하락하면 금리가 상승하는 구조로 짜여 있었다(152쪽 참고). 상품이 처음 나왔을 당시에는 유로-스위스프랑 환율이 하락할 가능성이 희박해 보였다. 그래서 프랑스에서는 도시와 시골을 가리지 않고 많은 지방 정부가 이 대출에 가입했고, 덱시아는 프랑스에서 시장 점유율을 42퍼센트까지 높이며 지방채 시장을 대표하는 은행으로 발돋움했다. 그러는 사이 프랑스 지방 정부의 예산은 통제할 수 없는 국제 금융시장의 변동성에 휘둘릴 위험이 점점 커졌지만, 아직은 증상이 나타나지 않고 있었다.

그러나 위기가 연쇄 반응을 일으키면서 상황은 눈 깜짝할 사이에 달라졌다. 2007년부터 서브프라임 위기와 국채 위기가 잇따르며 시장이 혼란에 빠지자 대출 상품의 두 번째 단계에 잠복해 있던 변동 금리라는 바이러스가 활성화된 것이다. 그 결과 2011년 프랑스 지방 정부의 부채는 188억 3000만 달러까지 치솟았다. 감당할 수 없는 부채에 허덕이던 지자체들은 덱시아를 사기 혐의로 고발했으며, 금융위기로 큰 타격을 입은 덱시아는 프랑스, 벨기에, 룩셈부르크 정부에 분리 매각됐다.

하지만 이후로도 지자체들은 극심한 고통에 시달렸다. 대출 금리가 최저 12.5퍼센트에서 최고 81퍼센트까지 치솟으면서 학교·도로·폐기물 관리 등 중요한 인프라와 서비스가 위험에 처했고, 문화 사업과 도시 정비 사업 예산이 삭감됐다.[30] 그런데도 프랑스 정부는 지자체들이 덱시아에 진 채무를 면제하기보다 대출 조건을 재협상하는 쪽을 택했다. 이후 지역 주민들은 오랫동안 악성 대출에 따른 재정적 후유증을 겪으며, 지방세 상승·공공 투자 부족·지역 서비스의 질 저하 같은 문제들을 감내해야 했다.[31]

2005년 이전

파리의 교외 지역

파리를 둘러싼 근교 지역(바뇰레, 오베르빌리에, 이브리쉬르센, 팡탱)은 특히 다른 곳보다 먼저 악성 대출을 무분별하게 이용했다.

아니에르쉬르센, 일드프랑스

인구 - 8만 4000명

2012년, 아니에르쉬르센의 시장은 새로운 금리에 따라 발생하는 이자 지급을 거부하며 부채 파업을 선언했다. "이렇게 하지 않으면 학교에서 일할 교직원도 없고 어린이집을 운영할 수도 없다는 얘깁니다."

리옹, 오베르뉴론알프

인구 - 130만 명

시의회, 정부 부처, 사회주택조합, 대중교통조합, 공공 및 대학 병원 등 거의 모든 단계의 공공 서비스와 지방 정부가 총 5억 7000만 유로의 악성 부채에 오염됐다.

생테티엔, 오베르뉴론알프

인구 - 17만 3000명

15건의 악성 대출로 프랑스에서 가장 빚이 많은 도시가 되면서 소송에 앞장섰다. 시가 마지막으로 받은 대출은 2021년에야 청산됐다. 악성 대출이 가져온 위기로 도시와 주민들은 총 4000만 유로의 비용을 치렀고, 지방세가 3퍼센트 인상됐다.

152~153쪽에서는 변동 금리라는 바이러스가 어떻게 확산됐는지를 확인할 수 있다.

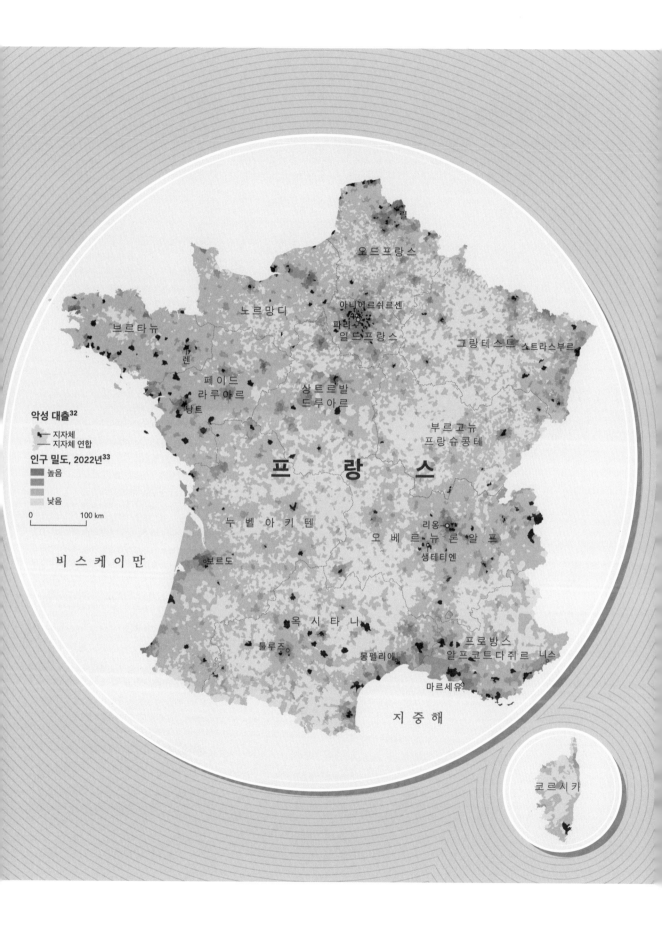

악성 대출[32]
— 지자체
— 지자체 연합

인구 밀도, 2022년[33]
높음
낮음

0   100 km

릴

오드프랑스

노르망디

브르타뉴

렌

아니에르쉬르센
파리
일 드 프랑스

그랑테스트 스트라스부르

페이드
라루아르

낭트

상트르발
드루아르

부르고뉴
프랑슈콩테

프   랑   스

비 스 케 이 만

누 벨 아 키 텐

보르도

리옹
오 베 르 뉴 론 알 프
생테티엔

옥 시 타 니

툴루즈

프로방스
알프코트다쥐르 니스
몽펠리에

마르세유

지 중 해

코 르 시 카

감염 징후

정치적 패턴

지방 정부의 많은 관료가 선거 전에 새로운 투자 소식을 발표하기 위해 위험이 큰 악성 대출을 받으며 기회주의적으로 행동했다. 게다가 소규모 지자체들은 보통 대출의 위험성을 이해할 정도로 전문 지식이 있는 사람이 부족했다

악성 대출에 신규 가입한 지자체의 수, 1995~2011년

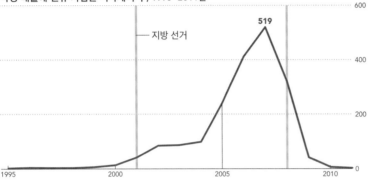

- 지방 선거
- 519

재앙을 가져온 공식

대출 공식과 계약에 따르면, 유로-스위스프랑 환율이 1.44 이상일 때는 지급해야 할 총이자가 변하지 않는다. 하지만 환율이 1.44 밑으로 떨어지면 그에 비례해 금리가 상승하면서 부채 부담이 늘어난다.

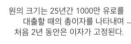

원의 크기는 25년간 1000만 유로를 대출할 때의 총이자를 나타내며 처음 2년 동안은 이자가 고정된다.

대출 금리와 유로-스위스프랑 환율 비교[34]

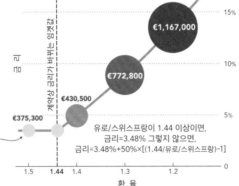

€1,167,000
€772,800
€430,500
€375,300

계약상 금리가 바뀌는 임곗값

유로/스위스프랑이 1.44 이상이면, 금리=3.48% 그렇지 않으면, 금리=3.48%+50%×[(1.44/유로/스위스프랑)-1]

환율

전례 없는 폭락

미국의 서브프라임 위기와 뒤이은 유로존 위기로 스위스프랑의 통화 가치가 상승했다. 2015년 스위스 중앙은행이 최저환율제를 폐지하기로 결정한 이후, 프랑스 지자체들이 추가로 내야 할 이자는 총 20억 유로로 불어났다.

유로-스위스프랑 환율, 1999~2022년

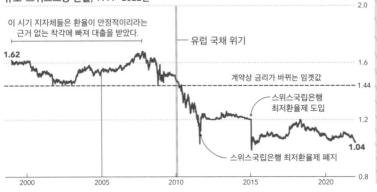

이 시기 지자체들은 환율이 안정적이라는 근거 없는 착각에 빠져 대출을 받았다.

1.62

유럽 국채 위기

계약상 금리가 바뀌는 임곗값
1.44

스위스국립은행 최저환율제 도입

스위스국립은행 최저환율제 폐지

1.04

2005년 이후

트레가스텔, 브르타뉴

인구: 2400명

2007년 두 차례 악성 대출을 받았고, 2011년 이자 29만 유로를 추가로 부담했다. 그 여파로 시는 중심가 정비 사업과 30킬로미터 길이의 도로 보수공사를 연기하고, 축제와 어린이 휴일 활동 예산을 4만 유로에서 전액 삭감했으며, 지역 도서관 사서를 자원봉사자로 대체했다. 2012년 시장은 이렇게 선언했다. "시민들은 세금을 늘리고 그 세금으로 곧장 은행 빚을 갚으라고 저를 뽑은 것이 아닙니다."

생카스트르길도, 브르타뉴

인구: 3200명

2009년, 24년 만기 대출을 받았을 당시에는 대출 금리가 1년간 3.99퍼센트로 고정이고, 연 이자는 14만 7000유로였다. 하지만 2011년, 금리는 14.5퍼센트, 연 이자는 52만 3000유로로 늘어났다. 이에 따라 폐기물 처리장 보수 사업과 청소년을 위한 도시 사업을 중단했다.

앙굴렘, 누벨아키텐

인구: 4만 1000명

2006~2007년 세 차례 대출을 받았다. 2011년, 추가 부담 이자가 100만 유로에 이르자 모든 도시 정비 사업을 연기했다. 한 공무원은 언론과의 인터뷰에서 "사람들은 아침에 출근하면 제일 먼저 금리부터 확인합니다"라고 말했다.

닥스, 누벨아키텐

인구: 2만 1000명

2007년에 받은 대출의 이자가 늘어나자 시는 2015년 지방세를 인상하고 공무원들의 퇴직으로 생긴 결원을 보충하지 않았으며, 여름철에 운영하던 한시 일자리를 줄였다.

사세나쥬, 오베르뉴론알프

인구: 1만 1000명

2007년에 받은 400만 유로짜리 대출의 금리는 2012년 8월 최초 금리의 7배인 23.49퍼센트까지 상승했다. 시장은 63만 6000유로로 지급을 거부하고 은행에 소송을 제기했다. 그러나 시는 오랜 다툼 끝에 2021년 패소했다.[35]

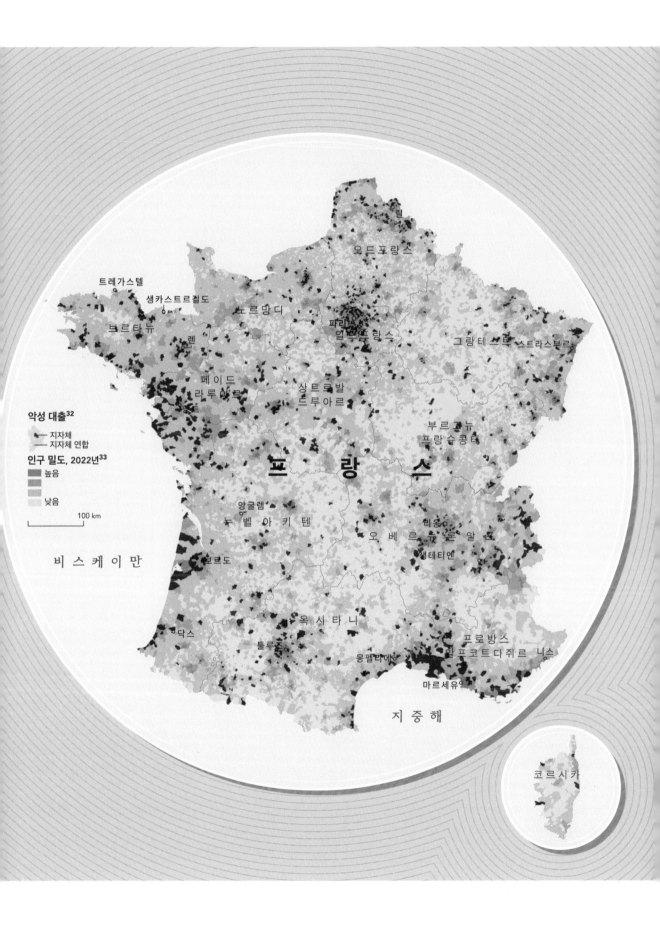

악성 대출[32]
- 지자체
— 지자체 연합

인구 밀도, 2022년[33]
높음

낮음

100 km

비 스 케 이 만

트레가스텔
생카스트르질도
노르망디
브르타뉴
렌
페이드
라루아르

릴
오드프랑스

파리
일드프랑스

상트로발
드루아르

그랑테스트 스트라스부르

부르고뉴
프랑슈콩테

프 랑 스

앙굴렘
누벨아키텐

오베르뉴론알프

리옹

생테티엔

보르도

닥스

옥시타니

툴루즈

몽펠리에

프로방스
알프코트다쥐르 니스

마르세유

지 중 해

코르시카

휴일에 일어난 절도

해커들은 범행을 숨기기 위해 은행 간 통신이 지연되는 공휴일을 교묘히 이용했다.[36]

해킹

해커들은 수개월 동안 방글라데시 중앙은행의 네트워크에 잠복하며 카이로의 서버에서 조용히 동향을 감시했다. 그러다 2016년 2월 4일 목요일, 공격을 개시해 총 9억 5100만 달러에 달하는 35건의 이체 주문을 SWIFT망을 통해 송금했다.

이체

방글라데시은행과 해커들이 만든 계좌 사이에는 직접적인 연결 고리가 없었기 때문에 SWIFT망은 이체 주문을 뉴욕 연방준비은행으로 전송했다. 그런데 해커들이 이용한 은행 지점의 이름이 미국의 제재를 받는 그리스 해운사 주피터Jupiter와 이름이 같은 탓에 주문이 자동으로 차단됐다.

추적

다른 건은 SWIFT가 다른 중개은행들에 주문을 전송하면서 하룻밤에 자동으로 처리됐다. 금요일, 연준은행은 비정상적으로 많은 차단 요청이 발생하자 방글라데시은행에 연락했지만, 그날이 방글라데시 공휴일이라 응답이 없었다. 해커가 오타를 낸 덕에 도이치은행이 1건을 차단했지만, 나머지 8100만 달러는 해커들의 필리핀 RCBC은행 계좌로 갔다. 방글라데시은행은 월요일에 도난당한 돈을 회수하려 했지만, 하필 필리핀 음력설이어서 RCBC은행이 계좌를 동결하기까지 긴 시간이 걸렸다.

계획
2015년 5월~2016년 1월

목요일
2016년 2월 4일

은행을 터는 방법

**방글라데시 중앙은행에서 8100만 달러가 도난당한 사건은
사상 최대 규모의 은행 강도 사건으로 손꼽히지만,
몇 가지 단순한 실수가 없었다면 해커들은 훨씬 많은 돈을 챙길 수 있었다.**

현대적인 은행 강도 사건에는 총이나 금고, 인질이 등장하지 않는다. 네트워크에 침입해 접속이 차단되기 전에 돈을 빼내는 것이 성패를 좌우할 뿐. 2016년, 한 해커 집단은 방글라데시은행 네트워크에 접속해 카이로의 서버에서 수개월 동안 은행의 일상을 감시하며 범죄를 계획했다.

해커들이 돈을 훔친 방법을 이해하려면 국제 은행 업무가 어떻게 연결되어 있는지를 알아야 한다. 국제 은행 업무에서 가장 중요한 연결망은 국제은행간통신협회망(이하 SWIFT)이다. SWIFT는 브뤼셀에 본사를 두고 50년 넘게 은행 간의 해외 송금을 중개해온 협동조합이다. 은행들은 이 네트워크를 통해 매년 수십억 건의 거래 메시지를 주고받는다. 해커들은 은행들이 상호 간에 당좌 예치금 계좌를 보유한 경우에만 직접 돈을 이체한다는 사실을 알아냈다. 대다수 은행은 일부 국가 은행들과만 이러한 관계를 맺고 있어서, 보통은 최종 목적지까지 돈을 보내는 과정에서 SWIFT를 이용한다. 이렇게 외국 은행과 서로 계좌를 개설한 은행을 '환거래은행'이라고 하며, SWIFT는 환거래은행들의 국제 계좌를 연결해 돈이 국경을 넘어 이동하도록

돕는다. 해커들은 공휴일과 주말을 노려 SWIFT를 이용하는 방식으로 은행들이 알아채기 전에 돈을 빼낼 수 있었다.

해커들에게 결정적이었던 점은 SWIFT가 신뢰를 바탕으로 작동하는 시스템이라는 것이다. 은행들은 보안 프로토콜을 갖추고 수십 년간 안정적으로 작동해온 네트워크 안에서 서로를 신뢰한다. 해커들은 10억 달러에 달하는 돈을 빼돌릴 수도 있었지만, 더 큰 피해가 발생하지 않은 것은 순전한 행운이었다. 그들은 송금 과정에서 한 차례 오타를 내 이체를 거절당했으며, 범행에 이용한 은행 지점

의 이름이 하필 미국의 경제 제재를 받는 회사의 이름(주피터Jupiter)과 겹치는 바람에 이체 주문이 차단당했다.

해킹의 배후는 누구였을까? 해커들의 신원은 아직 밝혀지지 않았지만, 북한의 해커 집단이 배후라는 설이 유력하다.[37] 이 일로 기소된 사람은 RCBC은행 지점장 마이아 산투스 데기투뿐이다. 그는 해커들의 홈친 돈 인출을 돕고, 돈세탁 8건을 한 혐의로 유죄 판결을 받았다.[38]

해커가 보안을 뚫으면 언제든 사이버 범죄가 일어날 수 있다. 최악의 경우 이것이 세계 금융위기의 원인이 된다.

> "인생에는 바라던 일보다 예기치 못한 일이
> 더 자주 일어난다."[1]
>
> — 플라우투스

Regulation & Governance
규제와 거버넌스

금융의 파괴적인 힘을 통제하려면 중앙은행과 국제기구들이 앞장서 금융을
엄격히 규제해야 하며, 실제로도 그렇게 하고 있다. 그러나 규제로 기존의
문제에 대응할 수는 있어도 앞으로 벌어질 문제까지 예방하긴 어렵다.
게다가 식민주의가 남긴 유산은 지금도 금융에 지대한 영향을 끼치며,
금융을 규제하는 권한은 런던, 뉴욕, 워싱턴 D.C. 같은 강대국의 부유한 지역에
쏠려 있다. 세계 금융의 거버넌스는 백인 남성이 좌우하지만,
민주적인 감시는 제대로 이루어지지 않고 있다.

경고 신호

금융 분야의 위험 관리와 규제는 발전을 거듭했지만, 날로 복잡해지는 금융시장에 만연한 근본적 불확실성을 해결하지는 못한다.

금융자산은 주택이나 연기금 계좌부터 사소하게는 주머니 속 현금까지 다양한 형태로 존재한다. 하지만 이 모든 자산은 언제든 위험에 처할 수 있다. 집값이 떨어지거나 연기금이 투자 손실을 보거나 인플레이션으로 현금 가치가 하락할 때가 그렇다. 따라서 투자를 할 때는 미리 이러한 위험을 염두에 둬야 한다. 채권·주식·파생상품을 비롯해 크고 복잡한 포트폴리오를 운용하는 금융 기관도 마찬가지다. 그리고 우리가 금융 위험을 관리하기 위해서는 무엇보다 위험을 측정할 줄 알아야 한다.

위험을 측정하는 한 가지 방법은 최악의 시나리오를 예상하는 것이다. 위험노출가치Value-at-Risk(이하 VaR)는 시장 상황이 정상적일 때 일정 기간 특정 신뢰 수준에서 발생할 수 있는 가장 큰 손실을 말한다. 예를 들어, 신뢰 수준이 95퍼센트일 때 한 기업의 1일 VaR이 5000만 달러라는 말은 그 기업이 하루에 5000만 달러를 초과하는 손실을 볼 확률이 5퍼센트라고 예상한다는 뜻이다. 기업들은 VaR을 사용해 이 같은 손실에 대비하려면 준비금이 얼마나 필요한지를 추산하며, 실제 VaR은 과거 데이터와 수학 모형, 컴퓨터 시뮬레이션을 조합해 계산한다.

VaR은 1993년 기업의 위험을 나타내는 실용적인 지표로서 고안되었지만, 곧 규제 기관들도 채택할 만큼 널리 받아들여졌다. 1996년, 스위스에 있는 국제결제은행 산하의 바젤은행감독위원회BCBS는 전 세계 상업은행이 99퍼센트 신뢰 수준의 10일 VaR을 계산해 이를 기준으로 준비금을 마련하도록 권고했다. 그러나 VaR 공식의 가장 큰 단점은 발생 확률 자체는 낮지만 엄청난 충격을 주는 사건을 무시한다는 것이다. 다시 말해, VaR은 시장 상황이 비정상적일 때 일어나는 일을 설명하지 못한다. VaR을 계산할 때는 1퍼센트의 확률로 일어날 수 있는 최악의 결과가 VaR보다 약간 더 나쁠지, 아니면 재앙에 가까운 수준일지는 고려하지 않는다.

많은 금융회사가 VaR을 기준으로 금융 위험을 측정·관리하고 준비금을 마련했지만, 위기 앞에 속절없이 무너졌다. 그리하여 2008년 금융위기 이후 규제 기관들은 VaR 대신 예상부족액Expected Shortfall(이하 ES)이라는 새로운 기준을 사용하기 시작했다. ES는 손실이 VaR을 초과하는 경우의 예상 손실을 측정하는 지표다. 그러나 극단적인 사건은 데이터 자체가 부족하므로 ES를 계산하기 어렵다는 문제가 있다. 결국에 우리가 어떤 데이터나 모델, 기술을 사용해 금융 위험을 관리하려 하든 불확실성을 완전히 없애기란 불가능하다. 게다가 국제 금융의 규모와 복잡성은 날로 커지고 있기에 금융위기는 장차 더 많은 지역에 더 큰 충격을 가져올 것이다.

규제와 규제 완화에서 중요한 사건들[2]

1973 미국이 금본위제를 폐지하자 다른 국가들도 미국의 뒤를 따른다. 이후 환율은 변동성이 높은 시장의 움직임에 따라 결정된다.

1974 바젤은행감독위원회(이하 BCBS)가 설립된다.

1980 미국 증권거래위원회가 환율 변동에 따른 자본 요건을 강화한다. 이 요건은 사실상 VaR과 다름없는 기준에 기반한 것으로, 증권거래위원회는 기업들이 95퍼센트 신뢰 수준에서 문제가 있는 증권사를 청산하는 데 걸리는 시간(30일로 가정) 동안 발생할 수 있는 손실을 계산해 이를 감당할 만큼의 자본을 보유하도록 요구한다.

1988 BCBS가 은행들이 위험가중자산 대비 자기자본 비율을 최소 8퍼센트로 유지하도록 규정하는 '바젤 I'을 발표한다.

1993 JP모건의 연구원 틸 굴디만이 파생상품 관련 보고서에서 VaR이라는 용어를 처음으로 사용한다.

1996 BCBS가 VaR 요건을 포함하도록 바젤 I을 개정함에 따라 99퍼센트 신뢰 수준의 1일 VaR이 신용 위험을 측정하는 기준이 된다. BCBS는 은행들이 자체적으로 VaR을 계산해 규제 당국의 확인을 받도록 권고한다.

1999 수학자이자 공학자인 스타니슬라프 우리아세프와 타이렐 록펠러가 과학 논문에서 조건부 VaR을 소개한다. 이 개념은 이후 '예상 부족액'으로 불리게 된다.

2009 BCBS가 최악의 시나리오에 초점을 맞추는 ES와 비슷한 방식으로 역사상의 위기 기간을 상정해 VaR을 계산하는 '스트레스드 stressed VaR'을 도입한다.

2013 BCBS가 '바젤 III'에서 99퍼센트 신뢰 수준의 VaR을 97.5퍼센트 신뢰 구간의 ES로 대체한다.

2017 BCBS가 '바젤 IV'에서 은행들이 더 큰 손실을 감당할 수 있게 더 많은 자본을 보유하도록 요구한다.

'74

1973

시작 ▲

2021

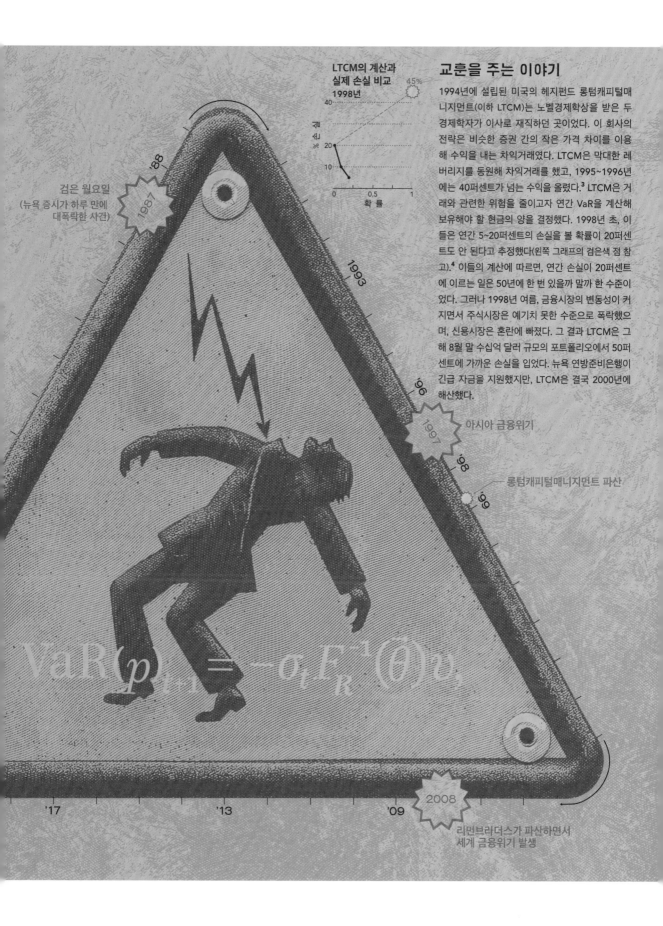

교훈을 주는 이야기

1994년에 설립된 미국의 헤지펀드 롱텀캐피털매니지먼트(이하 LTCM)는 노벨경제학상을 받은 두 경제학자가 이사로 재직하던 곳이었다. 이 회사의 전략은 비슷한 증권 간의 작은 가격 차이를 이용해 수익을 내는 차익거래였다. LTCM은 막대한 레버리지를 동원해 차익거래를 했고, 1995~1996년에는 40퍼센트가 넘는 수익을 올렸다.[3] LTCM은 거래와 관련한 위험을 줄이고자 연간 VaR를 계산해 보유해야 할 현금의 양을 결정했다. 1998년 초, 이들은 연간 5~20퍼센트의 손실을 볼 확률이 20퍼센트도 안 된다고 추정했다(왼쪽 그래프의 검은색 점 참고).[4] 이들의 계산에 따르면, 연간 손실이 20퍼센트에 이르는 일은 50년에 한 번 있을까 말까 한 수준이었다. 그러나 1998년 여름, 금융시장의 변동성이 커지면서 주식시장은 예기치 못한 수준으로 폭락했으며, 신용시장은 혼란에 빠졌다. 그 결과 LTCM은 그해 8월 말 수십억 달러 규모의 포트폴리오에서 50퍼센트에 가까운 손실을 입었다. 뉴욕 연방준비은행이 긴급 자금을 지원했지만, LTCM은 결국 2000년에 해산했다.

LTCM의 계산과
실제 손실 비교
1998년

검은 월요일
(뉴욕 증시가 하루 만에
대폭락한 사건)

아시아 금융위기

롱텀캐피털매니지먼트 파산

리먼브라더스가 파산하면서
세계 금융위기 발생

$$VaR(p)_{1-t} = -\sigma_t F_R^{-1}(\theta)v_t$$

(글)로컬 거버넌스

**국제통화기금과 세계은행은 이름과 달리 사실상 강대국들,
그중에서도 미국의 지배를 받고 있다.**

국제통화기금(이하 IMF)과 세계은행은 전 세계에서 국제 금융 거버넌스
기관이라는 말이 가장 어울리는 곳이다. 두 기관은 모두 제2차 세계대전
이후 체결된 정치·경제 협정으로 탄생했으며, 백악관이나 미 연방정부 건
물과 가까운 워싱턴 D.C.에 본부를 두고 있다. 공식 웹사이트에 따르면,
IMF의 사명은 "국제 금융의 안정과 통화 협력을 지원해 무역과 고용을 촉
진하는 것"이다. 마찬가지로 세계은행은 극심한 빈곤을 없애고 공동의 번
영을 지원하겠다는 목표를 내걸고 있다.

　현재 두 기관에는 미국, 중국을 비롯한 강대국부터 투발루, 팔라우 같은
작은 나라들까지 190여 개 회원국이 가입해 있으며, 세계은행에 가입하기
위해서는 먼저 IMF의 회원국이 되어야 한다.

　IMF와 세계은행은 자기 행동이나 결정을 회원국에 설명할 책임이 있는
기관을 자처한다. 이는 모든 회원국이 미국 상원처럼 저마다 동등한 발언
권을 갖거나(1국 1표) 미국 하원처럼 인구 규모에 비례해 발언권을 얻는다
는 말로 보일 수 있다. 하지만 실상 IMF와 세계은행의 투표권은 주로 각국
의 경제 규모에 따라 정해지며, 따라서 부유한 국가들은 세계 인구에서 차
지하는 비중보다 많은 발언권을 가지고 있다. 161쪽의 그래프를 보면 이
러한 불균형을 한눈에 확인할 수 있다. 그래프에서 위쪽으로 기울어진 직
선은 IMF의 투표권 비율이 세계 인구에서 차지하는 비율보다 큰 국가를,
아래쪽으로 기울어진 직선은 그 반대에 해당하는 국가를 나타낸다.

　IMF와 세계은행은 애초부터 미국이 가장 큰 권한을 행사하도록 설계된
기관이다. 2021년 말 기준, IMF에서 미국이 가진 투표권의 비율은 16.51
퍼센트로 세계 인구에서 차지하는 비율(4.48퍼센트)의 3배가 넘는다. 그런
데 IMF는 주요 사안을 의결할 때 85퍼센트 이상의 찬성이 필요하도록 규
정하고 있으므로, 미국은 IMF의 협정을 변경하려는 시도를 단독으로 저지
할 수 있다.

　최근 몇 년 사이 인구가 많은 개발도상국의 발언권이 커졌지만, 세계 각
지역이 가진 대표성은 여전히 균등하지 않다. 가령 IMF에서 중국이 가진 투
표권 비율은 6.08퍼센트로, 인구(18.91퍼센트) 대비 3분의 1에 불과하다. 심
지어 인도는 인구(17.57퍼센트) 대비 투표권 비율(2.63퍼센트)이 6분의 1도
안될 만큼 과소 대표 문제가 심각하다. 아프리카 역시 마찬가지다. 아프리
카 대륙은 인구가 10억 명이 넘는데도 IMF의 투표권 비율이 6.2퍼센트로
독일(5.32퍼센트)과 비슷한 수준이다. 이렇듯 국제 금융 거버넌스는 오래전
부터 현실을 제대로 반영하지 못하고 있다.[5]

워싱턴 D.C.

지도로 나타낸 영역

국회의사당

포토맥강　　애너코스티아강

0　　2 km

K스트리트

12분

연방준비제도 이사회

I스트리트

펜실베이니아애버뉴

6분

국제통화기금

9분

세계은행 그룹

G스트리트

19번가

백악관까지 도보로 걸리는 시간[6]

0　　　100 m

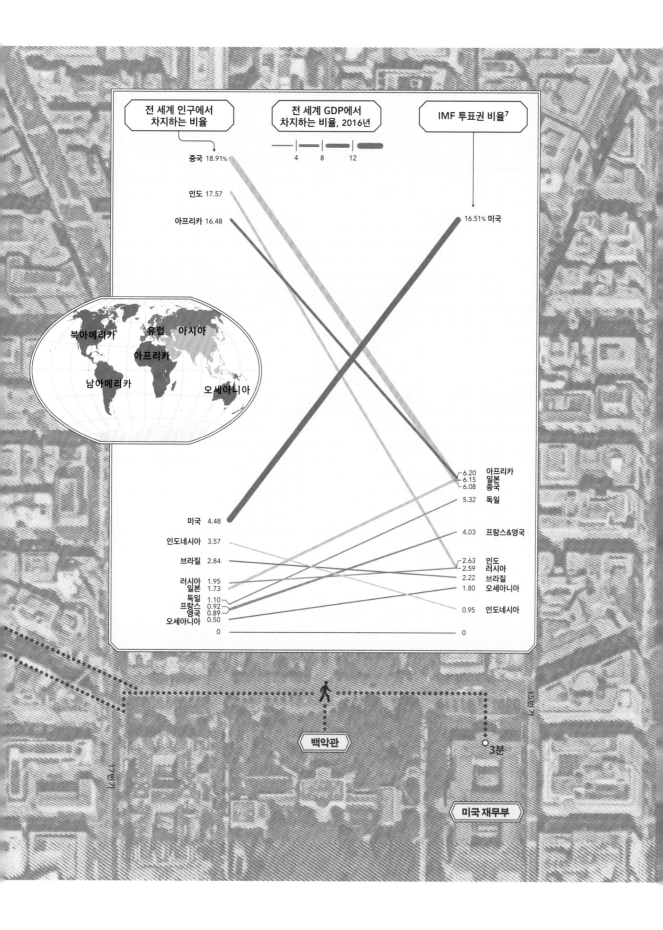

은행들의 은행

현대 경제가 작동하는 데
핵심 역할을 하는 중앙은행은
역사적·지리적 맥락에서 탄생했다.

중앙은행은 경제 거버넌스의 기둥이다. 나라마다 하나씩 있는 중앙은행은 경제에 공식 통화를 공급하고, 정부에 돈을 빌려주고, 금리를 정하고, 외환과 금 보유고를 관리하고, 은행들을 감독하고, 인플레이션을 통제한다. 미국 중앙은행은 고용을 극대화해야 할 의무도 진다.

지방 정부에 자금을 대출하는 기관으로서 공식적인 지위를 가진 최초의 은행은 15세기 초 바르셀로나와 제노바에서 등장했으며, 이 은행들은 중앙은행의 원형으로 볼 수 있다. 1668년 스웨덴은 최초로 국가 차원에서 중앙은행을 세웠으며, 영국, 스페인, 프랑스가 그 뒤를 이었다. 프랑스와 영국을 비롯한 많은 나라에서 중앙은행은 원래 민간은행으로 설립되었다가 훗날 국유화됐다.

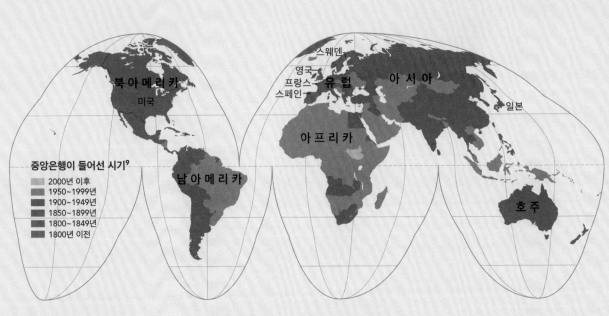

중앙은행이 들어선 시기[9]

- 2000년 이후
- 1950~1999년
- 1900~1949년
- 1850~1899년
- 1800~1849년
- 1800년 이전

북아메리카 / 미국 / 남아메리카 / 스웨덴 / 영국 / 프랑스 / 스페인 / 유럽 / 아시아 / 일본 / 아프리카 / 호주

10년간 설립된 중앙은행의 수

1401
바르셀로나에서 정부의 공식 대출 기관 역할을 한 최초의 은행 타울라데칸비Taula de canvi(카탈루냐어로 '돈을 바꾸는 테이블'이라는 뜻)가 설립된다. 뒤이어 1404년 제노바에도 비슷한 기관인 카사디산조르지오 Casa di San Giorgio가 들어선다.

1666
스톡홀름은행이 유럽에서 최초로 지폐를 발행한다(왼쪽 그림). 2년 뒤, 이 은행은 세계 최초의 중앙은행인 왕립재정은행으로 통합된다.

1694
윌리엄 3세가 프랑스와 전쟁하던 중 영국 정부의 공식 대출 기관인 잉글랜드은행이 들어선다.

1400   1500   1600   스웨덴 잉글랜드 1700

중앙은행의 기원과 이후에 늘어난 기능들은 경제 이론보다는 역사적·지리적 맥락과 더 밀접한 관련이 있다. 잉글랜드은행은 윌리엄 3세가 프랑스와 전쟁을 벌이던 시기에 설립됐다. 미국 연방준비제도는 연이은 금융 공황에 대응하고 민간 은행가들의 권한을 줄이기 위한 수단으로 1913년에 세워졌다. 그 밖에 많은 지역에서는 제2차 세계대전 이후 식민지들이 독립한 시기와 소련이 붕괴한 이후 시기에 중앙은행이 속속 들어섰다. 그리고 1999년 유럽에서는 유럽 통합의 한 단계로서 유럽중앙은행을 설립하고

유럽 11개국의 공통 통화로 유로화를 도입했다.

21세기 들어 중앙은행이 만들어낸 가장 중요한 발명은 양적완화quantative easing다. 양적완화란 중앙은행이 은행과 금융 기관에서 채권 및 기타 자산을 사들여 금융 시스템에 직접 자금을 투입함으로써 대출과 투자에 쏠 수 있는 돈의 양을 늘리는 일을 말한다. 각국이 서브프라임 위기와 유로존 위기, 코로나19(163쪽 꺾은선그래프 참고)에 대응하기 위해 대규모 양적완화를 시행하면서 중앙은행의 권한은 역사상 전례가 없는 수준으로 강해졌다.[8]

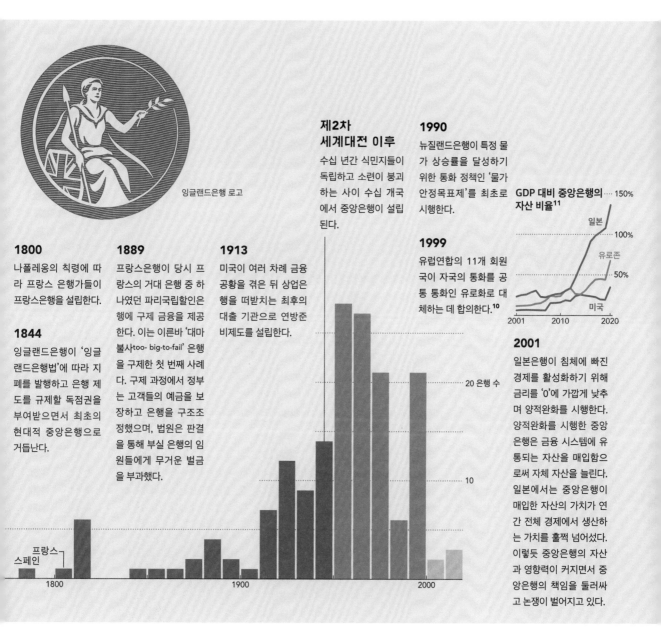

잉글랜드은행 로고

제2차 세계대전 이후
수십 년간 식민지들이 독립하고 소련이 붕괴하는 사이 수십 개국에서 중앙은행이 설립된다.

1990
뉴질랜드은행이 특정 물가 상승률을 달성하기 위한 통화 정책인 '물가안정목표제'를 최초로 시행한다.

1800
나폴레옹의 칙령에 따라 프랑스 은행가들이 프랑스은행을 설립한다.

1844
잉글랜드은행이 '잉글랜드은행법'에 따라 지폐를 발행하고 은행 제도를 규제할 독점권을 부여받으면서 최초의 현대적 중앙은행으로 거듭난다.

1889
프랑스은행이 당시 프랑스의 거대 은행 중 하나였던 파리국립할인은행에 구제 금융을 제공한다. 이는 이른바 '대마불사too- big-to-fail' 은행을 구제한 첫 번째 사례다. 구제 과정에서 정부는 고객들의 예금을 보장하고 은행을 구조조정했으며, 법원은 판결을 통해 부실 은행의 임원들에게 무거운 벌금을 부과했다.

1913
미국이 여러 차례 금융 공황을 겪은 뒤 상업은행을 떠받치는 최후의 대출 기관으로 연방준비제도를 설립한다.

1999
유럽연합의 11개 회원국이 자국의 통화를 공통 통화인 유로화로 대체하는 데 합의한다.[10]

GDP 대비 중앙은행의 자산 비율[11]

150%

일본

100%

유로존

50%

미국

2001   2010   2020

2001
일본은행이 침체에 빠진 경제를 활성화하기 위해 금리를 '0'에 가깝게 낮추며 양적완화를 시행한다. 양적완화를 시행한 중앙은행은 금융 시스템에 유통되는 자산을 매입함으로써 자체 자산을 늘린다. 일본에서는 중앙은행이 매입한 자산의 가치가 연간 전체 경제에서 생산하는 가치를 훌쩍 넘어섰다. 이렇듯 중앙은행의 자산과 영향력이 커지면서 중앙은행의 책임을 둘러싸고 논쟁이 벌어지고 있다.

20 은행 수

10

스페인

프랑스

1800   1900   2000

돈이 곧 법이니라

영국 보통법은 식민주의가 남긴 유산과 영미계 로펌 및 런던 상사법원의 영향력을 바탕으로 국제 금융을 지배하고 있다.

소액의 소비자 대출부터 주택 구매, 복잡한 파생상품 거래, 기업 합병에 이르는 각종 금융 거래는 법적 계약을 수반한다. 그렇기에 금융은 법 없이 존재할 수 없다. 영국 보통법common law은 국제 금융에서 가장 큰 영향력을 발휘하는 법적 관행이다. 보통법 지지자들은 보통법이 강한 영향력을 발휘하는 이유를 예측 가능성·유연성·공정성에서 찾는다. 보통법의 기반은 강력한 권한과 독립성을 가진 사법부와 법치주의다. 성문화된 법규(허용되는 일의 목록)를 기반으로 하는 대륙법civil law과 달리, 보통법(일명 판례법)은 판례에 바탕을 둔다. 이 점에서 보통법은 금융 혁신에 더 적합하다고 할 수 있다. 예를 들어 보통법과 대륙법은 모두 계약을 고안하고 체결할 자유를 인정하지만, 대륙법에서 허용하는 계약과 재산권의 유형은 유연성이 떨어진다. 반면에 보통법은 법률가 개인이 더 자유롭게 법을 만들도록 허용한다.

11세기 영국에서 탄생한 영국 보통법은 대영제국과 주요 국제 로펌들의 활동에 따라 전 세계로 퍼졌으며, 이후 금융의 세계화로 영향력을 더욱 확대했다. 오른쪽 지도에서 빨간색으로 표시한 영역은 보통법과 어떤 형태로든 관련이 있는 국가들이다. 2019년 기준 세계 10대 로펌(매출 기준)은 런던이나 미국에 본사를 두고 수십 개국에서 영업 중이다. 매년 수백 개의 기업과 소송 당사자들이 상사 분쟁을 해결하고자 런던 상사법원을 찾는다는 사실 역시 영국 관습법의 힘을 잘 보여준다. 오른쪽 지도에서 밑줄 친 국가들은 2020년 4월부터 2021년 4월까지 소송을 위해 런던 상사법원을 찾은 사람들의 주요 출신지다. 이 시기 런던 상사법원은 팬데믹 속에서도 역사상 가장 많은 소송을 처리했다. 아시아에서는 2015년에 설립된 싱가포르 국제상사법원이 이와 비슷한 역할을 하고자 노력하고 있다.[12] 영국 보통법의 원칙과 지배력은 전 세계 많은 법원과 중국을 비롯한 비非보통법 국가의 금융중심지들이 법률, 금융 등의 비즈니스를 유치하기 위해 보통법을 받아들이도록 이끌고 있다.[13]

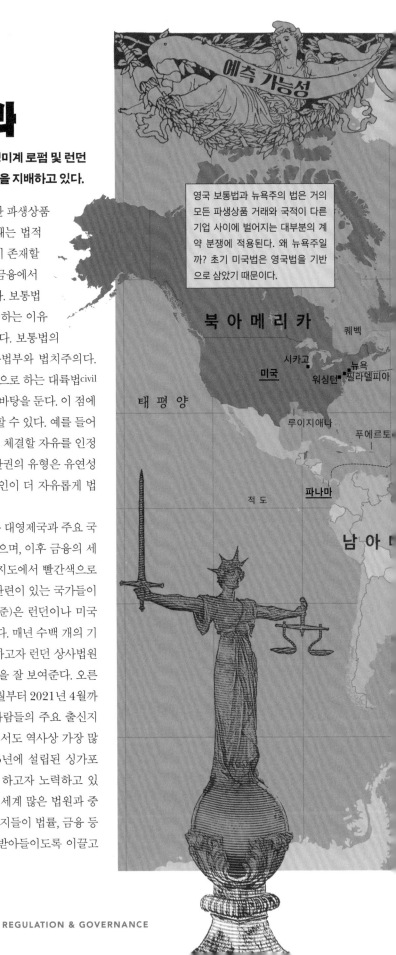

영국 보통법과 뉴욕주의 법은 거의 모든 파생상품 거래와 국적이 다른 기업 사이에 벌어지는 대부분의 계약 분쟁에 적용된다. 왜 뉴욕주일까? 초기 미국법은 영국법을 기반으로 삼았기 때문이다.

북아메리카

퀘벡

시카고

미국 워싱턴 뉴욕 필라델피아

태평양

루이지애나

푸에르토

적도

파나마

남아

1788년 사무엘 덴턴이 런던에 설립한 덴턴스Dentons는
2015년 중국 회사 다청大成과 합병했다. 런던과 워싱턴
에 이어 베이징에도 본사를 둔 덴턴스는 2019년 기준
세계 10대 로펌 중 유일하게 순수한 영미계 회사로 볼
수 없는 곳이었다. 하지만 덴턴스는 2023년 중국의 규
제 변화를 이유로 다청과 분리했다.[14]

러시아

유럽
스코틀랜드
영국
런던
독일
우크라이나
스위스
이탈리아
아스타나
카자흐스탄
아 시 아
베이징
일본
중국
상하이
키프로스
태 평 양
아랍에미리트 두바이
도하 아부다비
인도
선전
홍콩
아 프 리 카
싱가포르
적 도
인 도 양
호 주
대 서 양
남아공

영국 보통법의 확산, 2021년[15]

  보통법 채택
  다른 법체계와 혼용
  10대 로펌 중 한 곳 이상이 진출
  해당 사항 없음

국 가 ✈———■ **런던**
2020년 4월부터 2021년 3월까지
런던 상사법원에 출두한 소송당사자들의
출신지 상위 10곳[18]

○ 비보통법 체계 국가에서 영국 보통법을
  사용하는 금융중심지[16]
■ 세계 10대 로펌(2019년 매출 기준) 중
  한 곳 이상의 본사가 있는 도시[17]

0 ——— 2000 km
적도 기준 축척

영국의 식민지였던 대다수 국가들
은 영국 보통법을 계승했다. 그중
많은 국가에서는 보통법과 지역의
관습법, 다른 식민 세력의 영향을
받은 대륙법(네덜란드의 영향을 받은
남아공이 그 예다)을 혼용하고 있다.

남 극

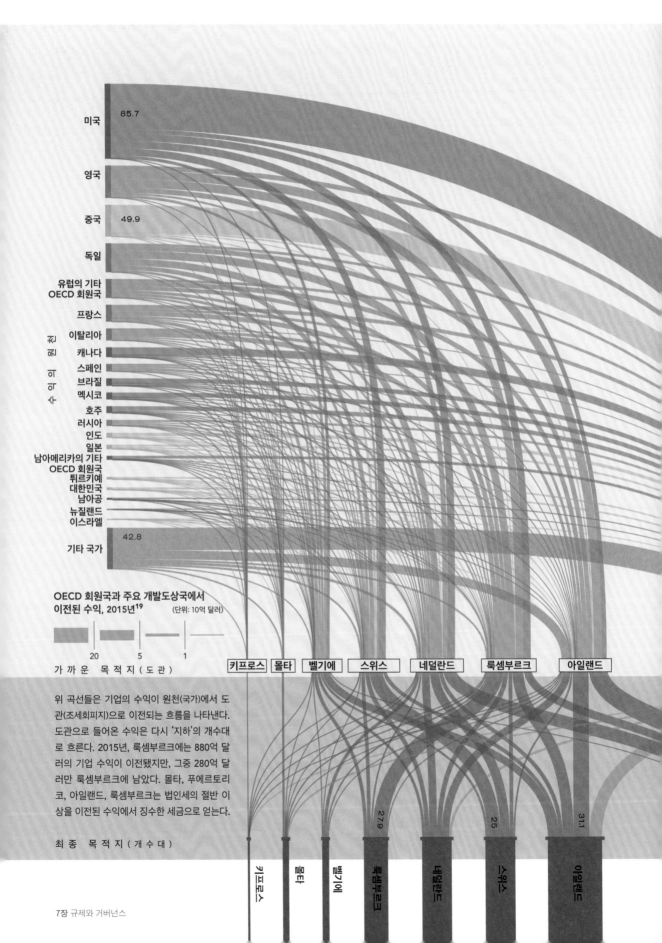

미국　85.7

영국

중국　49.9

독일

유럽의 기타
OECD 회원국

프랑스

이탈리아

캐나다

스페인

브라질

멕시코

호주

러시아

인도

일본

남아메리카의 기타
OECD 회원국

튀르키예

대한민국

남아공

뉴질랜드

이스라엘

기타 국가　42.8

수 익 의 원 천

OECD 회원국과 주요 개발도상국에서
이전된 수익, 2015년[19]　(단위: 10억 달러)

20　　5　　1

가 까 운　목 적 지 (도 관)

| 키프로스 | 몰타 | 벨기에 | 스위스 | 네덜란드 | 룩셈부르크 | 아일랜드 |

위 곡선들은 기업의 수익이 원천(국가)에서 도
관(조세회피지)으로 이전되는 흐름을 나타낸다.
도관으로 들어온 수익은 다시 '지하'의 개수대
로 흐른다. 2015년, 룩셈부르크에는 880억 달
러의 기업 수익이 이전됐지만, 그중 280억 달
러만 룩셈부르크에 남았다. 몰타, 푸에르토리
코, 아일랜드, 룩셈부르크는 법인세의 절반 이
상을 이전된 수익에서 징수한 세금으로 얻는다.

27.9　　25　　31.1

최 종　목 적 지 (개 수 대)

키프로스　몰타　벨기에　룩셈부르크　네덜란드　스위스　아일랜드

법인세율, 1981~2018년

미국

네덜란드

스위스

아일랜드

세계 평균

버뮤다

미국은 2017년에 통과된 '세금 감면 및 일자리 법'에 따라 단일 법인세율로 21퍼센트를 부과하기 시작했다.

**싱가포르, 버뮤다,
케이맨제도, 기타 조세회피지***

* 안도라, 앵귈라, 앤티가 바부다,
아루바, 바하마, 바레인,
바베이도스, 벨리즈, 영국령
버진아일랜드, 지브롤터,
그레나다, 건지, 홍콩, 맨섬, 저지,
레바논, 리히텐슈타인, 마카오,
마셜 제도, 모리셔스, 모나코,
네덜란드령 안틸레스, 파나마,
푸에르토리코, 사모아, 세이셸,
세인트키츠네비스, 세인트루시아,
세인트빈센트그레나딘, 터크스
케이커스 제도, 바누아투

35.6

**싱가포르, 버뮤다,
케이맨제도, 기타 조세회피지**

역외로 새는 세금 배관

모든 조세회피지가 열대 지방의 섬은 아니다. 실제로 유럽에서는
부유한 7개 국가가 기업 이익의 상당 부분을 빼돌리고 있다.

2018년, 다국적기업들은 8000억 달러에 달하는 수익을 조세회피지로 이전했다. 이들은 조세회피지를 이용해 조세 구조가 불투명하고 법인세율이 '0'에 가까운 관할권으로 수익을 옮긴다. 왼쪽 그림은 기업들이 수익을 이전하는 과정을 원천에서 나온 수익이 가까운 도관을 거쳐 개수대로 흘러들어 가는 구조로 나타낸 것이다. 수익의 원천은 기업이 사업을 운영해 이윤을 내는 국가다. 도관은 수익이 거쳐 가는 중간 목적지로, 기업들은 보통 자회사와 역외 법인으로 이루어진 네트워크를 활용해 이곳에 수익을 신고한다. 최종 목적지인 개수대는 이전한 수익에 '0'에 가까운 법인세율을 적용받는 곳이다. '역외로 통하는 배관'의 구조는 깊이 파고들수록 더욱 불투명해 보인다. 왼쪽 그림에서 확인할 수 있듯, 유럽에서 나온 수익(파란색)은 주로 유럽의 관할권을 거쳐 이동하며, 아시아에서 나온 수익(금색)은 주로 싱가포르, 버뮤다, 케이맨제도를 비롯한 기타 조세회피지로 향한다. 그리고 아메리카 대륙에서 나온 수익(보라색)은 유럽과 카리브해의 도관과 개수대로 흘러들어 간다.

2020년 미국과 유럽연합의 규제 당국은 미국 기업들이 '더블 아이리시 위드 어 더치 샌드위치double irish with a dutch sandwich'로 알려진 조세 회피 수법을 활용해 과세 대상 소득을 대폭 줄이자 이를 단속하기 시작했다. 구글, 애플 등 거대 기술 기업들은 아일랜드와 네덜란드의 자회사를 활용해 세금을 줄이고, 법의 허점을 파고들어 유럽과 중동 시장에서 올린 수익을 법인세율이 '0'인 버뮤다에 본사를 둔 역외 법인으로 이전했다. 일례로 2017년 구글은 생산이나 판매 활동을 전혀 하지 않는 버뮤다에 230억 달러의 수입을 신고했다.[20] 다국적기업들은 이처럼 정교한 수법을 설계하기 위해 베이커맥켄지 같은 금융·비즈니스 서비스 기업들에 조언을 구한다.[21]

1985년 이후, 각국이 힘을 합쳐 조세 정의를 실현하기보다 해외 수익을 유치하기 위한 경쟁에 열을 올리면서 세계 평균 법인세율은 그 이전의 절반 수준인 24퍼센트로 떨어졌다(꺾은선그래프 참고). 그리고 이렇게 바닥을 향한 경쟁을 벌인 결과, 각국 정부의 예산 수입이 크게 줄었다. 기업이 수익을 이전하면서 조세회피지에 세금 1달러를 낼 때마다 수익의 원천인 국가는 세금 5달러를 잃는다. 2018년, 미국과 영국, 중국은 각각 500억 달러, 230억 달러, 180억 달러에 달하는 법인세 손실을 입었다.[22] 이에 따라 2021년 세계 136개국은 최저 법인세율을 15퍼센트로 정하는 데 합의했다.[23] 하지만 기업과 그 조언자들은 곧 이 같은 규제를 회피하는 새로운 수법을 고안해낼 것이다.[24]

세계의 세탁소들

세상에는 더러운 돈이 넘쳐난다. 그 돈은 눈치채지 못한 사이에 우리의 주머니에 들어와 있을지도 모른다.

'돈세탁money laundering'이라는 용어는 미국의 악명 높은 갱스터 알카포네가 불법 활동으로 번 자금으로 세탁소를 인수한 다음, 합법적인 사업으로 돈을 버는 것처럼 위장한 일에서 유래했다고 알려져 있다.[25] 전설이 사실이든 아니든 돈세탁이라는 표현은 지금도 널리 쓰인다. 오늘날 돈세탁은 금융 시스템을 활용해 어떤 식으로든 불법 자금을 정당한 돈처럼 바꾸는 일을 말한다.

돈세탁에는 다양한 방법이 있지만, 대체로 세 단계로 나뉜다.[26] 불법 자금이 합법적인 현금 거래나 환전을 거쳐 금융 시스템으로 유입되는 '배치', 복잡하고 반복적인 거래나 이체로 자금의 출처를 추적하기 어렵게 만드는 포장', 임금·이윤·대출·배당 등의 형태로 자금을 다시 거둬들이는 '통합'이다.

돈세탁은 언제 어디서나 일어난다. 돈세탁은 특성상 적발이 어려우며, UN은 매년 전 세계 GDP의 약 2~5퍼센트가 세탁된다고 추정한다.[27] 이 자금은 각종 과세를 회피하며, 국가의 주권이 미치지 못하는 곳에 숨어 있는 불법 경제를 떠받친다. 각국 정부는 자금세탁방지에 많은 투자를 하면서 돈세탁을 조사·적발·처벌하려 노력하고 있지만, 이 고리를 끊어내기란 쉬운 일이 아니다. 돈세탁에 대처하는 수준도 나라마다 차이가 있다.

오른쪽 그래프는 금융비밀지수FSI에서 사용하는 네 가지 주요 지표를 기준으로 각국의 대처 수준을 나타낸 것이다. FSI란 조세정의네트워크Tax Justice Network가 각국이 돈세탁과 관련한 국제 규제를 얼마나 잘 준수하는지를 평가하기 위해 개발한 정치 중립적 도구다. 점수가 높을수록 해당 국가는 더 많은 금융 비밀을 보호하며 자금세탁방지 기준을 따르는 데 소홀하다는 뜻이다. 네 가지 지표를 기준으로 보면, 규제를 가장 잘 준수하는 국가는 노르웨이, 규제를 가장 등한시하는 국가는 몰도바로 나타났다. 이렇듯 돈세탁에 대한 대응은 나라마다 천차만별이기에 자금을 세탁하려는 사람들은 지리적 차이를 유리한 방향으로 활용할 수 있다.

그러나 역설적이게도 어떤 국가가 규제를 잘 준수한다고 해서 꼭 돈세탁이 줄어드는 것은 아니다. 예를 들어 영국은 돈세탁과 관련해 투명성이 매우 높은 나라인데도 세계의 세탁소라는 오명을 쓸 때가 많다.[28] 금융 혁신의 중심지인 런던에는 자금세탁방지 규제를 우회하는 법을 훤히 꿰고 있는 은행가와 변호사, 회계사가 많다. 또 범죄자들은 끊임없이 새로운 돈세탁 수단을 만들어내며, 규제 허점과 디지털 금융 발전을 이용해 한발 앞서 나간다. 규제 당국이 이들의 뒤를 쫓는 사이에도 세계의 돈세탁 기계는 멈추지 않고 돌아가고 있다.

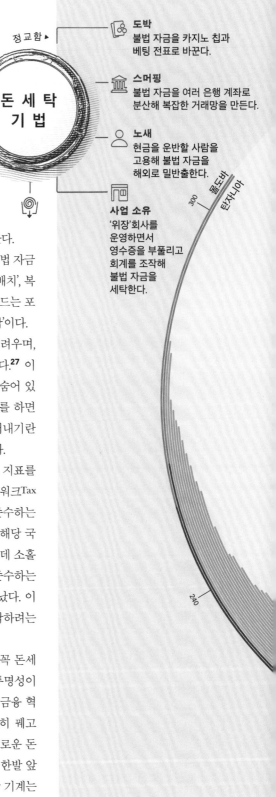

돈 세 탁 기 법

정교함 ▶

도박
불법 자금을 카지노 칩과 베팅 전표로 바꾼다.

스머핑
불법 자금을 여러 은행 계좌로 분산해 복잡한 거래망을 만든다.

노새
현금을 운반할 사람을 고용해 불법 자금을 해외로 밀반출한다.

사업 소유
'위장'회사를 운영하면서 영수증을 부풀리고 회계를 조작해 불법 자금을 세탁한다.

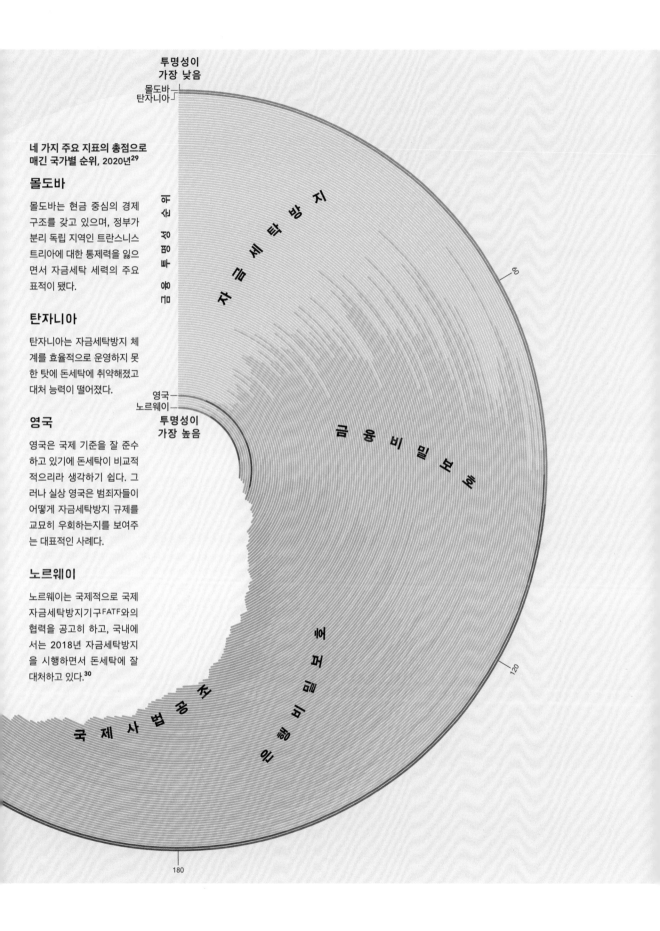

투명성이
가장 낮음
몰도바
탄자니아

네 가지 주요 지표의 총점으로
매긴 국가별 순위, 2020년[29]

몰도바

몰도바는 현금 중심의 경제
구조를 갖고 있으며, 정부가
분리 독립 지역인 트란스니스
트리아에 대한 통제력을 잃으
면서 자금세탁 세력의 주요
표적이 됐다.

탄자니아

탄자니아는 자금세탁방지 체
계를 효율적으로 운영하지 못
한 탓에 돈세탁에 취약해졌고
대처 능력이 떨어졌다.

영국

영국은 국제 기준을 잘 준수
하고 있기에 돈세탁이 비교
적으리라 생각하기 쉽다. 그
러나 실상 영국은 범죄자들이
어떻게 자금세탁방지 규제를
교묘히 우회하는지를 보여주
는 대표적인 사례다.

노르웨이

노르웨이는 국제적으로 국제
자금세탁방지기구 FATF와의
협력을 공고히 하고, 국내에
서는 2018년 자금세탁방지
을 시행하면서 돈세탁에 잘
대처하고 있다.[30]

영국
노르웨이
투명성이
가장 높음

금융 투명성 순위

자금세탁방지

금융비밀보호

국제사법공조

8
120
180

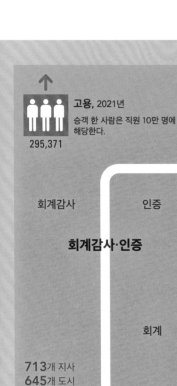

고용, 2021년
승객 한 사람은 직원 10만 명에 해당한다.
295,371

236,000

색깔이 들어간 상자들은 각 회사가 2021년 세 가지 핵심 서비스로 거둔 총수익을 나타낸다.

세무 전략　　**세무·법률**　　법률 자문

회계감사　　인증

회계감사·인증

PwC
451억 달러

핵심 사업 운영　　공급망 관리

위험 자문　　전략적 제휴　　금융 자문

회계

IT 컨설팅　　**컨설팅**　　사업 혁신

사이버 위험 서비스　　공공 부문　　고객 및 마케팅

자산 관리　　인수합병

인적 자원 관리　　IPO

+55%

총매출, 2011~2021년

글락소스미스클라인

세무·법률

폭스바겐

733개 지사
684개 도시
128개 국가

713개 지사
645개 도시
143개 국가

과 점 푸 드 코 트

312,250

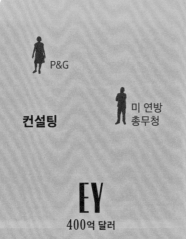
P&G

미 연방 총무청

컨설팅

EY의 법률 서비스 사업부는 2021년 다임러가 메르세데스벤츠 미니버스 사업을 애퀴타Aequita 산업 그룹에 매각하는 과정에서 자문 서비스를 제공했다.

다임러

EY
400억 달러

세무·법률

알리안츠

345,374

링크드인

컨설팅

존슨앤드존슨

Deloitte
504억 달러

포드

회계감사·인증

750개 지사
639개 도시
141개 국가

애플

+75%

미국 질병통제예방센터

743개 지사
683개 도시
136개 국가

2020년 미국 질병통제예방센터는 미국 정부가 사용하는 백신접종관리 시스템을 구축·운영하는 과정에서 딜로이트에 4390만 달러를 지불했다.

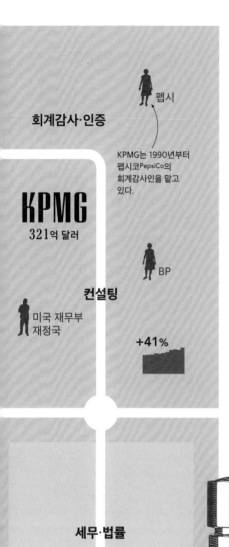

회계감사·인증

펩시

KPMG는 1990년부터
펩시코PepsiCo의
회계감사인을 맡고
있다.

KPMG
321억 달러

컨설팅

BP

미국 재무부
재정국

+41%

세무·법률

ASSURANCE

DELOITTE

회계감사·인증

모건스탠리

+75%

국제 금융 서비스계의
대형 백화점

**금융·비즈니스 서비스 부문의 중심에 있는 4개의 영미계 회사는
고객이 상상할 수 있는 모든 서비스를 제공한다.**

프랑스의 갤러리라파예트, 영국의 셀프리지스, 스페인의 엘코르테잉글레스 같은 유명 백화점의 이름은 그 자체로 현대 소비문화의 출현을 상징한다. 이 백화점들이 소비재 판매를 전문으로 한다면, '빅4'로도 불리는 세계 4대 회계법인 딜로이트Deloitte, PwC, EY, KPMG는 전 세계 기업들의 요구에 맞는 서비스를 제공한다.

빅4는 19세기 신흥 다국적기업을 대상으로 활동하던 소규모 영미계 회계법인에서 출발했다. 이들은 점차 전통적인 감사와 회계 업무를 넘어 세무 및 법률 컨설팅, 기업 전략, IT 혁신, 금융 자문 등으로 서비스를 넓혔다. 그 결과 오늘날 네 회사는 기업 고객과 정부, 공공기관을 대상으로 갖가지 금융·비즈니스 서비스를 제공하는 대형 백화점에 가까워졌다. 빅4를 찾는 많은 고객의 이름만 보더라도 이들의 사업이 얼마나 큰 성공을 거뒀는지 알 수 있다. 이들은 펩시, 아스트라제네카, 모건스탠리의 회계감사를 맡고, 글렌코어, 폭스바겐, 다임러에 법률 자문을 제공하며, P&G, 아마존, EU 집행위원회에 컨설팅을 제공한다.

빅4의 사업과 성과, 고용 규모는 그야말로 눈부신 수준이다. 2021년 빅4는 약 1700억 달러의 매출을 기록했으며, 직원 수는 총 100만 명이 넘었다(엘리베이터 모양 아이콘 참고). 이들이 창출하는 경제적 가치는 작은 국가 하나에 맞먹는다. 빅4가 창출한 수익을 합치면 룩셈부르크, 헝가리, 슬로바키아의 GDP보다 높으며, 이들은 137개국의 2911개 지사로 이루어진 방대한 네트워크를 통해 금융중심지와 조세회피지를 포함한 세계 어느 곳에서나 24시간 연중무휴로 고객을 지원한다.

그러나 빅4가 이처럼 막강한 권한을 가지면서 이들이 지는 책임도 문제가 됐다. 빅4는 대기업을 대상으로 하는 회계감사시장을 장악해 과점 체제를 이루고 있으며, 전문성과 네트워크를 활용해 정부와 규제 당국에 로비를 벌이고 공적 논의의 의제를 좌우하기도 한다. 게다가 빅4의 직원 중 상당수는 정부와 규제 기관의 요직으로 진출한다. 그렇다면 우리는 이들이 사회 전반에 끼치는 영향력을 어떻게 평가해야 할까? 이제는 감사인을 대상으로 하는 독립적인 감사가 필요한 때인지도 모른다.[31]

먼 곳에서 내리는 평가

소수의 국제 금융중심지에 사무소를 둔 신용평가회사들은 국제 금융의 문지기 역할을 한다.

신용평가회사Credit Rating Agency(이하 CRA)는 현대 자본주의에서 막대한 영향력을 발휘하는 기관이다. 이들은 기업·은행·정부 등 돈을 빌리려는 민간과 공공 주체들의 신용도를 판단하고, 신용 등급을 유지·개선하도록 정책을 권고하며, 투자자들은 이들의 판단에 촉각을 곤두세운다. CRA는 사실상 국제 금융의 문지기 역할을 하는 셈이다.

전 세계에는 수십 개의 CRA가 있지만, 진정으로 '세계적'이라 할 만한 회사는 스탠다드앤푸어스Standard & Poor's(S&P), 무디스Moody's, 피치Fitch 세 곳뿐이다. 세 회사는 신용평가시장의 약 95퍼센트를 장악하고 있으며, 단순한 채권부터 복잡한 금융 상품과 각국 정부(국가신용등급)에 이르기까지 온갖 대상을 평가한다. 세 회사는 모두 뉴욕에 본사가 있으며, 가장 역사가 긴 무디스는 1909년 미

뉴욕

무디스의 본사는 아메리카 대륙뿐 아니라 이집트, 인도, 레바논 등 다른 지역의 신용등급도 평가한다.

수석 애널리스트의 소재지별 무디스 국가신용등급 현황[33]
(2020년 말 기준)

- Aaa
- Aa
- A
- Baa
- Ba
- B
- Caa
- Ca
- C

런던

런던 사무소는 러시아, 터키 등 세계 여러 국가를 평가하며, 유럽에서는 주로 비EU 국가를 다룬다.

국 철도회사들의 채권 등급을 매기는 것으로 사업을 시작했다.

CRA는 보통 몇몇 국제 금융중심지에만 수석 애널리스트를 배치한다. 아래 4개의 지도를 보면 알 수 있듯, 무디스에서는 뉴욕의 애널리스트가 라틴아메리카의 국가신용등급을, 파리와 프랑크푸르트의 애널리스트가 유럽을, 주로 싱가포르와 두바이의 애널리스트가 아시아를, 뉴욕·파리·런던·싱가포르·두바이의 애널리스트가 아프리카를 담당한다.

CRA는 여러 이유로 비판을 받아왔다. 그중 하나는 이

들이 평가 대상인 기업·기관에서 보수를 받는다는 점이다. 2007~2008년 미국에서 서브프라임 위기가 터지기 직전에는 은행들이 자신들의 복잡한 금융 상품을 평가하는 방법을 직접 CRA에 교육하면서 평가의 공정성을 더 훼손했다. CRA는 자신들의 편향에 따라 판단을 내리며, 미국을 비롯한 자기와 가까운 나라에 더 높은 등급을 부여한다. 멀리 떨어진 곳에서 평가받는 나라는 불리할 수밖에 없는 구조다.[32]

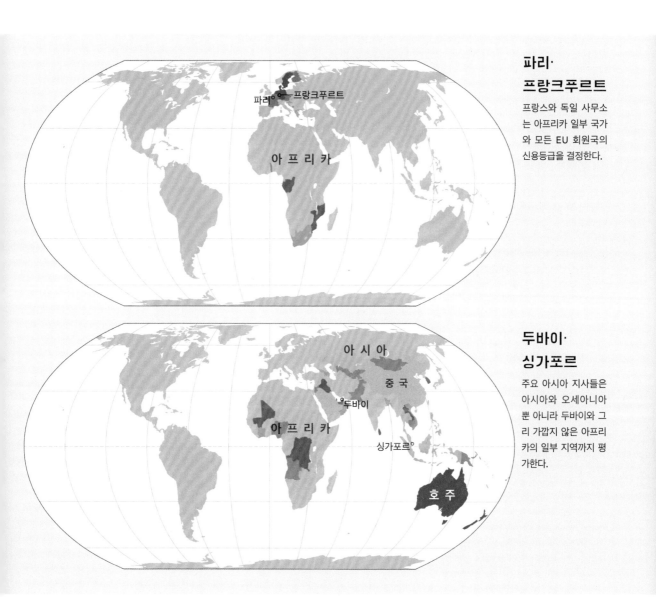

파리·프랑크푸르트

프랑스와 독일 사무소는 아프리카 일부 국가와 모든 EU 회원국의 신용등급을 결정한다.

두바이·싱가포르

주요 아시아 지사들은 아시아와 오세아니아뿐 아니라 두바이와 그리 가깝지 않은 아프리카의 일부 지역까지 평가한다.

최고위층의 변화

금융·비즈니스 서비스 부문에서는 남성이 리더 자리를 독점하다시피 했지만, 최근 몇 년 사이 유리천장에 금이 가기 시작했다.

금융·비즈니스 서비스 부문에서는 성별에 따른 불평등이 심각할 정도로 만연해 있으며, 이는 업계 전반에 다양성이 얼마나 부족한지를 잘 보여준다. 2021년 3월 기준, 이 분야의 세계 상위 275개 기업(100대 은행과 보험, 자산관리, 부동산, 회계, 법률, 컨설팅, 핀테크의 분야별 25대 기업으로 구성) 중 여성이 CEO나 그와 동등한 직책을 맡은 곳은 18개(6.5퍼센트)에 불과했다.[34] 여성 CEO는 모두 미국이나 유럽(독일, 프랑스, 아일랜드, 노르웨이, 스웨덴, 영국) 기업에 재직했다. 나머지 지역에서는 경영진이 전부 남성으로 채워진 기업만 해도 중국 31곳, 일본 14곳, 인도 8곳, 캐나다 8곳에 달했다.

남성의 우위는 분야마다 조금씩 차이가 있다. 남성 CEO의 비율은 자산관리가 80퍼센트로 가장 낮았고, 법률은 88퍼센트, 부동산·회계·보험·은행·컨설팅은 90퍼센트가 넘었으며, 핀테크는 100퍼센트가 남성이었다. 핀테크 분야에서는 남성 중심의 금융과 기술 문화가 결합해 깊게 뿌리 내린 탓에 유리천장을 깨기가 더욱 어려워 보인다. 전 세계에서 핀테크 기업들이 빠르게 성장하며 금융의 변혁을 이끌고 있다는 점을 고려하면 이는 간과해선 안 될 중요한 문제다. 한 가지 희망적인 점은 여성을 CEO로 임명하는 일이 점차 늘고 있다는 것이다. 이러한 경향은 주요 기업들의 여성 CEO 18명 중 13명이 2019년 초 이후에 취임했다는 사실에서 확인할 수 있다(1999년부터 벤타스Ventas의 CEO로 재직 중인 데브라 카파로Debra Cafaro는 예외적인 인물이다). 국제기구나 정부 금융 기관에서 여성이 수장에 오르는 것 역시 고무적인 일이다. 크리스틴 라가르드Christine Lagarde는 2011년 여성 최초로 IMF 총재 자리에 올랐으며(2019년에는 크리스탈리나 게오르기에바Kristalina Georgieva가 그 자리를 이어받았다), 2019년에는 유럽중앙은행의 첫 여성 총재가 되었다. 재닛 옐런Janet Yellen은 2014년 미국 연준 사상 첫 여성 의장을 지냈으며, 2021년에는 미국 최초의 여성 재무장관으로 임명됐다.

다음 쪽에서는 미국 동부 지역에서 시작해 미국과 유럽에서 금융·비즈니스 서비스회사를 이끄는 여성들을 소개한다. 상위 275개 기업 중 아시아 태평양 지역에 본사를 둔 기업은 69개에 달하지만, 여성 CEO가 있는 기업은 단 한 곳도 없다. 이 지역에서는 금융·비즈니스 서비스 부문이 급격히 성장하는 동안 여성들에게 리더십을 발휘할 기회를 주는 일을 소홀히 한 것으로 보인다. 금융 분야의 다양성을 높이려면 최고위층에서부터 근본적인 변화가 필요하다.

북 아메리카
유럽
아시아
아프리카
남 아메리카
호주

2021년 기준 세계 상위 275개 금융·비즈니스 기업의 본사가 있는 지역[35]

■ 여성 CEO가 한 명 이상인 지역
■ CEO가 전부 남성인 지역
■ 해당하는 기업이 없는 지역

여성 리더[36]

데브라 카파로

벤타스

분야

부동산

취임 연도

1999년

1999년 카파로가 벤타스의 CEO로 취임할 당시 회사는 심각한 위기에 빠져 있었지만, 지금은 《포춘》 선정 1000대 기업에 올라 있다. 카파로는 자신의 확고한 직업의식이 가족과 스포츠에 대한 사랑에서 나온다고 말한다.

제니퍼 존슨

프랭클린템플턴

분야

자산관리

취임 연도

2020년

자산·펀드 관리 분야에서 30년 넘게 일한 존슨은 리더로서 성과를 내고 고객 서비스를 개선한 공로를 인정받아 여러 차례 상을 받았다.

바버라 베커

깁슨던앤드크러처
(대표, 매니징파트너)

분야

법률

취임 연도

2021년

31세에 로펌의 매니징파트너(지분을 가지고 경영에 참여하는 주요 변호사—옮긴이) 자리에 오른 베커는 채용 과정에서 경영진의 참여를 중시한다.

금융·비즈니스 서비스 부문 상위
275개 기업의 CEO 이름
2021년 3월 31일 기준

스콧 제이미 토머스 에릭 데이비드
제임스 데이비드 미첼 휴 로버트
아르빈드 제인 피터 윌리엄 마리오
마우리시오 스티븐 테드 배리 대니얼
마틴 댄 로렌스 조셉
데이비드 케빈 터션다 닐

사이러스
톰 앤
매니 오언
데이비드 리치 진
배리 유진

뉴욕

데이비드 브루스
바하라트 로이 조지
브라이언 빅터 대릴

아 메 리 카

비백
브라이언 찰스

데빈

캐나다

앤드류

윌리엄 에릭   제레미 마이클 데이비드 샹크 제이미 모티머
제니퍼 찰스 해미드 데이브 마크 웨인 존 윌리엄 윌리엄
네이트 존 척 워렌 존 데브라 마이클 스티븐 제임스 호라시오
마이클 알프레도 앤서니

미국

밀턴 티모시 리처드
론 찰스 스티븐 조셉   안토니오 마틴 브라이언
바버라 임마누엘 피터   켈리
수미트 티모시 리처드   주앙 파우스투   브라이언
옥타비우 다비드
가브리에우

브라질

제이미 매키언
모건루이스(대표)
분야
법률
취임 연도
2014년
매키언은 고객의 범위를 동아시아를 비롯한 새로운 지역으로 빠르게 확장했으며, 법률 분야에서 다양성을 중시한다.

제인 프레이저
씨티그룹
분야
은행
취임 연도
2021년
회사 역사상 첫 여성 CEO인 프레이저는 금융의 세계화에 관한 저서를 썼으며, 자녀를 둔 어머니로서 커리어를 유지하는 방법을 자주 강연한다.

마틴 펄랜드
머서
분야
컨설팅
취임 연도
2019년
펄랜드는 성소수자 사회에 더 많은 기회가 주어져야 한다고 주장하며, 생산성을 높이는 기술과 포용성, 지속 가능성에 많은 관심을 쏟고 있다.

터션다 브라운
미국교직원연금기금
분야
자산관리
취임 연도
2021년
브라운은 역사상 두 번째로 《포춘》 선정 500대 기업의 CEO가 된 흑인 여성으로, 부모님의 이름을 딴 재단을 운영하며 지역사회를 돕는 사람들을 지원하고 있다.

앤 리처즈
피델리티인터내셔널
분야
자산관리
취임 연도
2018년
리처즈는 영국 공인기술사 자격을 따고 유럽입자물리연구소(CERN)에서 근무했으며, 여성·교육·과학 분야의 공로를 인정받아 2등급 대영제국훈장을 받았다.

진 하인즈
웰링턴매니지먼트
분야
자산관리
취임 연도
2021년
하인즈는 생명공학 분야와 제약업계에서 경력을 쌓았으며, 장기적 관점에서 고객을 최우선으로 생각하는 문화를 조성한 인물로 유명하다.

카민 마크
마이크 노엘 롭 미겔
제임스 테드 가레스
안토니오 케빈
안톤 조지아
마르코 게리
스티븐 그렉
사이먼 테오 리시
어맨다 앨리슨 크리스토
빌 조 나이절 리자 로버트
데이비드 리스 클라이브 프랭크
푸니트 매튜 기드온
영국

줄리
아일랜드

세바스티안
요한 프랑크
카리나 핀란드
셰르스틴
노르웨이 프레드리크
엔스
크리스 스웨덴
우베
덴마크

유럽

윌리엄
스티븐 로버트
라드 위비
네덜란드

발렌틴 크리스티안
크리스티안 마티아스
만프레트 코르넬리우스
라이너 시르마
슈테판 올리버
독일

웨인 마크
요한
벨기에

필리프
메카 크리스토프
장로랑 다니엘
프레드리크 이브 아이만
로랑 앙투안 필
필리프 토마
프랑스

케이마리오 하인츠
토마스 랄프
스위스

베른트
오스트리아

안드레아
카를로
필리페
이탈리아

금융·비즈니스 서비스 부문 상위
275개 기업의 CEO 이름
2021년 3월 31일 기준

호세 하이메
곤살로
오누르
스페인

줄리 스위트
액센츄어
분야
컨설팅
취임 연도
2019년

액센츄어는 최초의 여성 CEO인 스위트의 지휘 아래, 2025년까지 남녀 직원의 비율을 동등하게 맞추려 노력하고 있다.

어맨다 블랑
아비바
분야
보험
취임 연도
2020년

웨일스 출신인 블랑은 여성 최초로 영국 보험사기조사국 국장을 비롯한 여러 직책을 맡았으며, 뛰어난 음악가이기도 하다.

리자 로빈스
크레스톤글로벌
분야
회계
취임 연도
2018년

홍콩에서 교육을 받은 로빈스는 자신을 변화의 주역으로 여기는 인물로, 크레스톤글로벌을 이끌며 회사의 진출 지역을 70개국에서 110개국 이상으로 확대했다.

앨리슨 로즈
냇웨스트그룹
분야
은행
취임 연도
2019년

로즈는 다양성을 중시하는 인물로, 영국 정부의 의뢰를 받고 여성 사업가들을 가로막는 장벽에 관한 보고서를 발표했으며, 핀테크 분야에서 많은 상을 받기도 했다.

조지아 도슨
프레쉬필즈브룩하우스데링거
(시니어파트너)
분야
법률
취임 연도
2020년

도슨은 다양성 문제를 대하는 주요 로펌들의 태도에 변화를 일으키고자 회사에 다양성 목표를 설정했다.

게르만
러시아

장워 커

진
수광
완춘
쓰칭 신솽 프랭클린
엘리엇 헝쉬안 성챵 웨이
다즈 궈화 지 사오셴 그레고리
빙주 에릭 런옌 위천 진 더치
카이 왕춘 용린 이핑
후이유 조지
중국

옥동 준학
정태 인
광석종원
대한민국

세이지 준이치
아키오 노리토
마코토
후미오 타츠후미
켄타로 카즈토
테츠야 마사히로
마사히로 테츠오
히로시
일본

압둘라
카타르

비제이
야시쉬
하르쉬바르단
비핀 라제쉬
아슈위니
바비쉬
살릴
인도

아 시 아 태 평 양

이청
피유시 새뮤얼
앤서니
싱가포르

안드레
인도네시아

로스
셰인
매트
피터
호주

메카 브루넬
게시나
분야
———
부동산
취임 연도
———
2017년
브루넬은 토목공학 분야에
서 쌓은 경력을 바탕으로
사업은 물론 공공 정책에도
기여해왔으며, 프랑스 그린
빌딩협의회의 회장직을 겸
임하고 있다.

시르마 보쉬나코바
알리안츠그룹
분야
———
자산관리
취임 연도
———
2019년
보쉬나코바는 제약·보험·컨설
팅 업계에서 최고 직책을 맡
았으며, 미래 세대를 지원하
는 데 많은 관심을 쏟고 있다.

셰르스틴 브라텐
DNB ASA
분야
———
은행
취임 연도
———
2019년
브라텐은 DNB에서 20년
넘게 해운 및 해상 물류 분
야의 고객과 일해왔으며,
이전에는 알루미늄 제조회
사에서 가스운반선 용선 계
약을 담당했다.

카리나 아케르스트롬
한델스방켄
분야
———
은행
취임 연도
———
2019년
법학을 전공하고 1986년 한델
스방켄에 입사한 아케르스트롬
은 150년 만에 처음으로 한델
스방켄의 여성 CEO 자리에 올
랐다.

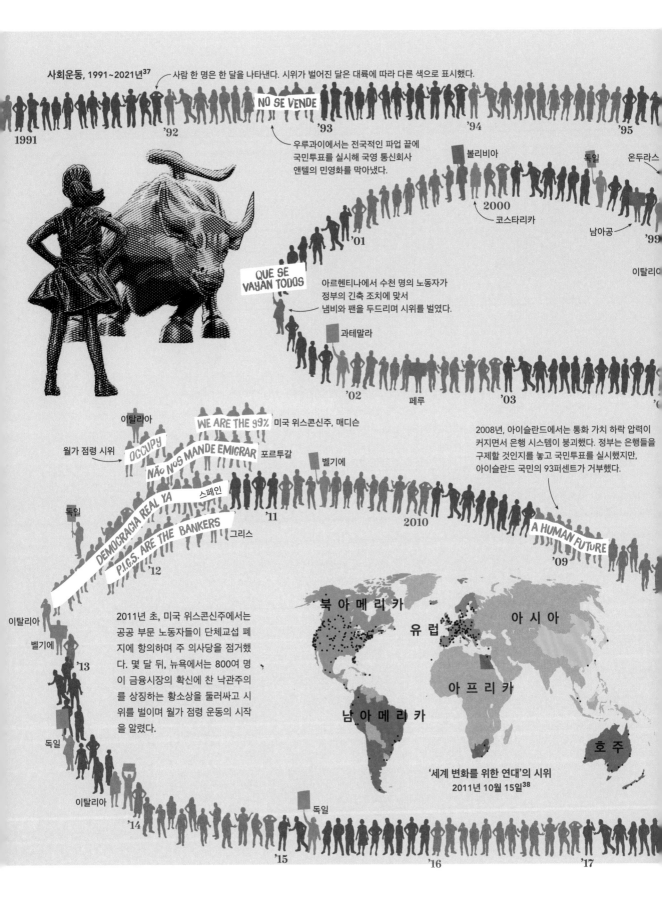

사회운동, 1991~2021년[37] → 사람 한 명은 한 달을 나타낸다. 시위가 벌어진 달은 대륙에 따라 다른 색으로 표시했다.

NO SE VENDE

1991
'92
'93
'94
'95

우루과이에서는 전국적인 파업 끝에
국민투표를 실시해 국영 통신회사
앤텔의 민영화를 막아냈다.

볼리비아
2000
코스타리카
독일
온두라스
남아공
'99
이탈리아

'01

QUE SE
VAYAN TODOS

아르헨티나에서 수천 명의 노동자가
정부의 긴축 조치에 맞서
냄비와 팬을 두드리며 시위를 벌였다.

과테말라

'02
페루
'03

이탈리아
WE ARE THE 99% 미국 위스콘신주, 매디슨

월가 점령 시위 OCCUPY
NÃO NOS MANDE EMIGRAR 포르투갈
벨기에

DEMOCRACIA REAL YA 스페인

독일
P.I.G.S. ARE THE BANKERS
그리스
'11
2010

2008년, 아이슬란드에서는 통화 가치 하락 압력이
커지면서 은행 시스템이 붕괴했다. 정부는 은행들을
구제할 것인지를 놓고 국민투표를 실시했지만,
아이슬란드 국민의 93퍼센트가 거부했다.

A HUMAN FUTURE
'09

'12

이탈리아

벨기에

'13

2011년 초, 미국 위스콘신주에서는
공공 부문 노동자들이 단체교섭 폐
지에 항의하며 주 의사당을 점거했
다. 몇 달 뒤, 뉴욕에서는 800여 명
이 금융시장의 확신에 찬 낙관주의
를 상징하는 황소상을 둘러싸고 시
위를 벌이며 월가 점령 운동의 시작
을 알렸다.

독일

이탈리아

북 아 메 리 카
유 럽
아 시 아

아 프 리 카

남 아 메 리 카

호 주

'세계 변화를 위한 연대'의 시위
2011년 10월 15일[38]

독일

'14
'15
'16
'17

대중의 힘?

**금융위기가 세계 경제를 망가뜨린 지 3년이 지난 2011년,
수백만 명이 사회 정의와 진정한 민주주의를 요구하며 거리로 나섰다.**

'96

한국의 노동조합들이
IMF와의 구제 금융 협정에 따른
긴축 조치에 반대해 파업을 벌였다.

'97

BREAK THE CHAINS OF DEBT

인도네시아

영국 가나   '98   태국

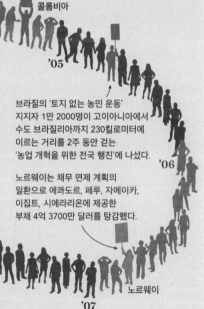

콜롬비아

'05

브라질의 '토지 없는 농민 운동'
지지자 1만 2000명이 고이아니아에서
수도 브라질리아까지 230킬로미터에
이르는 거리를 2주 동안 걷는
'농업 개혁을 위한 전국 행진'에 나섰다.

'06

노르웨이는 채무 면제 계획의
일환으로 에콰도르, 페루, 자메이카,
이집트, 시에라리온에 제공한
부채 4억 3700만 달러를 탕감했다.

노르웨이

'07

아르헨티나, 에콰도르, 코스타리카에서는
IMF가 구제 금융을 지원한 이후 연금과 노동권,
교통·전기·수도·가스 관련 세금을 겨냥한
긴축 조치에 반대하는 집회가 열렸다.

UNIDAD, PRODUCCIÓN
Y TRABAJO ARGENTINO

2011년 10월 15일, 세계 각지에서는 '세계 변화를 위한 연대United for #GlobalChange'라는 기치 아래 기업의 탐욕과 정치권의 부패, 긴축 정책에 항의하는 시위 300여 건이 벌어졌다. 이 시위는 '아래로부터의 정치'와 '금융 정치'가 어떻게 다른지를 똑똑히 보여줬다. 금융 정치politics of finance란 금융 기관이 공공 정책 결정에 과도한 영향을 끼치는 은행통치bankocracy와 쌓이는 부채를 정치·경제를 통제하는 도구로 삼는 부채통치debtocracy 체제를 말한다. 반면에 아래로부터의 정치는 자본과 시장의 논리에 의문을 제기하며 민주적이고 공정·공평한 경제 질서를 위해 싸우는 민중과 민중운동을 대변한다.

2011년의 시위는 역사적으로 드문 일이 아니다. 민중이 기업의 권력과 국제 금융 기관의 횡포에 맞서 들고일어나는 일은 오래전부터 있었다.[39] 1998년, G7 정상회담이 열린 영국 버밍엄에서는 7만 명의 시위대가 10킬로미터에 달하는 인간 띠를 만들고 "부채의 사슬을 끊어내자!"라고 외치며 가난한 나라들의 채무를 면제할 것을 촉구했다. 몇 년 뒤 노르웨이는 실제로 개발도상국에 진 빚을 일부 감면하기도 했다. 1998년, 한국에서는 IMF가 강요한 긴축 조치와 임금 삭감에 맞서 노동자들이 수개월 간 파업을 벌인 끝에 정부가 최초로 공공 재정을 투입해 사회 안전망을 구축했다. 또, 수십 년 동안 신자유주의 정책의 실험대가 되었던 라틴아메리카에서는 사회 저항이 대안적인 형태의 경제 조직과 경제 발전을 가져왔으며, 그 결과 여러 문제와 결함에도 수백만 명이 빈곤과 사회경제적 소외에서 벗어났다. 비판론자들은 이 같은 사회운동들이 두서없이 온갖 반자본주의적 구호를 외치다 명확한 의제를 제시하지 못하는 경우가 많다고 지적한다. 이후의 역사를 보면, 2011년의 시위 역시 절반의 성공으로 끝났음을 알 수 있다. '월가를 점령하라'는 구호를 처음으로 내건 잡지 《애드버스터즈Adbusters》의 편집자였던 마이카 화이트는 월가 점령 시위를 돈이 정치를 좌우하는 현실을 바꾸지 못했다는 점에서 "건설적인 실패"로 봤다.[40] 하지만 이 시위는 그 전후에 일어난 운동들과 마찬가지로 소득 불평등과 사회 정의라는 문제를 경제와 정치 논쟁의 중심으로 끌어올리는 데는 어느 정도 성공을 거뒀다.

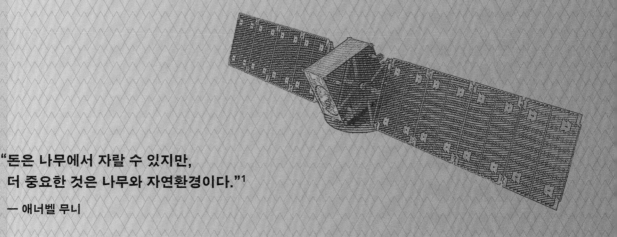

"돈은 나무에서 자랄 수 있지만,
더 중요한 것은 나무와 자연환경이다."[1]
— 애너벨 무니

Society & Environment
사회와 환경

돈에 대한 접근성은 사회의 형태를 결정하며, 돈을 사용하려면 금융 이해력이
필요하다. 국제 정치에서는 특정 국가가 국제 금융에 접근할 수 없게 차단하는
금융 제재를 무기로 사용하는 일이 늘고 있다. 돈은 인간과 환경의 관계에 지대한
영향을 끼치기에 새로운 에너지 체계를 개발하고 환경 위기를 완화하거나 위기에
적응하고 인간이 지구 너머에서 활동하는 데에도 결정적인 역할을 할 것이다.
금융은 이미 지구를 넘어 우주로 향하고 있다.

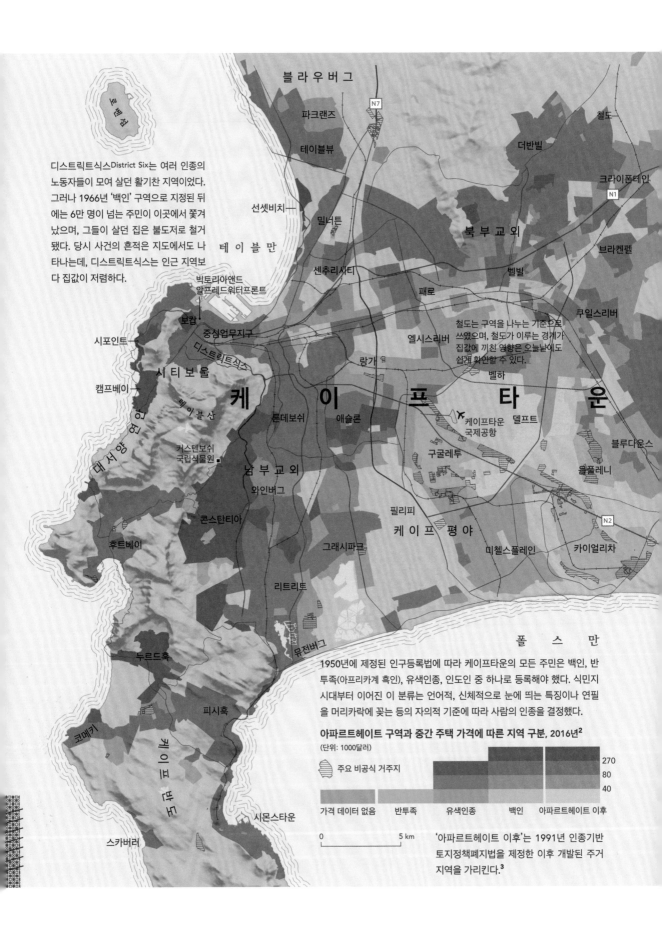

로벤섬

디스트릭트식스District Six는 여러 인종의
노동자들이 모여 살던 활기찬 지역이었다.
그러나 1966년 '백인' 구역으로 지정된 뒤
에는 6만 명이 넘는 주민이 이곳에서 쫓겨
났으며, 그들이 살던 집은 불도저로 철거
됐다. 당시 사건의 흔적은 지도에서도 나
타나는데, 디스트릭트식스는 인근 지역보
다 집값이 저렴하다.

블라우버그

파크랜즈

테이블뷰

선셋비치

밀너튼

센추리시티

N7

철도

더반빌

크라이폰테인

N1

북부교외

브라켄펠

벨빌

테이블만

빅토리아앤드
알프레드워터프론트

보캅

중심업무지구

시포인트

디스트릭트식스

시티보울

캠프베이

테이블산

대서양해안

커스텐보쉬
국립식물원

남부교외

와인버그

콘스탄티아

후트베이

그래시파크

리트리트

쿠일스리버

엘시스리버

철도는 구역을 나누는 기준으로
쓰였으며, 철도가 이루는 경계가
집값에 끼친 영향은 오늘날에도
쉽게 확인할 수 있다.

랑아

벨하

패로

론데보쉬

애슐론

케이프타운
국제공항

케이프타운

구굴레투

블루다운스

올플레니

필리피

케이프평야

미첼스플레인

카이얼리차

N2

델프트

뮤전버그

폴스만

누르드훅

피시훅

코메키

케이프반도

스카버러

시몬스타운

1950년에 제정된 인구등록법에 따라 케이프타운의 모든 주민은 백인, 반
투족(아프리카계 흑인), 유색인종, 인도인 중 하나로 등록해야 했다. 식민지
시대부터 이어진 이 분류는 언어적, 신체적으로 눈에 띄는 특징이나 연필
을 머리카락에 꽂는 등의 자의적 기준에 따라 사람의 인종을 결정했다.

아파르트헤이트 구역과 중간 주택 가격에 따른 지역 구분, 2016년[2]
(단위: 1000달러)

주요 비공식 거주지

				270
				80
				40

| 가격 데이터 없음 | 반투족 | 유색인종 | 백인 | 아파르트헤이트 이후 |

0   5 km

'아파르트헤이트 이후'는 1991년 인종기반
토지정책폐지법을 제정한 이후 개발된 주거
지역을 가리킨다.[3]

부동산 불평등의 지리학

주택시장은 인종 불평등과 분리를 반영·생산·유지한다.

주택시장은 불균등한 도시 구조를 형성하는 데 중요한 역할을 한다. 사람들은 저마다 소득과 자산에 차이가 있으며, 주택 가격은 도시 공간에 사는 사람을 분류한다. 중개업자와 모기지은행이 주도하는 부동산 업계는 자신들이 전문성과 권위, 객관적인 시각을 바탕으로 부동산의 가치를 평가한다고 주장한다. 그러나 연구에 따르면, 유색인종이 많은 지역의 주택은 규모와 편의시설 등을 종합적으로 고려할 때 현저히 저평가되어 있으며, 이에 따라 주택의 판매자는 제값을 받지 못하고 구매자는 주택을 담보로 신용 거래를 하는 데 어려움을 겪는다. 이처럼 사회적·인종적 구성을 근거로 특정 지역을 위험하고 거주하기 부적합하다고 치부하는 편향된 태도는 1930년대 미국에서 시작된 '레드라이닝'을 떠올리게 한다. 당시 미국 정부 기관과 모기지 대출 기관들은 지도에서 대출 위험이 크다고 판단한 지역을 빨간색으로 표시해 주민들의 금융 서비스 이용을 제한했다.

남아공의 케이프타운에서는 1652년 식민 지배 세력이 도시를 세운 이래 정부 당국과 부동산 업계가 인종과 계급을 기준으로 사람들을 분리해 왔다. 아파르트헤이트 시대에는 집단지역법(1950년)에 따라 구역을 나눠 주택시장을 엄격히 규제해 인종 불평등과 분리를 체계화했고, 사람들은 자신이 속한 인종 집단에 배정된 지역에서만 주택을 소유하거나 임대할 수 있었다. 은행과 공공기관은 더 나은 서비스와 자연 시설을 누리는 '백인' 지역에서는 주택 소유를 장려하고 주거의 질을 높이고자 했다. 반면 '유색인종'이나 '반투족'으로 분류된 사람들은 터전을 빼앗기거나 짓밟힌 채 모래로 뒤덮인 케이프 평야(왼쪽 지도 참고)로 쫓겨났다. 1980년대 중반까지도 반투족으로 분류된 사람들은 도시 지역에서 재산의 소유권을 인정받지 못했으며, 유색인종으로 분류된 사람들은 미첼스플레인을 비롯해 지정된 지역에서만 모기지 대출을 받을 수 있었다. 민주주의가 시행된 지 30년이 흘렀지만, 식민주의와 아파르트헤이트 시대의 인종차별은 지금도 주택시장의 공간 구조에 영향을 끼치고 있다.

2000년대 초, 케이프타운에서 부동산시장이 호황을 맞은 시기에도 인종 간의 주택 가격 격차는 더 크게 벌어졌다(왼쪽 그래프 참고). 반투족 거주 지역의 일반적인 주택 가격은 1990년 이후 거의 변하지 않았지만, 백인 거주 지역의 주택 가격은 세 배 가까이 올라 부동산 소유주들이 큰 부를 쌓을 수 있었다.[4]

아프리카

대서양   인도양

남아공

케이프타운

아파르트헤이트 구역별 중간 주택 가격
1990~2016년   (단위: 2016년 기준 1000달러)

120

80

40

0

'90   '00   '10

서머싯
웨스트

헬더버그

스트랜드

고든스베이

소액금융

소액금융은 사람들을 빈곤에서 벗어나도록 도울 잠재력이 있지만, 때로는 빚 때문에 꿈이 악몽으로 바뀌기도 한다.

1976년, 치타공대학교 경제학과 교수 무함마드 유누스는 방글라데시의 조브라에서 작은 실험을 진행했다. 그의 발상은 단순했다. 마을 여성들의 삶을 개선하기 위해 1인당 약 27달러를 무이자로 빌려주는 것이었다.[5] 유누스는 "사람들이 자유롭게 꿈꾸고 극빈층이 존엄성을 찾도록 돕고 싶었다"라고 말했다.[6] 실험은 성공이었다. 여성들은 자신과 가족의 삶을 개선하는 데 돈을 사용했고, 빌린 돈을 전부 갚았다. 현대적 소액금융의 탄생을 알리는 일이었다.

국제 개발 전략에서 중요한 위치를 차지하는 소액금융의 핵심은 기존의 금융 서비스에서 소외된 저소득층에 돈을 빌려주는 것이다. 각국 정부가 소액금융을 빈곤 완화를 위해 없어서는 안 될 도구로 인식하면서 세계 각지의 국내외 원조 프로그램에는 일대 혁신이 일어났다. 인도는 지역마다 보급률에 차이는 있지만, 소액금융 대출자 수가 가장 많은 세계 최대 시장이다. 인도의 주요 소액금융 모델은 소액금융 기관(이하 MFI)과 여성들의 자조모임(이하 SHG)이다. MFI는 비슷한 사회경제적 배경을 가진 개인이나 단체에 대출을 제공하며, 사회적 보증으로 담보나 보증인을 대체한다. SHG 모델은 MFI와 비슷한 방식으로 작동하지만, 여성들이 모임을 만들어 자금을 모으고 내부에서 먼저 대출을 시작한 뒤에 지역 은행에서 소액 대출을 받을 자격을 얻는다는 차이가 있다.

오른쪽 지도는 인도의 도시별 MFI 본사 수와 주별 여성 1000명당 SHG 수를 나타낸다. MFI 본사가 많은 도시로는 콜카타, 첸나이 등이 있고, 여성 수 대비 SHG의 비율이 높은 주로 메갈라야, 오디샤 등이 있다. 방글라데시에서 급성장한 소액금융은 인근 인도에서 소액금융이 발전하는 데에도 영향을 줬다. 오디샤를 비롯한 많은 주에서는 정부가 적극 SHG를 지원한다.

지도 주변에 배치한 일화들은 이 같은 지리적 특성을 생생하게 보여주는 한편, 소액금융의 복잡성을 드러낸다. MFI와 SHG는 사람들에게 힘을 실어줄 수 있지만, 동시에 과도한 부채·약탈적 대출·사기 등의 문제에서 자유롭지 않다. 소액금융의 성공 여부는 누가, 어떤 곳에서 이를 이용하는지에 따라 다르다.[7]

주별 여성 1000명당 SHG 수, 2020년[8]
- 25개 이상
- 20.1~25개
- 15.1~20개
- 10.1~15개
- 5.1~10개
- 0~5개

도시별 MFI 본사 수, 2019년[9]

2 6 10 20

구자라

0 ────── 300 km

아 라 비 아 해

마하라슈트라주, 야바트말

SHG와 MFI는 사람들이 손쉽게 금융을 이용하도록 돕지만, 또 다른 사회 문제를 가져올 수 있다. 탐사 언론인들은 지난 10년간 야바트말과 인근 지역에서 농부들이 잇따라 자살한 원인이 과도한 부채에 있었다는 사실을 밝혀냈다. 인도 전역에서는 이와 비슷한 사례가 많이 발생하고 있으므로 공공기관은 효과적인 부채 규제와 구제책을 마련해야 할 것이다.

케랄라

코로나19가 발생한 이후, 소액금융을 이용해 문을 연 많은 사업체가 폐업하면서 수입이 없어진 사업주들은 빚을 갚을 수 없게 되었다. 팬데믹으로 과도한 부채에 따른 여러 문제가 불거졌지만, SHG는 그 영향에 대처하는 데 앞장서고 있다. 400만 명이 넘는 회원을 보유한 케랄라의 쿠둠바시리 SHG 네트워크는 1300여 개의 마을부엌community kitchen을 운영하며 정부를 지원하고 격리된 사람들에게 생필품을 전달했다.

70°

우타르프라데시주, 하르후아

소액금융이 경제적·사회적으로 희망을 준 대표적인 사례로, 한 여성이 여러 MFI에서 소액대출을 받아 가족을 부양하고 빈곤을 벗어난 일을 들 수 있다. 여성은 대출 1건당 평균 290달러가량을 빌려 음식 사업을 시작하고 일곱 자녀의 장래에 투자했으며, 집을 개조해 임시방편으로 세운 대나무 기둥을 벽돌 벽으로 교체했다.

서벵골주, 콜카타

콜카타는 인도에서 MFI가 가장 많은 도시지만, MFI뿐만 아니라 MFI를 사칭하는 사기 업체들도 이곳에서 아이디어를 얻었다. 일례로 200개가 넘는 비상장회사로 이루어진 사라다그룹은 2013년 폰지사기를 벌인 사실이 밝혀져 폐업하기 전까지 40~60억 달러에 이르는 예금을 끌어모았다.

잠무카슈미르

히마찰프라데시

펀자브

우타라칸드

하리아나

델리

자이푸르

라자스탄

우타르프라데시

러크나우

하르후아
바라나시

인 도

시킴

아루나찰프라데시

아삼

메갈라야

나갈랜드

마니푸르

방글라데시

트리푸라

미조람

조브라

바드

마디아프라데시

비하르

자르칸드

서벵골

콜카타

차티스가르

오디샤

부바네스와르

오디샤주, 부바네스와르

오디샤주는 여성 인구 대비 SHG의 비율이 가장 높은 주로, 그에 따른 혜택을 톡톡히 누리고 있다. 부바네스와르에 본사를 둔 SHG 연합 미션샤크티는 주택·도시개발부와 협력해 지역사회와 여성 중심의 도시 개발 모델을 장려한다. 이 사업에 따라 1만 6000개가 넘는 SHG가 상수도 공급과 폐기물 관리를 비롯한 지역 개발 프로그램에 직접 참여한다.[10]

야바트말

마하라슈트라

뭄바이

텔랑가나

하이데라바드

베즈와다

안드라프라데시

고아

카르나타카

팔라마네르

벵갈루루

첸나이

벵골만

안드라프라데시주, 팔라마네르

2004년, 이 지역에 살던 한 여성이 고정 수입이 없는 상황에서 아픈 가족의 의료비 부담이 커지자 이웃 여성들과 함께 지바나죠티 SHG를 설립했다. 이 단체는 2년간의 저축 끝에 2006년 처음으로 은행에서 대출을 받았고, 여성은 그 돈을 의료비에 보탰다. 이후 그는 빚을 모두 갚은 뒤 2008년 또 다른 대출을 받았고, 이 돈으로 젖소를 구입해 남편과 함께 지역민들에게 우유를 판매하는 사업을 시작했다. 새로운 사업은 그들의 미래를 완전히 바꿔놓았으며, 더 큰 목적의식과 안정적인 수입원, 가정을 꾸릴 수단을 제공했다.

케랄라

타밀나두

코치

마두라이

안다만니코바르제도

10°N

90°

당신은 금융문맹인가?

전 세계를 대상으로 한 설문조사 결과, 성인 대다수가 기본적인 금융 개념을 이해하지 못하는 것으로 나타났다.

금융이해력financial literacy이란 금융의 기본 개념을 이해해 올바른 금융 결정을 내리는 능력을 말한다. 2014년 S&P가 실시한 '세계 금융이해력 조사'는 140여 개국에서 15만 건이 넘는 인터뷰를 진행해 지역, 국가, 성별에 따라 금융이해력이 어떻게 다른지 평가했다. 조사 결과, 가난하고 개발 수준이 낮은 국가일수록 부유하고 개발 수준이 높은 국가보다 사람들의 금융이해력이 낮은 것으로 나타났다.

오른쪽 그림은 이러한 상관관계를 보여주고자 국가별로 건강·지식·물질적 생활 수준을 고려한 종합 척도인 인간개발지수와 금융이해율을 비교해 그래프로 나타낸 것이다. 예상대로 양자 사이에는 양의 상관관계가 있었다. 인간 개발, 그중에서도 교육은 금융이해력을 높이는 데 도움을 준다. 하지만 그 관계가 그리 단순하지만은 않다. 예를 들어 유럽 국가 중 이탈리아는 헝가리보다 인간개발지수가 높은데도 금융이해율은 훨씬 낮다. 아프리카와 아시아의 차이는 특히 흥미롭다. 아프리카 국가들(빨간색)은 대체로 아시아 국가들(금색)보다 인간 개발에서는 뒤처져 있지만, 금융이해율은 훨씬 높았다. 이러한 차이를 설명하는 요인으로 아프리카에서는 아시아보다 금융 교육 프로그램을 더 일찍, 더 널리 시행했으며, 케냐의 엠페사 같은 디지털 금융 서비스가 더 빠르고 깊게 생활에 침투한 점을 들 수 있다.[11] 금융이해력은 한 대륙 안에서도 나라마다 큰 차이가 있다. 단적인 예로 덴마크, 노르웨이, 스웨덴은 금융이해율이 71퍼센트지만, 알바니아는 14퍼센트에 불과하다.

금융이해력은 성별에 따라서도 확연한 차이를 보인다. 조사 기준에 따르면, 전 세계 성인 인구의 31.9퍼센트만이 금융이해력이 있다고 할 수 있으며, 이 비율을 남녀로 나누면 여성은 29퍼센트, 남성은 35퍼센트로 성별 간 차이가 있다. 오른쪽 아래 막대그래프를 보면 알 수 있듯, 금융이해력의 성별 격차는 모든 대륙과 절대다수의 국가에서 나타난다. 이는 여성이 얼마나 많은 사회적·경제적 장벽에 직면했는지를 보여준다. 물론 금융이해력은 정확히 측정하기 어려우며, S&P가 제시한 네 가지 질문은 논란의 여지가 있고 편향적이라고 볼 수도 있다. 가령 저축액이 적은 사람은 그 돈을 분산투자해 주의를 흩뜨리기보다는 한 가지 사업이나 상품에 투자하고 주의 깊게 지켜보는 편이 낫다고 주장할 수 있다.

이 책을 읽는 독자들은 금융에 관한 지도책을 선택한 만큼, 금융이해력이 높을 가능성이 크다. 오른쪽에 나온 퀴즈를 풀어보고 자신의 금융이해력을 확인해보시라.

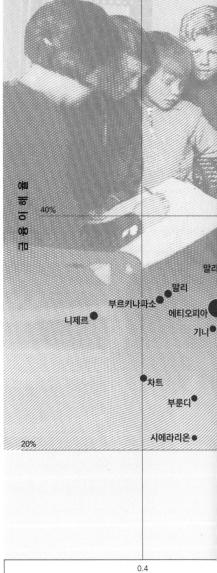

당신의 금융이해력은 어느 정도인가

위험 분산

당신에게 투자할 돈이 있다고 가정해보자. 하나의 사업이나 상품에 돈을 투자하는 것과 여러 사업이나 상품에 돈을 투자하는 것 중 어느 쪽이 더 안전할까?

a) 하나의 사업이나 상품
b) 여러 사업이나 상품
c) 모르겠다
d) 답변 거부

* 정답은 하단에 있다.

60%

금융 이해율

40%

말리
말리
부르키나파소
에티오피아
니제르
기니

차트
부룬디

시에라리온

20%

0.4

조사에서는 네 문제 중 세 개 이상을 맞힌 사람을 금융이해력이 있다고 봤다.

인플레이션
앞으로 10년 사이에 당신이 구매할 물건의 가격이 2배로 오른다고 가정해보라. 소득도 2배가 된다면 구매할 수 있는 물건은 지금보다 적을까? 지금과 똑같을까? 지금보다 많을까?

a) 적다
b) 똑같다
c) 많다
d) 모르겠다
e) 답변 거부

수리력(이자)
당신이 100달러를 빌려야 한다고 가정해보라. 105달러를 빌리는 것과 100달러에 3퍼센트를 더한 금액을 빌리는 것 중 어느 쪽이 돌려줘야 하는 돈이 적을까?

a) 105달러
b) 100달러에 3퍼센트를 더한 금액
c) 모르겠다
d) 답변 거부

복리
은행에 2년 동안 돈을 넣어두면 은행에서 매년 15퍼센트씩 이자를 준다고 가정해보라. 은행은 첫 번째 해보다 두 번째 해에 더 많은 이자를 줄까? 아니면 2년 동안 같은 이자를 줄까?

a) 더 많은 이자를 준다
b) 같은 이자를 준다
c) 모르겠다
d) 답변 거부

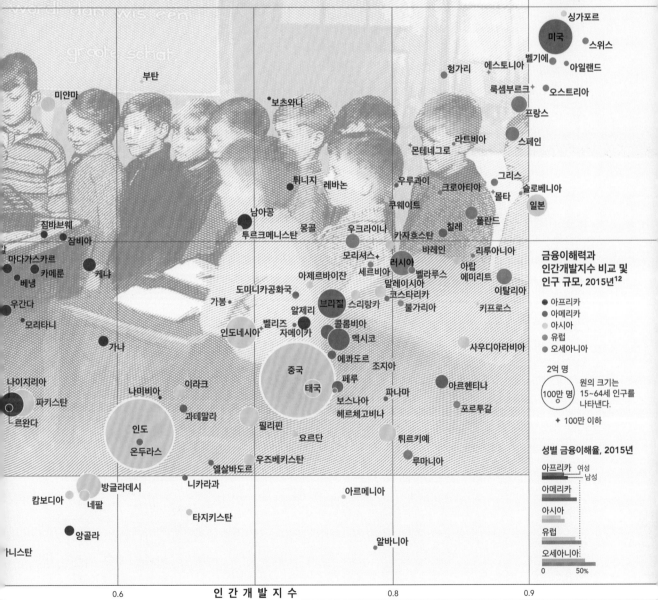

금융이해력과 인간개발지수 비교 및 인구 규모, 2015년[12]

- 아프리카
- 아메리카
- 아시아
- 유럽
- 오세아니아

2억 명
100만 명

원의 크기는 15~64세 인구를 나타낸다.

✚ 100만 이하

성별 금융이해율, 2015년

아프리카 여성 / 남성
아메리카
아시아
유럽
오세아니아

0 ──── 50%

인 간 개 발 지 수
0.6   0.8   0.9

무기가 되는 금융

**돈은 곧 힘이다. 21세기 들어 금융 제재는
탁월한 효과를 내는 무기로 자리매김했다.**

인류는 문명을 이룬 이래로 늘 경제 전쟁을 벌여왔다. 수 세기 전에는 함대
가 바닷길을 봉쇄해 특정 국가의 무역을 막았다면, 오늘날에는 각국 정부
와 은행가들이 금융 제재를 활용해 경쟁국을 무너뜨린다. 금융 제재는 정
부가 자본시장에 접근하지 못하게 막고, 기업의 해외 금융 서비스 이용을
제한하고, 국제 은행 관계를 끊고, 해외 자산을 동결하고, SWIFT와 같은
국제 금융 인프라 이용을 차단하는 등 여러 형태로 이뤄진다.

모든 정부에게 금융 제재가 무기인 것은 아니다. 금융 제재는 어디까지
나 강자의 무기이며, 국제 금융 규제에 더 큰 영향력을 행사하는 국가만이
영향력이 약한 국가를 처벌할 수 있다. 그렇기에 금융 제재를 시행하는 국

4

가와 제재를 받는 국가는 지리적으로 불균형하게 분포하며, 국제 금융 통
합을 선도하는 정부는 뒤처진 정부의 접근을 제한·차단할 수 있다.

오른쪽 그래프는 1950~2019년의 적극적 금융 제재 사례들을 지역별로
분류해 여러 색으로 표시한 것이다. 이 시기에 자주 금융 제재를 시행한 곳
은 미국, EU, 노르웨이, 캐나다인데, 서구 국가들이 국제 금융에서 행사하
는 지배력을 생각하면 당연한 결과다. 하지만 1990년대 들어서는 UN이
제재에 나서는 경우도 많았다. 반대로 많은 제재를 받은 국가들은 미얀마,
캄보디아, 파키스탄, 시리아, 이란이다. 어떤 지역이 금융 제재를 시행하거
나 당하는지는 냉전, 테러와의 전쟁 같은 중대한 지정학적 사건에 따라 달
라지기에 시대마다 차이가 있다. 오른쪽 연대표를 보면 특정 국가가 제재
를 당한 이유를 어느 정도 짐작할 수 있지만, 제재의 인과관계를 완벽히 규
명하기란 불가능하다. 각국은 전쟁·민주주의·인권 등 수많은 정치·경제·
사회 문제에 서로 다른 견해를 가지고 있기 때문이다.

경제의 세계화와 금융화로 금융 제재가 끼치는 영향이 커지면서 금융 제
재를 무기로 사용하는 사례도 폭발적으로 증가했다. 각국 경제가 서로 긴
밀히 얽혀 있는 세계화 시대에, 특정 국가를 주요 금융 네트워크에서 배제
하는 일은 새로운 문제와 막대한 비용을 초래한다. 하지만 동시에 금융이
기술화·디지털화되면서 금융 제재를 실행하고 감시하며 평가하기가 더욱
쉬워진 것도 사실이다. 세계 경제에서 금융이 차지하는 비중이 어느 때보
다 커진 만큼, 금융 제재를 무기로 사용하는 일은 갈수록 늘어날 것이다.[13]

가장 많은 제재를 시행한 주체

1950~1969년
- 28 미국
- 4 프랑스
- 3 소련
- 3 영국
- 2 일본

제재 대상 국가가 속한
지역별 적극적 금융 제재 건수, 1950~2019년[14]

1962년 9월
미국과 독일이
예멘내전에 군사
개입한 이집트 제재

1962년 10월
쿠바 미사일 위기
이후 미국이 쿠바
제재 강화

1967년 6월
제3차 중동전쟁 발발

1950년 6월
한국전쟁 발발

1955년 11월
베트남전쟁 발발

1950

가장 많은 제재를 받은 국가

1950~1969년
- 6 이집트
- 3 로디지아
- 3 쿠바
- 2 알제리, 중국, 라오스,
  북한, 페루, 튀니지

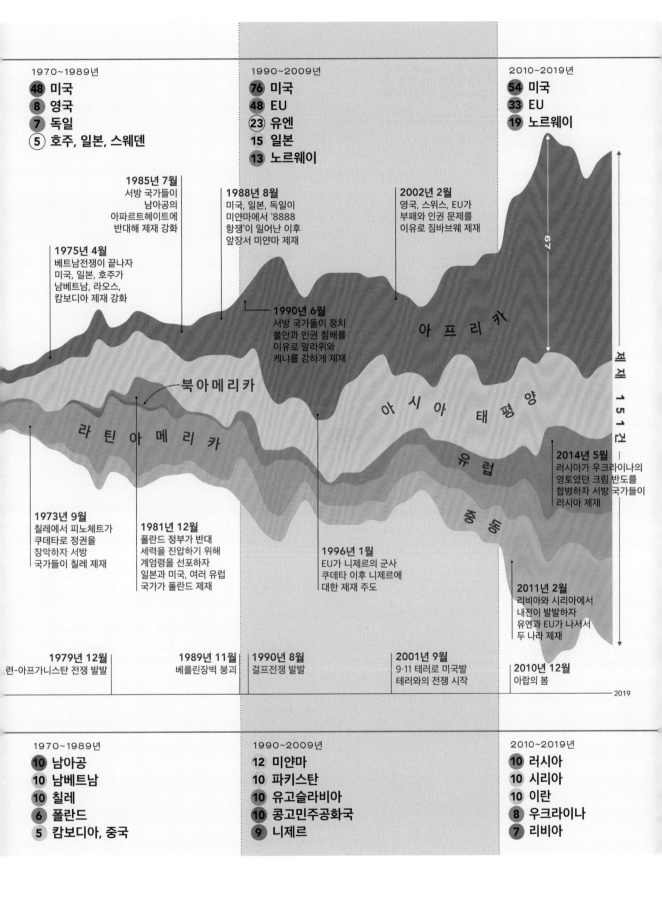

1970~1989년
- **48** 미국
- **8** 영국
- **7** 독일
- **5** 호주, 일본, 스웨덴

1990~2009년
- **76** 미국
- **48** EU
- **23** 유엔
- **15** 일본
- **13** 노르웨이

2010~2019년
- **54** 미국
- **33** EU
- **19** 노르웨이

1985년 7월
서방 국가들이
남아공의
아파르트헤이트에
반대해 제재 강화

1988년 8월
미국, 일본, 독일이
미얀마에서 '8888
항쟁'이 일어난 이후
앞장서 미얀마 제재

2002년 2월
영국, 스위스, EU가
부패와 인권 문제를
이유로 짐바브웨 제재

1975년 4월
베트남전쟁이 끝나자
미국, 일본, 호주가
남베트남, 라오스,
캄보디아 제재 강화

1990년 6월
서방 국가들이 정치
불안과 인권 침해를
이유로 말라위와
케냐를 강하게 제재

아 프 리 카

북아메리카

제 재 1 5 1 건

67

아 시 아 태 평 양

유 럽

라 틴 아 메 리 카

2014년 5월
러시아가 우크라이나의
영토였던 크림 반도를
합병하자 서방 국가들이
러시아 제재

중 동

1973년 9월
칠레에서 피노체트가
쿠데타로 정권을
장악하자 서방
국가들이 칠레 제재

1981년 12월
폴란드 정부가 반대
세력을 진압하기 위해
계엄령을 선포하자
일본과 미국, 여러 유럽
국가가 폴란드 제재

1996년 1월
EU가 니제르의 군사
쿠데타 이후 니제르에
대한 제재 주도

2011년 2월
리비아와 시리아에서
내전이 발발하자
유엔과 EU가 나서서
두 나라 제재

1979년 12월
련-아프가니스탄 전쟁 발발

1989년 11월
베를린장벽 붕괴

1990년 8월
걸프전쟁 발발

2001년 9월
9·11 테러로 미국발
테러와의 전쟁 시작

2010년 12월
아랍의 봄

2019

1970~1989년
- **10** 남아공
- **10** 남베트남
- **10** 칠레
- **6** 폴란드
- **5** 캄보디아, 중국

1990~2009년
- **12** 미얀마
- **10** 파키스탄
- **10** 유고슬라비아
- **10** 콩고민주공화국
- **9** 니제르

2010~2019년
- **10** 러시아
- **10** 시리아
- **10** 이란
- **8** 우크라이나
- **7** 리비아

미래를 채굴하다

에너지를 배터리에 저장하는 기술이 발전하면서 광물과 광물 거래, 관련 금융 상품을 향한 요구가 더욱 커지고 있다.

화학에서 주기율표는 원소를 원자 번호순으로 나열하고 공통된 특징에 따라 분류한 표를 말한다. 오른쪽 그림은 전기차에 필요한 광물과 금융 관련 요소들의 지리적 분포를 알기 쉽게 비교·설명하기 위해 주기율표 형태로 나타낸 카토그램(특정 통계 수치를 바탕으로 재구성한 지도 – 옮긴이)이다. 표의 각 열에는 아메리카 대륙에서 환태평양까지 지역별로 국가들을 묶었다.

충전식 배터리에 쓰이는 광물과 금속 매장지는 대체로 특정 지역에 몰려 있다. 오른쪽 상단의 작은 표들은 전기차에 쓰이는 리튬이온 배터리의 주요 원료들이 어디에 매장돼 있고 최대 생산국은 어디인지를 보여주며, 아래의 큰 표는 그 원료들이 세계 시장에서 어떻게 거래되는지를 보여준다. 표들을 보면 전기차 배터리에 들어가는 광물의 생산지가 화석 연료 생산지보다도 지리적으로 편중되어 있다. 호주·브라질·캐나다·중국·미국 등 국토 면적이 넓은 국가는 관련 자원이 풍부하지만, 석유와 가스 생산량이 많은 중동에서는 매장지가 거의 없다. 이에 따라 전 세계가 소수의 개발도상국(리튬과 코발트 매장량이 가장 많은 칠레와 콩고민주공화국 등)에 광물 수입을 의존하면서 현지에서는 환경 피해와 인권 침해가 발생한다.

한편 유럽은 광물 매장지가 거의 없는 반면에 금융과 무역 네트워크에서 많은 일을 담당한다. 세계 최대 금속거래소인 런던금속거래소London Metal Exchange(이하 LME)는 코발트, 구리, 니켈의 가격을 결정하고 광물을 원활히 운송하는 데 결정적인 역할을 하는 곳이다. LME의 원자재 트레이더들은 광물의 생산자와 최종 사용자(아시아에 몰려 있는 배터리·자동차 제조업체 등) 사이의 거래를 연결하는 역할을 하므로, LME의 지정 창고가 있는 국가는 국제 무역에서 차지하는 비중이 더 높다. 최근 런던과 뉴욕의 금속거래소는 구리와 니켈 선물에 이어 리튬과 코발트 선물 계약을 도입했다. 선물 계약은 투기 거래 대상이 되기도 하지만, 생산자가 가격을 파악하고 배터리 공급망 참여자가 투입 비용을 헤지하거나 위험을 관리하는 데 도움을 준다는 점에서 매우 중요하다.

따라서 전기차에 플러그를 꽂는 것은 곧 전 세계를 아우르는 광물과 금융 네트워크에 접속하는 일이기도 하다.[15]

전기차에 쓰이는 6개 광물의 국가별 수출입 현황 2020년[16]

- 전 세계 수입에서 차지하는 비중
- 전 세계 수출에서 차지하는 비중
- 국가 코드
- LME 지정 창고
- 금속거래소

		1.3	6.2
		Us	
		미국	

북아메리카				아프리카 서부 해안		

Ca (6.1 / 1.8) 캐나다   **Ma** 모로코

남아메리카   중앙아프리카   동아프리카

Us (1.3/6.2) 미국	Br (.09/.09) 브라질	Ci 코트디부아르	Cd (10) 콩고민주공화국	Tz (1.1) 탄자니아
Mx 멕시코	Pe 페루	Gh 가나	Zm (19) 잠비아	Mz (.06) 모잠비크
Cu 쿠바	Cl (8.7) 칠레	Ga (.04) 가봉	Zw 짐바브웨	Mg (.06) 마다가스카르
Do (.06) 도미니카공화국	Ar (.42) 아르헨티나	Na (4.5/4.1) 나미비아	Za (3.4) 남아공	

누가 광물을 추출하는가?

런던에 본사를 둔 리오틴토, 멜버른에 본사를 둔 BHP 같은 세계적인 기업들이 많은 매장된 광물을 채굴한다.

전기 경제의 주요 광물은 어디서 생산되는가?

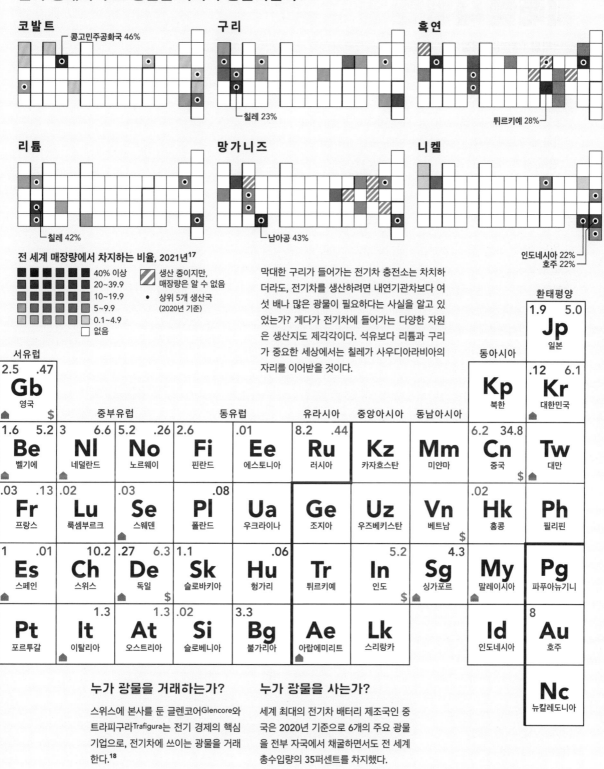

코발트
콩고민주공화국 46%

구리
칠레 23%

흑연
튀르키예 28%

리튬
칠레 42%

망가니즈
남아공 43%

니켈
인도네시아 22%
호주 22%

전 세계 매장량에서 차지하는 비율, 2021년[17]

- 40% 이상
- 20~39.9
- 10~19.9
- 5~9.9
- 0.1~4.9
- 없음

생산 중이지만, 매장량은 알 수 없음

• 상위 5개 생산국 (2020년 기준)

막대한 구리가 들어가는 전기차 충전소는 차치하더라도, 전기차를 생산하려면 내연기관차보다 여섯 배나 많은 광물이 필요하다는 사실을 알고 있었는가? 게다가 전기차에 들어가는 다양한 자원은 생산지도 제각각이다. 석유보다 리튬과 구리가 중요한 세상에서는 칠레가 사우디아라비아의 자리를 이어받을 것이다.

환태평양
1.9   5.0
Jp
일본

서유럽
2.5   .47
Gb
영국

동아시아
.12   6.1
Kr
대한민국

Kp
북한

중부유럽
동유럽
유라시아
중앙아시아
동남아시아

1.6 5.2 **Be** 벨기에	3 6.6 **Nl** 네덜란드	5.2 .26 **No** 노르웨이	2.6 **Fi** 핀란드	.01 **Ee** 에스토니아	8.2 .44 **Ru** 러시아	**Kz** 카자흐스탄	**Mm** 미얀마	6.2 34.8 **Cn** 중국	**Tw** 대만	
.03 .13 **Fr** 프랑스	.02 **Lu** 룩셈부르크	.03 **Se** 스웨덴	**Pl** 폴란드	.08 **Ua** 우크라이나	**Ge** 조지아	**Uz** 우즈베키스탄	**Vn** 베트남	.02 **Hk** 홍콩	**Ph** 필리핀	
1 .01 **Es** 스페인	10.2 **Ch** 스위스	.27 6.3 **De** 독일	1.1 **Sk** 슬로바키아	.06 **Hu** 헝가리	**Tr** 튀르키예	5.2 **In** 인도	4.3 **Sg** 싱가포르	**My** 말레이시아	**Pg** 파푸아뉴기니	
Pt 포르투갈	1.3 **It** 이탈리아	1.3 **At** 오스트리아	.02 **Si** 슬로베니아	3.3 **Bg** 불가리아	**Ae** 아랍에미리트	**Lk** 스리랑카		**Id** 인도네시아	8 **Au** 호주	

Nc
뉴칼레도니아

누가 광물을 거래하는가?
스위스에 본사를 둔 글렌코어Glencore와 트라피구라Trafigura는 전기 경제의 핵심 기업으로, 전기차에 쓰이는 광물을 거래한다.[18]

누가 광물을 사는가?
세계 최대의 전기차 배터리 제조국인 중국은 2020년 기준으로 6개의 주요 광물을 전부 자국에서 채굴하면서도 전 세계 총수입량의 35퍼센트를 차지했다.

넓은 바다의 물 한 방울?

청색채권 투자자는 해양 환경 개선에 투자함으로써 지구 생명체의 근간이 되는 생태계 보전에 이바지할 수 있다.

겨울이 되면 따뜻한 여름날과 시원한 물놀이가 그립지 않은가? 여름철이면 많은 여행객이 바다에 풍덩 뛰어들기를 기대하며 발트해로 향한다. 하지만 여름철 이들을 기다리는 것은 끈적끈적한 녹색 부유물로 뒤덮인 바다다.

7월이 되면 농경지에서 나온 물이 바다로 들어오고 기온이 높아지면서 전 세계에서도 오염이 심한 발트해에 해조류가 대량 증식한다. 이제 여름철이면 어부들은 어획량을 걱정하고, 호텔과 식당 주인들은 관광객 감소에 대비하며, 수영객들은 찐득찐득한 녹조를 피해 해변을 걸어 다닌다. 문제는 녹조가 해안가를 넘어 먼바다까지 퍼지고 있다는 점이다. 오른쪽 지도에 나와 있듯, 2019년에는 우주에서도 발트해의 녹색층을 볼 수 있었다.

바다는 지구상에서 가장 거대한 생태계로, 지구 표면의 71퍼센트를 덮고 있다. 해양 생태계는 30억 인구의 생계를 책임지며, 2010년에는 연간 1조 5000억 달러의 경제적 가치를 창출했다.[19] 하지만 해양 생태계는 그 중요성에도 불구하고, 지구상의 어떤 서식지보다도 심각한 위기에 처해 있다. 널리 알려진 녹색채권(친환경 프로젝트에 자금을 조달하려는 목적으로 발행하는 채권 – 옮긴이) 원칙을 바탕으로 탄생한 청색채권blue bond은 빗물 집수, 하수 처리 등 해양 생태계 보전에 필요한 일에 자금을 지원하는 새로운 유형의 채권이다.[20] 청색채권 투자자들은 지구의 자연 자본, 즉 인류에게 경제적 이익을 가져다주는 자연의 가치를 정당하게 평가하는 데 기여할 수 있다.[21]

최초의 청색채권은 2018년 세이셸에서 발행됐다. 그 뒤를 이어 북유럽투자은행이 발트해의 환경을 개선하려는 목적으로 발행한 청색채권은 스칸디나비아 투자자들에게서 뜨거운 반응을 얻었다. 2019년에 발행한 첫 채권의 청약 경쟁률이 2대 1을 넘자 은행은 이듬해 두 번째 채권을 발행했다.[22] 북유럽-발트 청색채권의 수익은 질소와 인 배출을 줄이고, 취약한 해양 환경을 보호하고, 폭우가 잦은 시기에 농업 폐수가 유출되는 일을 최소화하기 위한 13개 프로젝트에 투자됐다. 발트해 연안 지역에서 영양물질 배출을 줄이려면 상류 지역의 관리가 중요하다. 그런데도 농경지가 많은 인근 국가들은 오히려 이에 소극적이다.[23] 발트해라는 작은 바다를 살리려면 이렇듯 매우 복잡한 과제들을 해결해야 한다. 청색채권은 이를 해결하는 중요한 분수령이 될까? 아니면 넓은 바다의 물 한 방울로 그치고 말까?

녹조 주의

청색채권 시장

	(단위: 100만 달러)
2018	
세이셸공화국	15
2019	
북유럽투자은행	218
세계은행	39
2020	
중국은행(파리, 마카오 지점)	941
북유럽투자은행	168
칭다오워터그룹	44
2021	
시스팬 코퍼레이션(홍콩)	750
중국공상은행	450
벨리즈 블루인베스트먼트코	364
아시아개발은행	307
2022	
필리핀 BDO 유니뱅크	100
에콰도르국제은행	79
바베이도스 정부[24]	73

과도한 질소와 인 배출로 증식한 해조류 2019년 7월[25]

영양물질 배출 감소 현황[26]
- ━ 미달성
- ━ 달성
- ━ 불확실

격자형 토지 8제곱킬로미터당 농경지 비율
- 76~100
- 51~75
- 26~50
- 1~25
- 1퍼센트 미만

- □ 금융 기관
- ◇ 북유럽-발트 청색채권에서 수익금을 받은 프로젝트

0 ——— 100 km

베르겐°

60°N

북 해

지도로 나타낸 영역

발트해 유역

유 럽

발트해 유역

북극권

러시아

룰레강

룰레오

룰레오는 메탄을 바이오 연료로
전환하는 바이오 폐기물 소화조
건설, 새 하수도 설치, 식수 공장
확장을 위해 1950만 유로를
대출받았다.

보트니아만

핀란드

에스포는 블로민매키 하수처리장을
건설해 매년 300톤의 질소 배출량을
줄이기 위해 1억 1500만 유로를
대출받았다. 이 하수처리장은
인근 지역에 악취와 소음 공해가
덜하도록 지하에 지어졌다.

라도가호

탐페레

상트페테르
부르크

보스니아해

맨챌래

북유럽
투자은행

투르쿠

헬싱키

에스포

핀란드만

하마르

렌헤덴

탈린

나스닥노르딕
지속가능시장

에스토니아

오슬로

스톡홀름은 식수를 확보하고
빗물을 집수해 해양 생태계로의
물 유출을 줄이기 위해 2240만
유로를 대출받았다.

스톡홀름

페이푸스호

베네른호

탈린은 하수가 범람해 발트해로
흘러 들어가지 않도록 하수도망을
개조하기 위해 1760만 유로를
대출받았다.[27]

타눔

예테보리

라트비아

고틀란드섬

리가

다우가바강

바르베리

할름스타드

발트해

리투아니아

올보르

오르후스

코펜하겐

말뫼

러시아

빌뉴스

덴마크

오덴세

칼리닌그라드

흐로드나

그단스크

폴란드

비아위스토크

함부르크

독일

비드고슈치

나무를 키우는 법

녹색 원은 가상의 사용자가 90일 동안 한 여러 유형의 활동을 나타낸다. 포인트는 주로 QR 코드를 사용해 기록한다. 사용자가 어딘가를 걸으면 60걸음당 1포인트가 적립된다. 매장에서 알리페이로 결제하고 종이 영수증을 받지 않으면 결제 건당 5포인트가 적립된다. 식당에서 QR 코드를 사용해 음식을 주문하면 7포인트가 적립된다. 이런 식으로 저탄소 행동을 많이 할수록 포인트는 더 빠르게 쌓인다. 2016년부터 2019년까지 모든 사용자가 줄인 탄소배출량은 총 790만 톤에 이르는데, 이는 아이슬란드나 나미비아 등의 국가가 같은 기간 배출한 탄소의 양과 맞먹는 규모다.[28]

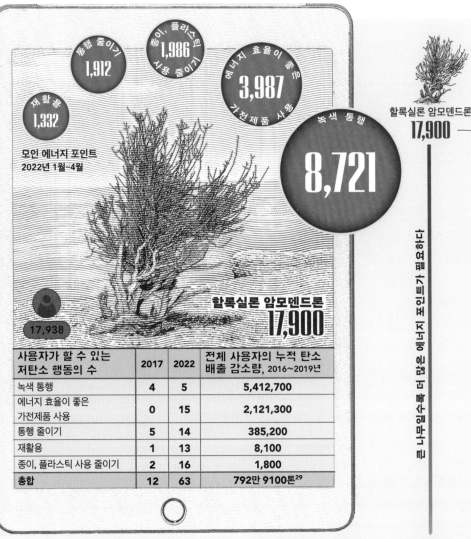

통행 줄이기
1,912

종이, 플라스틱 사용 줄이기
1,986

에너지 효율이 좋은 가전제품 사용
3,987

재활용
1,332

모인 에너지 포인트
2022년 1월~4월

녹색 통행
8,721

17,938

할록실론 암모덴드론
17,900

할록실론 암모덴드론
17,900

큰 나무일수록 더 많은 에너지 포인트가 필요하다

아비에스 파브리
330,000

사용자가 할 수 있는 저탄소 행동의 수	2017	2022	전체 사용자의 누적 탄소 배출 감소량, 2016~2019년
녹색 통행	4	5	5,412,700
에너지 효율이 좋은 가전제품 사용	0	15	2,121,300
통행 줄이기	5	14	385,200
재활용	1	13	8,100
종이, 플라스틱 사용 줄이기	2	16	1,800
총합	12	63	792만 9100톤[29]

사용자는 17가지 나무종 중 원하는 것을 고를 수 있다. 나무를 심는 데 필요한 포인트는 나무가 흡수하는 이산화탄소량과 같다. 예를 들어 삭사울나무 한 그루는 일생 동안 1만 7900그램의 이산화탄소를 흡수하므로 가상의 삭사울나무를 선택하려면 1만 7900포인트를 사용해야 한다.[30]

알리페이의 숲테크

디지털 사회에서 금융 기술은 토지의 복원을 촉진할 수 있다.

광활한 사막에 묘목들이 간격을 맞추고 서 있다. 사람들이 트럭으로 실어나른 물을 묘목마다 반 통씩 부어준다. '사막의 수호자'가 될 나무들이 생존하는 데 필요한 최소한의 물이다. 삭사울saxaul나무는(학명은 '할록실론 암모덴드론') 무사히 자라면 모래 폭풍을 줄일 수 있다.

중국 북부에서는 핀테크 기업 앤트그룹이 2016년 출시한 앤트포레스트 덕분에 5년 만에 삭사울나무 3억 2600만 그루를 심었다. 앤트포레스트란 중국 최대 온라인 결제 시스템 알리페이에서 가상의 나무를 키우는 게임이다.

앤트포레스트는 위 그림과 같이 사용자들이 걷거나 전기차를 운전하고, 재활용하고, 에너지 소비 효율 등급이 표시된 가전제품을 사고, 종이 영수증 대신 전자 영수증을 받는 등 탄소배출량이 적은 활동을 하면서 포인트를 모아 가상의 나무를 키우도록 장려한다. 포인트를 충분히 모으면, 사용자는 탄소배출량을 줄인 보상으로 실제 나무의 종류와 위치를 선택해 한 그루를 심을 수 있다. 위 지도에 나오듯, 사용자들의 활동이 가장 활발한 지역은 중국 남동부며, 이들은 웹캠과 위성 이미지를 활용해 '자신의' 나무를 볼

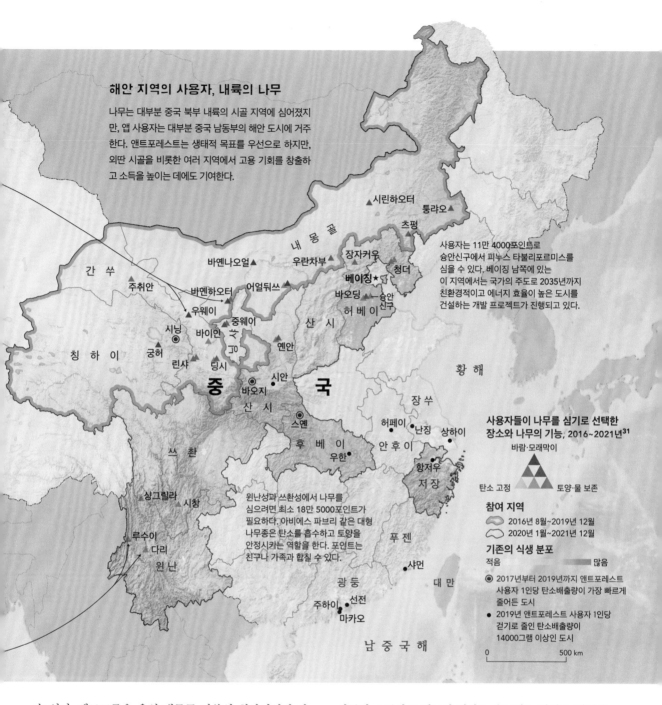

해안 지역의 사용자, 내륙의 나무

나무는 대부분 중국 북부 내륙의 시골 지역에 심어졌지만, 앱 사용자는 대부분 중국 남동부의 해안 도시에 거주한다. 앤트포레스트는 생태적 목표를 우선으로 하지만, 외딴 시골을 비롯한 여러 지역에서 고용 기회를 창출하고 소득을 높이는 데에도 기여한다.

사용자는 11만 4000포인트로 슝안신구에서 피누스 타불리포르미스를 심을 수 있다. 베이징 남쪽에 있는 이 지역에서는 국가의 주도로 2035년까지 친환경적이고 에너지 효율이 높은 도시를 건설하는 개발 프로젝트가 진행되고 있다.

윈난성과 쓰촨성에서 나무를 심으려면 최소 18만 5000포인트가 필요하다. 아비에스 파브리 같은 대형 나무종은 탄소를 흡수하고 토양을 안정시키는 역할을 한다. 포인트는 친구나 가족과 합칠 수 있다.

사용자들이 나무를 심기로 선택한 장소와 나무의 기능, 2016~2021년[31]

바람·모래막이

탄소 고정   토양·물 보존

참여 지역
- 2016년 8월~2019년 12월
- 2020년 1월~2021년 12월

기존의 식생 분포
적음   많음
- ◉ 2017년부터 2019년까지 앤트포레스트 사용자 1인당 탄소배출량이 가장 빠르게 줄어든 도시
- ● 2019년 앤트포레스트 사용자 1인당 걷기로 줄인 탄소배출량이 14000그램 이상인 도시

0   500 km

수 있다. 앤트그룹은 우선 내몽골·간쑤성·칭하이성의 사막화를 해결하는 데 초점을 맞췄고, 사용자들은 2019년까지 이 지역에 1억 2200만 그루의 나무를 심었다. 이후 앤트포레스트는 사용자들이 나무를 심을 수 있는 지역을 확대하고 새로운 탄소감소 활동을 추가했다. 지금까지 6억 명의 알리페이 사용자가 참여해 2650제곱킬로미터(약 홍콩·룩셈부르크 크기)에 나무를 심으면서 앤트포레스트는 세계 최대 민간 식수사업으로 자리매김했다.[32]

앤트그룹은 자선 활동으로 나무를 기부하기보다 소비자들과 소통하고 행동의 변화를 유도하는 방향을 택했다. 이로써 알리페이는 탄소발자국을 줄이는 데 기꺼이 참여하려는 사람의 데이터를 수집하는 세계 최대 디지털 플랫폼이 됐다. 이렇듯 핀테크는 전 지구적인 문제에 미시적 해결책을 제공해 환경 개선과 사회·경제의 발전을 위한 활동에 개인의 힘을 모을 수 있다. 핀테크가 끼칠 수 있는 긍정적 효과는 특히 UN에서 큰 주목을 받았다. UN은 2019년 앤트포레스트에 'UN 지구 챔피언상'을 수여했고, 앤트그룹은 이 환경상을 받은 최초의 금융사가 됐다.[33]

부합하는 온도 상승폭 (°C)

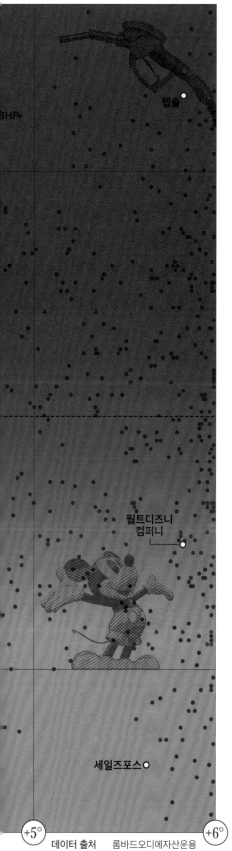

● 기업   ◯ 분야   ⊗ 지수 평균

불타는 포트폴리오

투자자들은 기후와 관련한 금융 위험과 기회에 주목하고 있다. '온도 부합 데이터'는 이러한 위험과 기회를 측정하고 관리하는 혁신적인 방법이다.

지구온난화가 이대로 진행된다면 세계는 파국을 맞이할 것이다. 여기서는 투자자들이 자신의 포트폴리오가 (기온 상승폭을 섭씨 2도 이하, 가능하면 1도 이하로 유지하는 것을 목표로 하는) 파리협정에 어느 정도 부합하는지 평가하는 법을 살펴본다. 기업의 탄소발자국은 의사결정의 출발점으로 삼기에 좋지만, 이것만으로는 올바른 판단을 내릴 수 없다. 기업의 탄소예산(파리협정의 목표를 달성하기 위해 허용 가능한 탄소배출량 – 옮긴이)은 기업이 속한 지역과 분야에 따라 달라야 한다. 가령 아시아의 시멘트 제조업체는 유럽 미디어 기업보다 매출 당 탄소배출량이 훨씬 많지만, 세상은 미디어 기업만으로는 돌아갈 수 없다.

'온도 부합 데이터'는 특정 기업이나 분야, 포트폴리오의 탄소배출량을 파리협정에 부합하는 공정한 탄소예산(여기서는 2015~2050년까지의 탄소예산을 계산했다)과 비교하는 혁신·미래지향적 방법이다. 어떤 기업의 탄소배출량이 탄소예산을 초과하면 '기업의 온도'(기후에 영향을 주는 정도)가 파리협정의 목표를 넘어설 것이다. 그러면 이 기업은 사실상 파리협정에 부합하지 않으므로 소비자의 인식이 나빠지고 좌초자산(시장 환경의 변화로 가치가 크게 훼손되는 자산 – 옮긴이)이 늘어나며 규제를 어길 위험이 크다고 볼 수 있다. 탄소발자국이 큰 기업이라면 이러한 위험에 더욱 주의해야 한다.

왼쪽 그래프는 1559개 대기업과 중기업의 탄소발자국과 파리협정에 부합하는 정도를 나타낸다. 기후와 관련한 투자 위험과 기회가 큰 기업은 탄소배출량이 많은 그래프 상단에 있다. 자동차 제조업체 폭스바겐처럼 '문제 해결자'에 해당하는 기업들은 사업 모델의 탈탄소화를 위해 급진적인 대책을 마련하고 있다. 반면 에너지 기업 렙솔 같은 '문제 유발자'들은 문제를 방치한다. 금융 기업들은 의외로 평균 탄소발자국이 크며 문제 해결자와 문제 유발자 사이에 있다. 금융 기업들이 실물경제에서 탄소를 배출하는 활동에 자금을 대기 때문이다. 그래프 하단의 '저탄소 후발주자'들은 탄소배출량을 줄여야 한다는 압박감이 적어 현 상황에 안주하는 듯 보이지만, '저탄소 및 파리협정 부합' 범주에 들어가려면 더 많이 노력해야 한다.

투자금이 많든 적든 투자자라면 누구나 행동에 나설 수 있다. 당신과 주변 이웃의 돈을 관리하는 사람들은 주주로서 목소리를 내고 기업들이 이 그래프의 왼쪽으로 이동하도록 노력하고 있는가?

데이터 출처   롬바드오디에자산운용

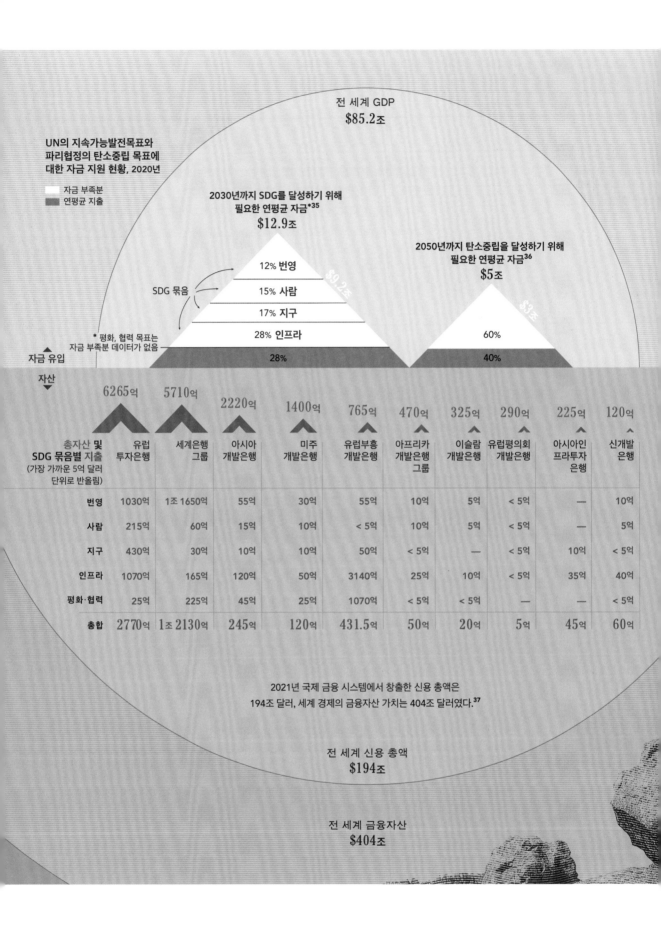

UN의 지속가능발전목표와 파리협정의 탄소중립 목표에 대한 자금 지원 현황, 2020년

☐ 자금 부족분
■ 연평균 지출

전 세계 GDP
$85.2조

2030년까지 SDG를 달성하기 위해 필요한 연평균 자금*35
$12.9조

$9.2조

SDG 묶음
- 12% 번영
- 15% 사람
- 17% 지구
- 28% 인프라
- 28%

2050년까지 탄소중립을 달성하기 위해 필요한 연평균 자금36
$5조

$3조
- 60%
- 40%

* 평화, 협력 목표는 자금 부족분 데이터가 없음

자금 유입 ▲
자산 ▼

총자산 및 SDG 묶음별 지출 (가장 가까운 5억 달러 단위로 반올림)	유럽투자은행	세계은행그룹	아시아개발은행	미주개발은행	유럽부흥개발은행	아프리카개발은행그룹	이슬람개발은행	유럽평의회개발은행	아시아인프라투자은행	신개발은행
	6265억	5710억	2220억	1400억	765억	470억	325억	290억	225억	120억
번영	1030억	1조 1650억	55억	30억	55억	10억	5억	< 5억	—	10억
사람	215억	60억	15억	10억	< 5억	10억	5억	< 5억	—	5억
지구	430억	30억	10억	10억	50억	< 5억	—	< 5억	10억	< 5억
인프라	1070억	165억	120억	50억	3140억	25억	10억	< 5억	35억	40억
평화·협력	25억	225억	45억	25억	1070억	< 5억	< 5억	—	—	< 5억
총합	2770억	1조 2130억	245억	120억	431.5억	50억	20억	5억	45억	60억

2021년 국제 금융 시스템에서 창출한 신용 총액은 194조 달러, 세계 경제의 금융자산 가치는 404조 달러였다.37

전 세계 신용 총액
$194조

전 세계 금융자산
$404조

지속가능발전목표

번영
- 빈곤 종식
- 성평등
- 양질의 일자리와 경제성장
- 불평등 감소

사람
- 기아 종식
- 건강과 웰빙
- 양질의 교육

지구
- 책임감 있는 소비와 생산
- 기후변화 대응
- 해양 생태계 보호
- 육상 생태계 보호

인프라
- 깨끗한 물과 위생
- 가격이 적정한 청정 에너지
- 산업, 혁신, 사회기반시설
- 지속 가능한 도시와 공동체

평화·협력
- 평화, 정의, 탄탄한 제도
- SDG를 위한 협력

자산이 20억 달러 이상인
기타 개발은행

지속 가능한 빅 픽처

**UN의 지속가능발전목표와 탄소중립을 달성하려면
국제 금융 시스템의 변혁이 필요하다.**

2015년, 모든 UN 회원국은 전 세계적인 경제·사회·환경 문제를 해결하기 위한 계획인 '2030 지속가능발전 의제'를 채택했다. 이 계획은 빈곤 퇴치, 성평등, 교육, 좋은 일자리, 지속 가능한 도시 건설, 평화와 정의 증진, 환경 보호에 이르는 17가지 지속가능발전목표Sustainable Development Goals(이하 SDG)를 제시한다.

그러나 이처럼 원대한 목표는 쉽게 이룰 수 있는 것이 아니다. 2020년을 기준으로, 2030년까지 17개 목표를 모두 달성하는 데 드는 비용은 연 12조 9000억 달러에 달했다. 왼쪽 그림에서는 이 비용을 지평선 너머 뾰족한 산봉우리로 표현했다. 지금으로서는 산 정상에 도달하기란 요원한 일로 보인다. 산봉우리를 뒤덮은 하얀 눈은 매년 필요한 비용에서 부족한 부분(9.2조 달러)을 나타낸다. 여기에 2050년까지 탄소중립을 달성하기 위해 매년 추가로 필요한 3조 달러(작은 봉우리 참고)를 더하면, 지속 가능한 미래를 실현하기란 얼마나 어려운 일인지를 실감할 수 있다.

하지만 SDG와 탄소중립에 필요한 비용은 맥락에 따라 다르게 볼 수도 있다. 2020년, 전 세계 GDP는 85조 2000억 달러였다.[38] 전 세계가 매년 GDP의 5분의 1을 투자할 수만 있다면, SDG와 탄소중립도 불가능한 목표는 아닌 셈이다. 게다가 이 비용은 2021년 기준 전 세계 신용 총액의 10퍼센트, 전체 금융자산의 5퍼센트에도 못 미치는 만큼 자금 자체가 부족하지는 않다. 문제는 과연 그만한 비용을 투자할 의지가 있느냐는 것이다.

SDG와 탄소중립을 향해 나아가는 과정에서 중요한 역할을 해야 할 중재자는 개발은행이다. 개발은행development bank은 정부 보증을 활용해 금융시장에서 자금을 조달하는 방식으로 공공과 민간의 개발 프로젝트를 지원하는 전문 기관이다. 개발은행은 대부분 특정 지역이나 국가에 기반을 두며 정부가 소유한다. 2020년 기준, 전 세계에는 500여 개의 개발은행이 있으며, 이들은 연간 2조 2000억 달러의 자금을 지원하고 총자산이 18조 달러가 넘는다. 그중 47개는 국제기구(세계은행, IMF, EU)와 각국 정부가 다자간 협력으로 설립한 은행이다. 총자산 기준 상위 10대 다자간 개발은행은 SDG를 추진하는 투자 프로젝트에 2조 달러를 지원했으며, 세계은행 그룹과 유럽부흥개발은행, 유럽투자은행이 가장 큰 비중을 차지했다(왼쪽 표의 합계 참고). 하지만 우리 사회와 경제가 공정하고 지속 가능한 세상으로 나아가려면 훨씬 많은 지원이 필요하다. 이 같은 목표를 향한 여정에서 우리는 아직 걸음마조차 떼지 못했다.[39]

우주 투자자들

국가별 관측 위성 수, 2021년[40]

- **385** 미국
- **222** 중국
- **50** 유럽우주국
- **31** 일본
- **22** 러시아
- **22** 아르헨티나
- **14** 기타

가오펀

가오펀 위성 시리즈(가오펀은 '고해상도'라는 뜻이다)는 중국 국가항천국에서 운용하며, 환경과 농업 위험을 감시하는 데 사용한다.

2000km 상공

저궤도

400 km

돈은 결국 어디로 향하는가?

**지구 구석구석까지 침투한 금융은
이제 우주마저 정복할 태세다.**

각국이 우주에 인공위성을 쏘아올리는 데 매년 더 많은 돈을 쏟아부으면서 우주 투자는 말 그대로 하늘로 치솟고 있다. 인공위성은 과학자들이 먼 은하를 탐사하고 우주의 기원에 관한 비밀을 밝히는 데에도 쓰지만, 우리의 일상과 훨씬 가까운 곳에 초점을 맞추기도 한다. 최근에는 금융계에서도 인공위성의 쓰임새에 주목하기 시작했다(막대그래프 참고). 금융회사들은 인공위성 관련 프로젝트에 착수하고 있으며, 그중에는 이미 위성을 활용해 이익을 내는 회사도 있다.

지리공간 데이터와 금융 상품, 서비스, 분석의 결합은 국제 금융 시스템에 변혁을 일으키고 있다. 위성 사진과 인공지능을 결합한 '공간금융spatial finance'은 보험회사가 환경 위험을 감시하고, 부동산회사가 새로운 투자 기회를 파악하고, 다국적기업이 공급망을 지도화해 물류 개선을 돕는다.[43] 정확하고 세세한 실시간 데이터는 금융을 더 높은 차원으로 끌어올리고 있다.

위의 그림은 미국의 비영리 단체 '참여과학자모임Union of Concerned Scientists'에서 수집한 데이터를 바탕으로 지구

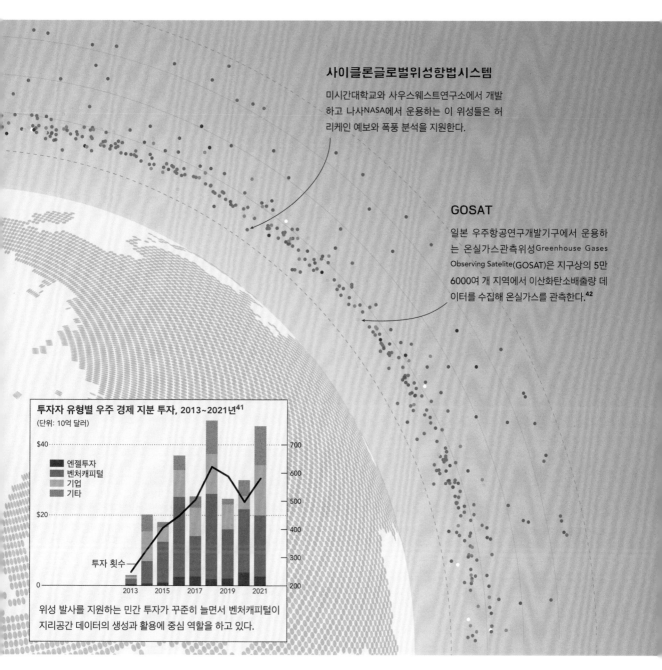

사이클론글로벌위성항법시스템

미시간대학교와 사우스웨스트연구소에서 개발하고 나사NASA에서 운용하는 이 위성들은 허리케인 예보와 폭풍 분석을 지원한다.

GOSAT

일본 우주항공연구개발기구에서 운용하는 온실가스관측위성Greenhouse Gases Observing Satelite(GOSAT)은 지구상의 5만 6000여 개 지역에서 이산화탄소배출량 데이터를 수집해 온실가스를 관측한다.[42]

투자자 유형별 우주 경제 지분 투자, 2013~2021년[41]

(단위: 10억 달러)

엔젤투자
벤처캐피털
기업
기타

투자 횟수

위성 발사를 지원하는 민간 투자가 꾸준히 늘면서 벤처캐피털이 지리공간 데이터의 생성과 활용에 중심 역할을 하고 있다.

위에 있는 관측 위성의 고도별 분포를 나타낸 것이다. 이 위성들은 대부분 저궤도를 운행하므로 배치에 드는 에너지가 적고 통신 상태가 더 양호하다. 이 위성들이 촬영해 지구로 전송한 이미지는 지리공간 데이터의 토대를 이룬다.

중앙은행과 규제 기관, 헤지펀드와 암호화폐 투자자 등 다양한 주체가 지리공간 데이터를 사용하지만, 위성의 소유권은 특정 지역에 쏠려 있다. 미국과 중국의 공공 및 민간 기관들은 전체 위성의 80퍼센트 이상을 소유해 나머지 지역을 압도한다. 이 점에서 우주 투자는 국제 금융 시스템만큼이나 양극화가 심하다고 볼 수 있다.

공간금융이 제공하는 기회가 날로 증가하면서 전 세계 많은 기업이 지리공간 데이터와 사업 활동을 통합하려 애쓰고 있는 만큼, 위성을 소유한 국가는 점점 더 늘어날 것이다. 점토로 문명의 토대를 쌓던 인류가 다른 행성의 식민화를 상상할 만큼 발전을 거듭해온 과정은 금융의 발전과 밀접한 관련이 있었으며, 이 관계는 앞으로도 변함이 없을 것이다. 그렇다면 인류는 과연 금융의 힘을 지구와 인류를 살리는 방향으로 돌리기 위해 손을 맞잡을 수 있을까?

주석 및 참고문헌

서문 금융의 신비를 풀다

주석

1 Roth and Wittich (1968).

2 Odyssey Traveller (2021).

3 우라노폴리스에서 출토된 주화에 관해서는 다음 자료를 참고. Marotta (n.d.).

4 프라 마우로와 그의 지도, 아브라함 오르텔리우스, 조안 블라우에 관해서는 각각 다음 자료를 참고. Falchetta (2006). Pye (2021). Brotton (2013).

5 『어리석음을 비추는 거대한 거울』에 관한 논의는 다음을 참고. Goetzmann et al. (2013).

6 시티넷 프로젝트에 관해서는 다음을 참고. CityNet (n.d.).

참고문헌

Brotton, Jerry. 2013. *A History of the World in Twelve Maps*. London: Penguin.

CityNet. n.d. Cities in Global Financial Networks: Financial and Business Services in the 21st Century [website]. *https://www.citynet21.org/*

Falchetta, Piero. 2006. *Fra Mauro's World Map*. Turnhout: Brepols.

Goetzmann, William, Catherine Labio, K. Geert Rouwenhorst, Timothy Young, and Robert Shiller. 2013. *The Great Mirror of Folly: Finance, Culture, and the Crash of 1720*. New Haven, CT: Yale University Press.

Marotta, Michael E. n.d. "Globes on Ancient Coins." 1-World Globes. *https://www.1worldglobes.com/globes-on-ancient-coins/*

Odyssey Traveller. 2021. "Ancient Aboriginal Trade Routes of Australia." Updated February 2021. *https://www.odysseytraveller.com/articles/ancient-aboriginal-trade-routes-of-australia/*

Pye, Michael. 2021. *Antwerp: The Glory Years*. London: Allen Lane.

Roth, Guenter, and Claus Wittich. 1968. *Max Weber: Economy and Society*. New York: Bedminster Press.

1장 역사와 지리

주석

1 Steven D. 2012. "If All the Economists Were Laid End to End, Would They Reach a Conclusion?" *Freakonomics*, January 9, *https://freakonomics.com/2012/01/if-all-the-economists-were-laid-end-to-end-would-they-reach-a-conclusion/*.

점토로 빚은 토대

주석

2 점토판의 해석은 주로 다음 자료를 참고했다. Nissen, Damerow, and Englund (1993). 이 책을 추천해준 옥스퍼드대학의 폴 콜린스에게 감사를 전한다. 메소포타미아의 도량형은 다음을 참고했다. Englund (2001).

3 고대 메소포타미아 수메르 문명의 위치에 관한 기본 지도는 다음 자료를 재구성했다. Goran tek-en (2014). 고대의 강줄기와 해안선은 다음 자료들을 참고했다. Morozova (2005), Jotheri et al. (2016), and Iacobucci et al. (2023).

4 이 속담은 다음 자료에서 인용했다. Black et al. (1998–).

5 본문에서 설명한 메소포타미아와 수메르의 경제에 관한 정보는 다음 자료들을 참고했다. Algaze (2012), Nissen (2003), and Podany (2022).

참고문헌

Algaze, Guillermo. 2012. "The End of Prehistory and the Uruk Period." In *The Sumerian World*, edited by Harriet Crawford, 68–94. London: Routledge.

Black, J. A., G. Cunningham, E. Fluckiger-Hawker, E. Robson, and G. Zólyomi. 1998–2006. *The Electronic Text Corpus of Sumerian Literature*. Oxford. *http://www-etcsl.orient.ox.ac.uk/*.

Englund, R. K. 2001. "Grain Accounting Practices in Archaic Mesopotamia." In *Changing Views on Ancient Near Eastern Mathematics*, edited by J. Høyrup and P. Damerov, 1–35. Berlin: Dietrich Reimer Verlag. *https://cdli.ucla.edu/staff/englund/publications/englund2001b.pdf*.

Goran tek-en. 2014. Map of Mesopotamia. *https://commons.wikimedia.org/wiki/File:N-Mesopotamia_and_Syria_english.svg*.

Iacobucci, Giulia, Francesco Troiani, Salvatore Milli, and Davide Nadali. 2023. "Geomorphology of the Lower Mesopotamian Plain at Tell Zurghul Archaeological Site." *Journal of Maps* 19 (1): 1–14. *https://doi.org/10.1080/17445647.2022.2112772*

Jotheri, Jaafar, Mark B. Allen, and Tony J. Wilkinson. 2016. "Holocene Avulsions of the Euphrates River in the Najaf Area of Western Mesopotamia: Impacts on Human Settlement Patterns." *Geoarchaeology* 31 (3): 175–93. *https://doi.org/10.1002/gea.21548*

Morozova, Galina S. 2005. "A Review of Holocene Avulsions of the Tigris and Euphrates Rivers and Possible Effects on the Evolution of Civilizations in Lower Mesopotamia." *Geoarchaeology* 20 (4): 401–23. *https://doi.org/10.1002/gea.20057*

Nissen, Hans J. 2003. "Uruk and the Formation of the City." In *Art of the First Cities: The Third Millennium B.C. from the Mediterranean to the Indus*, edited by J. Aruz, 11–20. New York: Metropolitan Museum of Art.

Nissen, Hans J., Peter Damerow, and Robert K. Englund. 1993. *Archaic Bookkeeping: Early Writing and Techniques of Economic Administration in the Ancient Near East*. Chicago: University of Chicago Press.

Podany, Amanda H. 2022. *Weavers, Scribes, and Kings: A New History of the Ancient Near East*. Oxford: Oxford University Press.

금속 화폐 등장

주석

6 데이터의 주요 출처는 다음과 같다. Cribb et al. (1999). 이 출처에 나와 있지 않은 국가들은 각각 다음 자료를 참고했다.
- 몬테네그로 – Central Bank of Montenegro (n.d.)
- 슬로베니아 – Šmit and Šemrov (2006)
- 라트비아 – Baltic Coins (2013)
- 에스토니아 – Leimus and Tvauri (2021)
- 리투아니아 – Pinigų Muziejus (2015)
- 아르메니아 – Central Bank of Armenia (n.d.)
- 아제르바이잔– Central Bank of Azerbaijan (n.d.)
- 동티모르 – Wikipedia (n.d.)

7 본문과 주화 그림에 덧붙인 설명은 다음 자료들을 참고했다. Eagleton and Williams (2011), Hockenhull (2015).

참고문헌

Baltic Coins. 2013. "Riga Coins." Facebook, March 24. *https://pt-br.facebook.com/BalticCoins/photos/riga-coinsthe-first-documentsconfirming-coin-minting-in-riga-arefrom-*

1211-when/588476021163736/

Central Bank of Armenia. n.d. "History of Money Circulation in Armenia from the First Mentions up to the Creation of Transcaucasian Commissariat in 1917." *https://www.cba.am/en/SitePages/achmoneycyclefirstmention.aspx*

Central Bank of Azerbaijan. n.d. "History of National Money Tokens." *https://www.cbar.az/page-168/history-of-national-currency*

Central Bank of Montenegro. n.d. "Money in Montenegro through History." *https://www.cbcg.me/en/currency/money-museum/money-in-montenegrothrough-history*

Cribb, Joe, Barrie Cook, and Ian Carradice. 1999. *The Coin Atlas: A Comprehensive View of the Coins of the World throughout History*. Cartography by John Flower. London: Little, Brown and Company.

Eagleton, Catherine, and Jonathan Williams, with Joe Cribb and Elizabeth Errington. 2011. *Money: A History*, 3rd ed. London: British Museum Press.

Hockenhull, Thomas, ed. 2015. *Symbols of Power: The Coins That Changed the World*. London: British Museum Press.

Leimus, Ivar, and Andres Tvauri. 2021. "Coins and Tokens from a 15th-Century Landfill in the Kalamaja Suburb of Tallin." *Estonian Journal of Archeology* 25 (2): 140–59. *https://doi.org/10.3176/arch.2021.2.03*.

Pinigų Muziejus. 2015, August 22. "History of Mints in Lithuania." *https://www.pinigumuziejus.lt/en/news/history-of-mints-in-lithuania*

Šmit, Žiga, and Andrej Šemrov. 2006. "Early Medieval Coinage in the Territory of Slovenia." *Nuclear Instruments and Methods in Physics Research Section B: Beam Interactions with Materials and Atoms* 252 (2): 290–98. *https://doi.org/10.1016/j.nimb.2006.08.014*

Wikipedia. n.d. "Portuguese Timorese Pataca." *https://en.wikipedia.org/wiki/Portuguese_Timorese_pataca*

돈을 쫓아라

주석

8   지도에 사용한 데이터의 주요 출처는 다음과 같다. Coin Hoards of the Roman Empire [dataset]. 이 데이터세트를 추천해준 옥스퍼드대학의 크리스 하우게고 교수에게 감사를 전한다. 내륙과 해상 무역로는 ORBIS를 참고했다.

9   이밖에도 본문에 참고한 자료들은 다음과 같다. Cribb et al. (1999), Eagleton and Williams (2011), Hockenhull (2015), and Howgego (1995, 2013).

참고문헌

Coin Hoards of the Roman Empire [dataset]. University of Oxford. *https://chre.ashmus.ox.ac.uk/*

Cribb, Joe, Barrie Cook, and Ian Carradice. 1999. *The Coin Atlas: A Comprehensive View of the Coins of the World throughout History*. Cartography by John Flower. London: Little, Brown and Company.

Eagleton, Catherine, and Jonathan Williams, with Joe Cribb and Elizabeth Errington. 2011. *Money: A History*. 3rd ed. London: British Museum Press.

Hockenhull, Thomas, ed. 2015. *Symbols of Power: The Coins That Changed the World*. London: British Museum Press.

Howgego, Christopher. 1995. *Ancient History from Coins*. London: Routledge.

———. 2013. "The Monetization of Temperate Europe." *Journal of Roman Studies* 103: 16–45. *http://www.jstor.org/stable/43286778*

ORBIS: The Stanford Geospatial Network Model of the Roman World. Designed and executed by Walter Scheidel and Elijah Meeks. *https://orbis.stanford.edu/*

위안화와 그 조상

주석

10   Goetzmann (2016, 158).

11   Yule (1903).

12   고대 중국의 금융에 관해서는 주로 다음 자료들을 참고했다. Goetzmann (2016), Horesh (2013), Vivier (2008), and Glahn (2005).

13   Hansen (2005).

14   고대 한국과 일본, 동남아시아의 화폐에 관한 자세한 정보는 각각 다음 자료를 참고. Craig (1955), Bramsen (1880), Heng (2006).

참고문헌

Bramsen, William. 1880. *The Coins of Japan*. Yokohama: Kelly & Co.

Craig, Alan D. 1955. *The Coins of Korea and an Outline of Early Chinese Coinage*. New York: Ishi Press.

Glahn, Richard von. 2005. *The Origins of Paper Money in China*. Edited by William N. Goetzmann and Geert K. Rouwenhorst. Oxford: Oxford University Press.

Goetzmann, William N. 2016. *Money Changes Everything: How Finance Made Civilization Possible*. Princeton, NJ: Princeton University Press.

Hansen, Valerie. 2005. "How Business Was Conducted on the Chinese Silk Road during the Tang Dynasty, 618–907." In *The Origins of Value: The Financial Innovations That Created Modern Capital Markets*, edited by William N. Goetzmann and Geert K. Rouwenhorst, 43–65. Oxford: Oxford University Press.

Heng, Derek Thiam Soon. 2006. "Export Commodity and Regional Currency: The Role of Chinese Copper Coins in the Melaka Straits, Tenth to Fourteenth Centuries." *Journal of Southeast Asian Studies* 37 (2): 179–203. *http://www.jstor.org/stable/20072706*

Horesh, Niv. 2013. *Chinese Money in Global Context: Historic Junctures between 600 BCE and 2012*. Stanford, CA: Stanford University Press.

Vivier, Brian Thomas. 2008. *Chinese Foreign Trade, 960–1276*. Dissertation completed at Yale University. *https://www.proquest.com/openview/58577c-57589cf8f175dbfe1361a7c993/1?pq-origsite=gscholar&cbl=18750*

Yule, Henry. 1903. "How the Great Kaan Causeth the Bark of Trees, Made into Something like Paper, to Pass for Money Over All His Country." In *The Book of Ser Marco Polo: A Venetian Concerning Kingdoms and Marvels of the East*. Vol. 1, edited by Colonel Sir Henry Yule. London: John Murray. Excerpted by Columbia University, Asia for Educators, *http://afe.easia.columbia.edu/mongols/figures/figu_polo.htm*

세계의 돈이 모인 산

주석

15   1545~1823년 포토시의 은 생산량에 관한 데이터는 다음 자료를 참고했다. Garner and TePaske (2011).

16   포토시에서 발생한 유입과 유출 흐름과 지도에 표시한 경로, 본문과 막대그래프에서 설명한 연도별 주요 사건에 관한 데이터는 다음 자료를 참고했다. Lane (2019). 본문 마지막 문장의 인용문 역시 같은 자료의 14쪽에서 가져왔다. 이밖에도 본문에서 참고한 자료는 다음과 같다. Schottenhammer (2020), Barragán Romano (2016).

참고문헌

Barragán Romano, Rossana. 2016. "Dynamics of Continuity and Change: Shifts in Labour Relations in the Potosí Mines (1680–1812)." *International Review of Social History* 61 (S24): 93–114. *https://doi.org/10.1017/S0020859016000511*

Garner, Richard, and John Jay TePaske. 2011. Peru Silver [dataset]. *https://www.insidemydesk.com/hdd.html*

Lane, K. 2019. *Potosí: The Silver City That Changed the World*. Oakland: University of California Press.

Schottenhammer, Angela. 2020. "East Asia's Other New World, China and the Viceroyalty of Peru: A Neglected Aspect of Early Modern Maritime History." *Medieval History Journal* 23 (2): 181–239. *https://doi.org/10.1177/0971945819895895*

과연 기부금의 출처는?

주석

17   본문의 내용과 사용된 데이터의 주요 출처는 다음과 같다. Mullen (2021, 2022), Mullen and Newman (2018).

참고문헌

Mullen, Stephen. 2021. "British Universities and Transatlantic Slavery: The University of Glasgow Case." *History Workshop Journal* 91 (1): 210–33. *https://doi.org/10.1093/hwj/dbaa035*

———. 2022. *Glasgow, Slavery and Atlantic Commerce: An Audit of Historic Connections and Modern Legacies*. Glasgow: Glasgow City Council. *https://www.glasgow.gov.uk/index.aspx?articleid=29117*

Mullen, Stephen, and Simon Newman. 2018. *Slavery, Abolition and the University of Glasgow. Report and Recommendations of the University of Glasgow History of Slavery Steering Committee*. Glasgow: University of Glasgow. *https://www.gla.ac.uk/media/media_607547_en.pdf*

금융지리학자 애덤 스미스

주석

18 Smith (1776), 486쪽.
19 같은 책, 486쪽.
20 같은 책, 292쪽.
21 같은 책, 321쪽.
22 이 밖에도 본문에 참고한 주요 자료는 다음과 같다. Roncaglia (2005), Ross (1995), and Ioannou and Wójcik (2022).

참고문헌

Ioannou, Stefanos, and Dariusz Wójcik. 2022. "Was Adam Smith an Economic Geographer?" *GeoJournal* 87 (6): 5425 – 34. *https://doi.org/10.1007/s10708-021-10499y*

Roncaglia, Alessandro. 2005. *The Wealth of Ideas: A History of Economic Thought*. Cambridge: Cambridge University Press.

Ross, Ian Simpson. 1995. *The Life of Adam Smith*. Oxford: Oxford University Press.

Smith, Adam. 1776. *An Inquiry into the Nature and Causes of the Wealth of Nations*. Reprinted 1976. Indianapolis: Liberty Fund. 인용한 쪽수는 1976년판 기준.

모순투성이 세상을 배회하는 화폐라는 유령

주석

23 Marx and Engels (1848), 16쪽
24 같은 책, 49쪽.
25 이 밖에도 본문에 참고한 주요 자료는 다음과 같다. Brunhoff (1998), Harvey (2006), Itoh and Lapavitsas (1999), Roncaglia (2005, pp. 244 – 77).
26 Marx (1867), 631쪽.
27 같은 책, 622쪽.
28 같은 책, 621-622쪽.

참고문헌

Brunhoff, Suzanne de. 1998. "Money, Interest and Finance in Marx's Capital." In *Marxian Economics: A Reappraisal*, edited by Riccardo Bellofiore, 176 – 88. London: Palgrave Macmillan UK *https://doi.org/10.1007/978-1-349-26118-5_11*

Harvey, David. 2006. *Limits to Capital*. London: Verso.

Itoh, Makoto, and Costas Lapavitsas. 1999. *Political Economy of Money and Finance*. New York: Palgrave Macmillan.

Marx, Karl. 1867. *Capital*. Vol. 3. Reprinted in 1990. London: Penguin Books. 인용한 쪽수는 1990년판 기준.

Marx, Karl, and Friedrich Engels. 1848. *Manifesto of the Communist Party*. In *Marx/Engels Selected Works*, vol. 1. Moscow: Progress Publishers, 1969. *https://www.marxists.org/archive/marx/works/download/pdf/Manifesto.pdf*.

Roncaglia, Alessandro. 2005. *The Wealth of Ideas: A History of Economic Thought*. Cambridge: Cambridge University Press.

금융이란 미인대회?

주석

29 Keynes (1936), 149-50쪽.
30 같은 책, 155쪽.
31 같은 책, 159쪽.
32 이 밖에도 본문에 참고한 주요 자료는 다음과 같다. Chick (1983), Skidelsky (2003).

참고문헌

Chick, Victoria. 1983. *Macroeconomics after Keynes*. London: Philip Allan.

Keynes, John Maynard. 1936. *The General Theory of Employment, Interest, and Money*. Reprinted in 1973. Cambridge: Cambridge University Press. 인용한 쪽수는 1973년판 기준.

Skidelsky, Robert. 2003. *John Maynard Keynes, 1883–1946*. London: Penguin Books.

메이드 인 USA

주석

33 노벨경제학상 수상자에 관한 데이터는 노벨상 공식 웹사이트(Nobel Prize. n.d.)에서 찾았으며, 각 상의 공식적인 수상 이유를 참고해 넓은 의미에서 금융경제학에 기여한

공로를 인정받은 수상자를 가려냈다. 수상자의 출생지와 박사학위를 취득한 대학 등 수상자에 관한 다른 정보는 위키피디아의 개별 항목에서 찾았다.

34 금융 분야에서 많이 인용되는 상위 10개 학술지는 2021년 3월 31일 구글 학술 검색 h5-색인을 기준으로 삼았으며, 그 목록은 다음과 같다(인용 횟수가 많은 학술지부터 차례로 나열). *Journal of Financial Economics, Journal of Finance, Review of Financial Studies, Journal of Banking & Finance, Journal of Corporate Finance, Journal of Accounting and Economics, Journal of Financial and Quantitative Analysis, Review of Finance, International Review of Financial Analysis, Journal of International Money and Finance*. 편집장의 이름과 소속은 학술지의 공식 웹사이트에서 찾았으며, 남성과 여성 저자에 관한 데이터는 저자들의 개인 웹사이트에 나온 이름과 대명사를 참고했다.

35 금융 분야의 인용 순위 100위 내 논문을 쓴 저자들에 관한 데이터는 웹오브사이언스 (Web of Science)에서 찾았다. 남성과 여성 저자에 관한 데이터는 인터넷에 나와 있는 이름과 저자를 지칭하는 대명사를 참고했다.

36 지역별로 발표된 금융 관련 논문 데이터는 2021년 3월 31일 SJR(Scimago Journal and Country Rank)에서 금융을 주제 분야로 검색해 찾았다.

참고문헌

Nobel Prize. n.d. *https://www.nobelprize.org/prizes/lists/all-nobel-prizes/*

SJR. "Scimago Journal & Country Rank." *https://www.scimagojr.com/countryrank.php*

2장 자산과 시장

주석

1 기원전 4년에서 기원후 65년까지 살았던 로마 철학자 세네카의 말이다. 출처는 다음과 같다. "From the Vault: Origin of the Market Approach." *BVWire*, issue #193-5. *https://www.bvresources.com/articles/bvwire/from-the-vault-origin-of-the-market-approach*

한눈에 읽는 시장

주석

2 그래프에 사용한 데이터는 레피니티브Refinitiv(https://www.refinitiv.com/en)와 MSCI(https://www.msci.com/)의 데이터세트에서 가져왔다. 지수는 레피니티브 에이콘Eikon의 국가 페이지(거래자가 개별 국가를 조회할 때 맨 먼저 나오는 금융 정보)를 기준으로 선별했다. 경제 부문은 레피니티브 TRBC(the Refinitiv Business Classification) 코드를 기준으로 분류하되, 데이터의 시각화를 위해 "경기소비재"와 "비경기소비재"는 "소비재"로, "산업"과 "기초 소재"는 "산업·소재"로, "에너지"와 "유틸리티"는 "에너지·유틸리티"로 합쳤다.

각국의 시가총액 수치는 주가지수에 포함된 기업들의 시가총액을 합산한 것이다. 주가지수를 구성하는 방식은 국제적으로 표준화되지 않았으므로 이 수치는 지수 구성에 따라 어느 정도 차이를 보인다. 예를 들어 베트남의 주가지수에는 400개가 넘는 기업이 포함되어 있는데, 그중 상당수는 국가가 지분을 소유하고 있어 전체 시가총액이 2210억 달러로 경제 규모에 맞지 않게 크다. 반대로 이탈리아는 가족이 소유한 소규모 기업이 경제에서 큰 비중을 차지하고 상장 기업의 수가 적으므로 지수에 들어간 기업의 수가 40개에 불과하며, 시가총액 역시 5900억 달러로 적은 편이다. 지수에 포함된 기업뿐 아니라 전체 경제 규모를 보면, 이탈리아는 국내총생산(GDP) 기준으로 세계 9위, 베트남은 45위다.

각국의 주가지수는 다음과 같다. 호주 AXJO, 오스트리아 ATX, 바레인 BHSEASI, 방글라데시 DS30, 벨기에 BFX, 브라질 BVSP, 캐나다 GSPTSE, 칠레 SPIPSA, 중국 CSI 300, 콜롬비아 COLCAP, 크로아티아 CRBEX, 체코 PX, 덴마크 OMXC25CAP, 이집트 EGX 30, 에스토니아 OMXTGI, 핀란드 OMXH25, 프랑스 FCHI, 독일 GDAXI, 그리스 ATG, 홍콩 HSI, 헝가리 BUX, 아이슬란드 OMXIPI, 인도 BSESN, 인도네시아 JKSE, 아일랜드 ISEQ, 이스라엘 TA-35, 이탈리아 IT40, 일본 NIKKEI 225, 요르단 AMGNRLX, 카자흐스탄 KASE, 케냐 NSE20, 쿠웨이트 BKA, 리투아니아 OMXVGI, 말레이시아 KLSE, 모리셔스 SEMDEX, 멕시코 MXX, 모로코 MASI, 네덜란드 AEX, 뉴질랜드 NZX50, 나이지리아 NGSE, 노르웨이 OBX, 오만 MSX30, 파키스탄 KSE, 페루 SPBLPGPT, 필리핀 PSI, 폴란드 WIG, 포르투갈 PSI 20, 카타르 QSI, 루마니아 BETI, 사우디아라비아 TASI, 세르비아 BELEX15, 싱가포르 STI, 슬로베니아 SBITOP, 남아공 JTOPI, 대한민국 KOPSI, 스페인 IBEX, 스리랑카 CSE, 스웨덴 OMXS30, 스위스 SSMI, 대만 TWII, 태국 SETI, 튀니지 TUNINDEX20, 튀르키예 XUO30, 아랍에미리트 ADI, 영국 FTSE 100, 미국 SPX, 베트남 VNI.

변하지 않는 통화

주석

3 외환 거래에 관한 모든 데이터는 국제결제은행(BIS, 2019)에서 가져왔다. BIS에서 데이터를 제공하지 않는 국가들은 그래프에 포함하지 않았지만, BIS의 방법론을 고려하면 데이터가 없는 국가들의 외환 거래 규모는 다른 국가들보다 적을 것으로 추정할 수 있다.

원형그래프에 사용한 국가별 일평균 외환 거래액 데이터는 순-총net-gross 기준이며, 32쪽 하단 꺾은선그래프에 사용한 전 세계 일평균 외환 거래액 데이터는 순-순net-net 기준이다. 순-순 기준이란 달러 간 대내 거래와 대외 거래의 이중 계산을 모두 조정했다는 뜻이며, 순-총 기준이란 달러 간 대내 거래의 이중 계산만 조정했다는 뜻이다. 따라서 순-총 기준으로 계산한 일평균 총 외환 거래액은 8조 3010억 달러로 순-순 기준으로 계산한 6조 6000억 달러보다 크다.

4 본문에서 참고한 자료는 다음과 같다. Wójcik et al. (2017).

참고문헌

BIS. 2019. "Triennial Central Bank Survey of Foreign Exchange and Over-the-Counter Derivatives Markets." Basel, Switzerland. *https://www.bis.org/statistics/rpfx19.htm*

Wójcik, Dariusz, Duncan MacDonald-Korth, and Simon X. Zhao. 2017. "The Political-Economic Geography of Foreign Exchange Trading." *Journal of Economic Geography* 17 (2): 267-86. *https://doi.org/10.1093/jeg/lbw014*

리스크도 꿰내면 보배

주석

5 방사형그래프는 온라인 데이터베이스 아베트랜스리스크AveTransRisk에서 제공하는 데이터를 활용해 작성했다. 아베트랜스리스크는 유럽연구위원회(ERC)가 지원하는 연구 프로젝트 '제1차 세계화 시기(16~18세기)의 평균 거래 비용과 위험 관리'에서 만든 데이터베이스다. 엑서터대학교 해양역사연구센터가 관리하는 이 데이터베이스는 이탈리아(리보르노, 피사, 피렌체, 제노바), 프랑스, 스페인을 중심으로 16~18세기 유럽의 보험에 관한 역사적 정보를 제공한다. 여기서는 프랑스 왕립 보험회의소(Chambre générale des assurances et grosses aventures)의 운영 첫해(1668년)에 체결된 보험과 관련한 정보를 이용했다. 이 정보는 무역로의 출발지와 목적지, 항해 중 방문한 항구, 보험료율, 화물의 가치, 보험업자의 수와 이름 등을 포함한다. 우리는 1668년에 체결된 363건의 항해 보험 중 엘리자베트 엘리상이 인수한 86건의 보험을 선별했고, 온라인 거리 계산기를 사용해 각 항해의 거리를 해리 단위로 계산했다.

참고문헌

AveTransRisk. n.d. Average-Transactions Costs and Risk Management during the First Globalization (Sixteenth-Eighteenth Centuries) [database]. Centre for Maritime Historical Studies, University of Exeter. #http://humanities-research.exeter.ac.uk/avetransrisk/#

Wade, Lewis. 2023. #Privilege, Economy and State in Old Regime France#. Woodbridge: The Boydell Press.

붐 타운

주석

6 본문에 참고한 주요 자료는 다음과 같다. Fernandez et al. (2016), Gordon (2020, 2022), Grigoryeva and Ley (2019), International Monetary Fund (n.d.).

7 지도에 사용한 데이터는 밴쿠버시가 운영하는 오픈데이터포털Open Data Portal의 2006년 재산세 데이터, 2021년 재산세 데이터, 다각형 부동산 구획 항목에서 가져왔다.

8 밴쿠버의 평균 주택가격 관련 데이터는 다음 자료에서 가져왔다. RPS: Real Property Solutions (n.d.).

9 주택가격 지수 변화 데이터는 테라넷Teranet과 내셔널뱅크오브캐나다National Bank of Canada에서 발표한 주택가격 지수에서 가져왔다.

참고문헌

City of Vancouver, n.d. "Open Data Portal." *https://opendata.vancouver.ca/pages/home/*

Fernandez, Rodrigo, Annelore Hofman, and Manuel B. Aalbers. 2016. "London and New York as a Safe Deposit Box for the Transnational Wealth Elite." *Environment and Planning A: Economy and Space* 48 (12): 2443-61. *https://doi.org/10.1177/0308518X16659479*

Gordon, Joshua C. 2020. "Reconnecting the Housing Market to the Labour Market: Foreign Ownership and Housing Affordability in Urban Canada." *Canadian Public Policy* 46 (1): 1-22. *https://doi.org/10.3138/cpp.2019-009*

———. 2022. "Solving Puzzles in the Canadian Housing Market: Foreign Ownership and De-Coupling in Toronto and Vancouver." *Housing Studies* 37 (7): 1250-73. *https://doi.org/10.1080/02673037.2020.1842340*

Grigoryeva, Idaliya, and David Ley. 2019. "The Price Ripple Effect in the Vancouver Housing Market." *Urban Geography* 40 (8): 1168-90. *https://doi.org/10.1080/02723638.2019.1567202.*

International Monetary Fund. n.d. "Global Housing Watch." Updated September 22, 2022. *https://www.imf.org/external/research/housing/index.htm*

RPS: Real Property Solutions. 2022. "RPS House Price Index—Public Release: September 2022." *https://www.rpsrealsolutions.com/house-price-index/house-price-index* (2022년 데이터는 현재 사이트에서 삭제되었다).

Teranet and National Bank of Canada. n.d. "House Price Index." *https://housepriceindex.ca/#maps=c11*

인프라 모노폴리

주석

10 인프라는 넓거나 좁은 의미로 다양하게 정의할 수 있지만, 여기서는 교통과 유틸리티에 초점을 맞춰 6개 대륙에서 여러 사례를 모았다.

11 모노폴리 게임판의 각 칸 하단에 있는 인프라 기업, 자산, 프로젝트의 가치와 관련한 데이터는 현지 통화로 표시했다. 여기에 표시한 값은 시장 가치, 기업의 인수 가격, 연 매출, 프로젝트의 비용과 가치, 자산, 자본, 프로젝트 자금 조달에 쓰인 대출 등 다양한 금융 범주를 나타낸다. 모든 데이터는 현재 가치로 환산하지 않은 과거 가격(출처 기준)이며, 각 수치는 현지 통화를 10억 단위로 반올림했다. 여기서는 모든 데이터를 같은 기준에 맞춰 조정하지 않고 출처를 그대로 따랐다. 그 이유는 데이터를 조정하는 일 자체가 많은 어려움이 따르며, 인프라 투자의 성격이 저마다 다르고 많은 거래가 현지 통화로 표시되는 것을 고려하면 오해의 소지가 크기 때문이다.

각 칸의 바탕에 표시한 민간private, 공공-민간public-private, 공공public 범주는 아래에 나열할 출처에서 각 기업과 자산, 프로젝트의 소유권을 조사해 분류했다. 이중 공공 범주는 지방 정부든 중앙 정부든 관계없이 국가에 소유권이 있다는 뜻이다. 게임판 가운데 있는 프라포트 AG의 글로벌 포트폴리오 관련 데이터는 다음 출처에서 가져왔다. Fraport (2021). 게임판의 각 칸에 나오는 인프라 관련 데이터의 출처는 다음과 같다(시계 방향).

- 히스로공항 – Heathrow (2021)
- 서던워터 – Southern Water (2021)
- 내셔널그리드 – National Grid (2020)
- 유로터널 – Getlink SE (2020)
- 프랑스 유료도로 – Vinci (2021)
- 프랑크푸르트공항 – Fraport (2021)
- 스위스 상수도 – City of Zürich (2023)
- 취리히공항 – Zürich Airport (2021)
- 소피아공항 – Petrova (2021)
- 오토루트 드 라브니르 – Eiffage (n.d.)
- 아비장공항(ABIDJAN AIRPORT) – Egis (n.d.)
- 투르카나호수 풍력발전 – The EastAfrican (2014)
- 나이로비-몸바사 철도 – Business Daily (2014)
- 프리토리아-마푸투 N4 유료도로 – N4 Toll Route (n.d.)
- 인디라간디 국제공항 – Ministry of Civil Aviation, India (2006)
- 델리 잘위원회 – Government of Delhi (n.d.)
- 수완나품공항 – Airports of Thailand PLC (2021)
- 홍콩 대중교통망 – MTR (2021)
- 도카이도 신칸센 – Central Japan Railway Company (2021)
- 멜버른공항 – Australia Pacific Airports Corporation (1998)
- 멜버른워터 – Melbourne Water (n.d.)
- 시티링크 유료도로 – Institution of Engineers Australia (2002)
- 오스넷 서비스 – S&P Global (1995)
- 오클랜드 국제공항 – Auckland Airport (n.d.) and NZX (2023)
- 루트68 유료도로 – BNamericas (1998)
- 칸쿤공항 – Aviation Pros (2002)
- 텍사스 센트럴 철도 – Baddour (2015)
- 암트랙 – Amtrak (2018)
- 토론토 407 유료도로 – 407 International Inc. (2021)

12 이 밖에도 본문에 참고한 주요 자료는 다음과 같다. Berg et al. (2002), Torrance (2008).

참고문헌

407 International Inc. 2021. *407 International Inc.: Consolidated Financial Statements*, December 31, 2020. *https://407etr.com/documents/major-financial-filings/74%20-%20Q4%202020%20-%20Consolidated%20Financial%20Statements%20-%20407%20International%20-%20December%2031%202020.pdf*

Airports of Thailand PLC. 2021. *Annual Report 2020*. *https://investor.airportthai.co.th/ar.html*

Amtrak. 2018. Amtrak FY2018 Company Profile. *https://www.amtrak.com/content/dam/projects/dotcom/english/public/documents/corporate/nationalfactsheets/Amtrak-Corporate-Profile-FY2018-0319.pdf*

Auckland Airport. n.d. "Investors." *https://corporate.aucklandairport.co.nz/investors*

Australia Pacific Airports Corporation. 1998. *Australia Pacific Airports Corporation Annual Report 1997–8*. *https://web.archive.org/web/20080724032806/http://www.melbourneairport.com.au/downloads/pdfs/Annual%20Report%2097-98.pdf*

Aviation Pros. 2002. "Bienvenidos a Cancun: Privatization Stimulates Expansion at Cancun International Airport." October 8. *https://www.aviationpros.com/home/article/10387289/bienvenidos-a-cancun-privatization-stimulates-expansion-at-cancun-international-airport*

Baddour, Dylan. 2015. "Texas High Speed Rail Passes Major Milestone with First Fundraising Announcement." *Houston Chronicle*, July 22. *https://www.chron.com/news/transportation/article/Texas-high-speed-rail-passes-major-milestone-with-6400089.php*

Berg, Stanford V., Michael G. Pollitt, and Masatsugu Tsuji, eds. 2002. *Private Initiatives in Infrastructure: Priorities, Incentives and Performance*. Cheltenham, UK: Edward Elgar.

BNamericas. 1998. "Rutas del Pacific Wins Chile Route 68 Concession." February 20. *https://www.bnamericas.com/en/news/Rutas_del_Pacifico_Wins_Chile_Route_68_Concession*

Business Daily. 2014. "Truckers Lose Out under Railway Financing Deal." February 23. *https://www.businessdailyafrica.com/Truckers-lose-out-in-China-bank-railway-funding-deal/-/539546/2218808/-/n6kkyq/-/index.html*

Central Japan Railway Company. 2021. *Central Japan Railway Company Annual Report 2020*. *https://global.jr-central.co.jp/en/company/ir/annualreport/_pdf/annualreport2020.pdf*

City of Zürich. 2023. "Wasserversorgung." *https://www.stadt-zuerich.ch/dib/de/index/wasserversorgung.html*

The EastAfrican. 2014. "250m for Lake Turkana Wind Power Project." June 14. *https://www.theeastafrican.co.ke/business/-250m-for-LakeTurkana-wind-power-project-/-/2560/2348230/-/itepg9z/-/index.html$*

Egis. n.d. "Abidjan Airport Concession." *https://www.egis-group.com/projects/abidjan-international-airport-cote-d-ivoire*

Eiffage. n.d. "Construction de l'Autoroute de l'Avenir au Sénégal." *https://www.eiffage.com/groupe/projets-ouvrages-et-realisations-eiffage/construction-de-l-autoroute-de-l-avenir-au-senegal*

Fraport. 2021. *Annual Report 2020*. *https://www.fraport.com/en/investors/publications-events.html*

Getlink SE. 2020. *Universal Registration Document 2020*. *https://www.getlinkgroup.com/content/uploads/2021/03/2020-universal-registration-document-getlink-se.pdf*

Government of Delhi. n.d. "Delhi Jal Board." *http://delhijalboard.nic.in/home/delhi-jal-board-djb*

Heathrow. 2021. *Annual Report and Financial Statements 2020*. *https://www.heathrow.com/content/dam/heathrow/web/common/documents/company/investor/reports-and-presentations/annual-accounts/finance/Heathrow-Finance-plc-31-December-2020.pdf*

The Institution of Engineers Australia. 2002. "Journey and Arrival: The Story of the Melbourne CityLink." *http://businessoutlook.com.au/exfiles/docs/Melbourne_CityLink_Book.pdf*

Melbourne Water. n.d. [website] *https://www.melbournewater.com.au/*

Ministry of Civil Aviation, India. 2006. *Operation, Management and Development Agreement between Airports Authority of India and Delhi International Airport Private Limited for Delhi Airport*, April 4. *https://www.civilaviation.gov.in/sites/default/files/moca_000971.pdf*

MTR. 2021. *Annual Report 2020 MTR Corporation Limited*. *http://www.mtr.com.hk/en/corporate/investor/2020frpt.html*

N4 Toll Route. n.d. Global Infrastructure Hub. *https://cdn.gihub.org/umbraco/media/3722/gi-hub-cross-border-case-study_n4-toll-route.pdf*

National Grid. 2020. *Annual Report and Accounts 2019/20*. *https://www.nationalgrid.com/document/138741/download*

NZX. 2023. "AIA." *https://www.nzx.com/instruments/AIA*

Petrova, Aleksia. 2021. "Sofia Airport Concessionaire Confirms to Invest 460 mln Euro Despite Crisis." SeeNews, March 22. *https://seenews.com/news/sofia-airport-concessionaire-confirms-pledge-to-invest-460-mln-euro-despite-crisis-735280*

Southern Water. 2021. *Annual Report and Financial Statements for the Year Ended 31 March 2021*. *https://southernwater.annualreport2021.com/media/unml5lxq/30055_southern-water-ar2021_full.pdf*

S&P Global. 1995. "Texas Utilities Co. to Buy Australia's Eastern Energy." *Journal of Commerce Online*, November 6. *https://www.joc.com/texasutilities-co-buy-australias-eastern-energy_19951106.html*

Torrance, Morag. 2008. "The Rise of a Global Infrastructure Market through Relational Investing." *Economic Geography* 85 (1): 75–97. *https://doi.org/10.1111/j.1944-8287.2008.01004.x*

Vinci. 2021. *Report on the Financial Statements 2020*. *https://www.vinci.com/publi/vinci-report_on_the_financial_statements_2020.pdf*

Zürich Airport. 2021. "Key Financial Data." *https://report.flughafen-zuerich.ch/2020/ar/en/key-financial-data/*

소수의 전유물

주석

13　본문에는 다음 자료들을 참고했다. Goetzmann et al. (2011), Renneboog and Spaenjers (2013), Spaenjers et al. (2015). 자유항에 관한 자세한 논의는 다음을 참고. Carver (2015), Helgadóttir (2020), Offshoreart.co et al. (2020), Zarobell (2020a; 2020b), Weeks (2020).

14　연평균수익률 관련 데이터는 다음 자료를 참고했다. Li et al. (2022). 미술 사조의 연대는 다음 자료를 기준으로 분류했다. Metropolitan Museum of Art (n.d.).

15　경매 회사들의 매출액은 다음 출처에서 찾았다. Artprice (2021), McAndrew (2021). 중국 경매 회사들은 정확한 매출액 수치를 제공하지 않기 때문에 폴리옥션과 차이나 가디언의 총 경매 매출은 베이징과 홍콩에 절반씩 나누어 계산했다. 창이 공항, 창이 북부 산업단지, 싱가포르 자유항의 지도는 2021년 7월 구글 지도에서 제공하는 항공 사진을 디지털화한 것이다.

참고문헌

Artprice. 2021. "The Art Market in 2020." Artprice.com by Art Market. *https://www.artprice.com/artprice-reports/the-art-market-in-2020*

Carver, Jordan. 2015. "On Art Storage and Tax Evasion." *Thresholds* 43 (January): 188–225. *https://doi.org/10.1162/thld_a_00068*

Goetzmann, William N., Luc Renneboog, and Christophe Spaenjers. 2011. "Art and Money." *American Economic Review* 101 (3): 222–26. *https://doi.org/10.1257/aer.101.3.222*

Helgadóttir, Oddný. 2020. "The New Luxury Freeports: Offshore Storage, Tax Avoidance, and 'Invisible' Art." *Environment and Planning A: Economy and Space* 55 (4): 1020–40. *https://doi.org/10.1177/0308518X20972712*

Li, Yuexin, Marshall Xiaoyin Ma, and Luc Renneboog. 2022. "Pricing Art and the Art of Pricing: On Returns and Risk in Art Auction Markets." *European Financial Management* 28 (5): 1139–98. *https://doi.org/10.1111/eufm.12348*

McAndrew, Clare. 2021. *The Art Market 2021*. An Art Basel & UBS Report. Basel, Switzerland. *https://d2u3kfwd92fzu7.cloudfront.net/The-Art-Market_2021.pdf*

Metropolitan Museum of Art. n.d. "Heilbrunn Timeline of Art History." *https://www.metmuseum.org/toah/chronology*

Offshoreart.co, Kathleen Ditzig, and Robin Lynch. 2020. "Art On/Offshore: The Singapore Freeport and Narrative Economics that Frame the Southeast Asian Art Market." *Southeast of Now: Directions in Contemporary and Modern Art in Asia* 4 (2): 161–201. *https://doi.org/10.1353/sen.2020.0009*

Renneboog, Luc, and Christophe Spaenjers. 2013. "Buying Beauty: On Prices and Returns in the Art Market." *Management Science* 59 (1): 36–53. *https://doi.org/10.1287/mnsc.1120.1580*

Spaenjers, Christophe, William N. Goetzmann, and Elena Mamonova. 2015. "The Economics of Aesthetics and Record Prices for Art since 1701." *Explorations in Economic History* 57 (July): 79–94. *https://doi.org/10.1016/j.eeh.2015.03.003*

Weeks, Samuel. 2020. "A Freeport Comes to Luxembourg, or, Why Those Wishing to Hide Assets Purchase Fine Art." *Arts* 9 (3): 87. *https://doi.org/10.3390/arts9030087*

Zarobell, John. 2020a. "Freeports and the Hidden Value of Art." *Arts* 9 (4): 117. *https://*

doi.org/10.3390/arts9040117

———. 2020b. "Interview with Yves Bouvier." *Arts* 9 (3): 97. *https://doi.org/10.3390/arts9030097*

선수팔이의 경제학

주석

16 선수 이적에 관한 데이터의 출처는 이적 시장 전문 웹사이트 트랜스퍼마켓 Transfermarkt이며, 여기서 사용한 데이터는 2022년 9월 아래 주소의 깃허브Github 저장소에서 찾았다. *https://github.com/ewenme/transfers*.

17 McRae (2014).

18 그 밖에 본문에서 참고한 다른 자료는 다음과 같다. Aarons (2021), Ahmed and BurnMurdoch (2019), Bond et al. (2020), Marcotti (2021), Neri et al. (2021), Poli et al. (2019), Prendergast and Gibson (2022), Richau et al. (2021), Rohde and Breuer (2016).

참고문헌

Aarons, Ed. 2021. "How Loans Have Risen to Dominate the Covid-Affected Transfer Market." *Guardian*, September 9. *https://www.theguardian.com/football/2021/sep/09/how-loans-have-risen-to-dominate-the-covid-affected-transfer-market*

Ahmed, Murad, and John Burn-Murdoch. 2019. "How Player Loans Are Reshaping European Football's Transfer Market." *Financial Times*, August 30. *https://www.ft.com/content/9bd82b30-caf2-11e9-a1f4-3669401ba76f*

Bond, Alexander John, Paul Widdop, and Daniel Parnell. 2020. "Topological Network Properties of the European Football Loan System." *European Sport Management Quarterly* 20 (5): 655–78. *https://doi.org/10.1080/16184742.2019.1673460*

Marcotti, Gabriele. 2021. "Udinese Turned 125 This Week and Are an Example of How Small Clubs Can Compete. Just Ask Giampaolo Pozzo." ESPN, December 2. *https://www.espn.co.uk/football/blog-marcottismusings/story/4537022/udinese-turned-125-this-week-and-are-an-example-of-how-small-clubs-can-compete-just-ask-giampaolo-pozzo*

McRae, Donald. 2014. "Interview—Johan Cruyff: 'Everyone Can Play Football but Those Values Are Being Lost. We Have to Bring Them Back.'" *Guardian*, September 12. *https://www.theguardian.com/football/2014/sep/12/johan-cruyff-louis-van-gaal-manchester-united*

Neri, Lorenzo, Antonella Russo, Marco di Domizio, and Giambattista Rossi. 2021. "Football Players and Asset Manipulation: The Management of Football Transfers in Italian Series A." *European Sport Management Quarterly*, June, 1–21. *https://doi.org/10.1080/16184742.2021.1939397*

Poli, Raffaele, Loïc Ravenel, and Roger Besson. 2019. "Financial Analysis of the Transfer Market in the Big-5 European Leagues (2010–2019)." CIES Football Observatory. *https://football-observatory.com/IMG/pdf/mr47en.pdf*

Prendergast, Gareth, and Luke Gibson. 2022. "A Qualitative Exploration of the Use of Player Loans to Supplement the Talent Development Process of Professional Footballers in the Under 23 Age Group of English Football Academies." *Journal of Sports Sciences* 40 (4): 422–30. *https://doi.org/10.1080/02640414.2021.1996985*

Richau, Lukas, Florian Follert, Monika Frenger, and Eike Emrich. 2021. "The Sky Is the Limit?! Evaluating the Existence of a Speculative Bubble in European Football." *Journal of Business Economics* 91 (6): 765–96. *https://doi.org/10.1007/s11573-020-01015-8*

Rohde, Marc, and Christoph Breuer. 2016. "Europe's Elite Football: Financial Growth, Sporting Success, Transfer Investment, and Private Majority Investors." *International Journal of Financial Studies* 4 (2): 12. *https://doi.org/10.3390/ijfs4020012*

이주하는 돈

주석

19 본문에서 참고한 자료는 다음과 같다. Abduvaliev and Bustillo (2020), Cazachevici et al. (2020).

20 World Bank (2019).

21 Pew Research Center (2019).

참고문헌

Abduvaliev, Mubinzhon, and Ricardo Bustillo. 2020. "Impact of Remittances on Economic Growth and Poverty Reduction amongst CIS Countries." *Post-Communist Economies* 32 (4): 525–46. *https://doi.org/10.1080/14631377.2019.1678094*

Cazachevici, Alina, Tomas Havranek, and Roman Horvath. 2020. "Remittances and Economic Growth: A Meta-Analysis." *World Development* 134 (October): 105021. *https://doi.org/10.1016/j.worlddev.2020.105021*

Pew Research Center. 2019. "Remittance Flows by Country 2017." *https://www.pewresearch.org/global/interactives/remittance-flows-by-country/*. 이후 이 페이지는 최신 데이터로 업데이트되었다.

World Bank. 2019. "Migration and Remittances." *https://www.worldbank.org/en/topic/labormarkets/brief/migration-and-remittances*. 이 요약 자료는 현재 웹사이트에서 제공하지 않는다.

한결같은 패턴

주석

22 지분증권 인수 서비스 거래의 국제적 흐름에 관한 추정치는 다음 자료를 참고했다. Milsom et al. (2020). 이 자료의 저자들은 금융 플랫폼 기업 딜로직Dealogic의 주식자본시장(ECM) 데이터베이스를 바탕으로 지분증권 인수 매출을 추정했다. 저자들이 만든 데이터세트는 2000~2015년 사이에 있었던 9만 1511건의 지분증권 공모 사례를 포함하며, 이는 다시 2만 3136건의 기업공개(IPO)와 5만 8454건의 후속 공모, 9921건의 전환 사채로 나눌 수 있다. 각 거래의 주요 당사자는 인수자와 발행자다. 저자들은 매출 흐름을 수출국-수입국 쌍별로 묶어 집계하기 위해 인수자의 국가(수출국)와 발행자의 국가(수입국)를 확인했으며, 이 과정에서 두 가지 규칙을 적용했다. 첫째, 수출국과 수입국은 각 회사가 납세나 다른 법적 목적으로 등록한 곳이 아니라 인수자와 발행자의 사업 본부, 즉 본사가 있는 곳을 기준으로 했다. 둘째, 거래에 직접 관여하는 인수자가 다른 회사의 자회사인 경우, 국제 무역 통계 협약에 따라 모회사의 국적을 기준으로 수출국을 정했다. 이 데이터세트에 포함된 9만 1511건의 지분증권 공모 사례는 4만 6408개의 고객사, 4287개의 모회사가 관리하는 7326개의 자회사(인수자)와 관계가 있다. 딜로직의 ECM 데이터베이스에 나와 있는 지분증권 인수 매출은 인수자가 직접 보고했거나 딜로직에서 추정한 것이다. 전체 거래의 45.1퍼센트는 거래에 관여한 인수자가 직접 매출 데이터를 공개했으며, 나머지 54.9퍼센트는 데이터가 공개되지 않았지만, ECM 데이터베이스는 47.7퍼센트 거래의 매출 추정치를 제시하고 있다. 따라서 이 데이터베이스에서는 공개된 자료와 딜로직의 추정치를 더해 전체 거래 중 92.8퍼센트의 매출을 확인할 수 있다. 나머지 7.2퍼센트의 거래는 공개된 자료나 매출 추정치를 구할 수 없으므로 표본에서 제외했다.

참고문헌

Milsom, Luke, Vladimír Pažitka, Isabelle Roland, and Dariusz Wójcik. 2020. "Gravity in International Finance: Evidence from Fees on Equity Transactions." CEP Discussion Paper no. 1703, London, Centre for Economic Performance. *https://cep.lse.ac.uk/pubs/download/dp1703.pdf*.

월가에 한 방을

주석

23 게임스톱의 주가와 관련한 데이터는 다음 출처에서 가져왔다. Yahoo Finance (n.d.). 게임스톱의 사상 최고 주가인 347.51달러를 2021년 1월 1일 주가인 17달러로 나누면 20배가 넘는다.

24 Nagarajan (2021)

25 게임스톱과 공매도 보고서에 관한 자세한 정보는 다음을 참고. Fitzgerald (2021).

참고문헌

Fitzgerald, Maggie. 2021. "Citron Research, Short Seller Caught up in GameStop, Is Pivoting." CNBC. January 29. *https://www.cnbc.com/2021/01/29/citron-research-short-seller-caught-up-in-gamestop-squeeze-pivoting-to-finding-long-opportunities.html*

Nagarajan, Shalini. 2021. "2 of the Biggest Hedge Fund Victims of GameStop's Short-Squeeze Suffered More Losses in May, Report Says." *Market Insider.* January 11. *https://markets.businessinsider.com/news/stocks/gamestop-short-squeeze-melvin-capital-light-street-losses-memestocks-2021-6*

Yahoo Finance. n.d. GameStop Corporation (GME). https://finance.yahoo.com/quote/GME/?guccounter=1

3장 투자자와 투자

주석

1 Authers, John. 2015. "Why New York Takes Biggest Slice of Asset Pie." *Financial Times*, August 19, p. 28. *https://www.ft.com/content/68125644-455a-11e5-b3b2-1672f710807b*

가장 안전한 베팅

주석

2 수익률 변동성은 1870~2015년 연간 실질수익률의 표준편차로 측정했다.

3 16개국의 연평균 실질수익률은 각국의 연간 실질수익률에 해당 연도의 GDP를 가중치로 부여해 계산했다. 그래프는 추세 변동을 매끄럽게 표현하기 위해 10년 이동 평균을 사용했다. 데이터 계열이 1870년부터 시작하므로 그래프는 10년 이동 평균을 계산할 수 있는 첫해인 1880년부터 시작한다.

4 본문의 주제와 데이터는 다음 자료를 참고했다. Jordá et al. (2019).

참고문헌

Jordà, Òscar, Katharina Knoll, Dmitry Kuvshinov, Moritz Schularick, and Alan M. Taylor. 2019. "The Rate of Return on Everything, 1870–2015." *Quarterly Journal of Economics* 134 (3): 1225–98. *https://doi.org/10.1093/qje/qjz012*

금융 세계에 유일한 공짜 점심이 있다면

주석

5 주요 데이터의 출처는 다음과 같다. Dimson, Marsh, and Staunton (2023). 이 데이터를 소개하고 논의한 사례로는 다음 자료를 참고. Credit Suisse Research Institute (2022).

6 *http://www.twainquotes.com/Wisdom.html*

7 Markowitz (1952), Solnik (1974).

8 데이터의 시각화에 관한 아이디어는 다음 자료에서 논의한 로웬펠드의 저서에서 영감을 받았다. Goetzmann (2016).

참고문헌

Credit Suisse Research Institute. 2022. *Credit Suisse Global Investment Returns Yearbook: 2022 Summary Edition. https://www.credit-suisse.com/media/assets/corporate/docs/about-us/research/publications/creditsuisse-global-investment-returns-yearbook-2022-summary-edition.pdf*

Dimson, Elroy, Paul Marsh, and Mike Staunton. 2023. The DimsonMarsh-Staunton Global Investment Returns Database 2023 (the "DMS Database"), Morningstar Inc.

Goetzmann, William N. 2016. *Money Changes Everything: How Finance Made Civilization Possible.* Princeton, NJ: Princeton University Press.

Lowenfeld, Henry. 1909. *Investment, an Exact Science.* London: Financial Review of Reviews.

Markowitz, Harry. 1952. "Portfolio Selection." *Journal of Finance* 7 (1): 77–91. *https://doi.org/10.1111/j.15406261.1952.tb01525.x*

Solnik, Bruno H. 1974. "Why Not Diversify Internationally Rather than Domestically?" *Financial Analysts Journal* 30 (4): 48–52, 54. *http://www.jstor.org/stable/4529718*

자국 편향은 '합리'적일까

주석

9 이 그래프는 다음 자료를 바탕으로 만든 것이다. IMF (2022). 이 자료는 본국(자산 보유자)과 투자 대상국(자산 발행자)을 나눠 각국의 국제적(국경 간) 포트폴리오 배분에 관한 데이터를 제공한다. 또, 우리는 그래프를 국내 주식 보유에 관한 데이터로 보완하기 위해 다음 자료들에서 찾은 각국의 상장 기업 시가총액 데이터를 활용했다. World Bank (2022), the World Federation of Exchanges (2022), Global Financial Data (2022).

그래프 가로축의 '나머지 국가' 카테고리는 투자 대상국 중 자국의 투자 현황에 관한 자료가 없는 국가들의 데이터를 모은 것이다.

참고문헌

Global Financial Data (GFD). 2022. "Stock Market Capitalization." Global Financial Data (GFD) Finaeon. *https://globalfinancialdata.com/gfd-finaeon-overview*

International Monetary Fund. 2022. "Coordinated Portfolio Investment Survey (CPIS)." IMF Data. *https://data.imf.org/?sk=b981b4e3-4e58-467e-9b90-9de0c3367363*

World Bank. 2022. "Market Capitalization of Listed Domestic Companies (Current US)." *World Bank.* https://data.worldbank.org/indicator/CM.MKT.LCAP.CD$

World Federation of Exchanges. 2022. "Market Capitalization." World Federation of Exchanges. *https://statistics.world-exchanges.org/*

차량공유 경쟁

주석

10 우버와 디디의 IPO에 관해서는 다음 자료들을 참고했다. Driebusch and Farrell (2019), Wang et al. (2021).

11 우버와 디디가 IPO에 성공하기까지의 여정을 단계별로 나타내기 위해 크런치베이스 Crunchbase에서 IPO 이전의 여러 자금 출처에 관한 데이터를 참고했다. Crunchbase (2021). 그림에는 각 자금 조달 단계마다 투자자 이름(투자자가 여럿이면 주요 투자자의 이름)과 투자 유형을 표시했다. IPO 이전에 조달한 총 투자액은 투자 유형과 관계없이 모든 단계의 투자금을 합산했다.

크런치베이스는 그림에서 분류한 투자 유형을 다음과 같이 정의한다. 시드 투자는 일반적으로 초기 단계에서 성장에 탄력을 얻고자 애쓰는 기업이 처음으로 받는 투자다. 투자 규모는 보통 1만에서 200만 달러 사이지만, 최근에는 더 큰 규모의 시드 투자도 자주 이루어지고 있다. 엔젤 투자는 신생 기업이 사업을 시작하도록 지원하는 투자를 가리킨다. 이 단계의 투자자는 개인 투자자, 투자 그룹, 친구, 가족을 포함한다. 시드 투자는 보통 엔젤 투자 이후, 시리즈 A 투자 이전에 이루어진다. 벤처캐피털 투자는 초기 단계의 기업에 전문적으로 투자하는 기관투자자가 제공하는 투자를 말한다.

벤처 투자는 벤처캐피털 회사에서 제공하는 시리즈 A, 시리즈 B, 그 이후 단계의 투자를 뜻한다. 크런치베이스의 데이터베이스는 벤처캐피털 투자를 시리즈 A부터 J까지 나눈다. 이 책에서는 이 모든 벤처캐피털 단계를 하나의 투자 유형으로 묶어 "벤처캐피털"이라 부르기로 한다. 사모펀드는 사모펀드 회사나 헤지펀드가 주도하는 후기 단계의 투자다. 이 단계에서는 더 확실하게 자리 잡은 기업에 투자하므로 투자의 위험이 적으며, 투자 규모가 보통 5000만 달러를 넘어간다. 조건부 지분전환계약은 기업이 다음 단계의 투자를 받기 전까지 버티기 위해 활용할 수 있는 자금 조달 방법이다. 이 계약을 맺은 투자자는 기업이 다음 단계의 투자를 조달하면 기업 가치에 따라 할인된 가격에 투자금을 주식으로 '전환'할 수 있다. 예를 들어 시리즈 A 투자를 받았지만 아직 시리즈 B 조달에 나설 계획이 없는 기업이라면 보통 조건부 지분전환계약으로 자금을 조달한다. 2차 시장 거래는 투자자가 기업의 지분을 직접 매입하는 것이 아니라 기존의 주주에게서 주식을 매입하는 일을 말한다. 이러한 거래는 비상장 기업의 가치가 높아져 초기 단계의 투자자나 직원이 투자 수익을 얻으려 할 때 종종 일어나며, 외부에 공개되는 경우가 거의 없다. 마지막으로 부채는 기업이 투자자에게 돈을 빌리면서 이자를 더해 상환하겠다고 약속할 때 발생한다.

참고문헌

Crunchbase. 2021. "Glossary of Funding Types." *https://support.crunchbase.com/hc/en-us/articles/115010458467-Glossary-of-Funding-Types*

Driebusch, Corrie, and Maureen Farrell. 2019. "Uber's High-Profile IPO Upsets with Weak Debut." *Wall Street Journal*, May 10. *https://www.wsj.com/articles/uber-stumbles-in-trading-debut-11557503554*

Wang, Echo, Anirban Sen, and Scott Murdoch. 2021. "China's Didi Raises 4.4 Bln in Upsized U.S. IPO." *Reuters*, June 30. https://www.reuters.com/business/chinas-didi-raises-4-billion-us-ipo-source-2021-06-29/$

노후 (불)안정

주석

12 국가별 연금 자산 통계는 다음 출처에서 가져왔다. OECD Pension Statistics (2019).

13 미국의 주 단위 연금 자산 통계는 다음 출처의 데이터를 기반으로 한다. Center for Retirement Research (n.d.).

14 확정급여형·확정기여형 연금 자산에 관한 모든 데이터는 다음 출처에서 가져왔다. Thinking Ahead Institute (2020).

15 그 밖에 본문에 참고한 자료는 다음과 같다. Clark and Monk (2017), Urban (2019).

참고문헌

Center for Retirement Research at Boston College, MissionSquare Research Institute, and National Association of State Retirement Administrators, n.d. Public Plans Data. 2001–20. *https://publicplansdata.org/public-plans-database/.* 현재 이 웹사이트에서는 더 최근까지의 날짜 범위를 선택할 수 있다.

Clark, Gordon L., and Ashby H. B. Monk. 2017. *Institutional Investors in Global*

Markets. Vol. 1. Oxford: Oxford University Press. *https://doi.org/10.1093/oso/9780198793212.001.0001*

OECD. 2019. "OECD Pension Statistics." *https://www.oecd-ilibrary.org/finance-and-investment/data/oecd-pensions-statistics_pension-data-en*

Thinking Ahead Institute. 2020. "Global Pension Assets Study 2020." *https://www.thinkingaheadinstitute.org/research-papers/global-pensions-assets-study-2020/*

Urban, Michael A. 2019. "Placing the Production of Investment Returns: An Economic Geography of Asset Management in Public Pension Plans." *Economic Geography* 95 (5): 494–518. *https://doi.org/10.1080/00130095.2019.1649090*

연금 그라인더

주석

16 그래프에 사용한 데이터는 2022년 8월 대학연금제도의 웹사이트에서 제공하는 27개의 연례 보고서(USS 2022a)에서 가져왔다. 보고된 적립비율(현재 자산 대비 미래 부채의 비율 - 옮긴이)은 감사인과 계리보고서에 따라 해마다 바뀌기도 하며, 특정 연도의 비율이나 값은 가장 최근에 나온 데이터를 사용했다. 예를 들어 2017년 DB 연금의 부채는 2018년 보고서가 아니라 2020년 보고서를 참고했다. 적립비율이 값이 아니라 백분율로 나와 있는 경우에는 자산의 과잉 혹은 과소적립을 기준으로 연간 가치를 추정했다.

17 2022년 투자 포트폴리오에서 USS가 '현금 및 전략적 오버레이'에 할당한 자산은 27.4퍼센트의 손실 위험에 노출되어 있으며, 이는 물가연동채권을 더 많이 매입하기 위해 현금을 빌렸거나 포트폴리오에 레버리지를 사용했다는 의미로 해석할 수 있다. 이 그래프에서는 사각형 전체의 합을 100퍼센트로 만들기 위해 모든 자산군의 비율을 1.27로 나누었다. 따라서 상장 주식의 실제 비율은 30퍼센트가 아니라 37.8퍼센트다.

18 모든 USS 가입자는 은퇴 시 일시금을 수령하지만, 그래프에는 반영하지 않았다.

19 그 밖에 본문에 참고한 자료는 다음과 같다. Otuska(2021), Platanakis and Sutcliffe(2016), Staton(2021), Universities Superannuation Scheme(2022b)

참고문헌

Otsuka, Michael. 2021. "Does the Universities Superannuation Scheme Provide a Model of Reciprocity between Generations?" *LSE Public Policy Review* 2 (1): 1–6. *https://doi.org/10.31389/lseppr.42*

Platanakis, Emmanouil, and Charles Sutcliffe. 2016. "Pension Scheme Redesign and Wealth Redistribution between the Members and Sponsor: The USS Rule Change in October 2011." *Insurance: Mathematics and Economics* 69 (July): 14–28. *https://doi.org/10.1016/j.insmatheco.2016.04.001*

Staton, Bethan. 2021. "Lecturers at 58 UK Universities Strike over Pensions and Pay." *Financial Times*, December 1. *https://www.ft.com/content/1caeea0f-c145-4bf0-89b9-bd28e6afc2ef*

Universities Superannuation Scheme (USS). 2022a. "Annual Reports and Accounts: 1996–2022." *https://www.uss.co.uk/about-us/report-and-accounts*

———. 2022b. "USS Statement in Response to Recent Media Coverage on Liability-Driven Investment (LDI) Strategies." *https://www.uss.co.uk/news-and-views/latest-news/2022/10/10102022_uss-statement-in-response-to-recent-media-coverage-on-ldi-strategies*

쇼핑몰의 주인은 누구인가?

주석

20 지도에서 사용한 데이터는 2021년 3월부터 9월까지 직접 모은 것이다. 우리는 각 리츠의 웹사이트에서 쇼핑몰 목록을 검색하고, 구글지도의 API를 사용해 각 쇼핑몰을 지오코딩(주소나 이름 등을 가지고 위도와 경도의 좌표값을 얻는 일 - 옮긴이)했다. 리츠의 주주 명단은 금융시장 관련 데이터를 제공하는 웹사이트인 핀텔Fintel과 마켓스크리너MarketScreener에서 가져왔으며, 주요 기관투자자에 초점을 맞췄다. 리츠는 시장 규모와 지리적 다양성을 기준으로 5개를 선정했다. 자산운용사들이 운용하는 자산의 가치는 다음 자료를 참고했다. Mackenzie (2021), Vanguard (2021).

21 그 밖에 본문에 참고한 자료는 다음과 같다. Aalbers (2019), Aveline-Dubach (2016), Brounen and Koning (2012), Gotham (2006), Theurillat et al. (2010).

참고문헌

Aalbers, Manuel B. 2019. "Financial Geography II: Financial Geographies of Housing and Real Estate." *Progress in Human Geography* 43 (2): 376–87. https://doi.org/10.1177/0309132518819503

Aveline-Dubach, Natacha. 2016. "Embedment of 'Liquid' Capital into the Built Environment: The Case of REIT Investment in Hong Kong." *Issues & Studies* 52 (4): 1640001. https://doi.org/10.1142/S1013251116400014

Brounen, Dirk, and Sjoerd de Koning. 2012. "50 Years of Real Estate Investment Trusts: An International Examination of the Rise and Performance of REITs." *Journal of Real Estate Literature* 20 (2): 197–223. https://doi.org/10.1080/10835547.2014.12090324

Gotham, Kevin Fox. 2006. "The Secondary Circuit of Capital Reconsidered: Globalization and the U.S. Real Estate Sector." *American Journal of Sociology* 112 (1): 231–75. https://doi.org/10.1086/502695

Mackenzie, Michael. 2021. "BlackRock Assets under Management Surge to Record 9tn." *Financial Times, April 15.* https://www.ft.com/content/e49180b1-2158-4adf-85d6-0eb4766f4d5f$

Theurillat, Thierry, Jose Corpataux, and Olivier Crevoisier. 2010. "Property Sector Financialization: The Case of Swiss Pension Funds (1992–2005)." *European Planning Studies* 18 (2): 189–212. *https://doi.org/10.1080/09654310903491507*

Vanguard. 2021. "Fast Facts about Vanguard." *https://about.vanguard.com/who-we-are/fast-facts/*

거꾸로 뒤집힌 세상

주석

22 그래프와 본문에 참고한 다른 자료는 다음과 같다. Piketty (2014) and Milanovic (2016).

23 데이터의 출처는 각각 다음과 같다. Davies et al. (2021), Chancel et al. (2022).

24 데이터는 다음 출처에서 가져왔다. Knight Frank (2019).

참고문헌

Chancel, Lucas, Thomas Piketty, Emmanuel Saez, and Gabriel Zucman. 2022. *World Inequality Report 2022*. Paris: World Inequality Lab. *https://wir2022.wid.world/www-site/uploads/2021/12/WorldInequalityReport2022_Full_Report.pdf*

Davies, D., R. Lluberas, and A. Shorrock. 2021. *Global Wealth Report 2021*. Credit Suisse. *https://www.credit-suisse.com/media/assets/corporate/docs/about-us/research/publications/global-wealth-report-2021-en.pdf*

Knight Frank Research. 2019. *The Wealth Report: The Global Perspective on Prime Property and Investment*. *https://content.knightfrank.com/resources/knightfrank.com.my/pdfs/the-wealth-report-2019.pdf*

Milanovic, B. 2016. *Global Inequality: A New Approach for the Age of Globalization*. Cambridge, MA: Harvard University Press.

Piketty, Thomas. 2014. *Capital in the Twenty-First Century*. Cambridge, MA: Harvard University Press.

국가가 굴리는 종잣돈

주석

25 그래프에 사용한 데이터는 다음 출처에서 가져왔다. Sovereign Wealth Fund Institute (2020b).

26 리비아투자청에 관한 자세한 정보는 다음 웹사이트를 참고. *https://lia.ly/en/about-us/*

27 노르웨이 정부연기금에 관한 자세한 정보는 다음 웹사이트를 참고. *https://www.nbim.no/en/the-fund/about-the-fund/*

28 2020년 기준 상위 100대 국부펀드와 운용 자산, 설립 연도에 관한 모든 데이터는 다음 출처에서 가져왔다. Ouni et al. (2020), Sovereign Wealth Fund Institute (2020a).

29 중국투자공사에 관한 자세한 정보는 다음 웹사이트를 참고. *http://www.china-inv.cn/en/*

30 아부다비투자청에 관한 자세한 정보는 다음 웹사이트를 참고. *https://www.adia.ae/en/purpose*

31 호주의 퓨처펀드에 관한 자세한 정보는 다음 웹사이트를 참고. *https://www.futurefund.gov.au/about-us*

32 Texas Education Agency (2022).

33 Reuters (2021).

34 Ormsby (2010).

35 Etihad Aviation Group (2020).

36 본문에서 참고한 다른 자료는 다음과 같다. Alhashel (2015), Megginson and Fotak (2015).

참고문헌

Alhashel, Bader. 2015. "Sovereign Wealth Funds: A Literature Review." *Journal of Economics and Business* 78 (March): 1–13. *https://doi.org/10.1016/*

j.jeconbus.2014.10.001

Etihad Aviation Group. 2020. "Leadership." *https://www.etihadaviationgroup.com/en-ae/about/leadership*

Megginson, William L., and Veljko Fotak. 2015. "Rise of the Fiduciary State: A Survey of Sovereign Wealth Fund Research." *Journal of Economic Surveys* 29 (4): 733–78. *https://doi.org/10.1111/joes.12125*

Ormsby, Avril. 2010. "Qatar Investor Buys UK Department Store Harrods." Reuters, May 8. *https://www.reuters.com/article/us-harrods-idUSTRE6470V520100508*

Ouni, Zeineb, Prosper Bernard, and Michel Plaisent. 2020. "Sovereign Wealth Funds Empirical Studies: A Critical View." *Journal of Economics Studies and Research* 2020: 434738. *https://doi.org/10.5171/2020.434738*

Reuters. 2021. "Saudi Arabia-Led Consortium Completes Takeover of Newcastle United." Reuters, October 7. *https://www.reuters.com/lifestyle/sports/saudi-arabia-led-consortium-completes-takeover-newcastle-united-2021-1007/*

Sovereign Wealth Fund Institute. 2020a. "Rankings by Total Assets." *https://www.swfinstitute.org/fund-rankings/sovereign-wealth-fund*

———. 2020b. "What Is a Sovereign Wealth Fund?" *https://www.swfinstitute.org/research/sovereign-wealth-fund*

중국이 그리는 세계

주석

37 일대일로 사업에 관한 모든 데이터는 다음 출처에서 가져왔다. American Enterprise Institute (2021).

38 아디스아바바와 지부티를 잇는 철도에 관한 자세한 정보는 다음을 참고. Muller (2019).

39 일대일로 사업의 목표, 우선 사항, 역사에 관한 자세한 정보는 다음을 참고. tate Council of the People's Republic of China (2022).

40 일대일로 사업에 관한 상세한 논의는 다음을 참고. Huang (2016), Lai et al. (2020), Lu et al. (2018).

참고문헌

American Enterprise Institute. 2021. "China Global Investment Tracker." *https://www.aei.org/china-global-investment-tracker/*

Huang, Yiping. 2016. "Understanding China's Belt & Road Initiative: Motivation, Framework and Assessment." *China Economic Review* 40 (September): 314–21. *https://doi.org/10.1016/j.chieco.2016.07.007*

Lai, Karen P. Y., Shaun Lin, and James D. Sidaway. 2020. "Financing the Belt and Road Initiative (BRI): Research Agendas beyond the 'Debt-Trap' Discourse." *Eurasian Geography and Economics* 61 (2): 109–24. *https://doi.org/10.1080/15387216.2020.1726787*

Lu, Hui, Charlene Rohr, Marco Hafner, and Anna Knack. 2018. *China Belt and Road Initiative: Measuring the Impact of Improving Transport Connectivity on International Trade in the Region—a Proof-of-Concept Study.* Cambridge, MA: RAND Corporation.

Muller, Nicholas. 2019. "The Chinese Railways Remolding East Africa." *Diplomat*, January 25. *https://thediplomat.com/2019/01/the-chinese-railways-remolding-east-africa/*

State Council of the People's Republic of China. 2022. "Action Plan on the Belt and Road Initiative." *http://english.www.gov.cn/archive/publications/2015/03/30/content_281475080249035.htm*

4장 중개와 기술

주석

1 McKenna, Paul. 2007. *I Can Make You Rich*. London: Bantam Press, p. 40.

'돈비'를 내리는 사람들

주석

2 본문에서 다룬 내용에 관한 자세한 설명은 다음 자료들을 참고. Fontana (2009), McLeay et al. (2014), Jakab and Kumhof (2015), Deutsche Bundesbank Eurosystem (2017).

3 그래프에 사용한 데이터는 다음 출처에서 가져왔다. Bank of England (2023). 여기서 "은행 화폐"란 총통화(M4)를 뜻한다.

4 영국의 저축과 신용 관련 데이터는 다음 출처에서 찾았다. IMF's World Economic Outlook (https://www.imf.org/en/Publications/WEO), the World Bank's World Development Indicators (https://databank.worldbank.org/source/world-development-indicators).

참고문헌

Bank of England. 2023. "Further Details about M4 Data." 2023년 1월 31일 확인. *https://www.bankofengland.co.uk/statistics/details/further-details-about-m4-data*

Deutsche Bundesbank Eurosystem. 2017. "How Money Is Created." *https://www.bundesbank.de/en/tasks/topics/how-money-is-created-667392*

Fontana, Giusseppe. 2009. *Money, Uncertainty and Time*. London: Routledge.

Jakab, Zoltan, and Michael Kumhof. 2015. "Banks Are Not Intermediaries of Loanable Funds—and Why This Matters." Working Paper no. 529, Bank of England, London. *https://www.bankofengland.co.uk/-/media/boe/files/working-paper/2015/banks-are-not-intermediaries-of-loanable-funds-and-why-this-matters.pdf?la=en&hash=D6ACD5F0AC55064A95F295C5C290DA58AF4B03B5*

McLeay, Michael, Amar Radia, and Ryland Thomas. 2014. "Money Creation in the Modern Economy." *Bank of England Quarterly Bulletin* (Q1): 14–27. *https://www.bankofengland.co.uk/-/media/boe/files/quarterly-bulletin/2014/money-creation-in-the-modern-economy*

시장을 장악한 기관들

주석

5 로열메일의 IPO에 관해서는 블룸버그의 주가 데이터와 로열메일의 민영화를 다룬 다음의 보고서를 참고했다. UK National Audit Office (2014).

6 투자은행의 공모주 저평가와 지대추구(새로운 부를 창출하지 않고 독점적 지위를 이용해 이윤을 챙기는 행위 – 옮긴이)에 관한 자세한 내용은 다음 자료들을 참고. Liu and Ritter (2011), Nimalendran et al. (2007), Pažitka et al. (2021), Reuter (2006).

7 IPO 인수기관들의 시장 점유율은 다음과 같은 방식으로 측정했다. 먼저 딜로직의 주식자본시장 데이터베이스에서 2000년부터 2015년까지 있었던 모든 IPO를 검색했다. 그런 다음 IPO 발행사의 사업 본부를 기준으로 개별 IPO 사례를 국가별로 분류하고, 각국 인수기관들이 진행한 IPO의 거래 가치를 모두 더해 시장 점유율을 계산했다.

참고문헌

Liu, Xiaoding, and Jay R. Ritter. 2011. "Local Underwriter Oligopolies and IPO Underpricing." *Journal of Financial Economics* 102 (3): 579–601. *https://doi.org/10.1016/j.jfineco.2011.01.009*

Nimalendran, M., J. Ritter, and D. Zhang. 2007. "Do Today's Trades Affect Tomorrow's IPO Allocations?" *Journal of Financial Economics* 84 (1): 87–109. *https://doi.org/10.1016/j.jfineco.2006.01.007*

Pažitka, Vladimír, David Bassens, Michiel van Meeteren, and Dariusz Wójcik. 2021. "The Advanced Producer Services Complex as an Obligatory Passage Point: Evidence from Rent Extraction by Investment Banks." *Competition & Change* 26 (1): 53–74. *https://doi.org/10.1177/1024529421992253*

Reuter, Jonathan. 2006. "Are IPO Allocations for Sale? Evidence from Mutual Funds." *Journal of Finance* 61 (5): 2289–324. *https://doi.org/10.1111/j.1540-6261.2006.01058.x*

UK National Audit Office (NAO). 2014. "The Privatisation of Royal Mail." *https://www.nao.org.uk/wp-content/uploads/2014/04/The-privatisation-of-royal-mail.pdf*

스팩 vs. IPO

주석

8 거품형 그래프, 스팩과 IPO로 조달한 금액 비교, 아래의 지도들은 레피니티브 에이콘 데이터베이스에서 제공하는 IPO 관련 데이터를 참고했다. 우리는 이 데이터베이스에서 2019년 1월부터 2021년 사이 뉴욕증권거래소와 나스닥에 상장된 모든 미국 기업의 IPO 사례와 조달액 관련 자료를 찾았다. 거품형 그래프에서는 그중 2020년 1월부터 2021년 3월까지 있었던 IPO만을 다루었다. 지도에서는 발행사의 사업 본부를 기준으로 IPO 사례를 주별로 분류했다. IPO 사례들은 다음의 기준에 따라 두 가지 범주로 나누었다. 우선 레피니티브 에이콘 데이터베이스에서 제공하는 지표 변수를 기준으로 스팩을 식별했으며, 나머지는 전통적인 IPO로 분류했다. 데이터세트에 포함한 모든 스팩은 레피니티브 에이콘 데이터베이스에서 인수합병(M&A) 정보를 검색해

인수 대상을 확인했다.

9 꺾은선그래프는 퀀텀스케이프를 인수한 켄싱턴캐피털애쿼지션코프와 멀티플랜을 인수한 처칠캐피털코프Ⅲ의 주가 변동을 나타내며, 비교를 위해 S&P 500 지수를 그래프에 포함했다. 켄싱턴캐피털애쿼지션코프(인수 후 퀀텀스케이프로 재상장), 처칠캐피털코프Ⅲ(인수 후 멀티플랜으로 재상장)의 주가와 S&P 500 지수에 관한 데이터는 블룸버그에서 찾았다.

10 멀티플랜과 퀀텀스케이프를 상대로 제기된 소송은 각각 다음 자료들을 참고했다. Frankel (2022), Wille (2022).

참고문헌

Frankel, Alison. 2022. "Multiplan SPAC's Bid to Kill Shareholder Suit? Blame Muddy Waters." *Reuters*, February 23. *https://www.reuters.com/legal/transactional/multiplan-spacs-bid-kill-shareholder-suit-blame-muddywaters-2022-02-23/*

Wille, Jacklyn. 2022. "QuantumScape Must Face Investor Suit Over Electric Car Batteries." *Bloomberg Law*, January 18. *https://news.bloomberglaw.com/litigation/quantumscape-must-faceinvestor-suitover-electric-car-batteries*

해상 위험 분담

주석

11 모든 회계 관련 데이터와 일코르데볼란테호의 자세한 항해 정보는 아베트랜스리스크에서 찾았다. AveTransRisk (n.d.). 아베트랜스리스크는 유럽연구위원회(ERC)가 지원하는 연구 프로젝트 "제1차 세계화 시기(16~18세기)의 평균 거래 비용과 위험 관리"에서 만든 온라인 데이터베이스다.

12 공동해손 원칙에 관한 자세한 정보는 다음 자료들을 참고. Bolanca et al. (2017), Constable (1994), Dreijer (2020), Fusaro et al. (2016), Harris (2020). 로도스해법에 관한 자세한 정보는 다음 자료들을 참고. Britannica (2012), Kruit (2015).

참고문헌

AveTransRisk. n.d. "Average-Transaction Costs and Risk Management during the First Globalization." University of Exeter. *http://humanities-research.exeter.ac.uk/avetransrisk/*

Bolanca, Dragan, Vilma Pezelj, and Petra Amizic. 2017. "General Average—An Ancient Institution of Maritime Law Section III: Private Law." *Ius Romanum* 2017 (2): 390–401. *http://iusromanum.info/wp-content/uploads/2020/10/2_2017_UNIVERSUM_OFF_OFF-f.pdf*

Britannica. 2012. "Rhodian Sea Law, Byzantine Law." 2012년 7월 29일 업데이트. *https://www.britannica.com/event/Rhodian-Sea-Law*

Constable, Olivia Remie. 1994. "The Problem of Jettison in Medieval Mediterranean Maritime Law." *Journal of Medieval History* 20 (3): 207–20. *https://doi.org/10.1016/0304-4181(94)90001-9*

Dreijer, Gijs. 2020. "Maritime Averages and the Complexity of Risk Management in Sixteenth-Century Antwerp." *TSEG/Low Countries Journal of Social and Economic History* 17 (2): 31. *https://doi.org/10.18352/tseg.1101*

Fusaro, Maria, Richard J. Blakemore, Benedetta Crivelli, Kate J. Ekama, Tijl Vanneste, Jan Lucassen, Matthias van Rossum, Yoshihiko Okabe, Per Hallén, and Patrick M. Kane. 2016. "Entrepreneurs at Sea: Trading Practices, Legal Opportunities and Early Modern Globalization." *International Journal of Maritime History* 28 (4): 774–86. *https://doi.org/10.1177/0843871416667413*

Harris, Ron. 2020. "General Average and All the Rest: The Law and Economics of Early Modern Maritime Risk Mitigation." SSRN, November 29. *https://doi.org/10.2139/ssrn.3739491*

Kruit, J. A. 2015. "General Average—General Principle plus Varying Practical Application Equals Uniformity?" *Journal of International Maritime Law* 21 (3): 190–202. *https://www.vantraa.nl/media/1416/jolien-kruit-general-average-general-principle-plus-varying-practicalapplication-equals-uniformity-jiml-21-2015.pdf*

핼리의 계산

주석

13 1~84세까지의 인구와 85~100세까지의 인구 데이터는 각각 다음 자료를 참고했다. Ciecka (2008), Bellhouse (2011). 연금 가치는 Bellhouse (2011)에서 제시한 공식으로 계산했다.

14 에드먼드 핼리가 1693년에 발표한 논문은 런던 왕립학회 철학회보Philosophical Transactions of the Royal Society of London에 실렸다.

15 에드먼드 핼리, 헨리 저스텔, 고트프리트 폰 라이프니츠, 카스파르 노이만의 생몰년

과 자세한 행적은 다음 자료들을 참고했다. Cotter (1981), Eggen (2023), Look and Belaval (2023), Wikipedia (2023a, 2023b).

참고문헌

Bellhouse, David R. 2011. "A New Look at Halley's Life Table." *Journal of the Royal Statistical Society: Series A (Statistics in Society)* 174 (3): 823–32. *https://doi.org/10.1111/j.1467-985X.2010.00684.x*

Ciecka, J. E. 2008. "Edmond Halley's Life Table and Its Uses." *Journal of Legal Economics* 15 (1): 65–74. *https://fac.comtech.depaul.edu/jciecka/Halley.pdf*

Cotter, Charles H. 1981. "Biography: Captain Edmond Halley R.N., F.R.S." *Notes and Records: The Royal Society Journal of the History of Science* 36: 61–77. *https://royalsocietypublishing.org/doi/pdf/10.1098/rsnr.1981.0004*

Eggen, Olin Jeuck. 2023. "Edmond Halley: British Scientist." Britannica. 2023년 1월 10일 업데이트. *https://www.britannica.com/biography/Edmond-Halley*

Halley, Edmond. 1693. "VI. An Estimate of the Degrees of the Mortality of Mankind; Drawn from Curious Tables of the Births and Funerals at the City of Breslaw; with an Attempt to Ascertain the Price of Annuities upon Lives." *Philosophical Transactions of the Royal Society of London* 17 (196): 596–610. *https://doi.org/10.1098/rstl.1693.0007*

Look and Belaval. 2023. "Gottfried Wilhelm Leibniz. German Philosopher and Mathematician." Britannica. *https://www.britannica.com/biography/Gottfried-Wilhelm-Leibniz*

Wikipedia. 2023a. "Caspar Neumann." 2023년 5월 20일 업데이트. *https://en.wikipedia.org/wiki/Caspar_Neumann*

———. 2023b. "Henri Justel." 2023년 5월 20일 업데이트. *https://en.wikipedia.org/wiki/Henri_Justel*

정량화된 소비자

주석

16 Stolba (2021).

17 Karger (2007), Brevoort et al. (2016).

18 Campisi (2021).

19 FICO 점수와 미국 내 신용 평가 방법의 발전은 다음 자료를 참고했다. Marron (2009). 신용 점수와 서브프라임 대출이 미국의 지리 및 사회 구조와 어떤 관련이 있는지를 자세히 탐구한 자료는 다음을 참고하라. Darden and Wyly (2010), Fuster et al. (2022), Krippner (2017), Ludwig (2015), Poon (2009), Singletary (2020), Wainwright (2009), Wyly et al. (2009).

20 지도에 사용한 카운티별 서브프라임 대출자 인구 데이터는 다음 출처에서 가져왔다. Equifax and Federal Reserve Bank of New York (2022). 2000~2021년 서브프라임 대출자 비율의 전국 평균은 각 카운티의 성인 인구를 분모로 서브프라임 대출자 인구의 가중 평균을 계산하여 구했다. 카운티 인구의 과거 기록은 Manson et al. (2021)에서 가져왔다. 중간 가구 소득과 인구 통계 관련 데이터는 '타이디센서스Tidycensus' R 패키지를 이용해 "2019 미국 지역사회 조사"에서 가져왔으며, 미국 카운티의 지리적 경계를 다운로드하는 데에도 이 패키지를 사용했다(Walker and Herman 2022).

참고문헌

Brevoort, Kenneth P., Philipp Grimm, and Michelle Kambara. 2016. "Credit Invisibles and the Unscored." *Cityscape* 18 (2): 9–34. *http://www.jstor.org/stable/26328254*

Campisi, Natalie. 2021. "From Inherent Racial Bias to Incorrect Data—The Problems with Current Credit Scoring Models." *Forbes Advisor*, February 26. *https://www.forbes.com/advisor/credit-cards/from-inherent-racial-biasto-incorrect-data-the-problems-with-current-credit-scoring-models/*

Darden, Joe T., and Elvin Wyly. 2010. "Cartographic Editorial—Mapping the Racial/Ethnic Topography of Subprime Inequality in Urban America." *Urban Geography* 31 (4): 425–33. *https://doi.org/10.2747/0272-3638.31.4.425*

Equifax and Federal Reserve Bank of New York. 2022. "Equifax Subprime Credit Population." FRED, Federal Reserve Bank of St. Louis. *https://fred.stlouisfed.org/tags/series?t=equifax%3Bsubprime*

Fuster, Andreas, Paul Goldsmith-Pinkham, Tarun Ramodarai, and Ansgar Walther. 2022. "Predictably Unequal? The Effects of Machine Learning on Credit Markets." *Journal of Finance* 77 (1): 5–47. *https://doi.org/10.1111/jofi.13090*

Karger, Howard Jacob. 2007. "The 'Poverty Tax' and America's Low-Income Households." *Families in Society: The Journal of Contemporary Social Services* 88 (3): 413–17. *https://doi.org/10.1606/1044-3894.3650*

Krippner, Greta R. 2017. "Democracy of Credit: Ownership and the Politics of Credit

Access in Late Twentieth-Century America." *American Journal of Sociology* 123 (1): 1–47. *https://doi.org/10.1086/692274*

Ludwig, Sarah. 2015. "Credit Scores in America Perpetuate Racial Injustice. Here's How." *Guardian*, October 13. *https://www.theguardian.com/commentisfree/2015/oct/13/your-credit-score-is-racist-heres-why*

Manson, Steven, Jonathan Schroeder, David van Riper, Tracy Kugler, and Steven Ruggles. 2021. IPUMS National Historical Geographic Information System: Version 16.0. [database]. Minneapolis: IPUMS. *https://doi.org/http://doi.org/10.18128/D050.V16.0*

Marron, Donncha. 2009. *Consumer Credit in the United States.* New York: Palgrave Macmillan US. *https://doi.org/10.1057/9780230101517.*

Poon, Martha. 2009. "From New Deal Institutions to Capital Markets: Commercial Consumer Risk Scores and the Making of Subprime Mortgage Finance." *Accounting*, Organizations and Society 34 (5): 654–74. *https://doi.org/10.1016/j.aos.2009.02.003*

Singletary, Michelle. 2020. "Credit Scores Are Supposed to Be Race-Neutral. That's Impossible," *Washington Post*, October 16. *https://www.washingtonpost.com/business/2020/10/16/how-race-affects-your-credit-score/*

Stolba, Stefan Lembo. 2021. "Fewer Subprime Consumers Across U.S. in 2021." *https://www.experian.com/blogs/ask-experian/research/subprime-study/*

Wainwright, Thomas A. 2009. "The Geographies of Securitisation and Credit Scoring." PhD diss., University of Nottingham. *http://eprints.nottingham.ac.uk/10949/*

Walker, Kyle, and Matt Herman. 2022. "Tidycensus." R package. *https://walker-data.com/tidycensus/*

Wyly, Elvin, Markus Moos, Daniel Hammel, and Emanuel Kabahzi. 2009. "Cartographies of Race and Class: Mapping the Class-Monopoly Rents of American Subprime Mortgage Capital." *International Journal of Urban and Regional Research* 33 (2): 332–54. *https://doi.org/10.1111/j.1468-2427.2009.00870.x*

빠르게, 더 빠르게

주석

21 Lewis (2015).

22 HFT에 관한 자세한 정보는 다음을 참고. Louis (2017) and MacKenzie (2021).

23 지도에 사용한 데이터는 다음 출처에서 가져왔다. Federal Communications Commission (2021). 제퍼슨네트웍스와 피어스브로드밴드는 맥케이브라더스가 소유한 회사로, 각각 연방통신위원회(FCC) 라이선스를 보유하고 있다. 맥케이브라더스는 HFT 네트워크를 운영하며, HFT 회사가 이를 이용할 권한을 판매한다. 뉴라인네트웍스는 버투(앞서 HFT 회사 겟코Getco를 인수)와 점프트레이딩이 공동 소유하고 있다. 웹라인홀딩스는 DRW 그룹이 소유한 HFT 회사 비절런트가 소유하고 있다.

24 Louis (2017).

25 MacKenzie (2021).

26 MacKenzie (2021).

참고문헌

Federal Communications Commission. 2021. "Universal Licensing System." 2021년 8월 26일 업데이트, *https://www.fcc.gov/wireless/universallicensing-system*

Lewis, M. 2015. *Flash Boys: A Wall Street Revolt.* New York: W. W. Norton.

Louis, Brian. 2017. "Trading Fortunes Depend on a Mysterious Antenna in an Empty Field." Bloomberg, May 12. *https://www.bloomberg.com/news/articles/2017-05-12/mysterious-antennas-outside-cme-reveal-traders-furious-land-war?leadSource=uverify%20wall*

MacKenzie, D. 2021. *Trading at the Speed of Light: How Ultra-Fast Algorithms Are Transforming Financial Markets.* Princeton, NJ: Princeton University Press.

스마트폰으로 열린 새로운 세상

주석

27 모바일 머니 에이전트들의 GPS 좌표와 주요 사업 활동은 다음 자료에서 가져왔다. Bill and Melinda Gates Foundation et al. (2015).

28 Shepherd-Barron (2017).

29 Aron and Muellbauer (2019).

참고문헌

Aron, Janine, and John Muellbauer. 2019. "The Economics of Mobile Money: Harnessing the Transformative Power of Technology to Benefit the Global Poor." Policy report, Oxford Martin School, University of Oxford. *https://www.oxfordmartin.ox.ac.uk/publications/mobile-money/*

Bill and Melinda Gates Foundation, Central Bank of Kenya, and FSD Kenya. 2015. "FinAccess Geospatial Mapping 2015." Edited by Brand Fusion. Harvard Dataverse. *https://doi.org/10.7910/DVN/SG589T*

Shepherd-Barron, James. 2017. "Meet the True Star of Financial Innovation—the Humble ATM." *Financial Times*, June 22. *https://www.ft.com/content/052f9310-5738-11e7-80b6-9bfa4c1f83d2*

중앙은행 디지털 화폐가 가져올 미래

주석

30 CBDC의 개발 단계에 관한 데이터는 다음 출처에서 찾았다. Atlantic Council (n.d.). 그래프에서는 원본 데이터세트에서 영국령 몬트세랫과 앵귈라, 유로존을 제외했다. 그리고 데이터에 세계은행의 세계개발지표(https://databank.worldbank.org/source/world-development-indicators)에서 찾은 각국의 달러 기준 GDP를 추가한 다음, GDP의 자연로그를 사용해 경제 규모별로 국가를 정렬했다.

31 막대그래프는 대서양협의회Atlantic Council가 국제결제은행, 국제통화기금, 존키프데이터베이스John Kiff Database에서 수집한 CBDC의 기술 설계 관련 데이터를 사용해 작성했다. 아직 CBDC 연구가 초기 단계이며 설계의 일부 요소를 발표하지 않은 국가는 '미정'으로 표시했다.

32 Boar and Wehrli (2021).

33 Bharathan (2020).

34 Ree (2021).

35 Working Group (2021).

36 Prasad (2021).

37 Boar and Wehrli (2021).

참고문헌

Atlantic Council, n.d. "Central Bank Digital Currency Tracker." *https://www.atlanticcouncil.org/cbdctracker/*

Bharathan, Vipin. 2020. "Central Bank Digital Currency: The First Nationwide CBDC in the World Has Been Launched by the Bahamas." *Forbes*, October 21. *https://www.forbes.com/sites/vipinbharathan/2020/10/21/central-bank-digital-currency-the-first-nationwide-cbdc-in-the-world-has-been-launched-by-the-bahamas/?sh=323a8c50506e*

Boar, Codruta, and Andreas Wehrli. 2021. "Ready, Steady, Go?—Results of the Third BIS Survey on Central Bank Digital Currency." BIS Papers, no. 114, Bank for International Settlements, Basel, Switzerland. *https://www.bis.org/publ/bppdf/bispap114.pdf*

Prasad, Eswar. 2021. *The Future of Money: How the Digital Revolution Is Transforming Currencies and Finance.* Cambridge, MA: Harvard University Press.

Ree, Jack. 2021. "Five Observations on Nigeria's Central Bank Digital Currency." *IMF News*, November 16. *https://www.imf.org/en/News/Articles/2021/11/15/na111621-five-observations-on-nigerias-central-bank-digital-currency*

Working Group on E-CNY Research and Development of the People's Bank of China. 2021. "Progress of Research & Development of E-CNY in China." *http://www.pbc.gov.cn/en/3688110/3688172/4157443/4293696/2021071614584691871.pdf*

전기 먹는 하마, 비트코인

주석

38 Ponciano (2021).

39 비트코인이 환경에 끼치는 영향과 불법 활동에 쓰이는 사례에 관한 자세한 논의는 다음을 참고. Foley et al. (2019), Foteinis (2018), and Stoll et al. (2019).

40 국가별(중국 지방별) 평균 비트코인 채굴 해시율은 케임브리지 대안금융센터Cambridge Centre for Alternative Finance(https://ccaf.io/cbeci/mining_map)에서 찾은 비트코인 채굴 점유율 추정치와 블록체인닷컴(blockchain.com)에서 찾은 전체 비트코인 네트워크의 평균 해시율(2019년 9월~2020년 4월)을 곱해 계산했다.

참고문헌

Foley, Sean, Jonathan R. Karlsen, and Tālis J. Putniņš. 2019. "Sex, Drugs, and Bitcoin: How Much Illegal Activity Is Financed through Cryptocurrencies?" *Review of*

Financial Studies 32 (5): 1798 – 1853. *https://doi.org/10.1093/rfs/hhz015*

Foteinis, Spyros. 2018. "Bitcoin's Alarming Carbon Footprint." *Nature* 554 (7691): 169. *https://doi.org/10.1038/d41586-018-01625-x*

Ponciano, Jonathan. 2021. "Bill Gates Sounds Alarm on Bitcoin's Energy Consumption—Here's Why Crypto Is Bad for Climate Change." *Forbes*, March 9. *https://www.forbes.com/sites/jonathanponciano/2021/03/09/bill-gates-bitcoin-crypto-climate-change/?sh=70d65c836822*

Stoll, Christian, Lena Klaaßen, and Ulrich Gallersdörfer. 2019. "The Carbon Footprint of Bitcoin." *Joule* 3 (7): 1647 – 61. *https://doi.org/10.1016/j.joule.2019.05.012*

5장 도시와 중심지

주석

1   Quotefancy. n.d. "Albert Einstein Quotes." *https://quotefancy.com/quote/762857/Albert-Einstein-Nothing-happens-until-something-moves-When-something-vibrates-the*

베네치아에서 런던까지

주석

2   본문에 참고한 자료는 다음과 같다. Carlos and Neal (2011), Flandreau et al. (2009), Mosselar (2018), Roover (1944).

3   지도와 오른쪽 연표는 다음 자료들을 참고했다. Cassis (2006), Goetzmann (2016), Pye (2021), Roover (1963), Spufford (2006).

4   1인당 GDP 데이터는 다음 자료에서 가져왔다. Maddison (2007).

참고문헌

Carlos, Ann M., and Larry Neal. 2011. "Amsterdam and London as Financial Centers in the Eighteenth Century." *Financial History Review* 18 (1): 21 – 46. *https://doi.org/10.1017/S0968565010000338*

Cassis, Y. 2006. *Capitals of Capital: A History of International Financial Centers, 1780–2005.* Cambridge: Cambridge University Press.

Flandreau, M., C. Galimard, C. Jobst, and P. Nogues-Marco. 2009. "Monetary Geography before the Industrial Revolution." *Cambridge Journal of Regions, Economy and Society* 2 (2): 149 – 71. *https://doi.org/10.1093/cjres/rsp009*

Goetzmann, William N. 2016. *Money Changes Everything: How Finance Made Civilization Possible.* Princeton, NJ: Princeton University Press.

Maddison, Angus. 2007. *Contours of the World Economy 1–2030 AD: Essays in Macro-Economic History.* Oxford: Oxford University Press.

Mosselar, Jan Sytze. 2018. *A Concise Financial History of Europe.* Rotterdam: Robeco.

Pye, Michael. 2021. *Antwerp: The Glory Years.* London: Allen Lane.

Roover, Raymond de. 1963. *The Rise and Decline of the Medici Bank, 1397–1494.* Cambridge, MA: Harvard University Press.

———. 1944. "Early Accounting Problems of Foreign Exchange." *Accounting Review* 19 (4): 381 – 407. *http://www.jstor.org/stable/240200*

Spufford, Peter. 2006. "From Antwerp and Amsterdam to London: The Decline of Financial Centres in Europe." *De Economist* 154 (2): 143 – 75. *https://doi.org/10.1007/s10645-006-9000-7*

세계 경제의 패권

주석

5   2020년 기준 항공 여행에 걸리는 시간은 다음 웹사이트의 비행 시간 계산기를 참고했다. *https://flighttimecalculator.org.* 1880년 기준 배와 기차(내륙 목적지까지 가는 데 필요한 경우) 여행에 걸린 시간은 다음 웹사이트의 "여행업으로서의 대규모 이주" 페이지를 참고했다. *https://www.business-of-migration.com/data/other-data/vessel-size-and-speed-1873-1913/*

6   각 도시의 은행 수에 관한 데이터는 시티넷 프로젝트(2022)에서 모은 것이다. 이 데이터는 국내외 은행을 모두 포함한다. 각 은행은 해당 도시에 있는 지점 수와 관계없이 한 번씩만 집계했다. 데이터의 출처는 1880년 이후에 나온 『은행 연감』(『은행가 연감』이라고도 한다)이다. 2020년 데이터에는 다음 자료를 참고했다. SWIFTBIC (2023).

7   각 도시의 인구 데이터는 시티넷 프로젝트(2022)에서 과거와 현재의 통계 자료를 활용해 모은 것이다.

8   그 밖에 본문에 참고한 자료는 다음과 같다. Bain (2007), Cassis (2006), Contel and

Wójcik (2019), Polèse and Shearmur (2009), Porteous (1995).

참고문헌

Bain, J. 2007. *A Financial Tale of Two Cities: Sydney and Melbourne's Remarkable Contest for Commercial Supremacy.* Sydney: New South Publishing.

Cassis, Y. 2006. *Capitals of Capital: A History of International Financial Centers, 1780–2005.* Cambridge: Cambridge University Press.

CityNet. n.d. Cities in Global Financial Networks: Financial and Business Services in the 21st Century [website]. *https://www.citynet21.org/*

Contel, Fabio Betioli, and Dariusz Wójcik. 2019. "Brazil's Financial Centers in the Twenty-First Century: Hierarchy, Specialization, and Concentration." *Professional Geographer* 71 (4): 681 – 91. *https://doi.org/10.1080/00330124.2019.1578980*

Polèse, Mario, and Richard Shearmur. 2009. "Culture, Language, and the Location of High-Order Service Functions: The Case of Montreal and Toronto." *Economic Geography* 80 (4): 329 – 50. *https://doi.org/10.1111/j.1944-8287.2004.tb00241.x*

Porteous, David J. 1995. *The Geography of Finance: Spatial Dimensions of Intermediary Behaviour.* Aldershot, UK: Avebury.

SWIFTBIC. 2023. [Website]. 2023년 7월 27일 업데이트. *https://www.swiftbic.com/countries-with-A.html*

세계의 돈이 모이는 곳

주석

9   시티넷 프로젝트(2022)에서는 회계, 컨설팅, 은행, 핀테크, 회사법, 자산운용, 보험, 헤지펀드, 사모펀드, 부동산, 기타(거래소, 중앙은행, 신용 평가 기관, 금융 미디어 기업) 이렇게 11개 금융·비즈니스 서비스 분야에 속한 10대 기업(국내외)의 위치 데이터를 모았다. 기업의 정확한 규모와 순위(매출, 자산, 고용 기준)를 알 수 없어 10대 기업을 선정하기 어려운 경우, 모든 주요 기업을 포함하도록 했다. 그 결과 뉴욕에서는 142곳, 런던에서는 130곳이 선정되었다.

그 밖에도 지도와 삽입문에서 참고한 다른 자료는 다음과 같다. Campbell (1977), Cohen (2011), Beard (2008), Ellis (2001), Goldman Sachs (n.d.), Kynaston (2002), Morgan Stanley (n.d.), Prokesh (1990).

참고문헌

Beard, P. 2008. *Blue Blood and Mutiny: The Fight for the Soul of Morgan Stanley.* New York: HarperCollins.

Campbell, M. 1977. "Morgan Stanley Opens in London." *Financial Times*, April 19.

CityNet. n.d. Cities in Global Financial Networks: Financial and Business Services in the 21st Century [website]. *https://www.citynet21.org/*

Cohen, W. D. 2011. *Money and Power: How Goldman Sachs Came to Rule the World.* New York: Penguin.

Ellis, C. 2001. *Wall Street People: True Stories of Today's Masters and Moghuls.* New York: Wiley.

Goldman Sachs. n.d. "History." *https://www.goldmansachs.com/our-firm/history/*

Kynaston, D. 2002. *The City of London.* Vol. 4. London: Pimlico.

Morgan Stanley. n.d. "Our History." *https://ourhistory.morganstanley.com/stories/new-horizons-with-new-challenges/story-1977london?linkId=116685253*

Prokesh, S. 1990. "London Betting on Itself and on Canary Wharf." *New York Times*, November 13.

승천하는 중국몽?

주석

10   금융중심지의 규모, 중심지 간의 네트워크 관계, 인수 수익의 변화에 관한 데이터는 딜로직의 데이터를 분석한 다음 자료에서 가져왔다. Pažitka et al. (2021). 이 자료에서는 지분·채무증권 인수로 벌어들인 수수료를 바탕으로 금융중심지의 규모를 측정했다. 우리는 먼저 딜로직의 주식자본시장(ECM)과 부채자본시장(DCM) 데이터베이스에서 1993년부터 2016년까지 있었던 모든 자본시장 거래의 표본을 추출했다. 그 결과 총 58만 4680건의 거래를 찾았으며, ECM 거래는 10만 777건, DCM 거래는 48만 3903건이었다. 다음으로는 거래마다 발행사와 은행 자회사 단위의 인수단 구성원을 식별했다. 우리가 만든 데이터세트는 1만 5302개의 은행 자회사와 9만 1879개의 발행사를 포함하며, 이들 간에는 172만 7111건의 시장 상호작용이 있었다. 딜로직의 ECM, DCM 데이터베이스에서 제공하는 수익 데이터는 개별 은행의 역할과 인수한 증권의 지분을 기준으로 수익을 할당하며, 은행이 벌어들인 수익을 산업, 지역, 규모 등의 특성에 따라 정리해서 보여준다. 딜로직은 전담 데이터 과학팀을 고용해 개

별 은행의 수익을 계산하는 데이터를 관리하며, 주기적으로 모델을 보정해 개별 거래에서 얻은 수익 추정치를 오차 범위 5퍼센트 내로 제공한다. 우리는 은행의 자회사들이 어느 금융중심지에 속하는지를 판단하기 위해 오르비스Orbis, 아마데우스Amadeus, 페임FAME, 블룸버그, 넥시스Nexis UK, 기업 웹사이트 등 다양한 출처에서 사업 본부의 주소를 수집했다. 그리하여 1만 2827개 은행 자회사의 주소를 확보했지만, 2205곳의 주소는 확인할 수 없었다. 확인하지 못한 주소는 대체로 거래가 5건 미만이며 온라인에서도 흔적을 찾을 수 없는 영세한 자회사의 것이었다. 데이터세트에 포함된 시장 상호작용 172만 7111건 중 171만 6394건(99.4퍼센트)은 본부 위치에 관한 데이터가 있는 은행 자회사의 것이므로 빠진 데이터는 무시할 수 있는 수준이다. 이로써 우리는 1993년에서 2016년 사이 540개의 금융중심지에 관한 데이터를 모을 수 있었다. 네트워크 형태로 나타낸 그림에는 해당 연도에 1000만 달러 이상의 수익을 올린 곳만 표시했다. 두 중심지 사이의 네트워크 관계에서 나온 가치는 신디케이션 거래에서 벌어들인 수수료에 따라 증권 인수자 간의 관계에 가중치를 부여하고, 도시 쌍마다 가중치가 부여된 관계를 집계해 계산했다.

참고문헌

Pažitka, Vladimír, Michael Urban, and Dariusz Wójcik. 2021. "Connectivity and Growth: Financial Centres in Investment Banking Networks." *Environment and Planning A: Economy and Space* 53 (7): 1789–1809. *https://doi.org/10.1177/0308518X211026318*

급증하는 합병

주석

11 금융 부문의 인수합병에 관한 데이터는 다음 데이터베이스에서 확인할 수 있다. Bureau van Dijk's Zephyr (2020).
12 인수합병에 관한 자세한 정보는 다음 자료들을 참고. Keenan et al. (2022), Wójcik et al. (2022), Zademach and Rodríguez-Pose (2009).

참고문헌

Bureau van Dijk. 2020. "M&A Deals & Rumours Data." Zephyr database. *https://www.bvdinfo.com/en-us/our-products/data/greenfield-investmentand-ma/zephyr*

Keenan, Liam, Timothy Monteath, and Dariusz Wójcik. 2022. "Financial Discipline through Inter-Sectoral Mergers and Acquisitions: Exploring the Convergence of Global Production Networks and the Global Financial Network." *Environment and Planning A: Economy and Space* 54 (8): 1532–50. *https://doi.org/10.1177/0308518X221115739*

Wójcik, Dariusz, Liam Keenan, Vladimír Pažitka, Michael Urban, and Wei Wu. 2022. "The Changing Landscape of International Financial Centers in the Twenty-First Century: Cross-Border Mergers and Acquisitions in the Global Financial Network." *Economic Geography* 98 (2): 97–118. *https://doi.org/10.1080/00130095.2021.2010535*

Zademach, Hans-Martin, and Andrés Rodríguez-Pose. 2009. "Cross-Border M&As and the Changing Economic Geography of Europe." *European Planning Studies* 17 (5): 765–89. *https://doi.org/10.1080/09654310902778276*

눈에 보이지 않는 천국

주석

13 지도에 사용한 데이터는 영국 지위향상·지역사회·지방정부가 관리하는 토지등록청과 해외기업소유권데이터, 건물에너지성능데이터에서 찾았다. 이 데이터의 역사와 활용, 처리에 관한 자세한 정보는 다음을 참고. Monteath (2021)
14 Shirley (2019).
15 패밀리오피스에 관한 자세한 정보는 다음을 참고. Glucksberg and Burrows (2016).
16 Transparency International (2015).
17 런던과 초부유층, 역외 금융에 대한 자세한 논의는 다음을 참고. Atkinson (2021).

참고문헌

Atkinson, Rowland. 2021. *Alpha City: How London Was Captured by the Super-Rich*. London: Verso.

Glucksberg, Luna, and Roger Burrows. 2016. "Family Offices and the Contemporary Infrastructures of Dynastic Wealth." *Sociologica* 10 (2). https://doi.org/10.2383/85289

Monteath, Timothy. 2021. "The Information Infrastructure of Land Registration in England: A Sociology of Real Estate at the Intersection of Elites, Markets and Statistics." PhD thesis, London School of Economics and Political Science.

https://doi.org/10.21953/LSE.00004293

Shirley, Andrew, ed. 2019. *The Wealth Report: The Global Perspective on Prime Property and Investment*. 13th ed. Knight Frank. *https://content.knightfrank.com/resources/knightfrank.com.my/pdfs/the-wealth-report-2019.pdf*

Transparency International. 2015. "Corruption on Your Doorstep: How Corrupt Capital Is Used to Buy Property in the UK." *https://www.transparency.org.uk/sites/default/files/pdf/publications/2016CorruptionOnYourDoorstepWeb.pdf*

모든 길은 벵갈루루로 통한다

주석

18 금융 서비스 분야의 대표 기업은 영국의 싱크탱크 '세계화와 세계도시 연구 네트워크(GaWC)'에서 편찬한 2016년 기업 목록을 참고해 선정했다. 이 자료는 다음 웹사이트에서 이용할 수 있다. *https://www.lboro.ac.uk/gawc/datasets/da28.html*.
벵갈루루에 있는 대학 캠퍼스의 위치와 아웃소싱 기업의 고객 목록은 온라인 검색으로 직접 찾은 다음 위치 정보를 파악했다. 도표의 가독성을 높이기 위해 벵갈루루를 기존의 지명(화이트필드, 벨란두르, 일렉트로닉시티)과 지리적 위치(북동부, 서부, 중부)에 따라 6개 지역으로 나누었다.
19 IT-BPM 산업의 수출 데이터는 '전국 소프트웨어·서비스 기업협회'의 연례 보고서에서 가져왔다. 이 자료는 다음 웹사이트에서 이용할 수 있다. *https://nasscom.in/knowledge-centre/publications*
20 도시의 확장 단계에 관한 데이터는 다음 자료에서 찾았다. Deb et al. (2020).
21 Heitzman (1999).
22 Srivats (2019).
23 오프쇼어링이 금융의 공간적 분업에 어떤 영향을 미쳤는지, 오프쇼어링과 분업이 아웃소싱과 어떤 관련이 있고 어떤 점에서 다른지에 관한 자세한 논의는 다음 자료를 참고. Kleibert (2020), Massini and Miozzo (2012), Peck (2017).
24 벵갈루루가 IT 중심지로 성장한 과정에 관한 자세한 논의는 다음 자료를 참고. Aranya (2008), Didelon (2003), Madon (1997), Parthasarathy (2004).

참고문헌

Aranya, Rolee. 2008. "Location Theory in Reverse? Location for Global Production in the IT Industry of Bangalore." *Environment and Planning A: Economy and Space* 40 (2): 446–63. *https://doi.org/10.1068/a38416*

Deb, Amartya, Jaya Dhindaw, and Robin King. 2020. "Metropolitan Bangalore: Crossing Boundaries to Integrate Core and Periphery." In *Greater than Parts: A Metropolitan Opportunity*, vol. 2, edited by Shagun Mehrota, Lincoln L. Lewis, Mariana Orloff, and Beth Olberding, Washington, DC: World Bank.

Didelon, Clarisse. 2003. "Bangalore, Ville des Nouvelles Technologies." *Mappemonde* 70 (2): 35–40. *https://doi.org/10.3406/mappe.2003.1833*

Heitzman, James. 1999. "Corporate Strategy and Planning in the Science City: Bangalore as 'Silicon Valley.'" *Economic and Political Weekly* 34 (5): 2–11. *http://www.jstor.org/stable/4407603*

Kleibert, Jana M. 2020. "Unbundling Value Chains in Finance." In *The Routledge Handbook of Financial Geography*, edited by Janelle Knox-Hayes and Dariusz Wójcik, 1st ed., 421–39. New York: Routledge. *https://doi.org/10.4324/9781351119061-23*

Madon, Shirin. 1997. "Information-Based Global Economy and Socio economic Development: The Case of Bangalore." *Information Society* 13 (3): 227–44. *https://doi.org/10.1080/019722497129115*

Massini, Silvia, and Marcela Miozzo. 2012. "Outsourcing and Offshoring of Business Services: Challenges to Theory, Management and Geography of Innovation." *Regional Studies* 46 (9): 1219–42. *https://doi.org/10.1080/00343404.2010.509128*

Parthasarathy, Balaji. 2004. "India's Silicon Valley or Silicon Valley's India? Socially Embedding the Computer Software Industry in Bangalore." *International Journal of Urban and Regional Research* 28 (3): 664–85. *https://doi.org/10.1111/j.0309-1317.2004.00542.x*

Peck, Jamie. 2017. $Offshore: Exploring the Worlds of Global Outsourcing. Oxford: Oxford University Press.

Srivats, K. R. 2019. "More Banks Will Soon Enter the Platform Business: Rajashekara Maiya." *Hindu Businessline*, September 9. *https://www.thehindubusinessline.com/money-and-banking/more-banks-willsoon-enter-the-platform-business-rajashekara-maiya/article29354495.ece*

율법이 장식한 자본 모자이크

주석

25 상위 100대 이슬람 은행에 관한 데이터는 다음 출처에서 찾았다. Asian Banker (n.d.).

26 사우디아라비아 4개, 카타르 5개, 아랍에미리트 5개, 바레인 12개, 쿠웨이트 5개를 더한 숫자다.

27 Statista (2021).

28 ICD-REFINITIV (2020).

29 이슬람 금융의 원칙과 서비스, 역사, 지리에 관한 자세한 논의는 다음 자료를 참고. Bassens et al. (2010), Pollard and Samers (2007).

참고문헌

Asian Banker. n.d. "Largest Banks Rankings: 2020." *https://www.theasianbanker.com/ab500/2018-2019/largest-islamic-banks*

Bassens, David, Ben Derudder, and Frank Witlox. 2010. "Searching for the Mecca of Finance: Islamic Financial Services and the World City Network." *Area* 42 (1): 35–46. *http://www.jstor.org/stable/27801437.*

ICD-REFINITIV. 2020. "Islamic Finance Development Report 2020." *https://icd-ps.org/uploads/files/ICD-Refinitiv IFDI Report 20201607502893_2100.pdf*

Pollard, Jane, and Michael Samers. 2007. "Islamic Banking and Finance: Postcolonial Political Economy and the Decentring of Economic Geography." *Transactions of the Institute of British Geographers* 32 (3): 313–30. *http://www.jstor.org/stable/4626252*

Statista. 2021. "Worldwide: Leading Countries for Shariah Scholars by 2019." *https://www.statista.com/statistics/1092291/worldwide-leading-countries-of-shariah-scholars/*

런던의 인력

주석

30 업계 종사자들의 말은 시티넷 프로젝트(2022)의 연구진들이 2016년부터 2019년까지 수행한 200개 이상의 인터뷰에서 가져온 것이다.

31 Panitz and Glückler (2022).

32 Global Financial Data (2022).

33 Hamre and Wright (2021).

참고문헌

CityNet. n.d. Cities in Global Financial Networks: Financial and Business Services in the 21st Century [website]. *https://www.citynet21.org/*

Global Financial Data. 2022. "Stock Market Capitalization." Global Financial Data (GFD) Finaeon. *https://globalfinancialdata.com/gfd-finaeon-overview*

Hamre, Eivid Friis, and William Wright. 2021. "Brexit & the City: The Impact So Far: An Updated Analysis of How the Banking & Finance Industry Has Responded to Brexit—And Who Is Moving What to Where." *New Financial. https://newfinancial.org/brexit-the-city-the-impact-so-far/*

Panitz, Robert, and Johannes Glückler. 2022. "Relocation Decisions in Uncertain Times: Brexit and Financial Services." *Economic Geography* 98 (2): 119–44. *https://doi.org/10.1080/00130095.2021.2009336*

핀테크가 그려낼 새로운 세상

주석

34 2007~2020년 핀테크 기업들이 조달한 총 자금은 크런치베이스Crunchbase의 데이터에서 기업들의 본사가 있는 도시별로 벤처캐피털과 사모펀드의 투자 이력을 조사해 집계했다. 그리고 일부 도시에는 주목할 만한 핀테크 기업이나 플랫폼의 사례를 덧붙였다. 지도 왼쪽 꺾은선그래프의 핀테크 투자 규모는 전 세계를 대상으로 같은 데이터를 찾아 더한 것이다. 상위 30개 핀테크 중심지는 2007~2020년 핀테크 기업들이 조달한 자금 데이터를 바탕으로 누적 자금 조달액이 가장 많은 30개 도시를 찾아 선정했다. 상위 30개 금융중심지는 '세계 금융중심지 지수 30'(Z/Yen, 2021)을 참고했다.

35 특허 분야는 유럽특허청과 미국특허상표청의 분류를 참고했다. Caragea et al., 2020.

36 핀테크의 등장을 자세히 논의한 자료는 다음을 참고. Arner et al. (2016), Cojoianu et al. (2021), Goldstein (2019).

6장 버블과 위기

주석

1 Quotefancy. 2023. "Warren Buffett Quotes." *https://quotefancy.com/quote/931421/Warren-Buffett-What-we-learn-from-history-is-that-people-don-t-learn-from-history*

끝나지 않는 '금융 위기'

주석

2 1970년 이후의 은행, 통화, 부채 위기는 다음 자료의 데이터를 사용했다. Laeven and Valencia (2018, 30–33). 1970년 이전의 위기는 다음 자료에 나온 표와 그림의 데이터를 사용했다. Reinhart and Rogoff (2009). 이 자료에서 참고한 표와 그림 목록은 다음과 같다.

- Table 6.1 1. "The early external defaults: Europe, 1300–1799" (p. 87). *https://carmenreinhart.com/wp-content/uploads/2020/02/175_data2.xlsx*
- Figure 6.1. "Spain: Defaults and loans to the Crown, 1601–1679" (p. 89). *https://carmenreinhart.com/wp-content/uploads/2020/02/151_data1.xlsx*
- Table 6.2. "External default and rescheduling: Africa, Europe, and Latin America, nineteenth century" (p. 91). *https://carmenreinhart.com/wp-content/uploads/2020/02/176_data3.1.xlsx*
- Table 6.3. "Default and rescheduling: Africa and Asia, twentieth century to 2008" (p. 95). *https://carmenreinhart.com/wp-content/uploads/2020/02/178_data4.xlsx*
- Table 6.4. "Default and rescheduling: Europe and Latin America, twentieth century to 2008" (p. 96). *https://carmenreinhart.com/wp-content/uploads/2020/02/179_data5.xlsx*
- Figure 10.1. "Capital mobility and the incidence of banking crises: All countries, 1800–2008" (p. 156). *https://carmenreinhart.com/wp-content/uploads/2020/04/126_data1.xlsx*
- Figure 12.3. "Currency crashes: The share of countries with annual depreciation rates greater than 15 percent, 1800–2008" (p. 190). *https://carmenreinhart.com/wp-content/uploads/2020/04/114_data3.xlsx*

레이븐과 발렌시아Laeven and Valencia가 만든 데이터베이스는 1970년부터 2017년까지 165개국의 금융위기를 다룬다. 저자들은 구조적인 은행 위기에 초점을 맞추면서도 통화와 국채 위기에 관한 정보로 데이터베이스를 보완한다. 이 연구에서는 구조적 은행 위기를 심각한 금융위기나 은행 정책상의 중대한 개입을 가져오는 사건으로 정의한다. 구체적으로 두 저자는 (1) 전체 은행 대출 중 부실 대출 비율이 20퍼센트를 넘거나 은행시스템 전체 자산의 20퍼센트 이상을 차지하는 은행의 폐업, (2) 국내총생산(GDP)의 5퍼센트가 넘는 규모의 재정 구조조정을 심각한 금융위기로 간주한다. 그리고 구조적 은행 위기를 나타내는 은행 정책상의 개입이란 (1) 예금 동결 및 은행 휴무, (2) 대규모 은행 국유화, (3) 광범위한 유동성 지원, (4) 대규모 은행 지급 보증, (5) 대규모 자산 매입을 말한다(같은 자료 5쪽). 한편 저자들은 미국 달러 대비 자국 통화의 명목 가치가 30퍼센트 이상 하락하거나 통화 가치의 하락률이 전년도보다 10퍼센트 이상 높은 경우를 통화 위기로 정의한다. 그리고 국가 부채 위기에 관해서는 여러 출처에서 국가 부도 사례와 채무 구조조정 관련 정보를 모았다(같은 자료 10쪽).

라인하트와 로고프Reinhart and Rogoff는 1340년 영국의 국가 부도 사태에서 2007~2008년 미국의 서브프라임 위기에 이르는 금융위기 사례들을 자세히 다룬다. 저자들은 국가 부도, 은행 위기, 통화 폭락, 인플레이션을 나누어 분석한다. 먼저 국가 부채 위기는 과거 연구에서 명백한 채무 불이행과 채무 구조조정 사례들을 찾았다. 통화 위기는 미국 달러나 역사적으로 중요한 기축 통화 대비 통화 가치가 15퍼센트 이상 하락하는 경우를 기준으로 삼았다. 은행 위기는 뱅크런으로 인해 "공공 부문에서 하나 이상의 금융 기관을 폐쇄, 합병, 인수"(같은 자료 11쪽)하거나 대규모 정부 지원에 나서는 경우로 정의했다. 이 책에서는 레이븐과 발렌시아의 연구와의 일관된 비교를 위해 1970년 이전의 금융위기 사례만 포함했다. 그리고 분석에서는 한 국가가 특정 유형의 금융위기를 겪은 기간은 고려하지 않고 전체를 단일한 금융 사건으로 간주했다. 예를 들어 한 국가에서 3년 동안 통화 가치가 계속 하락한 경우는 하나의 사건으로 보았다. 마지막으로 인플레이션 위기 사례(레이븐과 발렌시아의 연구에서는 다루지 않았다)는 제외했으며, 15퍼센트가 아니라 30퍼센트의 통화 가치 하락을 통화 위기의 기준으로 삼았다.

참고문헌

Laeven, Luc, and Fabian Valencia. 2018. "Systemic Banking Crises Revisited." IMF Working Paper WP/18/206, Washington, DC.

Reinhart, Carmen M., and Kenneth S. Rogoff. 2009. *This Time Is Different: Eight Centuries of Financial Folly.* Princeton, NJ: Princeton University Press.

불안정성에 관한 이론들

주석

3　이 책에서는 금융 불안정성을 다룬 주요 이론 4가지(통화주의, 부채-디플레이션 이론, 금융 불안정성 가설, 군집 행동)를 소개하기 위해 각 이론을 대표하는 유명 경제학자 4명이 1997~1998년 아시아 금융위기의 근본 원인을 놓고 벌이는 가상의 토론을 구성했다. 토론의 참여자는 안나 슈워츠(1915~2012), 어빙 피셔(1867~1947), 하이먼 민스키(1919~1996), 대니얼 카너먼(1934~2024)이다. 이 토론은 가상으로 구성한 것이지만, 금융시장의 역할과 경제·사회에 미치는 영향, 금융시장에 발생하는 혼란과 불안정, 위기의 근본 원인을 놓고 실제로 벌어지는 이론적 논쟁을 반영한다.

4　지도는 아시아 금융위기를 다룬 PBS의 보도 자료를 참고했다(PBS. n.d.). 각 지역의 주가지수 하락률은 다음 출처에서 찾은 데이터를 사용해 계산했다. Global Financial Data (2022).

5　통화주의에 관한 자세한 내용은 다음을 참고. Friedman and Schwartz (1963)

6　부채-디플레이션 이론에 관해서는 다음을 참고. Fisher (1933).

7　민스키의 주장에 관해서는 다음을 참고. Burger (1969), Minsky (1968, 1994), Wray (2011)

8　군집 행동에 관해서는 다음을 참고. Kahneman and Tversky (1974), Kahneman (2011).

참고문헌

Burger, Albert E. 1969. "A Historical Analysis of the Credit Crunch of 1966." *Federal Reserve Bank of St. Louis Review* (September): 13–30. *https://doi.org/10.20955/r.51.13-30.hfp*

Fisher, Irving. 1933. "The Debt-Deflation Theory of Great Depressions." *Econometrica* 1 (4): 337. *https://doi.org/10.2307/1907327*

Friedman, Milton, and Anna Jacobsen Schwartz. 1963. *A Monetary History of the United States, 1867–1960.* Princeton, NJ: Princeton University Press. *http://www.jstor.org/stable/j.ctt7s1vp.*

Global Financial Data. 2022. "Stock Market Capitalization." Global Financial Data (GFD) Finaeon. *https://globalfinancialdata.com/gfd-finaeon-overview*

Kahneman, Daniel. 2011. *Thinking, Fast and Slow.* London: Allen Lane.

Kahneman, Daniel, and Amos Tversky. 1974. "Judgment under Uncertainty." *Science* 185: 1124–31. *https://www.science.org/doi/10.1126/science.185.4157.1124*

Minsky, Hyman. 1968. "The Crunch of 1966—Model for New Financial Crises?" *Trans-Action* 5 (4): 44–51. *https://doi.org/10.1007/BF03180468*

Minsky, Hyman Philip. 1994. "Financial Instability Hypothesis." In *The Elgar Companion to Radical Political Economy,* edited by Philip Arestis and Malcom Sawyer, 153–58. Aldershot: Edward Elgar.

PBS. n.d. "Timeline of the Panic." Frontline. *https://www.pbs.org/wgbh/pages/frontline/shows/crash/etc/cron.html*

Wray, Randall. 2011. "Minsky Crisis." Working Paper no. 659, Levy Economics Institute of Bard College, Annandale-on-Hudson, NY.

선물 대지진

주석

9　베어링스은행이 입은 재정 손실을 비롯해 베어링스은행이 파산하기까지 일어난 사건들은 다음 자료를 참고했다. Bhalla (1995), Board of Banking Supervision (1995), Lim and Tan (1995).

10　싱가포르와 닛케이 지수에 관한 데이터는 다음 출처에서 찾았다. Global Financial Data (2022).

참고문헌

Bhalla, A. S. 1995. "Collapse of Barings Bank: Case of Market Failure." *Economic and Political Weekly* 30 (13): 658–62. *http://www.jstor.org/stable/4402560*

Board of Banking Supervision. 1995. *Report of the Board of Banking Supervision Inquiry into the Circumstances of the Collapse of Barings.* London: HMSO. *https://www.gov.uk/government/publications/report-into-the-collapse-of-barings-bank*

Global Financial Data. 2022. "Stock Market Indices." Global Financial Data (GFD) Finaeon. *https://globalfinancialdata.com/gfd-finaeon-overview*

Lim, C. S. M., and N. K. N. Tan. 1995. *The Report of the Inspectors Appointed by the Minister of Finance.* Singapore: Ministry of Finance.

언론이 본 금융위기

주석

11　GDP 성장률, 금리 스프레드, 실질실효환율 관련 데이터는 다음 출처에서 찾았다. Global Financial Data (2022). 금리 스프레드는 베이시스포인트 단위로 측정하며, 아르헨티나와 미국의 국채 금리 차이를 반영한다. 실질실효환율은 2010년을 기준연도로 하는 지수다. 인플레이션 관련 데이터는 아르헨티나 중앙은행의 데이터베이스에서 찾았다(Banco Central de la República Argentina, n.d.). 모든 경제 관련 데이터는 분기별로 계산한 것이다.

12　아르헨티나의 위기가 전개된 과정은 다음 자료를 참고했다. Hornbeck (2003).

참고문헌

Banco Central de la República Argentina. n.d. Monthly Inflation. *https://www.bcra.gob.ar/PublicacionesEstadisticas/Principales_variables_datos_i.asp?serie=7931&detalle=Monthly%20Inflation%A0(%%20change)*

Global Financial Data. 2022. "Stock Market Capitalization." Global Financial Data (GFD) Finaeon. *https://globalfinancialdata.com/gfd-finaeon-overview*

Hornbeck, J. F. 2003. *The Financial Crisis in Argentina.* CRS Report for Congress, Congressional Research Service, Library of Congress, Washington, DC. *https://digital.library.unt.edu/ark:/67531/metacrs7071/m1/1/high_res_d/RS21072_2003Jun05.pdf*

노던록의 몰락

주석

13　BBC (2008a).

14　노던록의 사례에 관한 자세한 논의는 다음을 참고. Marshall et al. (2012), Dawley et al. (2014).

15　노던록의 전환점과 연표는 다음 자료들을 참고했다. BBC (2008a, 2008b, 2010); Eley, Moore, and Powley (2012), Guardian (2008a, 2008b), Independent (2008).

16　금융 부문 고용에 관한 데이터는 영국 통계청에서 제공하는 통계 서비스 노미스Nomis에서 찾았다. *https://www.nomisweb.co.uk/*

17　지역의 GDP 성장률 데이터는 영국 통계청에서 찾았다. *https://www.ons.gov.uk/economy/grossdomesticproductgdp/bulletins/regionaleconomicactivitybygrossdomesticproductuk/1998to2019*

참고문헌

BBC. 2008a. "Northern Rock Ends 125% Mortgages." February 21. *http://news.bbc.co.uk/1/hi/business/7256903.stm*

——. 2008b. "Timeline: Northern Rock Bank Crisis." August 5. *http://news.bbc.co.uk/1/hi/business/7007076.stm*

——. 2010. "Northern Rock to Cut 650 Jobs by Year End." June 8. *https://www.bbc.co.uk/news/10266501*

Dawley, Stuart, Neill Marshall, Andy Pike, Jane Pollard, and John Tomaney. 2014. "Continuity and Evolution in an Old Industrial Region: The Labour Market Dynamics of the Rise and Fall of Northern Rock." *Regional Studies* 48 (1): 154–72. *https://doi.org/10.1080/00343404.2012.669473*

Eley, Jonathan, Elaine Moore, and Tanya Powley. 2012. "Rock Collapse Left Many in a Hard Place." *Financial Times,* September 14. *http://ig-legacy.ft.com/content/2abdeb34-fda8-11e1-8e36-00144feabdc0#axzz7JXZy7Qib*

Guardian. 2008a. "Northern Rock to Make 800 Compulsory Redundancies." July 31. *https://www.theguardian.com/business/2008/jul/31/northernrock.creditcrunch*

——. 2008b. "Timeline: The Northern Rock Crisis." March 26. *https://www.theguardian.com/business/2008/mar/26/northernrock*

Independent. 2008. "Northern Rock: The Timeline." March 26. *https://www.independent.co.uk/news/business/news/northern-rock-thetimeline-800709.html*

Marshall, J. N., A. Pike, J. S. Pollard, J. Tomaney, S. Dawley, and J. Gray. 2012. "Placing the Run on Northern Rock." *Journal of Economic Geography* 12 (1): 157–81. *https://doi.org/10.1093/jeg/lbq055*

금융 혁신은 미국 경제를 얼마나 '혁신' 했는가

주석

18　모든 데이터는 다음 출처에서 가져온 것이다. Federal Reserve Bank of St. Louis (2021). 미국 주택가격의 연간 상승률은 S&P·케이스-쉴러 주택가격지수를 이용해 계산했다. 모기지 부채의 연간 상승률은 '가구 및 비영리 단체' 부문의 데이터와 '1~4인

가구 주거용 모기지' 표를 이용해 계산했다.

19 주 단위의 연간 주택가격 상승률은 전국주택매매가격지수를 이용해 계산했다.

20 실업률은 전체 노동 인구 대비 적극적으로 구직 활동을 하는 16세 이상 인구의 수를 백분율로 나타낸 것이다. 실업률은 계절에 따라 조정된다.

21 서브프라임 위기의 원인에 관한 자세한 정보와 논의는 다음을 참고. Aalbers (2009), Ashton (2009), Dymski (2010), Martin (2011).

참고문헌

Aalbers, Manuel B. 2009. "Geographies of the Financial Crisis." *Area* 41 (1): 34 – 42. *https://doi.org/10.1111/j.1475-4762.2008.00877.x*

Ashton, Philip. 2009. "An Appetite for Yield: The Anatomy of the Subprime Mortgage Crisis." *Environment and Planning A: Economy and Space* 41 (6): 1420 – 41. *https://doi.org/10.1068/a40328*

Dymski, G. A. 2010. "Why the Subprime Crisis Is Different: A Minskyian Approach." *Cambridge Journal of Economics* 34 (2): 239 – 55. *https://doi.org/10.1093/cje/bep054*

Federal Reserve Bank of St. Louis. 2021. "Federal Reserve Economic Data." Economic Research. *https://fred.stlouisfed.org/*

Martin, R. 2011. "The Local Geographies of the Financial Crisis: From the Housing Bubble to Economic Recession and Beyond." *Journal of Economic Geography* 11 (4): 587 – 618. *https://doi.org/10.1093/jeg/lbq024*

유로존 부채 위기

주석

22 국채 금리 관련 데이터는 유로스탯Eurostat의 계열 코드 'EMU 수렴 기준 채권 수익률 EMU Convergence Criterion Bond Yields'에서 다운로드했다. Eurostat (2021b). 유로스탯은 국채 금리를 다음과 같이 정의한다. "마스트리흐트 기준 채권 수익률은 마스트리흐트 조약에 따라 유럽통화연합의 수렴 기준으로 사용되는 장기 금리다. (…) 마스트리흐트 조약 EMU 수렴 기준은 국내 통화로 표시한 장기 국채 금리와 관련 있다. 선정 지침에 따르면, 데이터는 남은 만기가 약 10년인 2차 시장의 중앙 정부 채권 수익률(세금 포함)을 기준으로 해야 한다"(Eurostat 2021b).

23 경상수지 관련 데이터는 유로스탯의 계열 코드 '국제 수지-국제 거래Balance of Payments-International Transactions(BPM6)'에서 찾았다. Eurostat (2021a).

24 트로이카는 유럽연합 집행위원회, 유럽중앙은행, 국제통화기금을 가리킨다. 위 지도에 표시한 구제 금융 규모는 각국이 트로이카와 합의한 금액으로, 구제 금융 프로그램이 진행되는 동안 실제 지급된 금액과는 차이가 있다. 각각의 구제 금융 사례에 관한 자세한 내용은 다음을 참고. European Commission (2021).

25 유로존 위기에 관한 자세한 정보와 논의는 다음을 참고. Bellofiore (2013), Hein and Dodig (2014), Lapavitsas et al. (2010).

참고문헌

Bellofiore, R. 2013. "'Two or Three Things I Know about Her': Europe in the Global Crisis and Heterodox Economics." Cambridge Journal of Economics 37 (3): 497 – 512. *https://doi.org/10.1093/cje/bet002*

European Commission. 2021. "EU Financial Assistance." *https://ec.europa.eu/info/business-economy-euro/economic-and-fiscal-policy-coordination/financial-assistance-eu_en*

Eurostat. 2021a. "Balance of Payments—International Transactions (BPM6) (Bop_6)." *https://ec.europa.eu/eurostat/cache/metadata/en/bop_6_esms.htm*

———. 2021b. "Maastricht Criterion Interest Rates (Irt_lt_mcby)." *https://ec.europa.eu/eurostat/cache/metadata/en/irt_lt_mcby_esms.htm*

Hein, Eckhard, and Nina Dodig. 2014. "Financialisation, Distribution, Growth and Crises: Long-Run Tendencies." IPE Working Papers 35/2014. *https://econpapers.repec.org/RePEc.zbw.ipewps:352014*

Lapavitsas, Costas, A. Kaltenbrunner, Giorgos Lambrinidis, D. Lindo, J. Meadway, J. Michell, J. P. Painceira, et al. 2010. "The Eurozone between Austerity and Default." Research on Money and Finance occasional report, September. *https://www.researchgate.net/publication/265451569_The_Eurozone_Between_Austerity_and_Default*

연대보다 중요한 지급 능력

주석

26 그리스로 유입되었다가 빠져나간 자금의 흐름은 다음 자료를 참고해 계산한 것이다. Bortz (2019). 이 자료는 2010년과 2012년에 그리스에 제공된 두 차례의 구제 금융 프로그램을 포괄적으로 분석했으며, 유럽연합 집행위원회와 유럽중앙은행의 데이터를 기반으로 한다.

27 지도에서 사용한 실증 분석은 시티넷(2022) 연구의 일환으로 수행한 것이다. 우리는 유로스탯의 계열 코드 'lfst_r_lfu2ltu'에서 그리스의 지역별 실업률 데이터를 찾았다. 이 데이터 계열은 12개월 이상의 실업률을 뜻하는 장기 실업률을 나타낸다. 지역 구분은 NUTS2(통계지역단위명명법)를 따랐다. 우리는 지도의 목적에 맞게 2009년부터 2013년까지 장기 실업률의 누적 변화율을 계산했다.

28 그리스와 미국의 실업률과 GDP 데이터는 다음 출처에서 찾았다. Eurostat (2021), Federal Reserve Bank of St. Louis (2021). 유로스탯의 실업률과 GDP 계열 코드는 'une_rt_a', 'nama_10_gdp'이며, 미국 연준의 실업률과 GDP 계열 코드는 'UNRATE', 'GDPCA'다. GDP 성장률은 직접 계산했다.

29 그리스 위기에 관한 자세한 정보는 다음을 참고. Laskos and Tsakalotos (2013), Varoufakis (2011). 그 밖에 데이터 분석에 참고한 자료들은 다음과 같다. Arslanalp and Takahiro (2012), European Commission (2014), International Monetary Fund (2010).

참고문헌

Arslanalp, Serkan, and Tsuda Takahiro. 2012. "Tracking Global Demand for Advanced Economy Sovereign Debt." IMF Working Paper no. 12/284, Washington, DC. *https://www.imf.org/-/media/Websites/IMF/imported-fulltext-pdf/external/pubs/ft/wp/2012/_wp12284.ashx*

Bortz, Pablo G. 2019. "The Destiny of the First Two Greek 'Rescue' Packages: A Survey." *International Journal of Political Economy* 48 (1): 76 – 99. *https://doi.org/10.1080/08911916.2018.1564493*

CityNet. n.d. Cities in Global Financial Networks: Financial and Business Services in the 21st Century [website]. *https://www.citynet21.org/*

European Commission. 2014. "The Second Economic Adjustment Programme for Greece: Fourth Review—April 2014." European Economy: Occasional Papers 192, Brussels, Belgium.

Eurostat. 2021. "Long-Term Unemployment (12 Months and More) by Sex, Age, Educational Attainment Level and NUTS 2 Regions (%)." *http://appsso.eurostat.ec.europa.eu/nui/show.do?dataset=lfst_r_lfu2ltu&lang=en*

Federal Reserve Bank of St. Louis. 2021. Federal Reserve Economic Data [database]. *https://fred.stlouisfed.org/*

International Monetary Fund. 2010. "Greece: Staff Report on Request for Stand-By Arrangement." IMF Staff Country Reports, Washington, DC. *https://www.imf.org/en/Publications/CR/Issues/2016/12/31/Greece-Staff-Report-on-Request-for-Stand-By-Arrangement-23839*

Laskos, Christos, and Euclid Tsakalotos. 2013. *Crucible of Resistance: Greece, the Eurozone and the World Economic Crisis*, London: Pluto Press.

Varoufakis, Yanis. 2011. *The Global Minotaur: America, the True Origins of the Financial Crisis and the Future of the World Economy*. London: Zed Books.

악성 대출

주석

30 Oldani (2019).

31 악성 대출이 가져온 프랑스의 위기와 덱시아의 역할에 관한 자세한 정보는 다음을 참고. Bartolone and Gorges (2011), Ferlazzo (2018a, 2021), Sauvagnat and Vallee (2021).

32 지도에 표시한 악성 대출 관련 데이터는 다음 출처에서 찾았다. Ferlazzo (2018b). 그런 다음 우리는 행정구역의 경계를 나타낸 과거 셰이프파일shapefile(지리정보시스템 소프트웨어에 쓰이는 데이터 형식-옮긴이)을 사용해 지자체 수준에서 각 대출의 위치 정보를 찾았다.

33 지도에 사용한 인구 밀도 레이어는 국립통계경제연구소Institut National de la Statistique et des Études Économiques에서 찾았다.

34 그래프에 표시한 총 이자는 '파이낸셜매스FinancialMath' R 패키지를 사용해 계산했다. Penn and Schmidt, 2016.

35 150쪽과 152쪽의 지자체별 정보는 각각 다음 출처를 참고했다.
- 앙굴렘 - Bastien (2011), Karroum (2011)
- 아니에르쉬르센 - Laurent (2012)
- 닥스 - Denis (2015)
- 리옹 - Sautot (2012)
- 생카스트르길도 - Bendali (2012)
- 생테티엔 - Gallo Triouleyre (2021)
- 사세나주 - Pavard (2021)
- 트레가스텔 - Monin (2013), Laurent (2012)

참고문헌

Bartolone, Claude, and Jean-Pierre Gorges. 2011. "Rapport fait au nom de la commission d'enquête sur les produits financiers à risque souscrits par les acteurs publics locaux." *https://www.assemblee-nationale.fr/13/rap-enq/r4030.asp*

Bastien, Daniel. 2011. "Emprunts toxiques: le cauchemar d'angoulême." *Les Echos*, November 23. *https://www.lesechos.fr/2011/11/emprunts-toxiques-le-cauchemar-dangouleme-1091887*

Bendali, Linda. 2012. "Les villes en faillite." *Envoyé spécial*, France 2.

Denis, Frédéric. 2015. "Les impôts locaux augmentent d'un point à Dax en 2015." *Ici*, April 10. *https://www.francebleu.fr/infos/economie-social/les-impots-locaux-augmentent-d-un-point-dax-en-2015-1428658499*

Ferlazzo, Edoardo. 2018a. "La financiarisation des gouvernements locaux: Retour sur la gestion des crise des emprunts ≪ toxiques ≫ par les collectivités locales, l'État et les banques privées." *Actes de la recherche en sciences sociales* 221−22 (1−2): 100−119. *https://doi.org/10.3917/arss.221.0100*

———. 2018b. "La forme financiarisée de la relation de crédit des collectivités locales françaises. De la crise à l'institutionnalisation." Thesis, Université de recherche Paris Sciences et Lettres, Paris. *http://www.theses.fr/2018PSLEH142/document*

———. 2021. "Dexia, ou la faillite d'une régulation du crédit local par le marché." *Revue de la régulation* 30 (Spring). *https://doi.org/10.4000/regulation.18900*

Gallo Triouleyre, Stéphanie. 2021. "Comment Saint-Etienne s'est désengagée de son dernier emprunt toxique." *La Tribune*, June 24. *https://region-aura.latribune.fr/territoire/politique-publique/2021-06-24/comment-saint-etienne-s-est-desengagee-de-son-dernier-emprunt-toxique-887591.html*

Institut National de la Statistique et des Études Économiques (INSEE). 2022. "La grille communale de densité à 4 niveaux." *https://www.insee.fr/fr/information/2114627*

Karroum, Ismaël. 2011. "Angoulême au bord de la cessation de paiement." *Charente Libre*, August 10. *https://www.charentelibre.fr/politique/philippelavaud/angouleme-au-bord-de-la-cessation-de-paiement-6483550.php*

———. Laurent, Lionel. 2012. "French Towns Launch Debt Strike over 'Toxic' Dexia Loans." Reuters, October 12. *https://www.reuters.com/article/uk-france-dexia-mayors-idUKBRE89B0SI20121012*

Monin, Christine. 2013. "Les banques ont ruiné ma ville." *Le Parisien*, March 25. *https://www.leparisien.fr/week-end/les-banques-ont-ruine-maville-25-03-2013-2669723.php*

Oldani, Chiara. 2019. "On the Perils of Structured Loans Financing in France and Italy." *Global Policy* 10 (3): 391−96. https://doi.org/10.1111/1758-5899.12686

Pavard, Manuel. 2021. "Emprunts toxiques: la Ville de Sassenage finalement déboutée par la cour d'appel, la fin d'une longue bataille judiciaire." Place Gre'Net. October 27. *https://www.placegrenet.fr/2021/10/27/emprunts-toxiques-la-ville-de-sassenage-finalement-deboutee-par-la-courdappel-la-fin-dune-longue-bataille-judiciaire/549610*

Penn, Kameron, and Jack Schmidt. 2016. "Financial mathematics for actuaries." "FinancialMath" R package, Version 0.1.1, December. *https://CRAN.R-project.org/package=FinancialMath*

Sautot, Emmaeulle. 2012. "Tous pourris. . . par les prêts toxiques." Lyon Capitale, no. 713. *https://www.lyoncapitale.fr/wp-content/uploads/2012/07/260154-ez-LC-713p.-32-33.png*

Sauvagnat, Julien, and Boris Vallee. 2021. "The Effects of Local Government Financial Distress: Evidence from Toxic Loans." SSRN, February 9. *https://doi.org/10.2139/ssrn.3782619*

은행을 터는 방법

주석

36 방글라데시은행 강도 사건과 도난당한 금액에 관해서는 다음 자료를 참고했다. Hammer (2018), Kehrli (2017).

37 Frinkle (2017), Cockery and Goldstein (2017).

38 Lema (2019).

참고문헌

Cockery, M., and M. Goldstein. 2017. "North Korea Said to Be Target of Inquiry Over *81 Million Cyberheist*." New York Times, *March 22*. https://www.nytimes.com/2017/03/22/business/dealbook/north-korea-saidto-be-target-of-inquiry-over-81-million-cyberheist.html$

Frinkle, Jim. 2017. "Cyber Security Firm: More Evidence North Korea Linked to Bangladesh Heist." Reuters, April 3. *https://www.reuters.com/article/us-cyber-heist-*

bangladesh-northkorea-idUSKBN1752I4

Hammer, Joshua. 2018. "The Billion-Dollar Bank Job." *New York Times Magazine*, May 3. 43−48. *https://www.nytimes.com/interactive/2018/05/03/magazine/money-issue-bangladesh-billion-dollar-bank-heist.html*

Kehrli, Jerome. 2017. "Deciphering the Bangladesh Bank Heist." Niceideas.ch (blog). November 15. *https://www.niceideas.ch/roller2/badtrash/entry/deciphering-the-bengladesh-bank-heist*

Lema, Karen. 2019. "Philippine Court Orders Jail for Former Bank Manager over Bangladesh Central Bank Heist." Reuters, January 10. *https://www.reuters.com/article/us-cyber-heist-philippines-idUSKCN1P40AG*

7장 규제와 거버넌스

주석

1 고대 로마의 희극 극작가 플라우투스의 말이다. Oxford Reference. n.d. "Unexpected Always Happens." *https://www.oxfordreference.com/display/10.1093/oi/authority.20110803110638310;jsessionid=E6162A281F2214BF72662CB4188F16B3*

경고 신호

주석

2 연표에 나온 BCBS와 VaR의 역사는 각각 다음 자료를 참고했다. Bank of International Settlements (n.d.), Holton (2002). 오른쪽 삼각형 그림 안의 공식은 다음 출처에서 찾았다. Danielsson et al. (2016, 89), formula A.1.

3 Jorion (2000).

4 Lowenstein (2000). 이 자료는 LTCM의 성쇠를 자세히 설명한다.

참고문헌

Bank of International Settlements. n.d. "History of the Basel Committee." *https://www.bis.org/bcbs/history.htm*

Danielsson, Jon, Kevin R. James, Marcela Valenzuela, and Ilknur Zer. 2016. "Model Risk of Risk Models." *Journal of Financial Stability* 23 (April): 79−91. *https://doi.org/10.1016/j.jfs.2016.02.002*

Holton, Glyn A. 2002. "History of Value-at-Risk: 1922−1998." Working Paper, Contingency Analysis, Boston, MA. *http://stat.wharton.upenn.edu/~steele/Courses/434/434Context/RiskManagement/VaRHistlory.pdf*

Jorion, Philippe. 2000. "Risk Management Lessons from Long-Term Capital Management." *European Financial Management* 6 (3): 277−300. *https://doi.org/10.1111/1468-036X.00125*

Lowenstein, Roger. 2000. *When Genius Failed: The Rise and Fall of Long-Term Capital Management*. New York: Random House

(글)로컬 거버넌스

주석

5 세계은행과 IMF에 관한 데이터와 자세한 정보는 다음을 참고. World Bank (2022, n.d.), International Monetary Fund (2010, 2020, 2022, 2023).

6 도보 거리는 구글지도를 사용해 계산했다.

7 각국이 가진 투표권의 비율은 IMF 웹사이트의 거버넌스 관련 페이지에서 찾았다. International Monetary Fund (2023). GDP와 인구 관련 데이터는 IMF에서 발표하는 「세계 경제 전망」을 참고했다. World Economic Outlook (2021).

참고문헌

International Monetary Fund. 2021. "World Economic Outlook. Managing Divergent Recoveries." Washington, DC: *IMF https://www.imf.org/en/Publications/WEO/Issues/2021/03/23/world-economic-outlook-april-2021*

———. 2010. "IMF Board of Governors Approves Major Quota and Governance Reforms." Press release, December 16. *https://www.imf.org/en/News/Articles/2015/09/14/01/49/pr10477*

———. 2020. "Articles of Agreement of the International Monetary Fund." March. *https://www.imf.org/external/pubs/ft/aa/index.htm*

———. 2022. "What Is the IMF?" 2022년 4월 업데이트. *https://www.imf.org/en/About/*

Factsheets/IMF-at-a-Glance

———. 2023. "IMF Members' Quotas and Voting Power, and IMF Board of Governors." 2023년 7월 31일 업데이트. 이 책에서 사용한 데이터는 2021년 다음 웹사이트에서 찾은 것이다. *https://www.imf.org/en/About/executive-board/members-quotas*

World Bank. 2022. "Member Countries." 2022년 12월 19일 업데이트. *https://www.worldbank.org/en/about/leadership/members*

———. n.d. "Who We Are." *https://www.worldbank.org/en/who-we-are*

은행들의 은행

주석

8   중앙은행의 역사는 다음 자료를 참고했다. Bordo and Siklos (2018), Cassis (2006), Federal Reserve Bank of St. Louis (n.d.), Goodhart (2018), Hautcoeur et al. (2014), Roberds and Velde (2014), Siklos (2020). 중앙은행의 정책을 둘러싸고 최근에 벌어지는 정치적 논쟁은 다음을 참고. Ioannou et al. (2019).

9   중앙은행의 설립 연도에 관한 데이터는 각 중앙은행의 웹사이트에서 찾았다.

10   유로존에 처음 가입한 11개 국가는 오스트리아, 벨기에, 핀란드, 프랑스, 독일, 이탈리아, 아일랜드, 룩셈부르크, 네덜란드, 스페인, 포르투갈이다. 그리스는 2001년에 가입했다. 유로화는 2002년 1월 1일부터 이 12개국에서 실물 화폐로 유통되기 시작했다.

11   중앙은행의 자산과 GDP 관련 데이터는 다음 출처에서 찾았다. International Monetary Fund (2021).

참고문헌

Bordo, Michael D., and Pierre L. Siklos. 2018. "Central Banks: Evolution and Innovation in Historical Perspective." In *Sveriges Riksbank and the History of Central Banking*, edited by R. Edvinsson, T. Jacobson, and D. Waldenström, 26 – 89. Cambridge: Cambridge University Press. *https://doi.org/10.1017/9781108140430.002*

Cassis, Y. 2006. *Capitals of Capital: A History of International Financial Centers, 1780–2005*. Cambridge: Cambridge University Press.

Federal Reserve Bank of St. Louis. n.d. "In Plain English—Making Sense of the Federal Reserve." *https://www.stlouisfed.org/in-plain-english*

Goodhart, Charles. 2018. "The Bank of England, 1694 – 2017." In *Sveriges Riksbank and the History of Central Banking*, edited by R. Edvinsson, T. Jacobson, and D. Waldenström, 143 – 71. Cambridge: Cambridge University Press. *http://eprints.lse.ac.uk/89064/*

Hautcoeur, Pierre-Cyrille, Angelo Riva, and Eugene N. White. 2014. "Floating a 'Lifeboat': The Banque de France and the Crisis of 1889." NBER Working Paper 20083. *https://www.nber.org/papers/w20083*

International Monetary Fund. 2021. International Financial Statistics. *https://data.imf.org/?sk=4c514d48-b6ba-49ed-8ab9-52b0c1a0179b*

Ioannou, Stefanos, Dariusz Wójcik, and Gary Dymski. 2019. "Too-Big-To-Fail: Why Megabanks Have Not Become Smaller since the Global Financial Crisis?" *Review of Political Economy* 31 (3): 356 – 81. *https://doi.org/10.1080/09538259.2019.1674001*

Roberds, William, and François R. Velde. 2014. "The Descent of Central Banks (1400 – 1815)." Paper written for the Norges Bank 2014 conference "Of the Uses of Central Banks: Lessons from History." *https://www.norges-bank.no/contentassets/3fba8b3a3432407d929ae9218db1ffc4/11_roberds_and_velde2014.pdf*

Siklos, Pierre. 2020. *The Changing Face of Central Banking. Evolutionary Trends since World War II*. Cambridge: Cambridge University Press.

돈이 곧 법이니라

주석

12   싱가포르의 역할에 관해서는 다음을 참고. Norton Rose Fulbright (2015).

13   본문에 참고한 자료는 다음과 같다. Pistor (2019).

14   지도에 사용한 데이터는 다음 자료를 참고했다. GlobaLex (2023).

15   소송당사자 관련 데이터는 다음 자료를 참고했다. Portland (2022).

16   비보통법 체계 국가에서 영국 보통법을 사용하는 금융중심지의 데이터는 각각 다음 자료를 참고했다.
- 아부다비 – Sovereign (n.d.)
- 아스타나 – Norton Rose Fulbright (2018)
- 도하 – Dahdal and Botchway (2020)
- 두바이 – Allen (2020)
- 상하이 – Great Britain China Centre (2014)

- 선전 – Erie (2020)

17   10대 로펌은 다음 출처에 나온 2020년 매출을 기준으로 선정했다. Law.com (2021). 10대 로펌의 본사와 사무실 위치는 2021년 9월 각 회사의 웹사이트에서 직접 찾았다.

18   덴턴스와 다청의 분리에 관해서는 다음을 참고. Thomas (2023).

참고문헌

References

Allen, Jason Grant. 2020. "A Common Law Archipelago." Blackstone Chambers, October 15. *https://www.blackstonechambers.com/news/common-law-archipelago/*

Dahdal, Andrew, and Francis Botchway. 2020. "A Decade of Development: The Civil and Commercial Court of the Qatar Financial Centre." *Arab Law Quarterly* 34: 59 – 73. *doi:10.1163/15730255-12341045*

Erie, M. A. 2020. "The New Legal Hubs: The Emergent Landscape of International Commercial Dispute Resolution." *Virginia Journal of International Law* 60 (2): 226 – 96. *https://www.matthewserie.com/publications.html*

GlobaLex. 2023. "International Law Research, Comparative Law Research, Foreign Law Research." 2023년 6월 업데이트. *https://www.nyulawglobal.org/globalex/index.html?open=FLR*

Great Britain China Centre. 2014. "Debate on Free Trade Zone Policy." November 14. *https://www.gbcc.org.uk/news-events/2014/debate-on-freetradezone-policy*

Law.com. 2021. "The 2020 Global 200." *https://www.law.com/international-edition/2020/09/21/the-2020-global-200-ranked-by-revenue/?slreturn=20221012062506*

Norton Rose Fulbright. 2015. "The Singapore International Commercial Court: A Challenge to Arbitration?" November. *https://www.nortonrosefulbright.com/en-gb/knowledge/publications/f65079aa/thesingapore-international-commercial-court-a-challenge-to-arbitration*

———. 2018. "Inauguration of Astana's International Financial Centre." April. *https://www.nortonrosefulbright.com/en/knowledge/publications/db1c0753/inauguration-of-astanas-international-financial-centre*

Pistor, K. 2019. *The Code of Capital: How the Law Creates Wealth and Inequality*. Princeton, NJ: Princeton University Press.

Portland. 2022. *Commercial Courts Report 2021*. *https://portlandcommunications.com/publications/commercial-courts-report-2021/*

Sovereign. n.d. "ADGM Free Zone." *https://www.sovereigngroup.com/abu-dhabi/corporate-services/adgm-free-zone/*

Thomas, David. 2023. "Law Firm Dentons Splits with China's Dacheng as Counter-espionage Law Takes Hold." Reuters, August 9. *https://www.reuters.com/legal/legalindustry/law-firm-dentons-splits-with-chinasdacheng-counter-espionage-law-takes-hold-2023-08-08/*

역외로 새는 세금 배관

주석

19   그림과 본문 내용은 Tørsløv et al. (2023)에서 영감을 얻었으며, 관련 데이터는 다음 웹사이트에서 확인할 수 있다. https://missingprofits.world/ 생키[Sankey] 다이어그램(화살표의 너비로 흐름의 양을 보여주는 다이어그램 – 옮긴이)에 사용한 데이터는 다음 웹사이트에서 제공하는 사본 아카이브 표에서 찾았다. https://gabriel-zucman.eu/missingprofits/ 다이어그램 상단 부분의 데이터는 표 C4, 하단 부분의 데이터는 표 C4x, 오른쪽 꺾은선그래프의 과거 법인세율 관련 데이터는 미가공 데이터에서 가져왔다.

20   missingprofits.world (2022).

21   Bowers (2017), Freedberg et al. (2021).

22   https://missingprofits.world/에서 제공하는 데이터를 참고했다.

23   Giles et al. (2021).

24   조세회피지의 역할과 탈세 수법 설계에 관한 자세한 내용은 다음을 참고. Garcia-Bernardo et al. (2017), Haberly and Wójcik (2015), Hines (2010), Dyreng et al. (2017), Jones et al. (2018), Kleinbard (2022), Phillips (2018), Zucman (2014), Saez and Zucman (2019).

세계의 세탁소들

주석

25   Debczak and Thompson (2021).

26   Financial Action Task Force (n.d.).

27   United Nations (n.d.).

28   Thomas et al. (2022).

29   네 가지 지표에 관한 모든 데이터는 다음 자료에서 확인할 수 있다. Tax Justice Network (2020).

30   몰도바, 탄자니아, 영국, 노르웨이의 상황에 관한 자세한 내용은 각각 다음 자료를 참고. Organized Crime and Corruption Reporting Project (n.d.), Mniwasa (2019), National Crime Agency (n.d.), OECD (2014). 그 밖에도 금융 비밀 보호와 관련한 전반적인 환경의 변화는 다음 자료를 참고. Janský et al. (2023).

참고문헌

Debczak, Michele, and Austin Thompson. 2021. "The Myth of How Al Capone Gave Us the Term 'Money Laundering.'" *Mental Floss*, June 18. *https://www.mentalfloss. com/article/502449/myth-how-al-capone-gave-us-term-money-laundering*

Financial Action Task Force—GAFI. n.d. "Financial Action Task Force (FATF)." *https:// www.fatf-gafi.org/*

Janský, Petr, Miroslav Palanský, and Dariusz Wójcik. 2023. "Shallow and Uneven Progress towards Global Financial Transparency: Evidence from the Financial Secrecy Index." *Geoforum* 141: 103728. *https://doi.org/10.1016/ j.geoforum.2023.103728*

Mniwasa, Eugene E. 2019. "Money Laundering Control in Tanzania." *Journal of Money Laundering Control* 22 (4): 796–835. *https://doi.org/10.1108/JMLC-10-2018-0064*

National Crime Agency. n.d. "Money Laundering and Illicit Finance." *https://www. nationalcrimeagency.gov.uk/what-we-do/crime-threats/money-laundering-and-illicit- finance*

Organisation for Economic Co-operation and Development (OECD). 2014. "Norway Has Some Good Measures to Combat Money Laundering and Terrorist Financing, but Significant Weaknesses Undermine Overall Effectiveness, Says FATF." December 18. *https://web-archive.oecd.org/2014-12-18/333640-norway- significant-weaknesses-undermine-overall-effectiveness-to-combat-money-laundering-and- terrorist-financing.htm*

Organized Crime and Corruption Reporting Project. n.d. "Moldova Laundromat." *https://www.occrp.org/en/component/tags/tag/moldova-laundromat*

Tax Justice Network. 2020. "Financial Secrecy Index 2020 Reports Progress on Global Transparency—but Backsliding from US, Cayman and UK Prompts Call for Sanctions." February 18. *https://taxjustice.net/press/financial-secrecy-index- 2020-reports-progress-on-global-transparency-but-backsliding-from-us-cayman-and-uk- prompts-call-for-sanctions/*

Thomas, Daniel, Laura Hughes, George Hammond, Stephen Morris, and Kate Beioley. 2022. "The 'London Laundromat': Will Britain Wean Itself off Russian Money?" *Financial Times*, March 4. *https://www.ft.com/content/cfb74ef3-13d2-492a- b8da-c70b6340ccdd*

United Nations. n.d. "Money Laundering." UN Office on Drugs and Crime. *https:// www.unodc.org/unodc/en/money-laundering/overview.html*

국제 금융 서비스계의 대형 백화점

주석

31   그림과 본문에서 사용한 정량적 데이터는 시티넷 프로젝트(2022)의 일환으로 기업의 웹사이트와 연례 보고서(딜로이트, PwC, EY, KPMG), 여러 뉴스 기사와 특별 보도에서 직접 찾았다. 빅4 회계법인이 민간 및 공공 부문의 고객에 제공한 구체적인 비즈니스 서비스의 자세한 내용은 다음을 참고. ProPublica (n.d.a; n.d.b), PepsiCo. (2021), Ernst & Young (n.d.).

참고문헌

CityNet. n.d. Cities in Global Financial Networks: Financial and Business Services in the 21st Century [website]. *https://www.citynet21.org/*

Ernst & Young. n.d. "EY Law Deals." Ernst & Young official German website. *https://ey- law.de/de_de/deals*

PepsiCo. 2021. *PepsiCo Annual Report 2021: Winning with pep+ PepsiCo Positive. https://www.pepsico.com/docs/default-source/annual-reports/2021-annual-report. pdf%sfvrsn=e04eec5e_0*

ProPublica. n.d.a. "COVID-19 Vaccine Distribution and Administration Tracking." Tracking Federal Purchases to Fight the Coronavirus, Coronavirus Contracts. *https://projects.propublica.org/coronaviruscontracts/contracts/75D30120C08239*

——. n.d.b. "VAMS." Tracking Federal Purchases to Fight the Coronavirus, Coronavirus Contracts. *https://projects.propublica.org/coronaviruscontracts/ contracts/75D30121C10087*

먼 곳에서 내리는 평가

주석

32   신용평가회사에 관한 자세한 정보와 논의는 다음을 참고. De Santis (2012), Fuchs and Gehring (2017), Gibson et al. (2017), Ioannou (2016, 2017), Ioannou et al. (2021), Reisen and von Maltzan (1999), Sinclair (2008), U.S. Securities and Exchange Commission (2018), Sylla (2002).

33   여기서는 무디스를 3대 신용평가회사를 대표하는 사례로 제시한다. 수석 애널리스트들의 위치는 2021년 2월 기준이다. 모든 데이터는 무디스 웹사이트의 국가별 신용등급 페이지(구독 시 무료로 이용 가능)에서 찾았다. S&P나 피치의 데이터를 사용하면 지도의 모양은 다르더라도 비슷한 결과가 나올 것이다. 국가신용등급은 정부의 신용도(혹은 부도 가능성)를 나타내는 지표다. 국가신용등급은 보통 국내의 다른 모든 기관(지방 정부, 은행, 민간 및 공기업)의 신용등급 상한을 결정한다는 점에서 중요하다. 여러 실증 연구에 따르면, 국가신용등급은 국제 자본의 흐름(Ioannou 2017), 은행 안정성(Gibson et al. 2017), 금리(Reisen and von Maltzan 1999, De Santis 2012)에 큰 영향을 끼친다.

참고문헌

De Santis, Roberto. 2012. "The Euro Area Sovereign Debt Crisis: Safe Haven, Credit Rating Agencies and the Spread of the Fever from Greece, Ireland and Portugal." European Central Bank Working Paper Series, no. 1419. *https://www. ecb.europa.eu//pub/pdf/scpwps/ecbwp1419.pdf*

Fuchs, Andreas, and Kai Gehring. 2017. "The Home Bias in Sovereign Ratings." *Journal of the European Economic Association* 15 (6): 1386–1423. *https://doi. org/10.1093/jeea/jvx009*

Gibson, Heather D., Stephen G. Hall, and George S. Tavlas. 2017. "Self-Fulfilling Dynamics: The Interactions of Sovereign Spreads, Sovereign Ratings and Bank Ratings during the Euro Financial Crisis." *Journal of International Money and Finance* 73 (May): 371–85. *https://doi.org/10.1016/j.jimonfin.2017.03.006*

Ioannou, Stefanos. 2016. "The Political Economy of Credit Rating Agencies. The Case of Sovereign Ratings." PhD dissertation, University of Leeds.

——. 2017. "Credit Rating Downgrades and Sudden Stops of Capital Flows in the Eurozone." *Journal of International Commerce, Economics and Policy* 8 (3): 1750016. *https://doi.org/10.1142/S1793993317500168*

Ioannou, Stefanos, Dariusz Wójcik, and Vladimír Pažitka. 2021. "Financial Centre Bias in Sub-Sovereign Credit Ratings." *Journal of International Financial Markets, Institutions and Money* 70 (January): 101261. *https://doi.org/10.1016/ j.intfin.2020.101261*

Reisen, Helmut, and Julia von Maltzan. 1999. "Boom and Bust and Sovereign Ratings." *International Finance* 2 (2): 273–93. *https://doi.org/10.1111/1468- 2362.00028*

Sinclair, Timothy J. 2008. *The New Masters of Capital: American Bond Rating Agencies and the Politics of Creditworthiness.* Ithaca, NY: Cornell University Press.

Sylla, Richard. 2002. "An Historical Primer on the Business of Credit Rating." In *Ratings, Rating Agencies and the Global Financial System,* edited by Richard M. Levich, Giovanni Majnoni, and Carmen M. Reinhart, 19–40. New York: Springer. *https://doi.org/10.1007/978-1-4615-09998_2*

U.S. Securities and Exchange Commission (SEC). 2018. "Annual Report on Nationally Recognized Statistical Rating Organizations." Washington, DC.

최고위층의 변화

주석

34   은행은 금융에서 가장 중심이 되는 분야인 만큼 대표 기업의 비중을 높게 잡았다. 각 분야의 대표 기업은 다음 출처를 기준으로 선정했다.

- 은행 – *https://en.wikipedia.org/wiki/List_of_largest_banks*
- 보험 – *https://en.wikipedia.org/wiki/List_of_largest_insurance_companies*
- 자산관리 – *https://www.advratings.com/top-asset-management-firms*
- 부동산 – *https://www.forbes.com/sites/samanthasharf/2020/05/13/the-worlds-largest- public-real-estate-companies-2020/%sh=9dedc1762f46*
- 회계 – *http://www.crowe.ie/wp-content/uploads/2017/02/IAB-2017_World-Survey.pdf*
- 법률 – *https://en.wikipedia.org/wiki/List_of_largest_law_firms_by_revenue*
- 컨설팅 – *https://www.consulting.com/top-consulting-firms*
- 핀테크 – *https://assets.kpmg/content/dam/kpmg/ch/pdf/fintech100-report-2019-en.pdf*

35   기업의 본사 위치, CEO(혹은 그와 동등한 직책을 맡은 사람)의 이름과 성별, 취임 연도에 관한 정보는 각 기업의 공식 웹사이트에서 직접 찾았다.

36 여성 리더들(왼쪽부터 나열한 순서대로)에 관한 정보의 출처는 각각 다음과 같다(모든 출처는 2021년 6월 말을 기준으로 확인했다).

데브라 카파로
https://en.wikipedia.org/wiki/Debra_Cafaro

제니퍼 M. 존슨
https://www.franklintempleton.com/press-releases/news-room/2021/franklin-resources-inc.-appoints-jennifer-m.-johnson-as-president-and-ceo-gregory-e.-johnson-named-executive-chairman-and-continues-as-chairman-of-the-board
https://www.franklintempleton.com/investor/profile-details?contentPath=common/04760_jennifer_m_johnson

바버라 L. 베커
https://www.gibsondunn.com/gibson-dunn-elects-newyork-ma-lawyer-barbara-becker-as-chair-and-managing-partner/
https://www.crainsnewyork.com/awards/barbara-l-becker
https://www.gibsondunn.com/lawyer/becker-barbara-l/

제이미 매키언
https://www.morganlewis.com/news/2014/10/pr_mckeonbeginstermaschair_1oct2014
https://www.morganlewis.com/bios/jmckeon
https://www.morganlewis.com/news/2015/12/jami-mckeon-ceo-evolution-video

제인 프레이저
https://en.wikipedia.org/wiki/Jane_Fraser_(executive)
https://www.reuters.com/article/us-citigroup-ceoquotes-factbox-idUSKBN2613BH, https://www.citigroup.com/citi/about/leaders/jane-fraser-bio.html

마틴 펄렌드
https://www.consultancy.asia/news/1886/mercer-appoints-martine-ferland-as-firms-next-president-and-ceo.
https://www.lgbtgreat.com/role-model/martine-ferland
https://www.mercer.com/about/mercer/martine-ferland.html

터션다 브라운
https://www.prnewswire.com/news-releases/tiaa-appoints-thasunda-brown-duckett-president-and-ceo-301235787.html
https://www.cnbc.com/2021/02/26/thasunda-brown-duckett-to-besecond-black-woman-fortune-500-ceo-in-2021.html
https://www.tiaa.org/public/about-tiaa/leadership-team/thasunda-brown-duckett

앤 리처즈
https://www.fidelity.lu/search/tag/fil/global/authors/anne-richards
https://www.linkedin.com/in/annerichards/?originalSubdomain=uk
https://www.fidelity.lu/search/tag/fil/global/authors/anne-richards

진 하인즈
https://www.linkedin.com/in/jean-hynes-310730148/
https://www.linkedin.com/in/jean-hynes-310730148/
https://www.thinkadvisor.com/2020/09/01/jean-hynes-named-next-wellington-ceo/

줄리 스위트
https://www.linkedin.com/in/julie-sweet/
https://en.wikipedia.org/wiki/Julie_Sweet
https://www.forbes.com/profile/julie-sweet/?sh=90cead1f3139

아만다 블랑
https://www.linkedin.com/in/amanda-blanc-4ba14a3a/
https://en.wikipedia.org/wiki/Amanda_Blanc
https://www.aviva.com/about-us/leader-profiles/amanda-blanc/

리자 로빈스
https://www.linkedin.com/in/lizarobbins/
https://www.consultancy.uk/news/17220/liza-robbins-succeeds-jon-lisby-as-global-ceo-of-kreston

앨리슨 로즈
https://www.linkedin.com/in/alison-rose-ab340b1b3/
https://www.natwestgroup.com/who-we-are/board-and-governance/board-and-committees/profiles/alison-rose.html
https://en.wikipedia.org/wiki/Alison_Rose_(banker)

조지아 도슨
https://www.globallegalpost.com/news/freshfields-becomes-first-magic-circle-uk-firm-to-appoint-a-woman-leader-14570590
https://www.freshfields.com/en-gb/contacts/find-a-lawyer/d/dawson-georgia/
https://www.fnlondon.com/articles/freshfields-boss-georgia-dawson-sets-race-and-gender-diversity-targets-for-magic-circle-firm-20210308

메카 브루넬
https://www.linkedin.com/in/mekabrunel/
https://press.gecina.fr/experts/meka-brunel.html
https://www.hammerson.com/about/board-governance/board-members/meka-brunel/

시르마 보쉬나코바
https://www.linkedin.com/in/sirma-gotovats/
https://www.allianz-partners.com/en_US/who-we-are/board-of-management.html
https://www.allianz.com/en/press/news/company/appointments/190328_allianz-partners-appoints-sirma-boshnakova-as-ceo.html

셰르스틴 브라텐
https://www.linkedin.com/in/kjerstin-braathen-9a1b888/
https://www.nasdaq.com/partner/kjerstin-braathen

카리나 아케르스트룀
https://fi.wikipedia.org/wiki/Carina_%C3%85kerstr%C3%B6m/
https://www.marketscreener.com/business-leaders/Carina-kerstrom-12024/biography/

대중의 힘?

주석

37 그림에서 각 시위대가 내건 구호의 뜻은 다음과 같다.
- No Se Vende – 판매 불가
- Que Se Vayan Todos – 전부 물러나라
- Democracia Real Ya – 이제 진정한 민주주의가 필요하다
- Não Nos Mande Emigrar – 이주를 강요하지 마라
- Unidad, Producción y Trabajo Argentino – 아르헨티나의 단결과 생산, 일자리

영어로 쓰인 구호의 뜻은 다음과 같다(옮긴이 추가)
- Break the Chains of Debt – 부채의 사슬을 끊어내자
- A Human Future – 인간적인 미래
- P.I.G.S Are the Bankers – 돼지는 은행가들이다(영어로 '돼지'를 뜻하는 PIGS는 부채 위기를 겪은 포르투갈, 이탈리아, 그리스, 스페인을 가리키는 멸칭으로 쓰였다 – 옮긴이)
- Occupy – 점령하라
- We Are the 99% – 우리는 99퍼센트다

38 2011년 10월 15일, '세계 변화를 위한 연대' 운동은 위기에 빠진 국가들에 국제적 연대를 표명하고 진정한 민주주의와 사회적 책임을 중시하는 금융 시스템을 요구하며 전 세계가 시위와 저항에 나설 것을 촉구했다. 이 날 세계 각지에서는 345건의 시위가 벌어졌다. 시위 장소를 표시한 지도의 데이터는 다음 출처에서 찾았다. Guardian (2011).

39 이 책에서는 국제 금융 권력의 횡포에 명시적으로나 암묵적으로 맞서는 사회 저항과 민중 운동에 초점을 맞춘다. 우리는 민중의 힘과 금융 권력의 충돌을 가장 두드러지게 보여주는 네 가지 사회운동 그룹을 선정했다.

첫 번째는 활동가, 학자, 시민사회 단체가 공통의 요구를 중심으로 뭉친 채무 면제 운동, '주빌리Jubille 2000'(주빌리는 기독교에서 채무자의 빚을 면제하고 노예나 죄수를 풀어준 특별한 해를 말한다 – 옮긴이)이다. 이들은 2000년까지 아무 조건 없이 가난한 국가들의 부채를 대폭 감면하자고 주장했다. 1998년 버밍엄에서 열린 G7 정상회담 기간 동안에는 7만 명이 넘는 활동가가 모여 회의장 주변에 10킬로미터에 이르는 인간 사슬을 만들고 "부채의 사슬을 끊어내자"고 외쳤다. 같은 해 로마에서는 처음으로 국제 주빌리 2000 회의가 열렸으며, 가나의 수도 아크라에서는 '주빌리 아프리카' 캠페인이 출범해 글로벌사우스에서 주빌리 운동의 시작을 알렸다. 1999년 쾰른에서 열린 G7 정상회담에서도 4만 명이 넘는 활동가가 시위를 벌였다. 그해 주빌리 운동은 남아공(주빌리 남아공), 아시아(주빌리 아시아 태평양), 라틴아메리카(테구시갈파 선언)로 확대되었다(Baillot, 2021; Collins, 1999).

두 번째 그룹은 1997~98년 금융위기 당시 아시아의 사회정치적 상황을 보여준다. 1997년 태국 중앙은행이 무너지면서 동남아시아 전역과 동아시아로 금융위기가 도미노처럼 퍼졌다. 그 결과 태국, 인도네시아, 라오스, 말레이시아, 필리핀, 한국처럼 경제가 탄탄하고 시장에 개방적이며 회복력이 강해 보였던 국가들이 기업들의 파산과 IMF의 안정화 대책에 따른 긴축 조치로 심각한 타격을 입었다(Crotty and Lee, 2006). 이후 한국에서는 풀뿌리 운동과 노동조합이 IMF와의 협정을 재협상하고 사회 안전망을 구축할 것을 요구하며 시위를 벌였다. 태국은 IMF가 고안한 긴축 정책을 시행한 지 6개월이 지나자 실업자가 160만 명 가까이 되었다. 이에 농촌 지역에서는 농민 단체들이 부채 감면을 요구하고 나섰으며, 도시에서는 실업자와 빈곤층, 노동자들이 거리로 나와 시위를 벌였다(PBS, n.d.; Mydans, 1997; Sharma, 2003).

세 번째 그룹은 라틴아메리카의 사회운동을 중심으로 한다. 1980~1990년대에 라틴아메리카는 감당할 수 없는 부채와 외채 위기로 어려움을 겪었다. 이에 따라 IMF, 세계은행, 미주개발은행 같은 금융기관들은 이 지역에 개입해 각국 정부가 긴축, 민영화, 금융 자유화, 임금 삭감과 노조 와해를 중심으로 한 노동 시장 개혁을 시행하도록 압력을 가했다. 1992년, 우루과이에서는 대중이 조직적으로 맞선 끝에 국영 통신

회사 ANTEL의 민영화를 둘러싼 국민투표가 실시되었고, 유권자의 72퍼센트가 반대에 표를 던졌다(Harding, 1992). 1999년, 볼리비아와 코스타리카에서는 상수도와 국영 전기, 통신 회사를 민영화하려는 정부 계획에 맞선 시위가 벌어졌다(Almeida, 2007; Alphandary, 2000). 몇 년 뒤에는 아르헨티나가 통화 가치 하락, 자본 도피, 경기 침체의 압력으로 파산에 이르렀다. 그 결과 도시 주민의 약 3분의 1이 일자리를 잃었고 IMF가 재정 적자 축소와 금융시장 자유화를 밀어붙이면서 정치 불안이 이어졌다. 2001년 12월, 아르헨티나의 노동자와 실업자들은 정부의 긴축 조치에 항의하며 부에노스아이레스의 거리와 전국 각지에서 냄비와 팬을 두드리며 시위를 벌였다(Almeida, 2007; Vilas, 2006). 같은 해 과테말라에서도 IMF가 제안한 세금 인상에 맞서 대규모 시위가 일어났다. 2004년에는 콜롬비아의 알바로 우리베 대통령이 IMF의 구조 개혁 요구에 따라 긴축을 시행하자 이에 반대하는 시위가 벌어졌다. 같은 해 브라질에서는 토지 없는 노동자 운동인 MST(Movimento dos Trabalhadores Rurais Sem Terra)가 토지와 식량 생산 수단을 더 공평하고 민주적으로 이용할 수 있도록 농업 개혁을 시행할 것을 요구하며 투쟁에 나섰다(Latin America Data Base staff, 2004; Navarro, 2010). 최근에는 아르헨티나, 에콰도르, 코스타리카에서 IMF가 요구한 긴축, 반노동 개혁, 세금 인상에 맞서 수천 명이 시위를 벌이면서 라틴아메리카에 또다시 사회 불안이 확산되었다.

네 번째 그룹은 2007~2009년 세계 금융위기 이후에 일어난 사건들과 관련이 있다. 국제 금융 시스템의 신용 경색으로 심각한 타격을 입은 세계 경제는 장기간의 침체와 정치·사회 불안에 빠졌다. 2009년 아이슬란드에서는 1년간 격한 시위가 벌어진 끝에 무너진 은행들을 살리는 데 GDP의 90퍼센트에 가까운 금액을 투입할지를 놓고 국민투표를 실시했고, 국민의 압도적 다수(93퍼센트)가 반대표를 던졌다(Wade and Sigurgeirsdottir, 2011). 2011년 초, 미국 위스콘신주에서는 주지사가 공공 부문 노동자들의 단체 교섭권을 없애는 법안을 통과시키려 하자 대규모 시위가 일어났다. 수만 명의 노동자와 활동가, 지지자가 주 의사당을 점거한 일은 그해 미국을 휩쓴 점령 운동의 시작을 알리는 사건이었다(Acar et al., 2011). 몇 달 뒤에는 800명이 넘는 시위대가 "우리는 99퍼센트다. 당신은 1퍼센트다"라는 현수막을 내걸고 뉴욕의 주코티 공원을 점거했다(Earle, 2012; Loucaides, 2021; Lubin, 2012). 그 사이 유로존은 그리스, 아일랜드, 포르투갈, 스페인, 이탈리아가 디플레이션과 긴축, 정치 불안의 소용돌이에 빠지면서 최초의 국채 위기를 겪었다. 스페인을 시작으로 그리스, 포르투갈, 이탈리아, 독일, 벨기에 등지에서는 수백만 명의 분노한 시위대가 공공장소를 점거하고 은행과 트로이카가 휘두르는 권력에 문제를 제기했다. 당시 트로이카는 가혹한 긴축 조치를 강요했을 뿐 아니라 여러 국가에서 민주적 절차를 훼손하고 은행가를 정부 수반으로 앉히기까지 했다(Gerbaudo, 2017; Mew, 2013).

40 마이카 화이트의 발언은 캐나다의 일간지 《글로브앤드메일Globe and Mail》에 실린 인터뷰에서 발췌한 것이다. Griffiths (2016).

참고문헌

Acar, Taylan, Robert Chiles, Garrett Grainger, Aliza Luft, Rahul Mahajan, João Peschanski, Chelsea Schelly, Jason Turowetz, and Ian F. Wall. 2011. "Inside the Wisconsin Occupation." *Contexts* 10 (3): 50–55. *https://doi.org/10.1177/1536504211418455*

Almeida, Paul D. 2007. "Defensive Mobilization: Popular Movements against Economic Adjustment Policies in Latin America." *Latin American Perspectives* 34 (3): 123–39. *https://doi.org/10.1177/0094582X07300942*

Alphandary, Kim. 2000. "Report from Costa Rica on Mass Protests against Privatization of State-Owned Utilities." World Socialist Web Site, April 15. *https://www.wsws.org/en/articles/2000/04/cr-a15.html*

Baillot, Hélène. 2021. "A Well-Adjusted Debt: How the International Anti-Debt Movement Failed to Delink Debt Relief and Structural Adjustment." *International Review of Social History* 66 (S29): 215–38. *https://doi.org/10.1017/S0020859021000146*

Collins, Carole. 1999. "'Break the Chains of Debt!' International Jubilee 2000 Campaign Demands Deeper Debt Relief." *Review of African Political Economy* 26 (81): 419–22. *http://www.jstor.org/stable/4006470*

Crotty, James, and Kang-Kook Lee. 2006. "The Effects of Neoliberal 'Reforms' on the Postcrisis Korean Economy." *Review of Radical Political Economics* 38 (3): 381–87. *https://doi.org/10.1177/0486613406290903*

Earle, Ethan. 2012. "A Brief History of Occupy Wall Street." Rosa Luxemburg Stiftung, New York. *http://crmintler.com/WWS/wp-content/uploads/2020/01/History-of-Occupy-Wall-StreetEarle.pdf*

Gerbaudo, Paolo. 2017. "The Indignant Citizen: Anti-Austerity Movements in Southern Europe and the Anti-Oligarchic Reclaiming of Citizenship." *Social Movement Studies* 16 (1): 36–50. *https://doi.org/10.1080/14742837.2016.1194749*

Griffiths, Rudyard. 2016. "Micah White: 'Occupy Wall Street Was a Constructive Failure.'" *Globe and Mail*, March 18. *https://www.theglobeandmail.com/opinion/munk-*

debates/micah-whiteoccupy-wall-street-was-a-constructive-failure/article29294222/

Guardian. 2011. "Occupy Protests around the World: Full List Visualised." *https://www.theguardian.com/news/datablog/2011/oct/17/occupy-protestsworld-list-map*

Harding, Erika. 1992. "Uruguay: Upcoming Plebiscite on 'Privatization Law' Could Trigger Political Crisis." Albuquerque, NM. *https://digitalrepository.unm.edu/notisur/10672*

Latin America Data Base (LADB) staff. 2004. "Marches against President Uribe." October 22, Albuquerque, NM. *https://digitalrepository.unm.edu/notisur/13311*

Loucaides, Darren. 2021. "Did Occupy Wall Street Mean Anything at All?" *Financial Times*, September 17. *https://www.ft.com/content/761f5219-f35e-43e6-88a2-4634f25fd1a9*

Lubin, Judy. 2012. "The 'Occupy' Movement: Emerging Protest Forms and Contested Urban Spaces." *Berkeley Planning Journal* 25 (1): 184–97. *https://doi.org/10.5070/BP325111760*

Mew, Sue. 2013. "Contentious Politics: Financial Crisis, Political-Economic Conflict, and Collective Struggles—A Commentary." *Social Justice* 39 (1 [127]): 99–114. *https://www.jstor.org/stable/41940970*

Mydans, Seth. 1997. "Thousands of Thais Protest Bangkok's Inaction in Crisis." *New York Times*, October 22.

Navarro, Zander. 2010. "The Brazilian Landless Movement (MST): Critical Times." *REDES (Santa Cruz do Sul)* 15 (1): 196–223. *https://www.redalyc.org/pdf/5520/552056847010.pdf*

PBS. n.d. "Timeline of the Panic." *Frontline*. *https://www.pbs.org/wgbh/pages/frontline/shows/crash/etc/cron.html*

Sharma, Shalendra D. 2003. *The Asian Financial Crisis: Crisis, Reform and Recovery.* Manchester: Manchester University Press.

Vilas, Carlos M. 2006. "Neoliberal Meltdown and Social Protest: Argentina 2001–2002." *Critical Sociology* 32 (1): 163–86. *https://doi.org/10.1163/156916306776150331*

Wade, Robert H., and Silla Sigurgeirsdottir. 2011. "Iceland's Meltdown: The Rise and Fall of International Banking in the North Atlantic." *Revista de Economia Política* 31 (5): 684–97. *https://doi.org/10.1590/S0101-31572011000500001*

8장 사회와 환경

주석

1 Mooney, Annabelle. 2018. *The Language of Money.* London: Taylor and Francis, p. 59.

부동산 불평등의 지리학

주석

2 주택가격은 2017년 케이프타운시의 부동산 권리증 260만 건에 관한 미가공 데이터를 바탕으로 조사했다. 이 데이터는 프랑스 고등교육·연구부가 지원하는 박사 연구 프로젝트에서 모은 것이다. 거래 날짜와 판매 가격 정보가 담긴 부동산 권리증은 케이프타운의 부동산 평가 담당 부서에서 제공한 지적도 셰이프파일을 활용해 지리 정보를 파악하고 분류(주거용, 상업용 부동산 등)했다. 최종 표본은 1984년부터 2016년까지 있었던 주거용 부동산 거래 중 위치 정보를 확인한 89만 3964건이며, 가격은 2016년 기준 인플레이션을 고려한 랜드화 가치로 조정했다.

중간 주택가격을 계산하고 지도로 나타내는 데 사용한 공간 단위는 남아공 통계청이 2011년 인구주택총조사를 위해 구획한 단위를 기준으로 한다(Statistics South Africa, 2011). 일부 단위는 도시화되지 않은 지역을 더 정확히 나타내고자 직접 수정했다. 각 공간 단위에서 집단지역법에 따른 구역 구분은 다음 자료의 지도를 사용해 재현했다. Houssay-Holzschuch (1999), Graham (2007), Saff (1998), Western (1981).

3 아파르트헤이트 이후 지역의 경계는 에이드리언 프리스Adrian Frith가 자신의 웹사이트에 올린 케이프타운의 과거 지형도를 활용해 만들었다. Adrian Frith (2015). 이 지도에서는 인도인 거주 지역과 유색인종 거주 지역을 하나로 묶었다. 그 이유는 케이프타운에 인도인 거주 지역이 매우 적었으며, 더 중요하게는 케이프 말레이인의 사례에서 볼 수 있듯 케이프 식민지 역사에서 두 집단이 밀접한 관계를 맺었기 때문이다. 관련 데이터와 방법론에 관한 자세한 내용은 다음 자료에서 확인할 수 있다. Migozzi (2020a).

4 부동산 전문가들이 어떻게 불균형한 주택 환경과 인종 분리에 기여하는지는 다음을

참고. Aalbers(2011), Korver-Glenn(2021), Taylor(2019). 아파르트헤이트 시기와 그 이후 케이프타운과 남아공의 인종 분리, 대출 정책, 주택시장 사이의 관계에 대한 자세한 논의는 다음을 참고. Kotze and Van Huyssteen (1991), Lemanski (2011), Mabin and Parnell (1983), Marais and Cloete (2017), Migozzi (2020b).

참고문헌

Aalbers, Manuel B. 2011. *Place, Exclusion, and Mortgage Markets*. Sussex, UK: Wiley-Blackwell.

Frith, Adrian. 2015. "Historical Topographic Maps of Cape Town." *https://adrian.frith.dev/historical-maps-of-ct/*

Graham, Nancy. 2007. "Race and the Post-Fordist Spatial Order in Cape Town." Master's thesis, University of Cape Town, Cape Town, South Africa. *http://hdl.handle.net/11427/7470*

Houssay-Holzschuch, Myriam. 1999. *Le Cap, Ville Sud-Africaine: Ville Blanche, Vies Noires*. Paris: L'Harmattan.

Korver-Glenn, Elizabeth. 2021. *Race Brokers: Housing Markets and Segregation in 21st Century Urban America*. New York: Oxford University Press.

Kotze, N. J., and Van Huyssteen. 1991. "Redlining in the Housing Market of Cape Town." *South African Geographer/Suid-Afrikaanse Geograaf* 18 (1-2): 97-122.

Lemanski, Charlotte. 2011. "Moving up the Ladder or Stuck on the Bottom Rung? Homeownership as a Solution to Poverty in Urban South Africa." *International Journal of Urban and Regional Research* 35 (1): 57-77. https://doi.org/10.1111/j.1468-2427.2010.00945.x

Mabin, Alan, and Sue Parnell. 1983. "Recommodification and WorkingClass Home Ownership." *South African Geographical Journal* 65 (2): 148-66. https://doi.org/10.1080/03736245.1983.10559681

Marais, Lochner, and Jan Cloete. 2017. "Housing Policy and Private Sector Housing Finance: Policy Intent and Market Directions in South Africa." *Habitat International* 61 (March): 22-30. https://doi.org/10.1016/j.habitatint.2017.01.004

Migozzi, Julien. 2020a. "A City to Sell: Digitalization and Financialization of the Housing Market in Cape Town: Stratification & Segregation in the Emerging Global City." PhD thesis, Université Grenoble Alpes. *https://halshs.archives-ouvertes.fr/tel-03130133*

———. 2020b. "Selecting Spaces, Classifying People: The Financialization of Housing in the South African City." *Housing Policy Debate* 30 (4): 640-60. https://doi.org/10.1080/10511482.2019.1684335

Saff, Grant R. 1998. *Changing Cape Town: Urban Dynamics, Policy and Planning During the Political Transition in South Africa*. New York: University Press of America.

Statistics South Africa. 2011. "2011 Census." *http://www.statssa.gov.za/?page_id=3839*

Taylor, Keeanga-Yamahtta. 2019. *Race for Profit: How Banks and the Real Estate Industry Undermined Black Homeownership*. Chapel Hill: University of North Carolina Press.

Western, John. 1981. *Outcast Cape Town*. London: Allen & Unwin.

소액금융

주석

5 Munir (2014).

6 BNP Paribas (2017).

7 인도의 소액금융에 관한 자세한 논의는 다음을 참고. Nichols (2022) and Sarkar, Chattopadhyay (2021).

8 SHG의 위치 관련 데이터는 다음 출처에서 찾았다. National Rural Livelihood Mission (2020). 여성 1000명당 SHG 수는 인도 정부의 인구 데이터를 이용해 계산했다(Population Census, 2011).

9 MFI 본사의 위치 관련 데이터는 다음 출처에서 찾았다. World Bank (2020b).

10 지도 주변에 배치한 일화들의 출처는 각각 다음과 같다.
- 안드라프라데시주, 팔라마네르 - Paul and John (2010)
- 마하슈트라주, 야바트말 - Global Round Media (2020)
- 케랄라 - World Bank (2020a)
- 우다르프라데시주, 하르후아 - International Finance Corporation (n.d.)
- 서벵골주, 콜카타 - Hindu (2013)
- 오디샤주, 부바네스와르 - ANI News (2021)

참고문헌

ANI New. 2021. "Mission Shakti Self Help Groups in Forefront of Urban Development in Odisha." *https://www.aninews.in/news/national/general-news/mission-shakti-self-help-groups-in-forefront-of-urban-development-in-odisha20210913101032/*

BNP Paribas. 2017. "History of Microfinance: Small Loans, Big Revolution." *https://group.bnpparibas/en/news/history-microfinance-small-loans-big-revolution*

Global Round Media. 2020. "The Role of Lenders and Loans in Maharashtra's Farmer Suicides." *https://www.globalgroundmedia.com/2020/02/06/the-role-of-lenders-and-loans-in-maharashtras-farmer-suicides/*

Hindu. 2013. "Cheat Funds, Again." Editorial, April 26. Updated December 4, 2021. *https://www.thehindu.com/opinion/editorial/cheat-funds-again/article4654467.ece*

International Finance Corporation. n.d. "For Women in India, Small Loans Have a Big Impact." *https://pressroom.ifc.org/all/pages/PressDetail.aspx?ID=15678*

Munir, Kamal A. 2014. "How Microfinance Disappointed the Developing World." *Conversation*, February 17. https://theconversation.com/how-microfinance-disappointed-the-developing-world-23206

National Rural Livelihood Mission. 2020. SHG Report. *https://nrlm.gov.in/shgReport.do?methodName=showIntensiveStateWiseReport*

Nichols, Carly E. 2022. "The Politics of Mobility and Empowerment: The Case of Self-help Groups in India." *Transactions of the Institute of British Geographers* 47 (2): 470-83. https://doi.org/10.1111/tran.12509

Paul, George, and Sara John. 2010. "Comparative Analysis of MFI and SHG-Banking Models." Paper submitted for manager traineeship segment, Institute of Rural Management, Anand.

Population Census. 2011. Indian Census for 2011. *https://www.census2011.co.in/*

Sarkar, Suparna, and Subhra Chattopadhyay. 2021. "Significance of the Microcredit Delivery Models for Livelihood Upgradation: A Comparison Between SHGs-Bank Linkage Model and Micro Finance Institutions Model with Case Studies from Rural West Bengal, India." *SEDME (Small Enterprises Development, Management & Extension Journal): A Worldwide Window on MSME Studies* 48 (2): 192-202. *https://doi.org/10.1177/09708464211068085*

World Bank. 2020a. "In India, Women's Self-Help Groups Combat the COVID-19 (Coronavirus) Pandemic." April 11. *https://www.worldbank.org/en/news/feature/2020/04/11/women-self-help-groups-combat-covid19-coronavirus-pandemic-india*

———. 2020b. "MIX Market." World Bank Data Catalog. *https://datacatalog.worldbank.org/search/dataset/0038647*

당신은 금융문맹인가?

주석

11 아프리카와 아시아의 금융 교육 프로그램 도입을 조사한 학술 연구는 다음을 참고. Fatoki and Oni (2014), Grohmann (2018), Lyons et al. (2020), Messy and Monticone (2012), Organisation for Economic Co-operation and Development (2019), Refera et al. (2016), Yoshino and Morgan (2016).

12 각국의 금융이해율은 다음 자료를 참고했다. Klapper et al. (2016). 인간개발지수(HDI) 관련 데이터는 유엔개발계획에서 제공한 것이다. United Nations Development Programme (n.d.). 인간개발지수는 (1) 길고 건강한 삶, (2) 지식, (3) 적절한 생활 수준을 기준으로 한 국가의 인간 개발 관련 정보를 평가하고 통합하는 종합 지수다. 길고 건강한 삶은 출생 시의 기대 수명 지표로 측정하며, 지식은 평균 및 기대 학교 교육 연수로 정량화한다. 마지막으로, 적절한 생활 수준은 구매력평가(PPP) 기준 1인당 국민총소득으로 측정한다. 국가별 인구 관련 데이터는 세계은행에서 찾았다. World Bank (2019).

참고문헌

Fatoki, Olawale, and Olabanji Oni. 2014. "Financial Literacy Studies in South Africa: Current Literature and Research Opportunities." *Mediterranean Journal of Social Sciences* 5 (20): 409. *https://doi.org/10.5901/mjss.2014.v5n20p409*

Grohmann, Antonia. 2018. "Financial Literacy and Financial Behavior: Evidence from the Emerging Asian Middle Class." *Pacific-Basin Finance Journal* 48 (April): 129-43. *https://doi.org/10.1016/j.pacfin.2018.01.007*

Klapper, Leora, Annamaria Lusardi, and Peter van Oudheusden. 2016. "Financial Literacy Around the World: Insights from the Standard & Poor's Ratings Services Global Financial Literacy Survey." *https://responsiblefinanceforum.org/wp-content/uploads/2015/12/2015Finlit_paper_17_F3_SINGLES.pdf*

Lyons, Angela C., Josephine Kass-Hanna, Fan Liu, Andrew J. Greenlee, and Lianyun Zeng. 2020. "Building Financial Resilience through Financial and Digital Literacy in South Asia and Sub-Saharan Africa." 1098. ADBI Working Paper Series. Tokyo, Japan. *https://www.adb.org/sites/default/files/publication/574821/adbi-wp1098.pdf*

Messy, Flore-Anne, and Chiara Monticone. 2012. "The Status of Financial Education in Africa." 25. OECD Working Papers on Finance, Insurance and Private Pensions. *https://www.oecd-ilibrary.org/docserver/5k94cqqx90wl-en.pdf*

Organisation for Economic Co-operation and Development (OECD). 2019. *OECD/INFE Report on Financial Education in APEC Economies: Policy and Practice in a Digital World*. Paris. *http://www.oecd.org/financial/education/2019-financial-education-in-apec-economies.pdf*

Refera, Matewos Kebede, Navkiranjit Kaur Dhaliwal, and Jasmindeep Kaur. 2016. "Financial Literacy for Developing Countries in Africa: A Review of Concept, Significance and Research Opportunities." *Journal of African Studies and Development* 8 (1): 1 – 12. *https://doi.org/10.5897/JASD2015.0331*

United Nations Development Programme. n.d. "Human Development Reports." *http://hdr.undp.org/en/content/download-data*

World Bank. 2022. "Population, Total." *https://data.worldbank.org/indicator/SP.POP.TOTL*. 여기서 사용한 데이터는 2019년 버전 페이지에서 가져온 것이다.

Yoshino, Naoyuki, and Peter Morgan. 2016. "Overview of Financial Inclusion, Regulation, and Education." ADBI Working Paper, no. 591. *http://www.adb.org/publications/overview-financial-inclusion-regulation-and-education/%0A*

무기가 되는 금융

주석

13   금융 제재에 관한 자세한 정보는 다음을 참고. Arnold (2016), Drezner (2015), Felbermayr et al. (2020), Kirilakha et al. (2021), Syropoulos et al. (2022).

14   금융 제재 관련 데이터는 다음 출처에서 확인할 수 있다. Global Sanctions Data Base (2021).

참고문헌

Arnold, Aaron. 2016. "The True Costs of Financial Sanctions." *Survival* 58 (3): 77 – 100. *https://doi.org/10.1080/00396338.2016.1186981*

Drezner, Daniel W. 2015. "Targeted Sanctions in a World of Global Finance." *International Interactions* 41 (4): 755 – 64. *https://doi.org/10.1080/03050629.2015.1041297*

Felbermayr, G., A. Kirilakha, C. Syropoulos, E. Yalcin, and V. Yotov. 2020. "The Global Sanctions Data Base." School of Economics Working Paper Series, 2020-02, LeBow College of Business, Drexel University.

Global Sanctions Data Base (GSDB). 2021. 여기서 사용한 데이터는 2019년 버전 웹사이트에서 가져온 것이다. *https://www.globalsanctionsdatabase.com/*

Kirilakha, Aleksandra, Gabriel Felbermayr, Constantinos Syropoulos, Erdal Yalcin, and Yoto Yotov. 2021. "The Global Sanctions Data Base: An Update that Includes the Years of the Trump Presidency." School of Economics Working Paper Series, 2021-10, LeBow College of Business, Drexel University.

Syropoulos, C., G. Felbermayr, A. Kirilakha, E. Yalcin, and Y. V. Yotov. 2022. "The Global Sanctions Data Base—Release 3: COVID-19, Russia, and Multilateral Sanctions." School of Economics Working Paper Series, 2022-11, LeBow College of Business, Drexel University. *https://ideas.repec.org/p/ris/drxlwp/2022_011.html*

미래를 채굴하다

주석

15   저탄소 미래로의 전환에서 광물이 하는 중요한 역할에 관해서는 World Bank (2017) 참고. 전기차 배터리용 광물의 생산지가 화석연료보다 지리적으로 편중되어 있음을 강조한 자료는 International Energy Agency (2021) 참고. 전략적으로 중요한 광물의 지리적 위치에 관해서는 Economist (2022) 참고. 저탄소 미래를 위한 지속 가능한 광물·금속 개발 방법은 Sovacool et al. (2020) 참고. 볼리비아의 리튬에 관해서는 다음을 참고. Krauss (2021), Narins (2017).

16   표에서 사용한 무역 관련 데이터는 경제복잡성관측소(이하 OEC)의 자료에서 가져온 것이다. Observatory of Economic Complexity (2022). 한 국가가 6개 광물의 전 세계 수출입에서 차지하는 비중은 그 국가가 거래한 각 광물의 달러 기준 무역 가치를 합산해 계산했다. 표에 나온 숫자의 색깔은 해당 국가의 수출입에서 가장 큰 비중을 차지하는 광물을 나타낸다. 예를 들어, 중국은 수출에서는 흑연이, 수입에서는 코발트가 가장 큰 비중을 차지한다.

호주는 세계 최대 리튬 생산국으로 주로 리튬정광을 대량 수출하며, 다른 곳에서 이를 추가로 정제한다. OEC의 자료는 탄산리튬과 산화리튬 관련 데이터만 다루므로 호주의 데이터는 포함하지 않는다. 따라서 호주의 리튬 수출액 11억 달러(Industry

---

Australia 2021)는 2020년 6월 30일 환율 기준으로 미국 달러로 환산해 전 세계에서 거래된 리튬 가치에 추가했다.

LME 지정 창고와 거래소 관련 데이터는 시티넷의 연구를 참고했다. CityNet. (n.d.) 이 연구에서는 전기차에 쓰이는 광물을 거래하는 금속거래소를 조사했다. 흑연과 망가니즈는 2022년 4월 기준으로 금속거래소에서 거래되지 않았지만, 나머지 4가지 광물과 금속은 국제 금속거래소에서 거래되고 있었다. 런던에서는 구리, 코발트, 니켈을 현물과 선물로 거래한다. 뉴욕 거래소에서는 코발트는 선물로만 거래하지만, 구리와 니켈은 현물과 선물 거래를 제공한다(CME Group 2020). 리튬은 중국 우시 거래소에서는 현물로 거래되지만, 런던과 뉴욕에서는 선물로만 거래할 수 있다(CME Group 21; LME 2021). 아시아의 리튬 수요는 런던과 뉴욕 거래소의 리튬 선물 가격을 좌우한다. 리튬 가격은 중국과 한국, 일본 항구에 들어오는 리튬의 현물 가격을 기준으로 결정된다. 로테르담은 LME에서 거래되는 코발트 창고를 관리하고 있으며, 네덜란드는 전 세계 코발트 수출 시장에서 큰 비중을 차지한다. 런던과 뉴욕에서 거래되는 코발트 선물은 '로테르담 창고 내' 가격을 기준으로 한다. LME 지정 창고는 다음 출처에서 찾았다. LME (2022).

17   광물의 매장량과 생산량은 다음 출처를 참고했다. USGS (2022). 매장량은 지질학적으로 매장이 확인되었으며, 추출했을 때 수익을 낼 수 있는 자원의 양을 말한다.

18   Glencore (2021), Trafigura (2018), Dobler and Kesselring (2019).

참고문헌

CityNet. n.d. Cities in Global Financial Networks: Financial and Business Services in the 21st Century [website]. *https://www.citynet21.org/*

CME Group. 2020. "Cobalt (Fastmarkets) Futures: A New Way to Manage Cobalt Price Risk." *https://www.cmegroup.com/markets/metals/batterymetals/cobalt-metal-fastmarkets.html*

———. 2021. "Lithium Futures: Take Charge of Price Risks Associated with Manufacturing Lithium-Ion Batteries." *https://www.cmegroup.com/trading/metals/other/lithium-futures.html*

Dobler, Gregor, and Rita Kesselring. 2019. "Swiss Extractivism: Switzerland's Role in Zambia's Copper Sector." *Journal of Modern African Studies* 57 (2): 223 – 45. *https://doi.org/10.1017/S0022278X19000089*

Economist. 2022. "The Transition to Clean Energy Will Mint New Commodity Superpowers. We Look at Who Wins and Loses." March 26. *https://www.economist.com/finance-and-economics/2022/03/26/the-transition-to-clean-energy-will-mint-new-commodity-superpowers*

Glencore. 2021. Glencore Annual Report 2021. *https://www.glencore.com/rest/api/v1/documents/ce4fec31fc81d6049d076b15db35d45d/GLEN-2021-annual-report-pdf*

Industry Australia. 2021. "Lithium. Resources and Energy Quarterly." June. *https://publications.industry.gov.au/publications/resourcesandenergyquarterlyjune2021/infographics/June21-Lithium-hr.png*

International Energy Agency (IEA). 2021. "The Role of Critical Minerals in Clean Energy Transitions." *https://iea.blob.core.windows.net/assets/ffd2a83b-8c30-4e9d-980a-52b6d9a86fdc/TheRoleofCriticalMineralsinCleanEnergyTransitions.pdf*

Krauss, Clifford. 2021. "Green-Energy Race Draws an American Underdog to Bolivia's Lithium." *New York Times*, December 16. *https://www.nytimes.com/2021/12/16/business/energy-environment/bolivia-lithium-electric-cars.html*

LME. 2021. "LME Lithium Hydroxide CIF (Fastmarkets MB)." *https://www.lme.com/en/Metals/EV/LME-Lithium-Hydroxide-CIF-Fastmarkets-MB#Trading+day+summary*

———. 2022. "Warehouse Rents April 1, 2022 – March 31, 2023." *https://www.lme.com/Physical-services/Warehousing/Warehouse-charges*

Narins, Thomas P. 2017. "The Battery Business: Lithium Availability and the Growth of the Global Electric Car Industry." *Extractive Industries and Society* 4 (2): 321 – 28. *https://doi.org/10.1016/j.exis.2017.01.013*

Observatory of Economic Complexity. 2022. "Trade Data for 2020." March 25. *https://oec.world/en/profile/hs92*

Reuters. 2021. "China's First Exchange-Traded Lithium Contract to Launch on July 5." July 2. *https://www.reuters.com/article/us-china-lithium-contractidUSKCN2E812U*

Sovacool, Benjamin K., Saleem H. Ali, Morgan Bazilian, Ben Radley, Benoit Nemery, Julia Okatz, and Dustin Mulvaney. 2020. "Sustainable Minerals and Metals for a Low-Carbon Future." *Science* 367 (6473): 30 – 33. *https://doi.org/10.1126/science.aaz6003*

Trafigura. 2018. *Meeting the EV Challenge: Responsible Sourcing in the Electric Vehicle Battery Supply Chain*. November 13. *https://www.trafigura.com/brochure/meeting-the-ev-challenge-responsible-sourcing-in-the-electric-vehicle-battery-supply-chain*

USGS. 2022. *Mineral Commodity Summaries 2022*. *https://doi.org/10.3133/mcs2022*

World Bank. 2017. "The Growing Role of Minerals and Metals for a Low

Carbon Future." Washington, DC. *https://documents1.worldbank. org/curated/en/207371500386458722/pdf/117581-WP-P159838- PUBLICClimateSmartMiningJuly.pdf*

넓은 바다의 물 한 방울?

주석

19   World Bank (2023).

20   녹색채권 원칙에 관한 자세한 내용은 International Capital Markets Association (2021) 참고.

21   자연 자본에 관해서는 Nuveen (2022) 참고.

22   Nordic Investment Bank (2019, 2020).

23   부영양화 감소에 따른 경제적 이점은 Roth et al. (2019), Ahtiainen et al. (2014) 참고.

24   청색채권 관련 정보의 출처는 각각 다음과 같다.
- 2018 세이셸공화국 - World Bank (2018), McFarland (2021)
- 2019 북유럽투자은행 - Nordic Investment Bank (2019)
- 2019 세계은행 - Credit Suisse (2019), World Bank (2019)
- 2020 중국은행 - Crédit Agricole (n.d.a)
- 2020 북유럽투자은행 - Nordic Investment Bank (2020)
- 2020 칭다오워터그룹 - Cbonds (2021)
- 2021 시스팬 코퍼레이션(홍콩) - Atlas Corp. (2021)
- 2021 중국공상은행 - Crédit Agricole (n.d.b)
- 2021 벨리즈 청색투자회사 - Maki (2021)
- 2021 아시아개발은행 - ADB (2021)
- 2022 필리핀 BDO 유니뱅크 - BDO Unibank (2022)
- 2022 에콰도르국제은행 - Symbiotics Investments (2022)
- 2022 바베이도스 정부 - Credit Suisse (2022)

채권 발행액은 발행일 기준 현지 통화와 미국 달러의 환율을 이용해 계산했다.

25   지도에서 발트해의 녹조는 2019년 7월 26일에 촬영된 위성 사진을 사용해 나타냈다. 녹조 이미지가 명확히 보이도록 사진에서 구름을 제거했다.

26   영양물질 배출 감소 현황에 관한 데이터는 다음 출처에서 찾았다. Helcom (n.d.).

27   북유럽-발트 청색채권에서 자금을 지원받은 프로젝트들에 관한 설명은 다음 자료를 기반으로 한다. Nordic Investment Bank (n.d.).

참고문헌

ADB. 2021. "ADB Issues First Blue Bond for Ocean Investments." News release, September 10. *https://www.adb.org/news/adb-issues-first-blue-bond-ocean-investments*

Ahtiainen, Heini, Janne Artell, Mikołaj Czajkowski, Berit Hasler, Linus Hasselström, Anni Huhtala, Jürgen Meyerhoff, et al. 2014. "Benefits of Meeting Nutrient Reduction Targets for the Baltic Sea—a Contingent Valuation Study in the Nine Coastal States." *Journal of Environmental Economics and Policy* 3 (3): 278–305. *https://doi.org/10.1080/21606544.2014.901923*

Atlas Corp. 2021. "Seaspan Completes Significantly Upsized *750 Million Offering of Blue Transition Bonds." July 14.* https://www.seaspancorp.com/wp-content/ uploads/2021/07/2021-07-14-Seaspan-Completes-SignificantlyUpsized- 750-Million-Offering-of-Blue-Transition-Bonds.pdf$

BDO Unibank. 2022. "BDO Issues First Blue Bond for US*100 Million." May.* https:// www.bdo.com.ph/news-and-articles/BDO-Unibank-Blue-BondUSD-100- million-first-private-sector-issuance-southeast-asia-IFC-marinepollution- prevention-clear-water-climate-goals-sustainability$

Cbonds. 2021. "Domestic Bonds: Qingdao Water Group, 3,3%." *https://cbonds.com/ bonds/1040745/*

Crédit Agricole, n.d.a. "Bank of China Issues Asia's Very First Blue Bonds." *https://www. ca-cib.com/pressroom/news/bank-china-issues-asias-very-first-blue-bonds*

———. n.d.b. "Inaugural Blue Bond and Covid-19 Resilience Bond Priced by the China Industrial Bank." *https://www.ca-cib.com/pressroom/news/inaugural-blue-bond- and-covid-19-resilience-bond-priced-china-industrial-bank*

Credit Suisse. 2019. "World Bank and Credit Suisse Partner to Focus Attention on Sustainable Use of Oceans and Coastal Areas—the 'Blue Economy.'" November 21. *https://www.credit-suisse.com/about-us-news/en/articles/media-releases/world-bank- blue-economy-201911.html*

———. 2022. "Credit Suisse Finances Debt Conversion for Marine Conservation in Barbados." Press release, September 21. *https://www.credit-suisse.com/about-us- news/en/articles/media-releases/cs-finances-debt-conversion-for-marine-conservation-in- barbados-202209.html*

Helcom, n.d. "Thematic Assessment of Eutrophication, 2011–2016." *http:// stateofthebalticsea.helcom.fi/pressures-and-their-status/eutrophication/*

International Capital Markets Association. 2021. "Green Bond Principles Voluntary Process Guidelines for Issuing Green Bonds." *https://www.icmagroup.org/ assets/documents/Sustainable-finance/2021-updates/Green-Bond-Principles- June-2021-100621.pdf*

Maki, Sydney. 2021. "Belize Cures *553 Million Default with a Plan to Save Its Ocean." Bloomberg, November 5.* https://www.bloomberg.com/news/articles/2021-11-05/ belize-cures-553-million-default-with-a-plan-tosave-its-ocean$

McFarland, Brian Joseph. 2021. "Blue Bonds and Seascape Bonds." In *Conservation of Tropical Coral Reefs*, 621–48. Cham: Palgrave Macmillan. *https://doi. org/10.1007/978-3-030-57012-5_15*

Nordic Investment Bank. 2019. "NIB Issues First Nordic-Baltic Blue Bond." Press release, January 24. *https://www.nib.int/releases/nib-issues-firstnordic-baltic-blue-bond*

———. 2020. "NIB Launches Five-Year SEK 1.5 Billion Nordic-Baltic Blue Bond." October 7. *https://www.nib.int/releases/nib-launches-five-yearsek-1-5-billion-nordic-baltic- blue-bond*

———. n.d. "NIB Environmental Bonds." *https://www.nib.int/investors/environmental- bonds#blue_bonds*

Nuveen. 2022. "Alternatives: Investing in Natural Capital." *https://www.nuveen.com/ global/insights/alternatives/investing-in-natural-capital*

Roth, Nathalie, Torsten Thiele, and Moritz von Unger. 2019. *Blue Bonds: Financing Resilience of Coastal Ecosystems. Key Points for Enhancing Finance Action.* Technical guideline, BNCFF. *https://bluenaturalcapital.org/wp2018/wp-content/ uploads/2019/05/Blue-Bonds_final.pdf*

Symbiotics Investments. 2022. "Symbiotics Investments Brings World's First Ecuadorian Private Blue Bond to the Luxembourg Green Exchange." December 13. *https://symbioticsgroup.com/symbiotics-investments-brings-worlds-first- ecuadorian-private-blue-bond-to-the-luxembourg-green-exchange/*

World Bank. 2018. "Seychelles Launches World's First Sovereign Blue Bond." Press release, October 29. *https://www.worldbank.org/en/news/press-release/2018/10/29/ seychelles-launches-worlds-first-sovereign-blue-bond*

———. 2019. "World Bank Launched Bonds to Highlight the Challenge of Plastic Waste in Oceans." Press release, April 3. *https://www.worldbank.org/en/news/press- release/2019/04/03/world-bank-launches-bonds-tohighlight-the-challenge-of-plastic-waste- in-oceans*

———. 2023. "Blue Economy." 4월 25일 업데이트. *https://www.worldbank.org/en/topic/ oceans-fisheries-and-coastal-economies*

알리페이의 숲테크

주석

28   Worldometer (n.d.).

29   표에 사용한 데이터의 출처는 다음과 같다. Policy Research Center for Environment and Economy (2019).

30   앤트포레스트의 에너지 계산 공식은 베이징환경거래소 인증에서 제공하는 과학적 알고리즘으로, 이산화탄소배출량의 감소 정도를 측정한다. 앱의 에너지 계산 설계에는 국제 환경단체 네이처컨버전시Nature Conservancy가 참여했다. Nature Conservancy (n.d.).

31   지도에 사용한 데이터는 Policy Research Center for Environment and Economy (2019), China Green Carbon Foundation (2020), 앤트그룹(앤트파이낸셜) 지속가능성 보고서 2016, 2019, 2020(Ant Financial 2017; Ant Group 2020, 2021), 국제자연보전연맹 앤트포레스트 생태계총생산 회계보고서(Chinese Academy of Sciences and International Union for Conservation of Nature, 2021), 여러 뉴스 기사(Phoenix Public Welfare, 2017; Shengnan and Hong, 2019; T. Chen, 2018; Yinuo, 2020)에서 가져왔다.

32   Pi (2019).

33   유엔 지구 챔피언상 수상에 관해서는 유엔에서 낸 보도 자료 참고. United Nations (2019). 앤트포레스트에 관한 자세한 정보는 다음을 참고. Chen et al. (2020), Yang et al. (2018), Zhang et al. (2021).

참고문헌

Ant Financial. 2017. *Ant Financial 2016 Sustainability Report: Moving Towards a Better Society for the Future. https://www.antgroup.com/en/ news-media/media- library?type=Sustainability%20Report*

Ant Group. 2020. *Sustainability Report 2019: Towards a Better Society for the Future. https:// www.antgroup.com/en/news-media/media-library?type=Sustainability%20Report*

———. 2021. 2020 *Sustainability Report: Digital Responsibility and Green Development Building a Better World Together*. https://www.antgroup.com/en/news-media/media-library?type=Sustainability%20Report

Chen, Bo, Yi Feng, Jinlu Sun, and Jingwen Yan. 2020. "Motivation Analysis of Online Green Users: Evidence from Chinese 'Ant Forest.'" *Frontiers in Psychology* 11 (June): 1–9. https://doi.org/10.3389/fpsyg.2020.01335

Chen, Tingyu. 2018. "Ant Forest Wins the 2018 China Corporate Social Responsibility Summit Green Award." *Sohu*, December 28. https://www.sohu.com/a/285203255_267106

China Green Carbon Foundation. 2020. *Annual Report*. http://www.forestry.gov.cn/html/thjj/thjj_4929/20210412224012277833125/file/20210412224209990119619.pdf

Chinese Academy of Sciences and International Union for Conservation of Nature. 2021. *Ant Forest 2016–2020 Gross Ecosystem Product (GEP) Accounting Report of Afforestation Projects*. 蚂蚁森林2016-2020 年造林 项目生态系统生产总值(GEP)核算报告.

Nature Conservancy. n.d. *Natural Climate Solutions: Unlocking the Potential of the Land Sector in China*. https://www.nature.org/content/dam/tnc/nature/en/documents/TNC_Natural_Climate_Solutions_CHINA.pdf

Phoenix Public Welfare. 2017. "'Ant Forest' Was Shortlisted for the 'Annual Charity Creativity' of the 2017 Charity Ceremony of the Activist Alliance." ifeng.com, November 15. https://gongyi.ifeng.com/a/20171115/44762391_0.shtml

Pi, Lei. 2019. "Internet Tree Planting Has Been Recognized by the State. Nearly 2 Million Netizens Have Received Certificates of Voluntary Tree Planting for the Whole People." *China Philanthropy Times*, January 7. http://www.gongyishibao.com/html/gongyizixun/15830.html

Policy Research Center for Environment and Economy. 2019. "Research Report on Low-Carbon Lifestyle of the Public under the Background of Internet Platform." http://www.prcee.org/yjcg/yjbg/201909/W020190909692854952540.pdf

Shengnan, Wang, and Huang Hong. 2019. "In 2019, the 'Ant Forest' Public Welfare Afforestation Project Passed the Review." *China Green Times*, January 18. http://grassland.china.com.cn/2019-01/18/content_40647896.html

United Nations. 2019. "Champion of the Earth 2019—Ant Forest." Video. UN Environment Programme. https://www.unep.org/championsofearth/laureates/2019/ant-forest

Worldometer. n.d. "CO2 Emissions by Country." https://www.worldometers.info/co2-emissions/co2-emissions-by-country/

Yang, Zhaojun, Xiangchun Kong, Jun Sun, and Yali Zhang. 2018. "Switching to Green Lifestyles: Behavior Change of Ant Forest Users." *International Journal of Environmental Research and Public Health* 15 (9): 1819. https://doi.org/10.3390/ijerph15091819

Yinuo, Liu. 2020. "In Addition to Planting Trees, the Carbon Trading Market behind the Ant Forest." OFweek, July 17. https://mp.ofweek.com/ecep/a656714090027

Zhang, Yufei, Jiayin Chen, Yi Han, Mengxi Qian, Xiaona Guo, Ruishan Chen, Di Xu, and Yi Chen. 2021. "The Contribution of Fintech to Sustainable Development in the Digital Age: Ant Forest and Land Restoration in China." *Land Use Policy* 103 (April): 105306. https://doi.org/10.1016/j.landusepol.2021.105306

불타는 포트폴리오

주석

34 개별 기업과 분야의 탄소발자국과 온도에 관한 모든 데이터는 롬바드오디에가 독자적으로 개발한 방법론에 기초한다. 이 방법론에 관한 자세한 내용은 다음을 참고. Portfolio Alignment Team (2020).

탄소발자국(그래프의 세로축)은 포트폴리오가 기후변화에 노출된 정도를 측정한다. 탄소발자국은 성격에 따라 세 단계의 스코프scope(범위)로 나눌 수 있다. 스코프 1은 기업의 활동에서 나오거나 기업이 통제 가능한 모든 직접 배출을 말한다. 스코프 2는 기업이 전기나 증기, 후방산업에서 생산한 기타 에너지원을 구매하고 소비하면서 간접 배출하는 탄소를 말한다. 스코프 3은 기업의 활동과 관련 있지만 기업이 소유하거나 통제하지 않는 출처에서 발생하는 모든 간접 배출을 말한다. 스코프 3은 기업이 속한 공급망에서 발생하는 상류upstream 배출과 기업이 소유하거나 통제하는 사업에서 제품과 서비스를 판매한 이후에 발생하는 하류downstream 배출(자동차 제조업체가 만든 트럭을 운전하는 일과 같이 기업의 제품이나 서비스를 사용하는 단계에서 발생한 배출) 등 각종 간접 배출원을 모두 포함한다.

파리협정에 부합하는 정도는 배출량의 변화를 예상해 측정하며, 현재 기업의 전반적인 배출량으로 측정한 탄소발자국과는 관계가 없다. 요컨대, 전자가 배출량의 변화 방향을 추정한다면, 후자는 현재의 배출량만을 측정한다. 가령 온도 부합 방법론에

따르면, 폭스바겐은 2.0℃의 온도 상승폭에 부합한다고 추정할 수 있다. 이는 다른 모든 경제 주체가 폭스바겐과 비슷한 수준의 탈탄소화 목표를 추구한다면, 지구 기온이 2100년까지 2.0℃ 상승할 것으로 보인다는 뜻이다.

롬바드오디에의 분석은 탄소발자국과 온도 부합 평가를 결합한 것이다. 탄소발자국만을 고려하면 투자자들이 저탄소 산업과 저탄소 투자에 집중할 수 있지만, 전환이 가장 시급하며 탈탄소화가 가장 큰 충격을 주는 고탄소 산업에서 해결책을 찾아야 할 필요성을 간과하기 쉽다. 반면에 롬바드오디에의 접근 방식은 투자자들이 탄소 집약적 산업에도 관심을 기울이도록 한다. 탄소 집약적 산업은 우리 경제를 떠받치는 주축이면서도 탈탄소화가 가장 시급한 분야이므로 기후 문제와 밀접한 관련이 있다. 탄소 집약적인 기업들은 농업, 시멘트, 철강, 화학, 에너지, 소재, 건설, 운송처럼 근본적인 혁신이 없으면 탄소 배출을 줄이기 어려운 산업에 속해 있다. 롬바드오디에는 이러한 기업 중 전환의 시급성을 이해하고 탄소중립 목표에 부합하고자 탈탄소화를 추진하는 기업에 '각얼음ice cube'이라는 별칭을 붙인다. 이 기업들은 경제나 포트폴리오의 전체 온도를 크게 낮추는 효과가 있기 때문이다. 롬바드오디에는 탄소중립을 향해 나아가려 하지 않는 탄소 집약적 기업들을 파악하는 일도 하고 있다. 롬바드오디에는 막대한 탄소를 배출하면서도 전환에 실패해 탈탄소화를 가로막는 기업들을 '불타는 통나무'라고 부른다. 이 기업들은 아직 기후 전환에 전념하지 않고 있으며, 장차 좌초자산으로 인해 심각한 위험에 빠지거나 탄소 규제로 영업을 중단할 수도 있다. 투자자들의 효과적·적극적 참여로 기업의 방침을 바꾸도록 유도하지 않는 한, 이러한 기업에 대한 투자는 포트폴리오의 온도를 크게 높일 것이다.

온도 부합 방법론에 관한 자세한 논의와 실증적 설명은 다음을 참고. Lombard Odier (2021).

그래프를 포함한 이미지는 오직 정보 제공을 목적으로 하며, 법률, 재정, 금융, 경제 등과 관련한 조언으로 받아들이거나 투자 보조 자료로 활용해서는 안 된다.

참고문헌

Lombard Odier. 2021. "Designing Temperature Alignment Metrics to Invest in Net Zero: An Empirical Illustration of Best Practices." https://am.lombardodier.com/sg/en/contents/news/white-papers/2021/july/designing-temperature-alignment.html

Portfolio Alignment Team. 2020. *Measuring Portfolio Alignment: Assessing the Position of Companies and Portfolios on the Path to Net Zero*. https://www.tcfdhub.org/wp-content/uploads/2020/10/PAT-Report-20201109Final.pdf

지속 가능한 빅 픽처

주석

35 Force for Good Foundation (2021).

36 International Energy Agency (2021).

37 다음 자료의 추정치를 참고했다. Financial Stability Board (2020).

38 IMF의 세계경제전망 데이터베이스를 참고했다. International Monetary Fund (n.d.).

39 여기서 사용한 데이터의 주요 출처는 공공개발은행 데이터베이스다(https://www.nse.pku.edu.cn/dfidatabase/index.htm). 이 데이터베이스는 전 세계 공공개발은행이 구축한 네트워크 '공동 금융Finance in Common'(https://financeincommon.org/)의 계획에 따라 베이징대학교 신구조경제연구소와 프랑스개발청이 협력해 만든 것이다. 이 프로젝트는 다음의 연구를 기반으로 한다. Xu et al. (2021).

참고문헌

Financial Stability Board. 2020. *Global Monitoring Report on Non-Bank Financial Intermediation*. https://www.fsb.org/2020/12/global-monitoringreport-on-non-bank-financial-intermediation/

Force for Good Foundation. 2021. *Capital as a Force for Good: Capitalism for a Sustainable Future*. https://www.forcegood.org/frontend/img/2021_report/pdf/final_report_2021_Capital_as_a_Force_for_Good_Report_v_F2.pdf

International Energy Agency. 2021. *Net Zero by 2050: A Roadmap for the Global Energy Sector*. https://iea.blob.core.windows.net/assets/20959e2e-7ab84f2a-b1c64e63387f03a1/NetZeroby2050ARoadmapfortheGlobalEnergySector_CORR.pdf

International Monetary Fund. n.d. World Economic Outlook database. https://www.imf.org/en/Publications/SPROLLs/world-economic-outlookdatabases#sort=%40imfdate%20descending

Xu, J., R. Marodon, X. Ru, X. Ren, and X. Wu. 2021. "What Are Public Development Banks and Development Financing Institutions?— Qualification Criteria, Stylized Facts and Development Trends." *China Economic Quarterly International* 1 (4), 271–94. https://doi.org/10.1016/j.ceqi.2021.10.001

주석

40 그림에 사용한 데이터는 다음 출처에서 찾았다. Union of Concerned Scientists (2005).

41 그래프에 사용한 데이터는 다음 출처에서 찾았다. Space Capital (2023).

42 사례로 든 세 위성에 관한 자세한 정보는 각각 다음을 참고. Jones (2022), NASA (2019), GOSAT Project (n.d.),

43 공간금융에 관한 자세한 정보는 다음을 참고. Spatial Finance Initiative (2021).

참고문헌

GOSAT Project. n.d. "Instruments and Observational Methods." *https://www.gosat.nies.go.jp/en/about_%ef%bc%92_observe.html*

Jones, Andrew. 2022. "China Launches New Gaofen 12 Earth Observation Satellite." Space.com, July 1. *https://www.space.com/china-launches-gaofen-12-satellite*

NASA. 2019. "Cyclone Global Navigation Satellite System (CYGNSS)." 12월 12일 업데이트. *https://www.nasa.gov/cygnss*

Space Capital. 2023. "Space Investment Quarterly Reports." Space Investment Quarterly. *https://www.spacecapital.com/quarterly*

Spatial Finance Initiative. 2021. *Report: State and Trends of Spatial Finance 2021. https://www.cgfi.ac.uk/wp-content/uploads/2021/07/SpatialFinance_Report.pdf*

Union of Concerned Scientists. 2005. "UCS Satellite Database." Reports & Multimedia. 2023년 1월 1일 업데이트. *https://www.ucsusa.org/resources/satellite-database*

지도의 밑바탕을 이루는 맥락 레이어layer(도로, 강, 국경 등)를 구축할 때는 내추럴어스Natural Earth를 주 자료로 삼고 필요한 경우 수정을 가했다. 매우 자세한 지도를 제작할 때는 오픈스트리트맵OpenStreetMap을 사용했다. 두 자료는 이루 말할 수 없이 큰 도움을 주었다. 두 자료를 관리하고 지원하는 사람들에게 감사를 전한다. 또, 우리는 나사NASA의 셔틀레이더지형미션SRTM에서도 지형 데이터를 얻었다. 그 밖에 지도에 사용한 자료는 주석과 참고문헌에서 확인할 수 있다.

그림 출처

감사의 말

많은 사람과 단체가 이 책의 제작에 도움을 주었다. 다리우시 보이치크는 「국제 금융 네트워크에 속한 도시들: 21세기의 금융·비즈니스 서비스」(시티넷) 프로젝트에서 자금을 조달했다. 이 프로젝트는 유럽연합의 '호라이즌 2020 연구 혁신 프로그램(681337)'에 따라 유럽연구위원회에서 자금을 지원받았다. 옥스퍼드대학 지리환경대학원도 이 책에 자금을 지원했다. 리처드 홀든은 프로젝트의 재정적 측면을 관리하는 데 큰 역할을 했다. 다리우시는 고든 L. 클라크의 조언과 대니 하벌리와의 협업, 대니 돌링, 헨리 영, 필립 오닐, 웨이 우와의 대화, 금융지리국제네트워크FinGeo 커뮤니티와 금융지리학 강의를 수강한 학생들과의 교류에서 많은 도움을 받았다. 또, 2023년 4월 록펠러재단 벨라지오 레지던트로서 페이얄 아로라, 크리스 베너, 로즈 보스웰, 그렉 피셔, 마리아 플로로, 카렌 그로운, 마리아 코즐로스키, 샤일렌드라 쿠마르, 앨리스 루퍼토, 순기 믈렌게야, 필라 팔라시아, 마누엘 파스토르, 재스민 파테자, 에밀리아노 로드리게스 노이슈, 디아 사미나시, 라지브 샤, 몰라라 우드와 나눈 대화는 이 책을 마무리하는 데 도움을 주었다. 비비아나 디 레오는 이 책의 홍보 전략을 세우는 데 중요한 조언을 해주었다. 다리우시의 아내 안나 잘레프스카는 다리우시가 이 책에 수천 시간을 쏟는 동안 지원을 아끼지 않았다.

파나요티스 일리오풀로스는 동료이자 좋은 친구인 아쇼크 쿠마르, 요르고스 할라니스, 요르고스 구줄리스, 해리스 콘스탄티니디스의 귀중한 조언에 감사를 전한다. 또, 파나요티스는 책을 쓰는 동안 아내 다나이와 부모님, 여동생 테타를 비롯해 사랑하는 가족들이 베푼 무한한 인내와 지원에 큰 빚을 졌다.

스테파노스 이오아누는 멘토인 게리 딤스키에게 감사한다. 스테파노스는 부모님과 아내 이사벨라, 그리고 이 책을 집필하는 동안 태어나 매일 밤 숙면할 수 있게 도와준 아들 레온에게도 고마움을 전한다.

리암 키넌은 공동 저자들의 창의성과 협동심 덕분에 고된 작업을 즐거운 마음으로 해낼 수 있었다고 말한다. 어머니의 변함없는 지지와 이해도 리암에게 큰 힘이 되었다.

줄리엔 미고치는 루드비히 비에, 에도아르도 페를라초, 피에레 로메라를 비롯해 긴 여정을 함께하며 유용한 논의를 나눈 모든 사람에게 감사한다. 맛있는 커피를 만들어준 일소브라노의 직원들과, 훌륭한 패키지를 설계하고 공개과학open science의 발전에 유용한 조언을 공유해준 R 커뮤니티에도 고마움을 표한다. 공개과학 운동이 없었다면 이 책은 세상에 나오지 못했을 것이다. 마지막으로 미고치는 수차례 눈과 귀를 빌려주며 도와준 친구와 가족들에게 진심으로 감사를 전한다.

티모시 몬티스는 자신을 금융지리학자로 받아주고 지원을 아끼지 않은 시티넷 팀에게 감사한다. 또한 자신이 이 책에 더 많은 기여를 할 수 있도록 귀중한 제안과 의견, 아이디어를 제공한 파트너 대니얼 커츠의 사랑과 지지에 고마움을 전한다.

블라디미르 파지트카는 이사벨 롤랜드, 루크 밀섬, 테오도르 코아아누, 데이비드 바센스, 미힐 판 메테렌을 비롯해 연구를 도와준 동료들에게 감사한다. 블라디미르는 동료들과 함께 작업하면서 이 책에 관한 많은 아이디어와 영감을 얻었다. 도표 자료를 검토하는 과정에서 예술적 안목을 빌려주고 이러한 기회를 얻은 것이 얼마나 큰 행운인지를 일깨워준 파트너 메그 바스토에게도 고마움을 전한다. 마지막으로 누구보다 열정적으로 자신을 응원해주는 부모님에게 감사한다.

모라그 토런스는 클라이밋웍스재단ClimateWorks Foundation의 지원 덕분에 지속 가능한 금융에 관한 이야기를 이 책에 담아낼 수 있었다. 경제지리학의 세계로 돌아올 수 있도록 격려와 지지를 보내준 고든 L. 클라크와 남편 콜린 맥도널드에게 감사한다. 또, 이제는 저녁 식사 자리에서 지도와 돈을 대화의 단골 소재로 삼는 자녀들에게도 고마움을 전한다.

마이클 어반은 자신을 위해 시간과 지식을 빌려준 동료 크리스토퍼 카민커와 토미스 회네 스파보스, 학문적 멘토 고든 L. 클라크에게 감사를 전한다.

제임스 체셔와 올리버 우버티는 자신이 꿈꾸던 계획을 믿고 맡겨준 다리우시에게 감사를 전한다. 지폐의 아름다움을 담은 책을 디자인하는 것은 크나큰 즐거움이었다.

이 책에서 사용한 지도와 시각 자료는 공동 저자 팀 외에도 다음과 같은 분들에게서 영감을 받았다.

옥스퍼드대학교의 에이미 보가드
상하이교통대학교의 루이샨 첸
옥스퍼드 애슈몰린 박물관의 폴 콜린스
런던 대영박물관의 배리 쿡
케임브리지대학교 저지비즈니스스쿨의 엘로이 딤슨
호주 그리피스대학교의 마이클 E. 드루
옥스퍼드대학교의 크리스 하우게고
옥스퍼드대학교의 마렉 얀코비악
런던비즈니스스쿨의 폴 마시
글래스고대학교의 스티븐 멀렌
런던비즈니스스쿨의 마이크 스톤턴

이 프로젝트를 믿고 맡아준 예일대학교 출판부의 세스 디치크, 탁월한 능력으로 우리를 뒷받침해준 아만다 게르스텐펠트와 조시 파노스, 날카로운 눈으로 원고를 퇴고한 조이스 이폴리토와 마니 위스, 제작 과정 전반을 이끈 제냐 와인렙, 올리버가 복잡한 표지 디자인을 만드는 동안 유익한 제안을 해준 더스틴 킬고어에게 감사하다. 또, 우리의 제안서와 첫 번째 제출물을 검토한 익명의 검토자들에게도 고마움을 전한다.

우리는 200여 명의 학생이 수행한 작업에서 이루 말할 수 없이 큰 도움을 받았다. 학생들이 보여준 기술과 헌신, 창의력은 정말 놀라운 수준이었다. 옥스퍼드대학교 마이크로인턴십 프로그램의 캘럼 뷰캐넌과 카란 카라신스카는 인턴 학생을 모집하는 데 도움을 주었다. 우리는 다리우시와 안나의 친구 폴리나 키우스 덕분에 이 프로그램을 알게 되었다.

참여한 인턴

파티마 아흐마디
하제르 아카이
M. 아흐산 알 마히르
비토르 알칼데
엘리스 아디스
데이비드 아사모아
비토리아 발리에리
비앙카 바렐라
레오 바르텔스
프레더릭 베이트
오아나 바자반
조셉 비든
에밀 베다리
파울라 베하라노 카르브
엔리코 베나시
가브리엘레 브라사이테
캐서린 브루어
에이미 브룩스
에반젤리 버로스
에드워드 캠벨
매튜 캠벨
루시 코크웰
카퉁 찬
알렉산더 차터스
메리 천
춘팡 청
이안 청
제이 치트나비스
매들린 코놀리
찰스 크로프트
타라 다에미
알렉산드라 데이비드
야사민 다부드자데
아나스 다예
켄 덩
니나 주카노비치
캐서린 다우니
사라 더피
발타자르 뒤덴스보리
조던 에드워즈-징거
제이크 엘리엇
오칸 에르데르
해리엇 아일스
펠릭스 파브리키우스
만혼 판
클로이 폭스-로버트슨

한보 가오
질린 가오
한나 가드너
카인 지영
이사벨라 고들리
앤서니 고스넬
크리스토퍼 그래식
브루클린 한
양 한
벤저민 해리슨
올리버 하비-리치
토머스 헤이즐
도미닉 힐
크리샤 히라니
대니얼 후스
텐지에 황
루이스 허드슨
위에단 휘
폴리나 이바노바
러이 장
위저 진
휴 존스
데이지 조이
알렉사 카민스키
대니얼 칸디
마일스 키트
에드먼드 켈리
로버트 킬고어
할림 킴
나일 키르크
타룬 코티스와란
피에르 라나스프레
운 싱 라우
네이션 로슨
케이틀린 리
앙완 르비
벤저민 루이스
하이베이 리
텐진 리
위양 린
해리 리너-힐
레베카 리우
캉탱 루이
아니샤 메이스
함자 마흐무드
카리슈마 말호트라
메건 만타로

잉수 마오
에바 마르크
사라 마셜
제스퍼 맥브라이드-오우수
너새니얼 맥키빈
미카 에릭 모저
사미하 모센
게오르기 네디알코프
필립 네메체크
가브리엘 옹
토머스 노
나탄 오르나델
이산 파리크
재커리 파슨스
야코부스 페테르센
안야 페트로비치
안나 폴렌스키
딜런 프라이스
나탈리아 푸체크
제프리 퍼그슬리
웨이 창
지아허 추
서니 라마무르트
타네 라오
새뮤얼 레딩
윌리엄 리브스
비고 레이
시모네 리아베츠
피비 로저스
이판 로저스
딜런 로글리치
에밀리 로신텔
헤더 러셀
이펙 샤바조울루
인드라짓 사후
사이넌 살스트룀
미꽝 삼텐
피오트르 사비츠키
아반티카 센굽타
아루시 샤란
위게 선
이밍 성
쥔쩌 스
무양 스
아미타 싱
니나 스크르지파차크
룬천 송

루오시 쑨
소여 스즈키
엠마 지아웨 타오
나야 투
크리스토퍼 우렌
비어트리스 버논
하타이파타라 비나이파트
나탈리 프린트
위안권 완
에이드리언 왕
앤드류 왕
한시 왕
이챠오 왕
위졔 왕
루시 웨더릴
모리츠 베크베커
전하오 원
루미 베스테룬드
알렉산더 웨스트웰
베단 화이트
티머시 윌리엄스
훙 웡
니콜라스 웡
해리 라이트
훙전 우
위 샤오
추이 셰
천하오 쉐
지아치 위
한원 장
헝이 장
징웨이 장
케이티 장
칭양 장
양 장
쯔양 장
지아허 주
가이 쥘버만

저자 소개

이 책은 옥스퍼드대학교 지리환경대학원의 국제연구팀이 함께 썼다. 주 저자이자 프로젝트 책임자는 다리우시 보이치크이며, 책과 지도, 시각 자료 디자인에는 제임스 체셔, 올리브 우버티가 협력했다. 연구팀에는 지리학(리암 키넌, 줄리엔 미고치), 경제학(스테파노스 이오아누, 블라디미르 파지트카), 정치경제학(파나요티스 일리오풀로스), 사회학(티모시 몬티스) 등 다양한 학문적 배경을 가진 저자들이 참여했으며, 마이클 어반과 모라그 토런스는 금융 부문에서 쌓은 경험을 보태주었다.

다리우시 보이치크 Dariusz Wójcik는 싱가포르국립대학교의 금융지리학 교수이자 옥스퍼드대학 지리환경대학원과 세인트피터스칼리지의 명예 연구원이다. 금융지리국제네트워크의 의장과 학술지《금융과 공간》의 편집장을 맡고 있으며, 사회과학아카데미 펠로우십과 지역연구협회 펠로우십에서 상을 수상했다.

파나요티스 일리오풀로스 Panagiotis Iliopoulos는 벨기에 루벤가톨릭대학교 경제·경영학부의 박사후연구원이다. 버크벡칼리지에서 박사학위를 받았으며, 국제경제학, 정치경제학, 금융지리학 등을 연구하고 있다.

스테파노스 이오아누 Stefanos Ioannou는 옥스퍼드브룩스대학교의 경제학 선임 강사다. 2016년 리즈대학교에서 게리 딤스키와 말콤 소여의 지도하에 경제학 박사학위를 받았다. 주요 연구 분야는 거시경제학, 경제지리학, 은행 및 금융이다.

리암 키넌 Liam Keenan은 노팅엄대학교 지리학과 경제지리학 조교수다. 뉴캐슬대학교에서 앤디 파이크, 제인 폴라드, 닐 마셜, 폴 랭글리의 지도하에 인문지리학 박사학위를 받았다.

줄리엔 미고치 Julien Migozzi는 옥스퍼드대학 지리환경대학원의 도시연구재단 박사후연구원이다. 리옹 고등사범학교의 학생 연구원이었으며, 그르노블알프대학교에서 지리학 박사학위를 받고, 파리 고등사범학교에 재직했다. 금융지리학, 도시학, 경제사회학이 교차하는 분야를 연구하고 있다.

티모시 몬티스 Timothy Monteath는 워릭대학교 학제간방법론센터의 조교수다. 런던 정치경제대학교에서 사회학 박사학위를 받았으며, 연구 분야는 토지 소유·등록, 금융과 부동산, 사회과학에서의 빅데이터와 새로운 디지털 방법론 활용 등이다.

블라디미르 파지트카 Vladimír Pažitka는 리즈대학교 경영대학원의 은행·금융 분야 조교수다. 옥스퍼드대학 지리환경대학원에서 박사학위를 받았으며, 연구 분야는 핀테크, 투자은행 네트워크, 금융 서비스의 국제 거래, 벤처캐피털, 사모펀드 등이다.

모라그 토런스 Morag Torrance는 옥스퍼드대학 지리환경대학원의 연구원으로, 도시 인프라의 금융화에 관한 연구로 경제지리학 박사학위를 받았다. 이전에는 암스테르담, 런던, 뉴욕, 시드니의 금융 기관에서 근무했다. 현재 학계와 민간 부문의 간극을 좁혀 사회에 실질적 도움이 되는 해결책을 찾고 있다.

마이클 어반 Michael Urban은 롬바드오디에 그룹의 수석 지속가능성 전략가로, 그룹의 경영 파트너들이 국제적으로 지속 가능한 투자 전략을 설계하고 실행하도록 지원하는 일을 하고 있다. 스미스 기업·환경대학원의 명예 연구원이자 오리엘칼리지의 회원이기도 하다.

제임스 체셔 James Cheshire는 유니버시티칼리지런던에서 지리 정보와 지도학을 가르치는 교수다.

올리버 우버티 Oliver Uberti는《내셔널 지오그래픽》의 수석 디자인 편집자로 일했으며, 과학자들이 자신의 연구를 눈에 띄는 시각 자료로 옮기도록 돕는 일을 하고 있다. 제임스와 올리버는 10년 넘게 함께 지도를 만들고 있다.

지은이   **다리우시 보이치크** Dariusz Wójcik
싱가포르국립대학교 지리학부 교수이자, 옥스퍼드대학교 지리환경대학원 명예연구원 및 세인트피터스컬리지 펠로우로 있다.
금융지리국제네트워크FinGeo 의장과 학술지《금융과 공간Finance & Space》의 편집장을 맡고 있으며, 사회과학아카데미와
지역연구협회에서 펠로우십을 받았다.

그린이   **제임스 체셔** James Cheshire
유니버시티칼리지런던에서 지리 정보와 제작을 가르치는 교수다. "빅데이터를 지도로 옮겨 지리학적 지식을 발전시킨" 공을 인정받아
2017년 영국 왕립지리학회에서 커스버트 피크상을 받았다. 저서로는 올리버 우버티와 함께 만든『눈에 보이지 않는 지도책』등이 있다.

그린이   **올리버 우버티** Oliver Uberti
《내셔널 지오그래픽》에서 수석 디자인 편집자로 일했고, 현재는 과학자들과 함께 연구 결과를 눈에 띄는 시각 자료로 옮기는 작업을
하고 있다. 지금껏 그는 각종 수치와 책 면지, 표지 등을 다수 디자인했고 유전학자 데이비드 라이크 등 유명 학자들과 작업했다.
저서로는 제임스 체셔와 함께 만든『눈에 보이지 않는 지도책』등이 있다.

옮긴이   **윤종은**
서울대학교 서어서문학과를 졸업하고, 같은 학교 대학원에서 석사 학위를 받았다. 현재 펍협번역그룹에서 전문 번역가로 활동하고
있다. 옮긴 책으로『지식인의 자격』,『빈곤의 가격』,『철학 논쟁』,『자동화와 노동의 미래』,『승리는 언제나 일시적이다』등이 있다.

눈에 보이지 않는 돈의 지도책

세계 경제를 읽는 데이터 지리학

펴낸날 초판 1쇄 2025년 1월 20일
지은이 다리우시 보이치크 외
그린이 제임스 체셔, 올리버 우버티
옮긴이 윤종은
펴낸이 이주애, 홍영완
편집장 최혜리
편집3팀 안형욱, 강민우, 이소연
편집 김하영, 박효주, 한수정, 홍은비, 김혜원, 최서영, 송현근, 이은일
디자인 기조숙, 김주연, 윤소정, 박정원, 박소현
콘텐츠 양혜영, 이태은, 조유진
홍보마케팅 백지혜, 김태윤, 김민준, 김준영
해외기획 정미현, 정수림
경영지원 박소현
펴낸곳 (주)윌북   출판등록 제 2006 - 000017호
주소 10881 경기도 파주시 광인사길 217
전화 031 - 955 - 3777   팩스 031 - 955 - 3778
홈페이지 willbookspub.com
블로그 blog.naver.com/willbooks   포스트 post.naver.com/willbooks
트위터 @onwillbooks   인스타그램 @willbooks_pub
ISBN 979 - 11 - 5581 - 734 - 6 (03320)